Friedrich Wilhelm Hackländer

Werke - Reise in den Orient

2. Band

Friedrich Wilhelm Hackländer

Werke - Reise in den Orient
2. Band

ISBN/EAN: 9783744676502

Hergestellt in Europa, USA, Kanada, Australien, Japan

Cover: Foto ©Andreas Hilbeck / pixelio.de

Weitere Bücher finden Sie auf **www.hansebooks.com**

F. W. Hackländer's

Werke.

Erste Gesammt-Ausgabe.

Neunter Band.

Stuttgart.
Verlag von Adolph Krabbe.
1863.

Reise in den Orient.

Zweiter Band.

Erstes Kapitel.

Reise nach Damaskus und Palmyra.

Fürst Aslan. — Abreise von Beirut. — Wilde Gebirgspässe im Libanon. — Khan el Hussein. — Felsentreppe. — Wolken auf der Höhe des Gebirges. — Schneesturm. — Ein Vocalconcert. — Das Schloß der Assassinen. — Aegyptische Deserteure. — Bekaa, das Thal. — Ein Unfall. — Perser. — Der Antilibanon. — Felsengärten. — Schiras. — Das Thal Gutha. — Damaskus. — Eine armenische Hochzeit. — Ritt nach Palmyra. — Pferde-Revue. — Baalbek. — Die Cedern des Libanon. — Die Stute in Sachile. — Zweite Reise nach Damaskus. — Der persische Kaufmann. — Merkwürdiger Pferdehandel. — Scham, der Hengst. — Rückkehr nach Beirut.

Wie oft schauten wir von der Terrasse unseres Landhauses sehnsüchtig zu dem Libanon empor, dem gewaltigen Riesen, der sich mit dem weißen Haupte und den grauen Gewändern, die unten in's Hellgrüne der Oelpflanzungen und Goldige des Meersandes auslaufen, an die See gelagert hat! O diese mächtigen Bergwände, die wir täglich vor Augen hatten, verbargen uns viel Schönes, wornach wir schon lange getrachtet, und stets waren wir durch verschiedene Umstände verhindert worden, unsere Rosse zu satteln und den „Ritt in's alte romantische Land" zu beginnen. Jedem Zug

Beduinen, Maroniten oder Drusen, die sich bei der Stadt gelagert hatten und ihre Pferde packten, um in die Berge zurückzuziehen, sahen wir neidisch nach, besonders seit wir bei unserm Ritt nach dem Kloster Deir Mar Mikael einen Blick in die wilden Schönheiten des Gebirgs gethan, und verwünschten oft die kriegerischen Zeiten, die uns abhielten, ihnen zu folgen. Aber erstlich waren es die Feindseligkeiten zwischen Ibrahim Pascha's Armee und den Türken, sowie kleine Plänkeleien und Scharmützel, die beide Theile zuweilen mit den Bergbewohnern hatten, welche die Wege durch den Libanon unsicher machen sollten, und weßhalb man uns dringend abrieth, nach Damaskus aufzubrechen. Dann waren auch unsere beiden Kranken noch immer sehr schwach, so daß wir sie doch gänzlich auf der Besserung sehen wollten, ehe wir Beirut für ein paar Wochen verließen.

Neben diesen Umständen wurden unsere Reisepläne oft nach den Tagesneuigkeiten geändert. Denn bald hieß es: Ibrahim hat Damaskus endlich verlassen und will die Armee auf dem Wege über Jerusalem aus Syrien führen, und uns schimmerte die Hoffnung, jetzt endlich die Tour durch das Gebirge beginnen und Damaskus erreichen zu können. Vergeblicher Wunsch! den andern Tag wußte man aus ganz sichern Quellen, daß Ibrahim der Pforte die Erklärung gegeben, sich in Syrien bis auf den letzten Mann zu halten und wir machten alsbald Projekte, welcher Weg in jetzigen Zeiten der beste sei, um nach Jerusalem zu reisen, wo wir abwarten wollten, ob uns der Marsch der ägyptischen Armee erlauben würde, von dort nach Damaskus zu gehen.

So thürmten sich von allen Seiten unserer Abreise die größten Schwierigkeiten entgegen und vereitelten unsern sehnlichsten Wunsch, bald das traurige Beirut zu verlassen. Alle Communication zur See war gesperrt; denn außer kleinen Küstenfahrern kamen nur englische Linienschiffe, Fregatten oder Kriegsdampfboote von Konstantinopel und Marmarizza, Depeschen oder Soldaten bringend.

Obendrein weigerten sich die Leute, wie unser Dolmetscher versicherte, zum Ritt durch den Libanon ihre Pferde zu geben, und auf dem Wege nach Jerusalem waren, wenn uns auch die Bewegungen der Armeen nicht gehindert hätten, andere Sachen zu bedenken; denn in Saida, Akre und Jaffa sollte die Pest ausgebrochen sein, was dort bei dem Zusammenfluß von türkischen Soldaten, schlecht gekleidetem Gesindel aus den Bergen und halb verhungerten Deserteuren von Ibrahims Armee, kein Wunder war.

Endlich nach einigen sehr unruhigen Tagen, in denen sich unser politischer Horizont noch schwärzer umzogen hatte, mit einem unangenehmen Gewitter drohend, klärte er sich über Nacht fast ganz auf, denn unser liebenswürdiger Freund, der russische Consul, Herr von B., ließ uns eines Morgens sagen, soeben erhalte er einen Reitenden aus Damaskus, der ihm die erfreuliche Nachricht bringe: Ibrahim Paschah habe mit der ganzen Armee die Stadt verlassen und sich gegen Jerusalem und das todte Meer gezogen. Ein Postscriptum seines artigen Billets lud uns auf den Abend zu einer Tasse Thee ein, wo wir die Bekanntschaft eines georgischen Fürsten machen sollten, der ebenfalls Willens sei, Jerusalem und die heiligen Orte zu besuchen und sich wahrscheinlich sehr freuen würde, die Reise in unserer Gesellschaft fortsetzen zu können.

Fast jeden Abend waren wir bei dem freundlichen Consul, und wenn Geselligkeit und Unterhaltung stets die Würze des Lebens sind, so gehörten diese kleinen Soiréen in den damaligen Verhältnissen zu unsern köstlichsten, genußreichsten Stunden. Wir hatten in unsern Appartements einen einzigen dreibeinigen Stuhl, den wir nur durch zarte Behandlung und kleine Aufmerksamkeiten dahin bringen konnten, daß er uns nicht plötzlich seinen Dienst aufsagte. Dieses Möbel benützte abwechselnd der, welcher an dem ebenfalls defecten Tische etwas schreiben wollte. Die andern mußten beim Essen oder sonstigen Beschäftigungen auf ihren Betten, ich wollte sagen auf den Teppichen kauern, die unsere Schlafstellen vorstellten.

Erstes Kapitel.

Wenn ich noch hinzufüge, daß wir unsern Thee in einer Casserole kochten, die Mittags Suppe und Fleisch beherbergt hatte, so kann mir jeder glauben, daß es für uns kein kleiner Genuß war, an einem ordentlichen Tische auf festen bequemen Stühlen sitzend, guten russischen Thee zu trinken und sich in einem gewärmten Zimmer, ohne zu frieren, angenehm unterhalten zu können. Es war in den letzten Tagen Decembers doch etwas kühl geworden und besonders bei uns draußen fegte die feuchte Seeluft unangenehm durch unsere Zimmer, die keine Glasfenster, sondern nur schlechte hölzerne Laden hatten, so daß wir uns nur erwärmen konnten, wenn wir die Pelze umhingen und auf- und abliefen.

Heute Abend war bei dem Herrn B. größere Gesellschaft als sonst. Auf einem Divan saß der Civilgouverneur der Stadt, ein ältlicher Türke mit langem grauem Bart, den er beständig strich, übrigens ein freundlicher Herr; denn er lachte über Alles, was wir zusammen sprachen und von dem er doch gewiß kein Wort verstand. Sein Sohn, ein ganz junger Mensch, saß neben ihm auf einem Stuhle, doch schien ihm dieses Möbel durchaus nicht behaglich, denn bald zog er das eine Bein herauf, bald das andere, und rückte beständig unruhig hin und her. Erst später schien er sich wohler zu fühlen, denn da hatte er, als wir im Eifer des Gesprächs nicht auf ihn achteten, den Stuhl zu einem Divan umgeformt, d. h. er saß mit aufgeschlagenen Beinen auf dem Sitz, was possierlich aussah. Eine andere Person, und für uns die interessanteste in der Gesellschaft, war der georgische Fürst, den uns der Konsul unter dem Namen Fürst Aslan vorstellte, ein nicht sehr großer, aber schlank und zierlich gewachsener junger Mann mit einem ausdrucksvollen schönen Kopfe; sein Gesicht war etwas bleich, aber antik, edel und fein, wie aus Wachs geformt. Ein langer Schnurrbart vereinigte sich mit einem kohlschwarzen krausen Barte um Wange und Kinn, wodurch der schlanke nervige Hals vortheilhaft hervorgehoben wurde. Sein Auge war, wie das aller Südländer, dunkel und blitzend;

die hohe Stirne schmückte eine feine georgische Mütze von Astrachanpelz, die, oben zugespitzt wie die persische Mütze, einen Kegel bildet. Sein Anzug bestand aus einem eng anliegenden Kleide von blauer Seide, ohne Kragen mit Aermeln, das ihm bis an's Knie reichte und von einem gestickten Gürtel zusammengehalten wurde. Seine Hose war weit, von grauer Farbe, unten zusammengeschnürt und ließ den Fuß sehen, der mit kleinen rothen Halbstiefelchen bekleidet war. Ueber dem blauen Gewand hatte er ein anderes von grünem Tuch, ebenfalls ohne Kragen, mit langen aufgeschlitzten Aermeln, die, wenn sie herabhingen, bis zur Wade reichten. Doch warf er sie fast immer über die Schultern und ließ sie zu beiden Seiten der Brust herabhängen. Um beide Röcke ging ein Besatz von Goldborten. Merkwürdig war seine Waffe, ein Handschar, vielleicht anderthalb Fuß lang, der oben eine Hand breit war und sich nach unten zuspitzte. Die Klinge von Khorassan war schwarz, in der Mitte einen Zoll dick und hatte vom Heft bis zur Spitze an jeder Seite eine Hohlkehle; im Handgemenge eine fürchterliche Waffe, zum Hauen, Stechen und Schneiden eingerichtet. Der Griff war schwer von Elfenbein und hatte einen dicken stählernen Knopf, mit dem man auch zur Noth einem Feinde den Schädel einschlagen konnte.

Die Gestalt und Kleidung des Fürsten hab' ich deshalb so genau beschrieben, weil er uns später ein so lieber Reisegefährte wurde, und ich noch oft auf ihn zurückkommen muß. Er war ein guter liebenswürdiger Mensch, offen und gerade, dem man sich im ersten Augenblicke anschließen und ihn lieb gewinnen mußte. Russisch, georgisch und persisch sprach er geläufig, wußte sich auch im Französischen gut auszudrücken und besaß eine Gewandtheit in Führung der Waffen, im Reiten und Voltigiren, die uns oft in Erstaunen setzte. Es dauerte nicht lange, so ward Fürst Aslan mit uns bekannt und erzählte von seinem Vaterlande, sowie von Tscherkessien, das er bereist, und von Petersburg, wo er unter den

Gardehusaren gedient. Er hatte häufig das Theater besucht und konnte alle bekannten Arien der neuen Opern stellenweise auswendig.

Im Laufe des Abends wurde öfters von unserer Tour nach Damaskus gesprochen, die jetzt, da Ibrahim abgereist, ausführbar schien, und sobald als möglich unternommen werden sollte. Der gute Consul, der die ihm angenehme Gesellschaft des Barons nicht verlieren mochte, erhob, wie er schon öfters gethan, wegen der Pferde und Führer Bedenklichkeiten; doch sein eigener Janitzair, den wir hereinkommen ließen, war kein Diplomat wie sein Herr, und versprach, so viel als nöthig seien, zu besorgen, weßhalb wir ihn vorläufig auf morgen zu uns bestellten. Das Angenehmste bei diesem Hin- und Herreden war jedoch, daß der Fürst, in dessen Plan es gar nicht gelegen, auch Damaskus zu besuchen, hiezu durch unsere Debatten Lust bekam und uns ohne Weiteres seine Begleitung anbot, die wir mit großer Freude annahmen. Denn abgesehen von seiner liebenswürdigen Persönlichkeit, waren in der jetzigen Zeit bei einer Reise durch das Gebirg ein paar Männer, auf die man sich im Fall der Noth verlassen konnte, besser als ein Dutzend Beduinen, die man zur Bedeckung hätte mitnehmen können. Auch der Fürst versprach, unser Schloß am Meer den nächsten Morgen zu besuchen, um das Nähere zu verabreden.

Unsere beiden kranken Reisegefährten hatten sich indessen wieder so weit erholt, daß wir sie verlassen und der Pflege ihres bisherigen Krankenwärters, eines Juden Namens Hassan, ohne Sorge anvertrauen konnten. Es war uns unangenehm, sie nicht mitnehmen zu können, aber das gastrische Fieber hatte sie so geschwächt, daß sie gern die Zeit unserer Abwesenheit benutzen mochten, um zu der weiteren Reise durch Syrien nach Aegypten neue Kräfte zu sammeln.

Dem Janitzair des russischen Consuls wurde aufgetragen, für drei Reitpferde, zwei Maulesel, zum Tragen der Effecten, und drei

handfeste gute Mucker, so heißen die Führer, zu sorgen; und als
Nachmittags der Fürst zu uns kam, um den Tag der Abreise zu
erfahren, wurde ihm der folgende Morgen dazu bestimmt, was ihm
ganz recht war; denn er und seine Bedienten waren vollständig
montirt, hatten ihre eigenen Pferde und freuten sich, je eher je
lieber weiter zu ziehen.

Der Himmel, der seit ungefähr acht Tagen sehr unfreundlich
ausgesehen hatte, und fast immer mit Wolken bedeckt war, die uns
täglich unangenehme kalte Regenschauer herabsandten, klärte sich
den Tag vor unserer Abreise ziemlich auf und versprach gutes Reise-
wetter.

Ich weiß nicht, ob es die Erwartung auf die schönen wilden
Gegenden, die wir nun sehen sollten, war, was uns diese Nacht
nicht einschlafen ließ; aber der Baron so wenig als ich konnten
ein Auge schließen; wir warfen uns auf den harten Teppichen
herum, sprachen jetzt zusammen und versuchten dann wieder zu
schlafen: Alles vergebens, weßhalb wir den ersten Strahl des Tages
freudig begrüßten und uns zum Abritt rüsteten. Es war am 4.
Januar.

Der Baron, ich und unser Dolmetscher, Koch und Kammerdiener in einer Person, Giovanni, bestiegen die drei Pferde; auf
die Maulthiere wurden Mäntel, Decken, einiges Kochgeschirr sowie
Lebensmittel, als gekochtes Hammelfleisch, Wein, Brod, Käse, Kaffee 2c. gepackt und als Alles zu unserer Abreise fertig war, drückten
wir den kranken Freunden, die uns doch etwas verstimmt nachsahen,
herzlich die Hand und ritten zur Stadt, wo wir vor den Thoren
mit dem Fürsten zusammentrafen. Dieser ritt ein kleines, aber
starkes russisches Pferd und seine Begleitung bestand aus einem
Kammerdiener, der ein tscherkessisches Costüm trug, einen Rock von
einer Art dickem Filz gemacht, auf dem an jeder Seite der Brust
zwölf kleine Behälter für Patronen aufgenäht waren. Er hieß
Skandar und hatte denselben Gesichtsschnitt, wie sein Herr, nur

etwas plumper und nicht so ausdrucksvoll, wie jener. Ferner hatte der Fürst einen Tscherkessen bei sich, der die Pferde pflegte; es war ein riesengroßer, baumstarker Mensch, Namens Mechmet, der ein türkisches Costüm, das ihm der Prinz geschenkt, sowie einen grauen Beduinenmantel trug und mit einem Handschar und einem Wurfspieße bewaffnet war. Die Spitze des Letzteren putzte er besonders vor dem Ausreiten mit seinem Mantel blank und sauber, weil er behauptete, sie glänze dann im Sonnenlicht weit hin, und halte die Feinde, die uns anfallen wollten, im Respekt. Für das Gepäck hatte der Prinz ebenfalls ein Maulthier mit einem Mucker.

Nachdem wir unsere Streitkräfte versammelt, zogen wir westlich durch einen holperigen Hohlweg, den wir bei unsern Spazierritten schon öfters verwünscht und dem auch heute wieder manches böse Wort galt. Mechmet, mit dem Wurfspieß, fing hier seine Bergtour nicht glücklich an. Sein Pferd machte einen Fehltritt und beide kollerten über einander hin, glücklicher Weise jedoch ohne Schaden zu nehmen. In der ersten halben Stunde unseres Rittes fühlte ich mich auf meinem ziemlich starken Pferde gar nicht heimisch. Ich hatte einen alten Beduinensattel, der, vorn und hinten sehr hoch, nur einen schmalen Sitz bietet und dann nur angenehm ist, wenn man es versteht, mit so kurzen Bügeln wie die Wüstensöhne zu reiten, daß die Kniee den Hals des Pferdes erreichen. In diesem Fall findet man nach einiger Uebung das Galoppiren recht angenehm, doch ist in der Stellung vom Traben keine Rede. Ich schnallte meinen Bügel lang, was ich bei ähnlichen Sätteln jedem Europäer rathe, da man bei einem unglücklichen Sturz mit dem Pferde durch die kurzen Bügel schlimm über den Kopf des Pferdes geworfen werden kann.

Wir zogen nordwestlich von der Stadt im tiefen weichen Sand durch jene Pinienanpflanzungen des Schach Fachreddin, von denen ich früher gesprochen. Hie und da wand sich ein kleines Bächlein, ein Kind des ewigen Schnees droben, durch den trocknen Grund,

und sah von Weitem, wie eine grüne glänzende Schlange aus, denn rechts und links an seinen Ufern trieb die Feuchtigkeit hunderte von Pflanzen und Kräutern hervor, die sich auf dem gelben Sand scharf abzeichneten. Zwischen drei oder vier solcher Bäche, wenn sie auch mehrere hundert Schritt auseinander liegen, haben die Leute Palmen gepflanzt und auf unserm Wege kamen wir durch kleine Wälder dieser schönen Bäume, die um den Fuß des Libanon einen grünen Gürtel zogen.

In kurzer Zeit hatten wir die Stadt, sowie die Pinien hinter uns und genossen den vollen Anblick des prächtigen Gebirges, von der darüber emporsteigenden Sonne malerisch beleuchtet. Wir ritten aufwärts, und unser Weg, wenn man die Bahn, die vor uns hinaufziehende Karawanen gemacht, so nennen kann, führte anfänglich über eine breite sandige Fläche, die mit zahlreichen Pinien, Platanen und Sycomoren bedeckt war. Oft blieben wir stehen und schauten rückwärts, denn es begann sich hinter uns eine große schöne Aussicht zu entfalten. Die Landzunge, auf der Beirut liegt, hatten wir noch nie Gelegenheit gehabt, in ihrer ganzen Ausdehnung zu übersehen. Jetzt standen wir hoch über der Stadt wie auf einem Thurm und sahen vor uns das Meer auf drei Seiten den Halbkreis, auf dem Beirut liegt, umspülen; die Stadt, welche mit den sie umgebenden Gärten und Anpflanzungen einen ziemlichen Raum einnimmt, verschwand fast gegen die ungeheure Wasserfläche, die sich vor uns ausbreitete. Zur linken Hand trat das Land in einer ähnlichen Spitze in's Meer, doch für unser Auge zu weit, um dort etwas erkennen zu können. Das war Saida. — Drunten im Hafen von Beirut lagen die großen englischen Linienschiffe und schienen uns nicht größer als Nußschalen zu sein. Eins der Kriegsdampfboote wandte sich und ruderte fort — ein Wasserinsect, das den Bach durchschwimmt, ein anderes sahen wir auf der Höhe der See und erkannten es nur an dem langen dunkeln Rauch, der es umhüllte. —

Erstes Kapitel.

Nach zwei Stunden beständigen Aufwärtssteigens kamen wir an ein einzeln stehendes Haus, Chan oder Wirthshaus, mit einer aus unbehauenen Steinen roh zusammengesetzten Wasserleitung, die klaren einen Felsbach in ein Bassin im Hof führte, wir zogen vorbei, und da hinter diesem Hause der Weg ziemlich steil zu werden anfängt, stiegen wir von den Pferden und führten sie. Der Boden war zum Marschiren sehr unangenehm, ein weicher sehr tiefer Sand, der das Gehen außerordentlich erschwerte, auch brannte die Sonne heftig, obgleich wir uns im Monat Januar befanden, und erwärmte mehr als nöthig war. Bewunderungswürdig war bei diesen schlechten Wegen die Klugheit und Ausdauer unserer Pferde, denn obgleich man ihnen wohl das arabische Blut ansah und sie die edle Race ihrer Stammeltern nicht verläugneten, waren es doch nur gebrauchte Miethpferde, von denen die meisten obendrein schon sehr bei Jahren waren; aber alle waren noch stark auf den Beinen und höchst selten stolperte eins; auch brauchte man sie nicht anzutreiben, sondern ruhig und unermüdlich kletterten sie so rasch aufwärts, daß wir ihnen kaum folgen konnten.

Hie und da begegneten wir einzelnen Maroniten und Drusen, die zur Stadt hinabstiegen, um Einkäufe oder sonstige Geschäfte zu besorgen. Alle grüßten uns freundlich und verließen uns mit einem lauten Allah il Allah! Etwas höher hinauf kamen uns Schwarze entgegen, welche ein paar türkische Weiber von Damaskus hergeleiteten. Die Damen saßen auf Maulthieren und waren stark verschleiert. Viel Freude verursachte uns eine andere Begegnung. Bei einer Biegung des Wegs sahen wir eine kleine Gesellschaft auf uns zukommen, die wir ihrem Costüm nach sogleich für Europäer erkannten. Es war ein Mann zu Pferde und hinter ihm zwei Frauenzimmer auf Maulthieren. Sie schienen von unserem Anblick ebenso überrascht wie wir von dem ihrigen. Sie waren Deutsche aus dem Elsaß und der Mann Militärarzt bei Ibrahim Pascha gewesen. Sie hatten Damaskus nach Abzug der

Armee verlassen und gingen nach Beirut, um sich in die Heimath einzuschiffen. Wer es schon gefühlt hat, wie wohlthuend die Klänge der heimathlichen Sprache in der Fremde auf das Herz wirken, wird glauben, daß wir uns herzlich begrüßten und ein kleines Gespräch hielten, ehe wir wieder schieden. Wie gute Freunde, die sich verlassen, sahen wir uns öfter nach einander um und schwenkten die Tücher. Bald waren sie unseren Augen entschwunden.

Wir stiegen noch eine Stunde sehr steil aufwärts und hatten bald einen bekannten Chan erreicht, der wohnlicher als alle andern im Libanon eingerichtet, häufig von Reisenden, die über das Gebirge ziehen, zum ersten Nachtlager benutzt wird, — Chan el Hussein. Auch unsere Mucker fingen gleich bei unserer Ankunft an, die Thiere abzuladen, als verstünde es sich von selbst, daß wir hier anhielten. Doch war es erst Mittags ein Uhr, weßhalb wir heftig dagegen protestirten und weiter zu ziehen verlangten. Aber wie es uns zuweilen bei dergleichen Streitigkeiten mit den Eingeborenen ging, unser edler Dolmetscher Giovanni schlug sich auf ihre Seite, indem er wahrscheinlich nicht Lust hatte, für heute weiter zu gehen. Er malte uns die schrecklichsten Dinge aus, die uns treffen würden, wenn die Nacht uns in den Pässen des Libanon überraschte; er sprach von Abgründen voll Schnee und Eis, von Räubern und Gott weiß was Alles. Doch war uns noch der Zug über den Balkan, von dem man uns beinahe das Nämliche prophezeit hatte, zu frisch im Gedächtniß, um uns auf das Gerede dieser Leute zu verlassen. Aber was konnten wir machen? So sehr wir in den Dolmetscher drangen, die Leute zu fragen: ob es denn auf keine Weise möglich sei, noch heute weiter zu gehen und einen andern Chan zu erreichen, so ertheilte er uns beständig die Antwort: man sage, das sei unmöglich. Wir hätten also die Nacht hier zubringen müssen, wenn nicht durch die ziemlich heftig geführten Debatten ein anderer Araber aufmerksam geworden und näher getreten wäre.

Er fragte den Baron in einem ganz verrenkten Englisch, ob er nicht diese Sprache kenne. — Nun ist wohl nie eine Mundart mehr geradbrecht worden als diese; aber sie klang wie Musik. Der Araber sagte uns, ihm scheine, als wollte unser Dertscheman (Dolmetscher) nicht weiter gehen; denn die Leute haben ihm schon mehrmals gesagt, es sei wohl möglich, wenn wir bald aufbrächen, mit Einbruch der Nacht einen andern Chan zu erreichen; doch müßten wir uns beeilen, da der Weg dahin ziemlich schlecht sei. Jetzt wurden natürlich alle Unterhandlungen abgebrochen. Der englische Araber mußte den Muckern erklären, daß wir auf jeden Fall weiter wollten und noch heute einen andern Chan erreichen, wornach sie sich einzurichten hätten. Unserm Giovanni, der es wieder einmal verdient hätte, bedeutend geprügelt zu werden, wurde strenge befohlen, gleich aufzupacken und nach einigen Minuten ging die Reise weiter.

Ich habe dies kleine Intermezzo erzählt, um einen Begriff zu geben, wie sehr der Reisende im Orient von den Launen dieser Dolmetscher abhängt. Dies ist nicht das einzige Beispiel der Art und nicht immer trafen wir einen Sprachkundigen wie heute, der uns aus der Verlegenheit half. Mit anständiger Behandlung und guten Worten, wie sie der Baron den Dienern stets zukommen ließ, ist bei diesem Volk nichts ausgerichtet; und ich rathe jedem Reisenden, bei dem geringsten Widerspruch oder unverschämten Betragen dieser arabischen Bedienten den Prügel zu gebrauchen. Läuft auch so ein Kerl heute fort, er wird morgen sicher wieder kommen, denn Herrschaften, die, wie die europäischen Reisenden, außerordentlich viel bezahlen, trifft er nicht gleich wieder, und so unangenehm es freilich für uns gewesen wäre, bei unsern Ausflügen, entfernt von den Küstenstädten, von dem Dolmetscher verlassen zu werden, ebenso fatal wäre es für ihn selbst gewesen, wenn wir ihn fortgejagt hätten, und ich bin überzeugt, er hätte zuerst sich uns wieder genähert.

Gleich hinter dem Chan el Hussein begann der Weg eine andere Gestalt anzunehmen. Bis hieher hatten wir meistens Sand, zuweilen auch Erde gehabt, und nur stellenweis fanden wir den Pfad mit Steinen bedeckt, auch hatten uns beinahe bis auf diese Höhe Pinien, Fichten und kleine Gesträuche aller Art nicht verlassen. Jetzt wurde die ganze Gegend kahl und öde. Der Boden, aus Fels bestehend, gewährte nur schmale Pfade, die sich beständig um gewaltige Klippen herumwanden und sehr steil aufwärts gingen. Auch war es viel kühler geworden. Die mit Schnee bedeckte Spitze des Dschebbel Schech, welche links vor uns lag, kühlte die Luft ab und sandte uns nicht selten sehr kalte Winde. Vor uns zog eine lange Reihe Kameele, die wir bald überholten; sie waren mit langen Balken beladen, von denen jedes der Thiere zwei trug, rechts und links am Packsattel hängend und mit dem Körper parallel laufend. In kurzer Zeit ließen wir sie weit hinter uns und hatten nach einer Stunde die erste Höhe des Gebirges erklettert, — die erste der drei Ketten, welche den Libanon ausmachen und die durch wilde, fast ungangbare Thäler getrennt, drei gewaltige Ringmauern bilden.

Von dieser Höhe wandten wir noch einmal den Blick rückwärts; doch sahen wir nichts als das weite öde Meer; Beirut dicht an den Fuß des Libanons geschmiegt, war unsern Augen entrückt. Unsere Mucker, die sehr eilten, um vorwärts zu kommen, ließen uns indeß nicht lange Zeit zum Umsehen. Der Weg führte jetzt abwärts, d. h. wir mußten uns durch die Klippen und Schlünde, die vor uns lagen, einen suchen. Ein großartig wildes Thal war es, in welches wir jetzt hinabstiegen. Es versteht sich von selbst, daß jeder absaß, um sein Pferd zu führen oder es vielmehr wie die Araber zu machen, um sich vom Pferde führen zu lassen. Bei solchen Wegen ist die Klugheit dieser Thiere wirklich bewundernswürdig, die Sicherheit, mit der sie, ohne zu stürzen, über das lockere Geröll gehen. Wir ließen sie den Weg suchen und folgten ihnen. Bald wandten sie sich zwischen zwei aufrecht stehenden Felsblöcken

hindurch und wo uns auf einmal ein fast senkrechter Abhang alles
weitere Fortkommen abzuschneiden schien, suchten sie so lange herum,
bis sie eine ihnen vielleicht bekannte Furth gefunden, durch die wir
hinabkamen, die aber oft so schmal war, daß wir kaum einen Fuß
vor den andern setzen konnten. Jetzt bildete der Weg mehrere
hundert Schritte lang eine sehr steil sich niedersenkende Fläche, wo
Alles, ohne anhalten zu können, hinabrutschte, und sich jeder erst
durch Anprellen an die unten stehenden Felsen wieder sammeln
konnte. Ohne Unfall erreichten wir in kürzerer Zeit als wir ge=
glaubt, den Grund des Thales, in dem ein eiskaltes klares Berg=
wasser floß. Rings war alles still und erschreckend ruhig, keine
Spur irgend eines menschlichen Wesens, kein Grün der Bäume und
Sträuche, nur hie und da ragten einige verkrüppelte erstorbene Fich=
ten aus dem Gestein. Eine Zeit lang gingen wir an dem Bache
aufwärts und kamen an einer halbverfallenen verlassenen Hütte vor=
bei, wo der Weg wieder rechts an der andern Thalwand hinauf=
führen sollte. Doch sahen wir keine Möglichkeit, da hinaufzuklettern,
und wir glaubten schon, unsere Führer müßten irre gegangen sein,
als wir plötzlich auf der Spitze der vor uns liegenden Felsen einen
Zug Maulthiere erblickten, die sich eben anschickten, zu uns herab=
zusteigen. Wir hielten an, um den Thieren zuzusehen und glaubten
jeden Augenblick, wenn sie einen neuen Zacken überstiegen, jetzt
müßten sie stürzen und zerschmettert vor unsere Füße rollen. Oft
gingen sie auf einem Pfade, der, von unten gesehen, nicht breiter,
als ihre Füße zu sein schien, an der einen Seite eine steile Wand,
an der andern einen mehrere hundert Fuß tiefen Abgrund. Jetzt
stiegen sie einen senkrechten Felsen im Zickzack herab, um auf einem
Steindamme weiter zu gehen, wo sie ungefähr aussahen, wie kleine
Fliegen, die über einen Messerrücken laufen, bald verschwanden sie
hinter Klippen, die wie Zuckerhüte emporragten, und erschienen
jetzt wieder an einer scharfen Kante hängend; wo wir keinen

Pfad erblicken konnten und der ganze Zug oft aussah, wie wehendes Gras über einem Abgrund.

Für die Höhe der Berge waren sie in kurzer Zeit bei uns und nachdem wir einige Worte mit den Treibern gewechselt, begannen wir denselben Pfad hinaufzuklettern, den ich oben beschrieben, und wenn sich auch bei genauer Betrachtung Manches nicht so gefahrvoll darstellte, als es anfangs schien, so war die ganze Sache doch halsbrechend genug und beim Ersteigen der Klippen fanden sich oftmals einzelne Stellen, die ich zu jeder andern Zeit für Menschen ungangbar gefunden hätte, geschweige für Pferde. So war etwas höher hinauf der Weg eine förmliche Treppe, wo jede Stufe aus einem Felsblock von zwei bis drei Fuß Höhe bestand. Die Breite betrug gleichfalls nicht mehr; an der einen Seite hatten wir eine steile Wand, an der andern den Abgrund. Außerdem stürzte über diese Treppe ein kleines Wasser hinab, das, hie und da Pflanzen und Moose ansetzend, den Weg schlüpfrig und gefährlich machte. Jemand, der am Schwindel litt, hätte ich nicht rathen mögen, von diesen Höhen einen Blick in die Tiefe rings um sich zu thun. Die ganze Umgebung war kolossal, großartig wild.

Als wir höher gestiegen waren, sah ich, daß das Thal, das wir soeben verlassen, nur eine kurze Strecke die erste Bergkette mit der zweiten verband. Rechts und links neigte es sich, zuerst kaum merklich, dann aber auf einmal mit einem gewaltigen Absturz gegen das Meer hin, welches wir jedoch nicht mehr sahen, und ließ uns in riesige Schluchten schauen, an denen ein scharfes Auge die Natur des Libanon studiren konnte. Tief unten schien der Boden dieser Schluchten mit grünen Wellen bedeckt, die an den Wänden hinauf schlagend immer durchsichtiger wurden. Das waren Wein- und Oel-Pflanzungen der maronitischen Dörfer, die hie und da in den Bergen liegen, üppige Wälder, die der untere Strich des Gebirges hervorbringt. In die rauhere Region hinaufragend, werden sie allmälig lichter und laufen endlich in hie und da zerstreute Pinien,

Fichten und Ceberngruppen aus. An sie stoßen gelbe Strecken Landes, die man für Sand halten könnte; doch sind es Getreidefelder, die noch bis zu einer beträchtlichen Höhe dicht mit Aehren bedeckt sind. Jetzt erst kommt der Sand, der später den rauhen Felsen Platz macht, welche von kleinen Steinen, womit die Wege bedeckt sind, bis zu ungeheueren Blöcken anwachsend, das schneebedeckte Haupt des Berges unterstützen. Unten im Thale von Beirut war es, obgleich der Himmel mit Wolken bedeckt war, ziemlich heiß gewesen, und wir hatten zu Anfang unseres Marsches Mäntel und Pelze bei Seite gelegt; doch sahen wir uns bald veranlaßt, sie wieder zu nehmen. Wir erstiegen jetzt die mittelste und höchste der drei Bergketten des Libanon und es begann hier oben empfindlich kalt zu werden. So ruhig unten die Luft war, so machten sich doch auf dieser Höhe die Winde bemerkbar und brachen hie und da aus den Schluchten hervor, unsere Mäntel und die Mähnen der Thiere lüftend. Alle Vegetation hörte hier gänzlich auf und statt der kleinen Sträucher und Moose, die tiefer unten die Schluchten des Gesteins ausfüllten, ringelten sich hie und da von dem weißen schneebedeckten Haupte des Berges einzelne dünne Locken bis zu unsern Füßen, lange Streifen glänzenden Schnees. Für uns Europäer war es ein eigenes Gefühl, als wir wieder Schnee sahen, den guten Bekannten aus der Heimath, den alten Jugendfreund. Ich konnte mich nicht enthalten, von meinem Pferde zu steigen und eine Hand voll zusammen zu ballen, die ich mit meinem Gruß an die Heimath einer der Abhänge hinabrollen ließ. Die Pferde schienen sich dagegen mit dem Schnee nicht recht befreunden zu können; denn so weit sie konnten, gingen sie ihm aus dem Wege und als sie bei größeren Strecken auf ihn treten mußten, thaten sie es so vorsichtig und behutsam, die Beine hoch aufhebend, als fürchteten sie, bei jedem Schritte durchzubrechen.

Hiezu kam noch etwas auf dieser Höhe, was uns sehr interessant war, den Muckern aber, sowie ihren Thieren ebenfalls nicht zu gefallen schien. Allmälig ritten wir in die Wolkenschlucht, welche die Spitze des Gebirges bedeckte. Zuerst empfanden wir eine kalte Zugluft, die uns von allen Seiten anwehte und mit einem leichten Nebel bedeckte, der mit jedem Schritte dichter wurde; wie bei einem kalten Wintertag zeichnete sich der Athem der Menschen und Thiere dunkler ab und ließ im Pelz und im Bart einen kleinen Reif zurück. Unser Hauptmucker, d. h. unser erster Führer, nahm die Spitze des Zugs, und bedeutete uns sehr ernsthaft, ihm genau zu folgen, sowie einzeln zu reiten, immer einer dicht hinter dem andern, weil der Weg zur höchsten Spitze der zweiten Bergkette, die wir jetzt zu überschreiten hatten, es nicht anders zulasse und wir uns bei dem dichten Wolkennebel verirren könnten, eine Besorgniß, die sehr gegründet war, denn bald konnten wir die Gegenstände vor uns kaum mehr auf drei Schritte erkennen. Dabei sah Alles sehr groß, ja riesenhaft aus; das Pferd des vor mir reitenden Barons schien sich kolossal auszudehnen; sein Mantel flatterte wie ein zerrissener Wolkenschleier und wenn ich zufällig einem solchen Reiter begegnet wäre, würde ich ihn für einen mächtigen Berggeist gehalten haben, der, vom Sturmwind getragen, durch sein Revier braust. Dabei wurde der Weg sehr gefahrvoll und führte uns auf ganz eigenthümliche Weise die Spitze hinan; eine Art Hohlweg, in dem wir eine kurze Zeit geritten, hörte mit einem Mal auf, und vor uns dehnten sich große Schieferplatten aus, die, wie durch Menschenhände zusammengefügt, eine glatte Fläche bildeten. Steil, wie ein Hausdach, ging sie aufwärts und den Pferden und Maulthieren wurde das Ersteigen nur durch kleine Löcher möglich gemacht, die man in den Stein gehauen hatte und worein die klugen Thiere vorsichtig ihre Füße setzten und so aufwärts kletterten. Obendrein wurde diese Passage noch durch den vielen Schnee beschwerlicher gemacht, und wäre ganz unzugänglich gewesen, wenn die heftigen Winde, die hier oben wehten, es zugelassen hätten, daß der Schnee die ganze Spitze bedeckte; so aber konnte er sich nur hie und da erhalten, wo ihn Felswände schützten, aber an solchen Stellen war er oft mannshoch zusammengethürmt.

Bald jedoch hatten wir diesen Weg und die Wolken im Rücken, aus denen ich die Mucker und Thiere hinter mir einzeln, wie aus einem großen Wasserspiegel, auftauchen und an's feste Land treten sah. Der Himmel, den früher die Wolken, über welchen wir uns befanden, bedeckt hatten, sah jetzt klar und freundlich blau auf uns hernieder.

Die Hochebene, über die wir nun ritten, glich einer Insel im Meere, denn wie mit brandenden Wellen war sie rings von den Wolkenmassen umgeben, die sich hin- und herbewegten und bei jedem Windstoß ihre Gestalt verändernd, die Täuschung vollkommen machten. Aus diesem Meere hoben sich rechts und links die höchsten Spitzen des Gebirges, der Dschebbel Schech und der Dschebbel Sanin, achttausend Fuß hoch, die mit ihren im Sonnenlicht glänzenden Schneemänteln wie Eisberge aussahen. Doch nur kurze Zeit hatten wir einen etwas bequemeren Weg. Bald verengte er sich wieder und wand sich, sanft ansteigend, um eine höhere Spitze des Berges, die uns zur Rechten lag, wo er gefährlicher als je wurde. Zur Rechten hatten wir eine fast senkrechte Bergwand und links eine der tief hinabreichenden Schluchten, von denen ich oben sprach. Der Pfad selbst war höchstens zwei Fuß breit, mit Schnee bedeckt und nicht einmal gerade, sondern nach der Schlucht zu etwas abschüssig. Die Thiere konnten natürlich nur eins hinter dem andern gehen und drückten sich, die Gefahr kennend, so fest wie möglich gegen die Bergwand, den Reiter nicht selten unangenehm gegen die Felsen stoßend. Die Schlucht links gewährte einen eigenthümlich großartigen Anblick. Die Wolkenmassen hatten sich etwas gesenkt und ließen uns vielleicht hundert Fuß weit hinabsehen; dann versperrten sie die Aussicht und die grauen bewegten Nebel sahen nicht anders aus, als seien sie der Rauch von einem ungeheuren Feuer, das dort unten flamme. Etwas weiter hinauf sahen wir sie von der Sonne rosig gefärbt und man konnte glauben, in einem kolossalen Theater zu sein, wo am Schluß des Stücks die Wolken, die die Genien getragen, langsam verschwinden; mit ihnen verschwand die Poesie, welche die Gegend verschönte, und der Schauplatz verwandelt sich in die frühere öde Gegend.

Sowie es wohl nicht leicht ein zweites Gebirge gibt, das sich in prächtigere Farben kleidet, als der Libanon, z. B. bei Sonnenuntergang, so gibt es auch wohl keins, das so sonderbar geformte und in ihrer Gestaltung so verschiedenartige Thäler aufzuweisen hat wie dieses. Bald sind sie wild und rauh, mit chaotisch auf einander gethürmten Felsenmassen, unheimlich, als ruhe der Fluch des Schöpfers auf ihnen, bald findet der Blick, der suchend über die Spitzen irrt, ein anderes, das den vollkommensten Gegensatz bildet. So erinnere ich mich besonders eines, in das ich meine Gedanken und Träume versenkte, bis mir eine Biegung des Wegs seinen Anblick entzog. Zwischen rothen kahlen Felsen lag es, klein aber freundlich, mit frischen Wiesen und grünen Sträuchern, und besonders schön war es, daß ein ebenfalls grün bewachsener Hügel die weitere Aussicht hemmte, den Blick abhielt, die dahinter liegenden Felsen zu sehen und dagegen den Gedanken gestattete, sich noch Schöneres auszumalen, was in der Wirklichkeit hier nicht vorhanden war. Es war mir wie ein Thal aus der Heimath. Hinter jenem Hügel mußte ein kleines Dorf liegen und nur die aufsteigenden Abendnebel hinderten mich, den Kirchthurm mit der blanken Spitze zu sehen; doch das Geläute der Glocken hörte ich, deutlich hörte ich es und wenn mir auch mein Auge sagte, es seien die Schellen unserer Saumthiere, so glaubte ich ihm doch nicht und blickte scharf nach dem hübschen Thal, um bald die Häuser zu sehen, deren Fenster, von der Abendsonne bestrahlt, in hellem Feuer brannten. Ach, in einem Thal, das diesem glich, hatte ich einstens schöne Tage verlebt; es war aber auch nur eine Täuschung und nach kurzer Zeit trat das Schicksal, wie jetzt die Felsen, zwischen mich und das Thal, und ich mußte wie hier auf ewig Abschied von ihm nehmen.

Ueber den mittlern und höchsten Bergrücken waren wir nun glücklich hinüber und noch einmal, aber in ein weniger wildes Thal, als das erste, hinabsteigend, sahen wir den dritten und letzten Gebirgszug des Libanon vor uns, an dem unser heutiges Nachtquartier liegen sollte. Die Sonne war hinabgestiegen und aus den Thälern und Schluchten erhoben sich dunkle Nebel. Unsere Pferde, denen der heutige Marsch etwas stark mochte vorgekommen sein, schienen sehr ermüdet, und doch eilten die Mucker so rasch wie möglich vorwärts, um den Chan baldigst zu erreichen, bis wohin wir noch eine beschwerliche Strecke Weges haben sollten, besonders unangenehm für uns, da die Nacht, die hier fast ohne Dämmerung sehr rasch eintritt, noch ehe wir den letzten Höhenzug erreicht, völlig eingebrochen war und sich heute so finster anließ, daß ich für meine Person die nächsten Gegenstände nicht mehr unterscheiden konnte. Obendrein hatten sich am Himmel schon mehrere Stunden lang neue Wolken gesammelt und es fing an zu schneien, eine Unannehmlichkeit, die noch durch den scharfen Wind, der uns aus dem Thale entgegenblies, vermehrt wurde. Unser Weg führte einen Bach hinab und bildete keine angenehme Passage. So fatal die Dunkelheit in einer Art war, so hatte sie doch den Vortheil, daß wir die Gefahren des Weges nicht so sehen konnten und man mußte in Gottes Namen den Vorhergehenden folgen; rutschten die eine Strecke mit den Pferden hinab, so wußte ich, daß mir gleich dasselbe passiren würde, und machte mich auf einige Stöße gefaßt. Zuweilen bildete unsere Karawane einen großen Knäuel, bei dem es noch ein Glück war, daß unsere armen Thiere sehr ermüdet waren und deßhalb nicht anfingen zu schlagen; bald zog sich die Gesellschaft lang aus einander und wurde nur durch das Schreien der Mucker wieder zusammengebracht, die, wie die türkischen Posttartaren, unnachahmlich heulten, um bei der Dunkelheit den Weg anzuzeigen.

Nach einer Stunde erblickten wir vor uns etwas, wie ein großes Felsstück, nur regelmäßig geformt und dadurch sich von den übrigen unterscheidend, das die Mucker mit lautem Geschrei begrüßten. Es war unser Chan, und wir Alle fühlten uns glücklich, in dem Unwetter des Schneesturms endlich ein Obdach zu haben, mochte es nun im Innern aussehen, wie es wolle.

Dieser Chan, seinen Namen wußten die Leute selbst nicht, war ein ziemlich großes Gebäude, durch lose auf einander gefügte Steine ausgeführt, deren Ritzen mit Moos und Erde verstopft waren. Die Mauern mußten ungefähr zwanzig Fuß Höhe haben. Das platte Dach bestand aus Palmbaumstämmen, die man neben und über einander gelegt hatte, und deren Zwischenräume ebenfalls mit Moos und Erde verstopft waren; oben lag eine Schichte großer Steine, die das Dach gegen den Sturmwind schützten, der es sonst in kurzer Zeit herabschleudern würde. Auf gleiche Art sind alle Chans oder Wirthshäuser durch ganz Syrien gebaut. Im Innern war unser heutiges in drei Theile getheilt, wovon der größte den Stall, ein anderer das Bedientenzimmer und der dritte unser Appartement vorstellte. Alle drei glichen sich in ihrer innern Einrichtung so ziemlich, nur war der Stall durch die Wärme der Thiere und das hingeworfene dürre Laub und weniges Stroh am wohnlichsten und bot den meisten Comfort. Neben diesen Lokalen befand sich noch in dem Chan eine Art Vorhaus, oder besser gesagt, das Dach war einige Schuh vorgebaut und bildete, durch Palmbäume unterstützt, einen Schuppen, unter den die Saumthiere getrieben wurden, damit man sie bei einem Wetter wie das heutige im Trockenen abladen konnte.

Die meisten dieser Chans sind, wenn man es so nennen will, Stiftungen, vielleicht ließ ein Reisender, der kein Obdach fand, und hier unter freiem Himmel übernachten mußte, später aus Humanität, für Andere, die sich in gleichem Falle befänden, das Gebäude aus seinen Mitteln aufführen. Daß hier an keine Wirthschaft zu denken ist, und jeder nur das hat, was er mitbringt, versteht sich von selbst; nur in einigen der größten, die auf den Hauptstraßen liegen, wie auch unser heutiges, halten sich zuweilen Araber auf, die den Reisenden, natürlich zu immensen Preisen, Brod, Kohlen, sowie auch Stroh und Gerste für die Thiere verkaufen.

Unsere Mucker, die einige Schritte voraus waren, ritten gleich unter das hervorragende Dach, um abzuladen, und wenn wir auch gewohnt waren, bei derlei Geschäften ein großes Geschrei und Spektakel zu hören, so erhob sich doch gleich nach ihrer Ankunft ein solch entsetzlicher Lärm von Menschenstimmen und Wiehern der Pferde, daß wir eilig hinzuliefen, um nach der Ursache des Spektakels zu sehen. Was war es? Das Haus und den Vorplatz hatte ein türkischer Oberst, der von Damaskus kam, mit seinem Gefolge eingenommen und da nicht alle Pferde im Stalle Platz fanden, waren mehrere unter dem Vordache angebunden, die nicht so friedlicher Natur, wie die unserer Mucker, anfingen auszuschlagen, worauf die Türken, die Gott weiß welchen Ueberfall vermuthen mochten, mit Waffen und Feuerbränden aus dem Hause stürzten, um sich zu vertheidigen oder vielleicht auch nur, um davon zu laufen. Bei unserem Anblick stutzten sie, beruhigten sich jedoch, als ihnen der Baron bedeuten ließ, wir seien Reisende wie sie und suchten Nachtquartier, und einer der Türken, ein stattlich aussehender Mann, legte die Hand an's Feß und sagte uns das wohlbekannte Maschallah (Gott segne deinen Eingang). So war der Friede wieder geschlossen. Die Reiter banden ihre Pferde etwas entfernt von den unsrigen, und während sich die Mucker mit Abpacken beschäftigten, traten wir in das Gemach. Hier sah es ziemlich unheimlich und trostlos aus. Es kam uns kein Oberkellner mit einem Dutzend Unterkellner entgegen, Servietten auf dem Arm und Wachslichter in den Händen, um die Nummern unserer wohleingerichteten Zimmer

abzurufen. Hier war nur eine einzige Nummer und so niedrig, daß
der Baron kaum aufrecht darin stehen konnte. Der Boden bestand
aus zusammengetretener Erde, in der Mitte befand sich eine Vertiefung, worin glühende Holzkohlen lagen, die eine dreifache Bestimmung hatten, den Kaffee daran zu kochen, das Gemach zu erwärmen
und zu beleuchten.

Der Oberst, als solchen machte ihn der diamantene Nischah auf
seiner Brust kenntlich, war so gütig, seine Begleitung vom Jüs-
Baschi (Hauptmann) abwärts, in das andere Gemach zu schicken,
damit für uns Platz würde. Nachdem Giovanni unsere Mäntel und
Decken, auch ein brennendes Licht hereingebracht, richteten wir uns
so behaglich als möglich ein. Der Kammerdiener des Fürsten,
Scandar, kochte einen ächt russischen ausgezeichneten Thee, der uns
innerlich erwärmte und den gefrorenen Humor aufthauen ließ. Dann
soupirten wir, indem wir Fleisch und Brod auf einer ledernen Pferde-
decke ausbreiteten, stopften unsere Pfeifen und gaben den aufhorchen-
den Türken noch ein Vokalconcert zum Besten. Fürst Aslan sang
Verschiedenes aus dem Barbier von Sevilla, der Baron aus Norma:
Zu dieser Stunde sollst du erfahren ꝛc. und ich trug das bekannte
Duett aus den Puritanern vor.

So sehr jedoch den Oberst und seine Gefährten unser Gesang
und uns die Freude dieser Leute amüsirte, fühlten wir doch bald
das Bedürfniß zum Schlafen und machten Anstalten, zu Bette zu
gehen; ein Stein wurde zum Kopfkissen genommen, der Baron
wickelte sich in seine ungarische Bunta, von der er mir jedoch großmüthig ein Stück zukommen ließ, die Türken legten die Pfeifen weg
und bald herrschte tiefe Stille, nur zuweilen von dem Heulen
des Sturms draußen oder von dem Schnarchen eines der Schläfer
unterbrochen. Es war aber ein sehr unbequemes Bett. Man mußte
die Beine beständig an sich ziehen, um sich nicht an den Holzkohlen,
die in der Mitte des kleinen Gemachs brannten, zu versengen.
Aber müde, wie wir waren, entschliefen wir bald. Doch dauerte

unsere Ruhe nicht gar lange. Ich erwachte nach einigen Stunden von einem Geräusch, herabfallenden schweren Regentropfen ähnlich, wie sie im Sommer als Vorposten eines Gewitters ankommen. Ich verhielt mich ruhig, um den Schlaf der Andern nicht zu stören und fühlte nur, da mir ahnte, was es sein könnte, mit der Hand auf meinem Pelz und dem Boden herum. O weh! da war Alles naß. Von der Decke fielen wirklich schwere Tropfen und in nicht geringer Anzahl. Der Schnee, der den Tag über auf das Dach gefallen war, schmolz durch die Wärme unseres Feuers und drang durch die schlecht zusammengefügten Baumstämme, bei diesem Durchsickern von dem darauf geworfenen Lehm mit sich führend, so daß zugleich Schmutz und Wasser auf uns fiel. Der Baron richtete sich ebenfalls in die Höhe und der arme Fürst, der unglücklicher Weise in einer Ecke lag, versicherte uns mit seinem Lieblingsschwur parole d'honneur, er liege in einer wahren Sauce und sei schon lange wach. Nach langem Berathschlagen, was zu thun sei, wurden wir mit dem türkischen Oberst einig, Feuer anmachen zu lassen und Kaffee zu kochen, um so den Morgen zu erwarten. In Kurzem war Alles munter. Etliche zehn Pfeifen dampften. Ich aber nahm den Burnus eines unserer Araber und ging vor das Haus, mich im Freien ein wenig umzusehen.

Es war eine wilde Nacht. Das Schneegestöber hatte aufgehört und der Sturm lag zwischen den Felsenzacken und pfiff aus dem zerrissenen Gestein die seltsamsten Melodien. Unser Chan stand hart an der abschüssigen Wand eines Thales, das lang vor mir ausgestreckt lag und in seiner Wildheit dem Wohnorte böser Geister glich. Hie und da erhoben sich aus dem Dunkel riesige Gestalten, einzeln stehende Felsen, die oben mit Schnee bedeckt, wie mit weißen Gesichtern zu mir aufblickten. Hinter dem Hause war ich vor dem Winde etwas geschützt; doch wie ich vortrat, um eine weitere Aussicht zu haben, packte er mich und ich mußte einen Zacken des Gesteins fassen, um nicht hinabgeschleudert zu werden. Da hing ich, zu meinen Füßen ein unermeßlicher Abgrund, durch den die Winde sausten und mir spottend zuriefen, mir, ihrem Herrscher, den die empörten Elemente verbannt und hier oben angekettet hatten. Ich war ein anderer Prometheus. Mein Burnus flatterte um mich, wie die Fittige der Geier, und schlug mich in's Gesicht — mir war mein Zauberstab entfallen und keine freundliche Macht half mir die empörten Vasallen zur Ruhe zu bringen und zu bändigen; alle befreundeten Mächte flohen, — alle. Die meisten hatten mich eilfertig verlassen, nur eine zögernd langsam und sich oft nach mir umsehend, und sowie sie mir von Neuem in's Gesicht sah, ging sie stets langsamer und immer langsamer und blieb endlich stehen, mit sich selbst kämpfend, ob sie zurückkehren und mir helfen solle oder nicht. — — Und sie kam zurück in raschem Sprunge, klammerte sich an mich — meine Phantasie — und ich war wieder mächtig wie früher. —

Dem Blitze gleich fuhr mein Zauberwort in das Thal vor mir, bändigte den Sturm und ließ die Felsen aufhorchen. Die Winde heulten nicht mehr in ungleichen Weisen nach Belieben durch einander, die Bergwasser rauschten nicht mehr taktlos dazwischen, Alles hörte auf mich — ich hatte meinen Zauberstab wieder und dirigirte — eine Sturmsymphonie — ein wildes Werk, der erste Satz ein gewaltiges Allegro, zu welchem obligate Wolkenzüge den Himmel schwärzten und finstere Streiflichter über mein ganzes Orchester warfen. Beim zweiten Satz schwieg der Sturm, die zitternden Nadeln der Fichten und die Bergwasser hatten ein heimliches Solo, leise und flüsternd, und der Kamm des Gebirges vor mir färbte sich heller, denn der späte Mond stieg blutroth empor, ein herrlicher Anblick! Dennoch konnte ich die seltsamen Formen der Felsen dort erkennen, von denen besonders eine Partie meinen Blick anzog; je länger ich hinblickte und je höher der Mond stieg, die Umrisse schärfer heraushebend, um so deutlicher sah ich, daß die Formen zu regelmäßig waren, um von der Natur hervorgebracht zu sein. Jetzt, es durchzuckte mich eigen, verschwand die rothe Scheibe hinter den Felsen und zeichnete wie auf goldenem Grunde in schwarzen Umrissen ein Schloß mit zerfallenen Thürmen dahin, dessen Fensterhöhlen, durch welche das Mondlicht fiel, seltsam beleuchtet erschienen. Mein Orchester schwieg, Bach und Bäume endigten ihr Solo, und Alles sah erwartend zu dem Monde auf, der, nachdem er mir die alte Burg gezeigt, sich ruhig fortbewegend höher stieg, um auf dem mächtigen Felsen, mir gegenüber gelagert, seine große Arie vorzutragen; kokett, wie alle Sänger, legt er zuvor sein langes Kleid von Silberstoff zurecht, das bis tief in die Schlucht hinabreichte und auf den Spitzen der Bäume und Felsen ausgebreitet, die glänzendsten Stickereien zeigte. Dann begann er, und sang in schönen schmeichelnden Tönen von dem alten Schlosse drüben, von dem Schlosse der Assassinen! Ja, dort hatte er gehaust, der Alte vom Berge, dort hinter jenen hohen Mauern hatte er ein Paradies erschaffen und sandte die in wollüstigen Genüssen erzogenen Jünglinge mit seinen blutigen Befehlen gegen die Feinde aus, die, durch alle Gefahren sich Bahn brechend, seine Worte blindlings befolgten, denn er hatte ihnen den Glauben eingeprägt, daß sie mit dem Stoß ihres Dolches sich die Rückkehr und den ewigen Aufenthalt in jenem Paradies der Lust und Wonne erwerben könnten. — — —

Mit Tagesanbruch packten unsere Mucker auf und wir genossen eine Chocoladensuppe, die uns ausgezeichnet schmeckte und erwärmte. Unsere Karawane hatte sich um einige Mann vermehrt; denn vier Beduinen, die ebenfalls nach Damaskus wollten, erboten sich gegen ein geringes Trinkgeld, uns zu begleiten und in vorkommenden Fällen zu beschützen; nach ihrer Angabe war die Tour zwischen dem Libanon und Antilibanon, besonders die Wege in letzterem Gebirge höchst unsicher. Die Söhne der Wüste hatten wie fast alle, kräftige, aber hagere Gestalten. Sie waren mit dem großen wollenen

Burnus bekleidet und mit Säbeln und langen Lanzen bewaffnet, ihre Pferde von arabischer Zucht klein und schmächtig, aber ausdauernd.

Wir schieden von dem türkischen Oberst, der nach Beirut ging, und zogen eine Zeit lang längs dem Thale, an welchem unser Chan stand, auf einem ziemlich guten Wege, das heißt nach syrischen Begriffen, der sich allmählig und nicht sehr steil abwärts senkte. Licht vor uns mußte die herrliche Fläche, die den Libanon vom Antilibanon scheidet, liegen, jene fruchtbare Ebene, die ihrer Schönheit wegen einfach „Bekaa", das Thal heißt; doch sahen wir nichts davon. Zwischen die beiden Gebirge hatte sich ein dichter weißer Nebel gelagert, aus dem nur die Spitzen des Antilibanon hervorragten. Die weißen Wolken glichen einem großen Landsee. Die Täuschung war so vollkommen, daß wir uns im ersten Augenblicke fragten, welches Wasser dort sein könne. Zu unserer Rechten thronte das verfallene Schloß, von dem mir gestern Abend der Mond erzählt, eine Sage, die unser Dolmetscher bestätigte. Dort sei ein Schloß der Assassinen, sprach er, und machte dabei eine Bewegung des Halsabschneidens. Nach einer Stunde mühsamen Hinabsteigens erreichten wir das Nebelmeer und kamen durch ein kleines armseliges Dorf, bei dessen Eingang wir einen Trupp von etlichen hundert Mann ägyptischer Infanterie, Deserteure, trafen, die von Damaskus kommend in den Bergen des Libanon, ihrer Heimath, es waren Syrier, eine Zuflucht suchten. Bei ihrem Anblick hielt Mechmet seinen welthin schattenden Wurfspieß sehr hoch, unsere Beduinen faßten ihre Lanzen wie zur Vertheidigung. Doch waren diese Vorsichtsmaßregeln unnöthig. Die ganze Truppe verlor sich bei unserer Ankunft rechts und links zwischen den Häusern. Diese Leute waren in weiße Leinwand gekleidet, hatten wie die Türken ein rothes Feß und fast gar keine Waffen; nur hie und da sahen wir eine rostige Flinte oder ein paar lange Pistolen; auch hatten einige Säbel.

Erstes Kapitel.

Die meisten trugen dagegen nur einen langen Stock. Unser Giovanni glaubte, sie seien uns nur deßhalb so friedlich aus dem Wege gegangen, weil sie befürchtet, wir seien nur der Vortrab einer größeren Truppe Engländer, die sich vielleicht gegen Damaskus in Marsch gesetzt. Bald waren wir ganz in die Nebel hinabgestiegen, die so dicht waren, daß wir von dem schönen Terrain, durch welches wir ritten, auch nicht das Geringste erblickten. Keiner sah den Andern, obgleich wir nur wenige Fuß von einander entfernt ritten. Der Boden war Halde, mit Wassergräben und zahlreichen Bächen durchschnitten. Bald mußten die Pferde darüber springen, bald mußten wir sie auf holprigten, halb zerfallenen Steinbrücken übersetzen. So ritten wir ohne die geringste Aussicht bis gegen Mittag, wo die Sonne endlich zu mächtig wurde, durch die Nebel drang, sie zerriß und verjagte. In weniger Zeit hatte sie dies Geschäft vollbracht und drängte die weißen Massen rechts und links in die Schluchten der beiden majestätischen Gebirge, die das schöne Thal einfassen, plötzlich auf dasselbe eine weite prächtige Aussicht eröffnend.

Herrlich und schön ist diese Ebene, doch nicht durch mannigfaltiges Grün oder durch üppig emporstrebende Waldungen, nicht durch freundliche Häuser oder durch die geordnete bunte Zeichnung vieler Getreidearten, die unsere Thäler so schön färben; nein, sie ist fast ohne Baum und Strauch, gelblich grau wie unsere Halden, aber viele kleine Bäche, welche sie durchschneiden, geben dem Boden einige Schattirung; denn, wie ich schon früher sagte, wo sich im trockenen Boden dieser Länder Wasser zeigt, schießen augenblicklich kleine Pflanzen daran empor, welche die Bäche saftig grün einfassen und so das Land zierlich durchschneiden. So ist diese Ebene, für sich ziemlich öde und einförmig; aber die beiden gewaltigen Gebirge, Libanon und Antilibanon, begränzen dies Thal und geben ihm so seinen wunderbarsten Reiz. Was ich schon früher von der reichen Färbung des Libanon sagte, findet auch auf seinen gewaltigen Nachbar Anwendung, und beide bilden einen bunten prächtigen Rahmen, aus dem die

Ebene lieblich hervortritt, am schönsten aber bei Baalbek, wovon ich später erzählen werde.

Bald kamen wir an einen einzeln stehenden Hügel, auf dem sich ein kleines Gebäude mit einer Kuppel befand, wahrscheinlich das Grab irgend eines orientalischen Heiligen. Gleich darauf erreichten wir den Antilibanon, der hier mit einer schmalen Bergkette beginnt, die er wie ein gewaltiges Fühlhorn vor sich hinstreckt. Auf der Höhe derselben sahen wir wie gestern im andern Gebirg ebenfalls ein altes verfallenes Gemäuer stehen, nach der Versicherung unseres Dolmetschers auch ein Schloß der Assassinen. Dies hier auf dem Antilibanon sei ein Gefängniß gewesen, behauptete er gehört zu haben, wußte jedoch nichts weiter. Wenn man der Phantasie glauben wollte, die so gern geschäftig ist, um ein altes Denkmal, sei es Burg oder Kloster, ihre poetischen Fäden zu ziehen, so hatte Giovanni Recht, eine schönere Aussicht, wie man oben von dem Thurme des Schlosses haben mußte, war nicht leicht denkbar. Die Kette des Libanon, die man dort von den höchsten schneebedeckten Spitzen vielleicht bis zu seinen Ausläufern in Palästina verfolgen konnte, hatte man vor sich. Man sah die ganze Ebene bis nach Baalbek, dem schönen Sonnentempel, der damals noch in seiner ganzen Pracht und Herrlichkeit stand. Der Antilibanon deckte dem Auge seine heimlichsten Stellen, seine wildesten Schluchten auf. Dort in dem Schloß wurden wahrscheinlich die Ungehorsamen eingesperrt, man ließ sie hinaussehen in die himmlische Gegend, die sie nie mehr betreten durften, und wahrscheinlich unter Martern aller Art ihr verlorenes Paradies beweinen.

Ein unangenehmer Zufall störte hier für eine Stunde unsern Marsch. Unser guter Baron, der sonst einer der ersten im Zuge war, blieb heute auffallend zurück und war auch so außergewöhnlich stille, daß ich ihn mehrmals fragte, ob er unwohl sei, was er jedoch beständig verneinte. Jetzt war er auf's Neue weit zurückgeblieben, und als ich ihn erwartete, bemerkte ich mit Schrecken, daß er sehr blaß und angegriffen aussah, auch gestand er mir jetzt, er sei schon am Morgen nicht wohl gewesen, und jetzt auf einmal überfalle ihn eine heftige Uebelkeit und eine so starke Kolik, daß er einige Augenblicke anhalten müsse. Mich ergriff eine unbeschreibliche Angst, und ich dachte schon an Gott weiß was für eine Krankheit, die sein Leben bedrohe, dachte an Ansteckung, sogar an die Pest, die uns die Türken, unsere Schlafkameraden, mitgetheilt haben könnten. Ich rief die Mucker mit dem Gepäck herbei, und wir stiegen Alle ab, suchten auf der Haide herum nach trockenem Gesträuch, um ein Feuer aufzumachen und Thee dabei zu kochen, was uns auch nach einiger Zeit gelang. Glücklicherweise verminderte sich bald das Unwohlsein unseres lieben Gefährten; er sagte es wenigstens, vielleicht nur um den Zug nicht länger aufzuhalten; denn so gern er Anderen mit Aufopferung stets behülflich war, so unangenehm war es ihm, wenn er glaubte, man sei seinetwegen genirt oder auch nur für ihn beschäftigt. Wir bepackten die Thiere wieder, wurden jedoch durch die Ankunft eines persischen Kaufmanns, der mit einem Gefolge von zehn Reitern von Damaskus kam, noch eine kurze Zeit aufgehalten. Der Perser ritt ein schönes turkomannisches Pferd, Schimmelhengst, das er geneigt schien, zu verkaufen, doch fand der Baron, der sich trotz seines Unwohlseins beim Anblick eines schönen Pferdes gleich eifrig dafür interessirte, daß das Thier schon zu alt und deßhalb für ihn nicht passend sei. Nach einigen Worten, Begrüßungen und gegenseitigen Fragen über Damaskus und Beirut, wobei diesesmal der Fürst den Dolmetscher machte, schieden wir, und der Perser gab seinem Pferde die Sporen, um uns die Schnelligkeit desselben zu zeigen und flog wie ein Vogel über die Ebene hin, seine Begleiter weit zurücklassend.

Wir zogen langsam unseres Weges und erreichten nach Verlauf einer halben Stunde den Antilibanon. Bald hatte uns eine weite Schlucht aufgenommen, die sanft ansteigend uns fast unmerklich in die Höhe führte. Indessen war es Mittag geworden, die Sonne stand an dem wolkenlosen Himmel hoch über unsern Häuptern und ihre Strahlen brannten, von den kahlen Felswänden abprallend, senkrecht auf uns. Doch nur ein paar Stunden; denn wir waren im Januar und befanden uns auf einer ziemlichen Höhe über der Meeresfläche. Der Weg durch den Antilibanon führte nicht wie unser gestriger über bedeutende Höhen, sondern ging meistens durch Schluchten und dem Lauf von Bächen entlang. Nachdem wir die erste unbedeutende Höhe erstiegen, ritten wir ein kleines, rings von hohen Bergen eingeschlossenes Thal abwärts, in dessen Mitte sich eine Anzahl so sonderbar geformter Steine befand, daß wir sie aus der Ferne für die Zelte irgend eines nomadisirenden Volkes hielten. Dann betraten wir eine neue Schlucht von fürchterlicher Schönheit. Unser Weg, kaum zwei Fuß breit, lief neben dem vielleicht mehrere zwanzig Fuß tiefer liegenden Bett eines Flusses vorbei, der aber nur wenig Wasser enthielt. Dieser Pfad war entsetzlich schlecht und beschwerlich für die Thiere. Zuweilen hörte er ganz auf und sie mußten an dem abschüssigen Ufer hinklettern auf lockerem Geröll, wo sie ihre Füße kaum halten konnten, was besonders für die bepackten Maulthiere sehr schwierig war und die armen Geschöpfe oft zum Fallen brachte. Hie und da versperrten große Steine das Weitergehen, über die man entweder hinwegklettern, oder sie umgehen mußte. Dabei denke man sich eine Schlucht, kaum fünfzig Fuß breit mit senkrecht aufsteigenden Felswänden, die vielleicht vier bis fünfhundert Fuß hoch waren, natürliche Mauern, von keinem Strauch, fast keinem Moos belebt. Man wird mir glauben, wenn ich sage, daß wir diesen Weg still und in mannigfaltige Gedanken versunken zurücklegten. Einzelne Felsblöcke, die die Wände neben uns krönten, bildeten oft die seltsamsten Gestalten. Bald schienen es Riesen zu sein, die dort oben saßen und uns kleinen Geschöpfen lächelnd und verwundert zusahen; bald sonderbare Thiergestalten; dort hob sich ein Schloß mit schön gezackten Mauern und stattlichen Thürmen und hier waren in der glatten Mauer regelmäßige

Riffe und Sprünge, Schriftzeichen ähnlich; wahrscheinlich war es die Schreibtafel des Berggeistes, der hier hauste. Am Ende dieser Schlucht, wo der Bach, der hier durchfließt, einen kleinen Fall bildete, hielten wir einige Augenblicke, um einen kleinen Imbiß zu uns zu nehmen und die Thiere etwas ausruhen zu lassen. Dann stiegen wir einen vor uns liegenden Berg hinauf, der einzige auf unserem Marsche, der ziemlich hoch und dabei außerordentlich steil war. Doch hatten wir von seiner Höhe bis zu unserem heutigen Nachtlager dafür auch beständig abwärts zu reiten, wie unsere Mucker versicherten und nicht mehr sehr weit. Der Tag neigte sich, und wir trieben so viel wie möglich, um rascher vorwärts zu kommen, besonders der Baron, denn, obgleich sich sein Unwohlsein etwas gemindert, fühlte er sich doch noch sehr angegriffen und wünschte so bald wie möglich ein Obdach und Ruhe zu haben. Da wir wegen der bepackten Maulthiere nur im Schritt reiten konnten, so machte Giovanni den Vorschlag: der Prinz, der Baron und ich möchten mit den Beduinen, die des Weges kundig seien, schneller vorwärts reiten und er würde mit dem Gepäck langsam nachfolgen. Nachdem uns darauf einer der Beduinen mit vielen Pantomimen versicherte, er kenne den Weg nach Schiras, so hieß das Dorf, wie sein Pferd, trabten wir mit ihnen vorwärts, zuerst längs eines tiefen Thales, und auf einem Weg, der glücklicher Weise mehr aus Sand als aus Steinen bestand, so rasch als möglich fort. Schon eine Stunde ritten wir so beständig abwärts, meistens am Rand von Thälern, die in ihrer runden kesselartigen Form abgelassenen Fischteichen glichen, dann ging es kurze Zeit etwas steil hinab, und wir kamen an einen Bach, über den eine steinerne Brücke führte. Einige hundert Schritt von dem Bach lag ein kleines Gebäude, ein Chan, in dem sich jedoch Niemand befand. Wir passirten die Brücke und ritten einer neuen Schlucht zu, die sich zwischen himmelhohen Felsen, welche die zweite Kette des Antilibanon bilden, unseren Blicken öffnete. Wenn auch nicht so furchtbar, wie die früher beschriebene, hatte die Schlucht doch ebenso seltsam geformte und steile Felsen wie jene. Allein hier rückten einem die Wände nicht so beängstigend auf den Leib wie in jener, sondern waren mehr zerklüftet und ließen hie und da eine Aussicht frei. Von zwei Wegen, die sich uns kurze Zeit darauf darboten, wählten die Beduinen den untersten; doch kam es mir etwas verdächtig vor, daß sie hiebei eine Weile gezaudert. Von Neuem abwärts steigend, kamen wir an das Ufer eines Flusses, es war, wie wir später hörten, der Barrada, der ungefähr vierzig Fuß tiefer als unser Weg, reißend über spitze Felsenblöcke, viele malerische Fälle bildend und rauschend neben uns dahin schoß. In ihn ergoßen sich rechts und links von den Bergen kleine Bäche, deren Wasser hie und da üppige grüne Wiesen hervorgebracht hatten, welche der wilden Gegend einen freundlichen Reiz verliehen. Zuweilen waren diese Wiesen von mächtigen Felsblöcken so ordentlich eingefaßt, als hätten es Menschen oder vielmehr Riesenhände gethan, und wenn man dabei die seltsame Form der umstehenden Felsen sah, die bei einiger Phantasie kolossale Villen, Monumente und Statuen bildeten, wie man sie in einer Parkanlage trifft, so konnte man die ganze Gegend hier für einen großen Garten halten, der im Riesengeschmacke angelegt war.

Der Abend war indessen schon mächtig hereingebrochen, weßhalb wir langsam vorwärts ritten. Zuweilen glaubten wir das Dorf und unsern Chan vor uns zu sehen, denn oft kamen wir an so seltsam regelmäßig geformten Felsmassen vorbei, daß wir aus einiger Entfernung darauf geschworen hätten: es seien Häuser. Aber nein! anstatt auf einen bessern Weg und zu Menschen zu kommen, führte uns vielmehr der Pfad, den wir betraten, immer tiefer hinab, stets schlechter und schmaler werdend, bis an's Ufer des Barrada und hörte hier plötzlich ganz auf. Jetzt war es auch so dunkel geworden, daß wir nicht mehr sehen konnten, wo unsere Pferde hintraten. Sie glitten beständig aus und mochten wohl merken, daß das Terrain nicht ohne

Gefahr für sie sei. Neben uns brauste der reißende Fluß und über uns waren Felswände, die abhängende Wiesendächer hatten, auf denen mächtige Steinmassen so leicht aufzuliegen schienen, daß man oft glauben konnte, es bedürfe nur des geringsten Anstoßes, um sie weiter hinab auf unsere Köpfe zu stoßen.

Jetzt stockte plötzlich unser Zug. Die Beduinen vor uns schrien laut durch einander und wir, ohne zu wissen, was sie aufhalte, riefen ihnen zu, vorwärts zu reiten, was sie stets mit einem lauten Nein! Nein! beantworteten. Man kann sich unsere rathlose Lage denken. Keiner von uns wußte, was vorn passirt sei und Keiner konnte die Beduinen fragen. Der arme Baron, obgleich unwohl, machte, da er am nächsten vorn war, den Versuch, neben den Beduinen vorbeizureiten, um an die Spitze zu gelangen und zu sehen, was es gebe. Doch hätte er und sein Pferd den Versuch beinahe theuer bezahlt; denn als er das Thier, welches zuerst nicht von der Stelle wollte, zwang, eine Seitenbewegung zu machen, rutschten beide die steilen Ufer des Flusses hinab, die wir so dicht neben uns nicht vermuthet, und deren Anblick die Dunkelheit uns verbarg. Glücklicher Weise konnte das Pferd aber einige Fuß tiefer sich an einem hervorstehenden Felsen halten. Ich ließ mich an der entgegengesetzten Seite von meinem Pferde herab, kroch unter demselben durch und wand mich so rasch als möglich bei den Pferden der Beduinen vorbei, erreichte die Spitze, von wo ich den Andern gleich die untröstliche Nachricht zurief, daß unsere Beduinen den Weg verloren hätten und nicht mehr weiter könnten. Vor mir bemerkte ich, doch ziemlich tief unter unserem Wege, ein Feuer brennen, zu dem einer der Beduinen hinabgeklettert war, um einen Hirten, oder wer da unten sein mochte, zu unserer Hülfe als Führer heraufzuholen. Trotz diesem höchst unangenehmen Zufall konnte ich mich doch nicht enthalten, als ich bis vorn vorgedrungen war, den pittoresken Anblick, der sich mir darbot laut zu bewundern. Vor uns war ein tiefer und steiler Abhang, den der Barrada in gewaltigen

Sprüngen hinabbrauste. Unten neben dem Fluß brannte ein großes Feuer, das zwischen den Felszacken und kleinen Sträuchen wunderbar hervorleuchtete. Ich gedachte an Wielands Oberon, wie Hüon, der sich ebenfalls in diesem Gebirge verirrte, den alten Scherasmin findet:

Auf einmal gähnt im tiefsten Felsengrund
Ihn eine Höhle an, vor deren finstrem Schlund
Ein prasselnd Feuer flammt. In wunderbaren Gestalten
Ragt aus der dunklen Nacht das angestrahlte Gestein,
Mit wildem Gebüsch versetzt, das aus den schwarzen Spalten
Herab nickt im Widerschein
Als grünes Feuer brennt.

In kurzer Zeit kletterte unser Beduine wieder herauf und brachte einen Ziegenhirten mit, den er da unten gefunden. Wir waren schon zu Anfang der Schlucht, wo sie sich in zwei Wege theilte, fehl gegangen — ich hatte es richtig geahnet — und folgten jetzt, um wieder zurecht zu kommen, dem Hirten, der rechts an einer steilen Wiese in die Höhe kletterte. Nach dem Beispiel der Beduinen ließen wir unsere Pferde los und krochen dem Hirten meistens auf Händen und Füßen nach. Die armen Thiere folgten mit der größten Mühe und Anstrengung, und so ging es eine Zeit lang aufwärts, bis wir eine kleine Plattform erreicht hatten, wo unser Führer auf ein paar Lichter oder Feuer — man konnte nicht recht unterscheiden, was es war — tief unter uns im Thale zeigte, das sei Schiras, unser heutiges Nachtquartier. Ebenso steil wie wir aufwärts geklettert waren, mußten wir auf der andern Seite wieder hinab. Glücklicher Weise war der Weg Wiesengrund und keine Felsen, doch sehr glatt und obendrein war es so dunkel geworden, daß man fast keine Hand vor Augen sehen konnte. Unser Herabsteigen war eine wahre Rutschpartie. Wir liefen so rasch, wie möglich hinab, um von den uns folgenden Pferden nicht geschlagen zu werden, denn diese, an ihre Reiter gewöhnt, eilten uns über Hals und Kopf nach, um uns nicht zu verlieren. In kürzerer Zeit, als ich geglaubt, waren wir tief hinabgekommen, und erreichten einen Weg, der zum Dorfe führte. Auf einer breiten steinernen Brücke setzten wir über den Barrada und kamen noch durch ein wahres Labyrinth von Felsen, von denen uns hier aber die Dunkelheit nicht viel erkennen ließ. Dann ging es noch eine kleine Strecke abwärts und wir langten glücklich in dem Dorfe an. Vorn am Eingange war der Chan, der hier schon aus mehreren Häusern bestand und Karawanserai genannt wurde.

Im Hofe desselben fanden wir Giovanni und die Mucker, aber rathlos und thatlos. Im ganzen Lokal hatte sich nämlich kein Mensch gefunden, der uns hätte anzeigen können, wo der Stall und wo die Zimmer seien. Auch hatte sich trotz ihres lauten Rufens aus dem Dorfe keine Seele blicken lassen. Was war zu thun? Der Baron, der kränker war, als er uns sagte, mußte ein warmes Obdach haben, und als wir das Gepäck abladen wollten, um uns so gut wie möglich hier einzurichten, fand es sich, daß unser ganzer Kohlenvorrath vom Schnee durchnäßt war. Wir beschlossen also, uns wo möglich durch Güte, sonst aber durch Gewalt, wie in Kriegszeiten, ein Quartier zu verschaffen. Der Fürst, der Baron und ich ritten deßhalb in's Dorf.

Gleich am Eingang kamen wir in ein Haus mit einem Hofraum, in welchem einige Araberinnen standen, die jedoch bei unserem Anblicke davon liefen. Ich sprang vom Pferd und setzte ihnen in's Haus nach. Bei meinem Eintritt in die Stube versteckten sich ein paar Weiber schreiend und ein alter Araber, der beim Feuer lag, würde ihnen gefolgt sein, wenn er nicht erst bei meiner Ankunft vom Schlaf aufgewacht wäre und mich wie ein Wunder regungslos angesehen hätte. Ich versuchte, ihm mein Anliegen, uns die Nacht zu beherbergen, pantomimisch darzustellen, was mir auch durch Vorzeigung einiger Geldstücke so gut gelang, daß er uns Dreien den Eintritt erlaubte. Wir ließen Giovanni und die Mucker kommen und richteten uns so gut wie möglich ein.

Obgleich unser jetziges Quartier von dem, was wir in Europa Bequemlichkeit nennen, ganz entblößt war, da wir weder einen Stuhl zum Sitzen, noch eine Bank zum Liegen fanden, so war es doch von unsrem gestrigen Nachtlager himmelweit verschieden. Die Stube bestand, wie alle in den Dörfern, aus zwei fast gleich großen Theilen, einem an der Thür, zu welcher man hereintritt, wo sich das Vieh, Kühe, Ziegen, Esel ꝛc. befinden, und dem andern, der dahinter liegt und dessen Fußboden drei bis vier Fuß höher als der des Stalles ist. Letzterer dient zum Aufenthalt der Menschen. Doch sind beide Apartements durch keine Zwischenwand getrennt. Der Boden der Stube besteht aus fest getretenem Lehm und ist nach den Vermögensumständen der Bewohner mit Matten, ja sogar mit schlechten Teppichen belegt. In der Ecke befand sich ein Kamin mit spitzem Rauchfang und an der Wand waren eiserne Haken, wohin man Kienspähne steckt, um das Zimmer zu beleuchten. Anfänglich waren die Leute des Hauses bis auf den alten Araber, wie schon gesagt, bei meiner Ankunft davon gelaufen. Doch als wir, die wir von der frischen Luft draußen durchkältet waren, uns ruhig an dem freundlich lodernden Kamine niederließen, unsere Waffen ablegten, als Giovanni Kaffee und Theegeschirre ausgepackt und in bunter Reihe vor uns hingestellt hatte, auch unsere Reiseleuchter mit kleinen brennenden Wachskerzen hereingebracht, erregten alle diese fremdartigen Gegenstände doch die Neugier der Leute so stark, daß sie allmälig aus den Winkeln, wohin sie sich verkrochen, hervorkamen. Bald saßen drei bis vier alte und junge Weiber, einige Männer und etliche Kinder um uns herum, Kleider, Geräthe sowie uns selbst mit größtem Erstaunen betrachtend. Es dauerte eine ziemliche Zeit, ehe sie völliges Zutrauen zu uns faßten, und als ich mich im Anfange erhob, um die Familie in der Nähe zu besehen, stoben alle mit lautem Geschrei aus einander. Der gute

Baron legte sich gleich neben dem Kamin auf einige Pelze hin, und nachdem er ein paar Tassen Thee getrunken, sowie von dem hellen Feuer angenehm durchwärmt war, befand er sich zu unserer großen Freude weit besser. Der Fürst arrangirte eine Theegesellschaft, wobei er eine große Tasse voll, die recht mit Zucker versüßt war, bei unsern Hausleuten herumgehen ließ. Den Männern und alten Weibern schien das Getränk zu behagen. Doch die jüngeren, wahrscheinlich die Töchter des Hauses, zwei kräftige schöne Gestalten, zum Glück unverschleiert, mit kohlschwarzen feurigen Augen, versuchten auf vieles Zureden auch; gaben aber das Gefäß laut lachend weiter.

Nach ein paar Stunden, während welchen der Fürst und ich uns alle Mühe gaben, recht liebenswürdig zu sein, um das Zutrauen der Leute zu gewinnen, suchten wir uns Platz an der Erde zum Schlafen, und die Familie that ein Gleiches. Wir nahmen die rechte Seite der Stube, sie die linke, und in der Mitte war der Occident, dessen Gränze ich repräsentirte, von dem Orient mit seinem frischen blühenden Gestade, das eins der jungen Mädchen darstellte, nur durch einen kleinen, kaum Fuß breiten Raum geschieden, eine Nachbarschaft, die uns vielleicht im Schlafe gestört hätte, wenn wir nicht alle so sehr ermüdet gewesen wären.

Am andern Morgen erhoben wir uns sehr munter, auch der Baron hatte gut geschlafen und befand sich fast wieder ganz wohl. Wir beschenkten unsere freundlichen Wirthsleute reichlich und setzten unsern Weg nach Damaskus fort. Der Barrada, den wir gestern Abend zur Seite hatten, blieb auch heute Morgen noch während einiger Stunden unser Begleiter. Das Auge verfolgte mit Vergnügen seine mannigfaltigen Krümmungen, wenn er sich eine Bahn zwischen den Bergen und Felsen machte. Sein Fall war nicht mehr so stark, wie auf der gestrigen Strecke und die Ufer, mit Welden, Eschen und Erlen dicht bewachsen, zeichneten sich zwischen den rothen, hellgelben und weißen Kalk- und Kreidefelsen, über die unser Weg führte,

Reise nach Damaskus und Palmyra.

freundlich aus. Die Bäume und das Grün, das um diesen Fluß wuchs, abgerechnet, sah ich nie ein Terrain, von aller Vegetation mehr entblößt, als dieses. Es war, als wollte uns die Natur noch einmal durch ein recht langweiliges trauriges Kapitel führen, ehe sie uns zu dem schönsten brachte, zu dem Thale von Damaskus. Gegen Mittag endlich gaben uns die Beduinen durch Pantomimen zu verstehen, von der nächsten der vor uns liegenden Höhen würden wir die alte berühmte Stadt sehen. Noch eine halbe Stunde und wir waren oben. — Welch' ein Anblick!

Wer unserm Weg durch den Libanon, dessen wilde Schönheiten ich so treu, wie es mir möglich war, gezeichnet habe, mit Aufmerksamkeit folgte, wer mit uns durch die zerrissenen Schluchten und über die kahlen verbrannten Felsen drei Tage lang wanderte, der wird den lauten Ausruf des Entzückens verstehen, mit dem wir oben anhielten, um in ein Thal zu schauen, das, selbst wenn es von der herrlichsten Gegend umgeben wäre, noch den Namen eines Paradieses verdiente.

Vor uns lag ein weites rundes Thal, das Thal Gutha, von malerisch geformten Bergen umgeben. Die ganze Fläche desselben war mit dem schönsten Grün bedeckt. Herrliche Baumpflanzungen wechselten mit Getreidefeldern, üppigen Wiesen und kleinen Strecken Haideland in den mannigfaltigsten Farben, und das ganze Thal war, wie es mir schien, von vier Flüssen durchschnitten, die gleich Silberfäden durch das Grün des Bodens schimmerten. Aber es war nur ein einziger Strom, unser Reisebegleiter, der Barraba, der, wie wir, aus den kahlen Felsen des Libanon kommend, hier sich so wohl gefällt, daß er sich gleich einem ausgelassenen Kinde auf dem Rasenplatz umhertummelt und den schönen Ort nicht verlassen kann. In der Mitte dieses Thales liegt Damaskus, prächtig hingestreckt, wie eine Königin auf ihrem Throne. Daß die meisten Moscheen, Kuppeln und Häuser aus einem gelben Sandstein gebaut sind, gibt der Stadt zwischen den schönen Gärten und Oliven, Feigen, Platanen, Quitten,

Erstes Kapitel.

Reben und Citronen einen fast fabelhaften Anblick. Man glaubt in einem arabischen Mährchen mitzuspielen, wo man endlich nach langen Beschwerden die goldene Stadt vor sich sieht, das Ende aller Mühen. Wie wir sie heute sahen, schienen auch alle Gebäude von Gold zu sein. Die Sonne warf ihre vollen Strahlen darüber hin, und das Licht, das sie auf die unzähligen Minarets und Kuppeln goß, zitterte umher und lieh der ganzen Stadt das Ansehen einer strahlenden goldenen.

Schon seit den ältesten Zeiten geben die Araber diesem großen und über alle Beschreibung schönen Thale den Namen eines Paradieses; denn Wasser und Grün, wonach sie in der Wüste schmachten, bietet es ihnen, wie fast kein anderes. Ueberall wechselt die klare Fluth des Wassers mit dem üppigsten Baumschlag, in der Stadt selbst, wie im ganzen Thale. Außer dem Barrada, der vor alten Zeiten der goldfließende hieß und der die Ebenen fast nach allen Richtungen durchströmt, bricht auch noch die Quelle Findscha rauschend aus den Bergen und bewässert den Boden. Arabische Erdbeschreiber sprachen von dem Thale Gutha und Damaskus nur in den blühendsten poetischen Ausdrücken. Bald nennen sie es das Muttermal auf der Wange der Welt, bald das Gefieder des Paradiesespfauen, den farbigen Kragen der Ringeltaube, das Halsband der Schönheit, das vielsäulige Irem. Noch jetzt führt Damaskus oder Scham, wie es im Arabischen heißt, im Titel des Sultans den Namen der Paradies-Duftenden.

Sehr steil führte uns der Weg von der letzten Höhe des Libanon hinab in's Thal, zuerst auf tiefen Sandwegen, dann, nachdem wir Salehlah, eine Art Vorstadt, aus Ruinen mit herrlichen Bildhauer-Arbeiten bestehend, worin arme Araber ihre schlechten Hütten gebaut, passirt hatten, auf einer alten Steinstraße mit eingelegten breiten Pflastersteinen, die sehr glatt waren und unsern müden Pferden das Gehen erschwerten, so daß sie häufig stolperten.

Wir hatten schon früher viel über den Fanatismus und die

Unduldsamkeit der Damascener, besonders gegen Franken, gehört,
und daß man sich hier in Worten, Geberden, sowie sogar in der
Tracht sehr in Acht zu nehmen hätte. Robinson erzählt in seiner
Reise, als er mit einem grünen Turban, eine Farbe, die nur die
Nachkommen des Propheten tragen dürfen, zur Stadt geritten sei,
habe ihn dicht vor den Thoren ein Schwarm schlechten Gesindels
überfallen, ihn vom Pferde gerissen, seinen Turban in den Koth
getreten und ihn gezwungen, mit beschmutzten Kleidern zu Fuß in
die Stadt einzuziehen. Da uns dergleichen Vorfälle in Beirut
mehrere erzählt wurden, so hatte ich eine grüne Reisemütze, die ich
auf der ganzen Reise durch die Türkei gebraucht, in Beirut zurückgelassen. Obgleich uns während unseres kurzen Aufenthalts hier
von Seiten der Einwohner nichts Unangenehmes geschah und Niemand uns feindselig begegnete, so glaube ich doch nicht, daß wir
unrecht hatten, wenn wir bei unsern Spaziergängen durch die Bazars manchen bösen Blick und manche Verwünschung, die neben
uns gemurmelt wurde, auf uns bezogen. Doch war dem Volk hier
die eiserne Hand Ibrahims noch sehr im Gedächtnisse, und sie
wagten es in der ersten Zeit nicht, wie sonst gegen die Christen
und Juden feindselig aufzutreten; aber kurze Zeit, nachdem wir
wieder abgereist waren und die neue türkische Regierung wie überall
schlaff und kraftlos sich benahm, gingen die Osmanli den Kadi mit
der Bitte an, den Christen und Juden den Besuch gewisser Orte
der Stadt zu verbieten und ihnen das Reiten durch die Bazars,
sowie den Gebrauch irgend eines grünen Kleidungsstücks gänzlich
zu untersagen. Glücklicher Weise hielt die englische Flotte vor
Beirut den türkischen Pascha in Respect und er verwies die Depu-
tation zur Ruhe. Die Unduldsamkeit der Damascener mag wohl
hauptsächlich in dem Alter und der Heiligkeit der Stadt ihren Grund
haben, die sie nicht gern durch den Tritt der Ungläubigen verun-
reinigt sehen. An mehreren geheiligten Orten, als der Moschee
der Söhne Ommia's, darf sich kein Christ oder Jude, sogar nicht

in ziemlicher Entfernung, sehen lassen, ebenso bei den Grabstätten der Jünger und Gemahlinnen des Propheten, von denen einige der Sage nach hier ruhen sollen. Was ich schon oft erwähnte, daß fast jede orientalische Stadt, die von außen gesehen den prächtigsten Anblick gewährt, im Innern einem elenden schmutzigen Dorfe gleicht, fand ich auch hier wieder in Damaskus und mehr als je bestätigt. Ich muß gestehen, es schmerzte mich fast, die Häuser und Straßen der äußern Ansicht der Stadt nach nicht stattlich oder auch nur einmal reinlich zu finden. Die schlechten Straßen Stambuls sind gegen die Schmutzbäche, die man vor den Häusern der paradies-duftenden Stadt findet, außerordentlich schön zu nennen. Ueberall tiefer Koth, eine Unmasse von Hunden und obendrein als Andenken der vor wenig Tagen fortgezogenen Armee Ibrahims, sowohl vor der Stadt als in den Straßen, Körper von todten Pferden, Eseln und Kameelen, an denen ganze Schaaren von Hunden beschäftigt waren, das Fleisch abzufressen. Dazu kommt noch, daß fast alle Häuser von außen ein weit traurigeres Ansehen haben, als in all' den Städten, die wir bisher gesehen. Ganze Straßen bestehen aus langen Mauern, von gelbem Lehm aufgeführt, mit zwei bis drei Löchern, vor denen ein paar Bretter hängen; nur eine sehr kühne Phantasie kann sie für das, was sie wirklich sind, für Fensterladen, halten. In einigen der besten Straßen sind die Mauern von Stein, die wohl kleine Thüren, aber keine Fenster haben, und somit ohne Zeichen sind, daß sich dahinter Wohnungen für Menschen befinden. Wie in Stambul in einigen Vierteln, stoßen hier alle Häuser mit dem hintern Theile an die Straße. Anfänglich glaubten wir, nachdem wir schon mehrere Straßen und Besestans hinter uns hatten, noch immer in einer Vorstadt zu sein und hielten die Lehmwände links und rechts für Gartenmauern, doch müßte alsdann die ganze Stadt aus nichts wie Gärten bestanden haben.

Alle Gassen, durch die wir kamen, bogen sich bald rechts, bald links: keine einzige führte über hundert Schritte lang gerade aus. Ferner sind sie noch in sehr kurzen Entfernungen mit großen hölzernen Thoren versehen, die Abends verschlossen werden und die Passage hemmen. Auf diese Art verhindert die türkische Polizei, daß bei einem Aufstande die Volksmenge sich für den ersten Augenblick wenigstens auf einem Platze concentriren kann. Diese Maßregel würde in unsern Städten äußerst lästig sein, denn, obgleich neben jedem Thore eine Wache wohnt, muß man doch oft entsetzlich lange klopfen, ehe diese, gewöhnlich ein alter Mann, mit ihrem Schlüssel herbeikommt. Dann werden nach orientalischer Sitte obendrein einige Worte gewechselt, ehe das Thor geöffnet wird. So sagt z. B. der Schließer: Kim=tur o — wer ist da? der Klopfer antwortet: Iba Beled — ein Bürger der Stadt, oder was er sonst ist; worauf der Pförtner gewöhnlich als Antwort sagt: Wach hid Allah — Bezeuge, daß ein Gott ist, und der draußen, der vielleicht vor Ungeduld vergehen möchte, ist nun obendrein noch genöthigt, das Glaubensbekenntniß: es ist kein Gott als Gott ꝛc., herzusagen. Besonders auf dies letztere hielten vormals die Pförtner sehr strenge; denn man glaubte, kein Dieb oder Jemand, der ein böses Gewissen habe, könne die heiligen Worte aussprechen. Den Orientalen belästigt jedoch bei seiner Lebensweise diese nächtliche Straßensperre nicht im Geringsten. Beim Eintritt der Dunkelheit schließt man die Bazars und Besestans, wie auch die Thore, und der Rechtgläubige geht nach seinem Hause, das er bis zum folgenden Morgen nicht wieder verläßt. Was sollte er auch auf den schmutzigen Straßen machen? Hinter den armseligen Mauern, die dieselben begränzen, hat der Osmanli, von jedem ungesehen, sein eigenes Paradies, das ihm genügt. Da sieht es ganz anders aus. Doch hievon später.

Da wir wegen des Menschengedränges nur langsam und im Schritt reiten konnten, dauerte es beinahe eine Stunde, ehe wir unsere Herberge, das Kapuzinerkloster, erreichten. Von Wirthshäusern außer den Chans und Karawansereien, die das im Großen und in besserer Bedeutung sind, was unser Nachtlager im Libanon im Kleinen, ist hier natürlich keine Rede, und alle Klöster in Syrien und Palästina sind schon von den ältesten Zeiten her mehr oder minder zum Empfang von Gästen eingerichtet. Wir hielten vor einem großen steinernen Gebäude ohne Thurm und ohne Fenster; nur hie und da war in der Höhe ein Loch, das einer Schließscharte nicht unähnlich sah. Ein großes hölzernes Thor blieb all' unserm Klopfen zum Trotz eine geraume Zeit verschlossen, und als wir endlich Jemand von Innen herankommen hörten, öffnete dieser bloß ein kleines Gitter am Thor, und fragte, was wir wollten. Giovanni erklärte ihm, wir seien christliche Reisende und wünschten ein Quartier. Darauf hörten wir ihn wieder fortgehen, und erst nach einer Viertelstunde, in welcher Zeit er wahrscheinlich seinem Obern die Meldung gemacht, kam er wieder und öffnete das Thor.

Wir ritten in einen kleinen Vorhof, den ebenfalls hohe Mauern ohne Fenster umgeben und mußten uns hier noch einem neuen Examen unterwerfen, das der Pförtner mit uns abhielt, worauf wir von den Pferden stiegen, die mit unsern Muckern und den Beduinen, nachdem sie ihr Schutzgeld erhalten, in einen türkischen Chan gingen. Unser Gepäck wurde abgeladen und durch eine kleine eiserne Pforte, die sich in der Mauer öffnete, in's Innere des Klosters gebracht. Wir traten durch eben diese Thür in einen schmalen Gang, der ganz glatt und abschüssig in einen zweiten kleinen Hofraum führte; Maßregeln, um bei einem etwaigen Ueberfall den Eindringenden die Passage so beschwerlich als möglich zu machen.

In den Gebäuden, die diesen innern sehr kleinen Hofraum umgaben, befanden sich die Küche, das Refectorium, der Speisesaal und einige andere Gemächer. In einer Ecke stiegen wir eine Wen-

deltreppe hinauf und kamen oben in einen langen Gang, wo uns
ein junger Kapuziner empfing und zum Prior führte. Dieser, ein
Mann in den besten Jahren, war ein Spanier, mit einem ausdrucksvollen Gesicht, das ein langer schwarzer Bart beschattete; er
bewillkommte uns sehr freundlich, regalirte uns mit einem rothen
Liqueur, einer Art Kirschengeist, und führte uns in das für uns
bestimmte Gemach. Es lag auf der andern Seite des Ganges, der
im Dreieck einen andern Hof umschloß, welcher etwas größer als
der erste war. Die Thüre unseres Zimmers führte auf eine offene
Altane, von der man in diesen Hof hinabsehen konnte. Er hatte,
wenn ich mich so ausdrücken darf, etwas phantastisch Melancholisches.
Die tiefe Stille, die auf dem Klostergebäude und diesem Hof ruhte,
ward nur durch das einförmige Plätschern eines kleinen Springbrunnens unterbrochen. In der Mitte dieses Hofes stand ein dicht-
belaubter Orangenbaum, von einer Größe, wie ich noch keinen
gesehen, denn der Stamm hatte an anderthalb Schuh im Durchmesser. Zwischen den grünen glänzenden Blättern blickten unzählige kleine Orangen in mannichfachen Farben hervor; duftende Blüthen, sowie ganz grüne Früchte waren mit völlig reifen goldgelben
untermischt. Was aber hier einen ganz eigenthümlichen Reiz bot,
war der Anblick eines sehr großen lebendigen Straußes, dem der Hof
zum Aufenthalt diente. Mit hocherhobenem Halse spazierte der Vogel
auf und ab, bald seinen Kopf in das Laub des Baumes verbergend,
bald zur Erde beugend, um die Stückchen Brod zu verschlingen, die
wir ihm hinabwarfen. Ein ägyptischer Hauptmann von den Truppen, die Ibrahim aus dem Hauran nach Damaskus gezogen, hatte
ihn mitgebracht und beim Abzug den Kapuzinern hinterlassen.
Das Thier war sehr bösartig und duldete keinen Fremden im Hofe.
Mehmed mit dem Wurfspieß, der gleich am ersten Tage vorwitzig
zu ihm hinabstieg, um den merkwürdigen Vogel in der Nähe zu
besehen, wurde mit einem solchen Flügelschlag begrüßt, daß er laut
schreiend hinter dem Orangenbaum Schutz suchte und sich vor dem

verfolgenden erbosten Thiere nur durch einen gewaltigen Sprung die Treppe hinauf rettete.

Oft habe ich mich Stunden lang über das Geländer gelehnt und in den Hof hinabschauend, die sonderbarsten Träume und Phantasien gehabt. War nicht vielleicht der schöne Baum eine verzauberte Prinzessin, die ihr gleichfalls verwandelter Geliebter in der Gestalt des Straußes bewachte? Fast immer ging er im Kreis um ihn herum, selbst in der Nacht, wenn der Mond hell schien, hab' ich ihn oft so wandeln sehen. Bald stieß er seltsam klagende Töne aus, bald schmiegte er den Kopf an die Zweige, deren Laub leise rauschte und flüsterte. Ihr Armen! ja ihr wart in der That verzaubert. Was machtet ihr auch sonst hier zwischen den stillen Mauern einer christlichen Kirche. Arme Prinzessin Baum! Du hattest gewiß früher andere Umgebungen, als diese grauen Steinwände, und du, unglücklicher Prinz Strauß, du denkst auch an vergangene glücklichere Zeiten. Oft schien den Armen die Ungeduld zu übermannen und er nahm einen gewaltigen Anlauf, den Hof in einem Augenblick durchrennend. Dachtest du jetzt nicht an die weite Wüste, durch die du oft gelaufen, an den herrlichen glühenden Sand, dein Bette, und an die grüne Oase, wo deine Prinzessin wohnte? Der Brunnen im Hofe, glaube ich, ist der treue Blondel des unglücklichen Paares. Er hat sich durch den Sand gewunden und gebettet, bis er die Beiden wieder gefunden und murmelt ihnen jetzt alte bekannte Weisen vor, traurige Heimathslieder, traurig, weil sie in der Ferne von der Heimath erzählen.

Gegen die stille Poesie dieses Hofes stach die Einrichtung des Gemachs, das man uns zum Schlafen angewiesen, sehr prosaisch ab. Es war Platz darin für etliche zehn Betten, obgleich nur drei für uns nöthig waren und hergerichtet wurden, indem man Gerüste aufschlug, die mich sehr lebhaft an Schragen für Todte erinnerten. Da hinauf kam eine Matratze, ein Kopfpolster und eine Decke von Kameelhaaren. So ärmlich und einfach dies Lager aber war, so

prächtig und comfortabel fanden wir es gegen unsere Betten zu
Beirut und in den Chans des Libanon. Das Zimmer, obgleich
es sehr hoch war, hatte nur zwei kleine Fenster oben am Plafond,
und um bei Tage etwas sehen zu können, waren wir genöthigt, die
Thüren beständig offen zu halten.

An den Wänden fanden wir verschiedene Namen und Inschriften,
französisch, arabisch, italienisch, sogar deutsch, von der Reisegesellschaft
des Herrn von Schubert. Ach die Muttersprache in der Ferne ist
so wohlthuend, daß wir mit Begierde alle die kleinen Notizen auf-
suchten, ein paar Waschzettel, die hier ebenfalls al fresco die Wand
zierten, gaben uns viel zu lachen. Sie waren in guter östreichischer
Mundart abgefaßt.

Gleich bei der Ankunft hatte uns der gute Pater gefragt, ob
wir unser Mittagsmahl auf dem Zimmer, oder mit ihm und den
übrigen Brüdern im Refectorium halten wollten. Wir hatten das
letztere vorgezogen und wurden nun gegen vier Uhr zu Tische
gerufen.

Der Speisesaal befand sich, wie schon gesagt, im ersten Hof,
war ziemlich klein und sehr einfach eingerichtet. An drei Wänden
befanden sich hölzerne Bänke, vor denen ebenfalls solche Tische
standen; von der Decke hingen einige eiserne Lampen und der Fußboden bestand, wie überall in diesem Lande, aus Steinplatten.
In dem ganzen Kloster befanden sich augenblicklich, außer dem
Prior, nur zwei Brüder, von denen einer krank war. Den andern
hatten wir schon bei unserer Ankunft gesehen, sowie auch den Prior,
und diese beiden waren schon unten und warteten auf uns. Der
Prior nahm seinen Platz an einer Wand, der Bruder an der andern ihm zur Linken und wir an der dritten zu seiner Rechten.
An der vierten Wand war außer einigen Schränken mit Schüsseln
und dergleichen der Eingang zur Küche. Nachdem der Prior ein
lautes Gebet in lateinischer Sprache verrichtet, trat der Küchenmeister ein, warf sich vor den Tisch des Priors auf beide Knie nie-

der und betete gleichfalls laut. Es thut mir leid, hiebei bemerken zu müssen, daß der Küchenmeister, ein dicker ältlicher Mann, ganz unbeschreiblich schmutzig aussah, was uns von der Reinlichkeit in seiner Küche und den Speisen keinen guten Begriff gab. Und wir hatten uns leider darin nicht getäuscht. Obgleich es mir gewiß nicht in den Sinn kommt, die Gastfreundschaft des guten Paters, mit einer schlimmen Nachrede zu belohnen, so muß ich doch jedem Reisenden rathen, sich für die Kapuzinerklöster in Syrien mit Messer, Gabel und Löffel zu versehen. Das Mittagsmahl war sehr einfach. Eine Zwiebelsuppe, etwas Gemüse, das in einer fetten Brühe schwamm und in Oel gebackene Fische. Die Mahlzeit beschloß der Prior wieder mit einem langen Gebete, in das von Zeit zu Zeit der anwesende Bruder einstimmte. Wir gingen auf unsere Stube zurück, der Fürst und ich kochten noch einen guten Punsch, und wir legten uns frühzeitig nieder, um am andern Morgen mit frischem Muthe an unsere Geschäfte gehen zu können.

Es wird jedem auffallen, daß ich, da man doch glauben wird, wir hätten nichts Anderes zu thun, als die Stadt mit ihren Merkwürdigkeiten zu besehen, von Geschäften rede, und doch war dem so. Der Baron war hauptsächlich nach Damaskus gegangen, weil dort arabische Pferde von dem edelsten Blut zu finden seien. So hatte man uns wenigstens in Beirut gesagt. Wegen des Krieges mit den Europäern scheuten sich nämlich alle Beduinenstämme, mit ihren guten Pferden nach den Küstenstädten zu kommen und wagten sich höchstens bis Aleppo und Damaskus. Wir hatten in Stambul, Beirut, Smyrna schon viele Hunderte von Pferden gesehen und noch keins gefunden, das, nach Württemberg gebracht, die schon dort befindlichen an Güte und Schönheit übertroffen hätte. Dieses beständige Pferdemustern und Ansehen waren nun die Geschäfte, von denen ich oben sprach und gewiß oft recht mühsam. Schon auf den Märschen, die wir machten, hielt der Baron alle Pferde an, die ihm nur einigermaßen bedeutend schienen, was sich unser Mucker und Beduinen gleich merkten und in jedem Dorf eine Masse Pferde auftrieben und uns vorführten, in der Hoffnung, für sie würde dann beim Kauf ein kleines Marktgeld abfallen. Ebenso war unserem Giovanni vom Baron eine Gratification versprochen worden, im Fall er ihm in der Stille ein ausgezeichnetes Pferd auftriebe. Dieser hatte nun schon gestern Abend, in den Bazars, trotz dem Verbot des Barons, so viel es ihm möglich war, die Nachricht ausgesprengt, es sei ein deutscher Pascha angekommen, der Imrachor Ajassi, d. i. der oberste Stallmeister des deutschen Sultans, und wolle Pferde kaufen, worauf schon am andern Morgen eine Menge Offerten einliefen, und wir, wie auch anfangs in Beirut, nichts thun konnten, als von früh bis spät in den schmutzigen Gassen umher zu laufen, in schlechte Ställe zu kriechen, um meistens noch schlechtere Pferde anzusehen.

Daß wir bei unserem kurzen Aufenthalt in Damaskus und bei dieser beständigen Pferdeschau die Stadt selbst nur eilfertig und sehr oberflächlich sehen konnten, kann man sich leicht denken.

Wie keine Stadt in Syrien hat Damaskus noch den altorientalischen Charakter bewahrt, was den Fremden aber in Vergleich mit Konstantinopel, Adrianopel, Smyrna gegen sie einnehmen muß. Man sieht auf den Straßen nur Schmutz und elende Lehmwände und nicht einmal, wie in Stambul, zahlreiche, wenn auch vergitterte Fensteröffnungen; auch wird das umher irrende Auge hier nicht wie dort erfrischt durch die grünen Blätter und duftenden Blüthen eines Orangenbaums oder saftiges Rebenlaub, das über die hohen Mauern herüberniсkt. Wem nicht Bekanntschaften gestatten, einen Blick hinter die traurigen Wände zu thun, mit denen die Straßen eingefaßt sind, der bekommt einen schlechten Begriff von der Wohnung der Orientalen. Kein Geräusch, kein Lichtschimmer verkündet, daß dort Menschen wohnen. Nur zuweilen des Abends, wenn wir spät nach unserem Kloster zurückgingen, hörten wir plötzlich die leisen hinsterbenden Accorde eines Saiteninstruments, die aber bei dem lauten

Schalle unserer Fußtritte gleich wieder aufhörten. So mißtrauisch
der Orientale gegen den Fremden ist, so daß er um keinen Preis
einem Unbekannten die Herrlichkeiten seiner Wohnung zeigte, so bereitwillig und freundlich läßt er sich finden, sobald die Empfehlung
eines Bekannten den neugierigen Fremden vor seine Thüre geleitet.
Uns wurde dieses durch den Herrn Baudin, Secretär bei dem französischen Consulat, auf welchen die Creditbriefe des Barons für
Damaskus lauteten, zu Theil. Dieser Mann, schon seit einigen
zwanzig Jahren im Orient lebend, hatte sich dort ganz eingebürgert
und keiner von uns würde ihn in seiner Tracht und Haltung für
etwas Anderes, als einen rechtgläubigen Muselmann gehalten haben.
Seine Protection öffnete uns das Haus eines Türken, eines Armeniers und eines Juden, dreier sehr reicher Leute, deren Gemächer
einander an Pracht und Herrlichkeit überboten. Da der Baron
wünschte, von dem Innern eines dieser Häuser kleine Zeichnungen
zu haben, so entschieden wir uns nach langer Prüfung für das des
Armeniers, und weil unser Maler, wie schon gesagt, krank in
Beirut zurückgeblieben war, unternahm ich es, so gut es in meinen
Kräften stand, von der Einrichtung dieses Hauses ein kleines Conterfei
zu nehmen.

Herr Baudin führte uns in eine winklichte, schmutzige Straße
vor eine baufällige Lehmmauer, hinter welcher man höchstens einen
Kuhstall hätte erwarten können. Ein Pförtchen, an welches er
klopfte, war kaum vier Fuß hoch und öffnete sich nach langem
Warten nur zur Hälfte, so daß wir von dem Manne, der sich nach
unsern Wünschen erkundigte, nur den untern Theil, ein langes Gewand und weite Beinkleider sahen. Der obere Theil des Thors
hatte ein kleines stark vergittertes Loch, durch welches er uns beobachten konnte, ohne daß wir das Geringste von seinem Gesicht
zu sehen bekamen. Herr Baudin sagte ihm, wir wollten den Herrn
des Hauses sprechen. Die Thür schloß sich wieder und wurde erst
nach einigen Minuten von dem Hausherrn selbst, aber diesmal ganz

geöffnet. Dieser hieß uns freundlich willkommen und schloß den
Eingang wieder hinter uns zu. Wir stunden in einem halbdunkeln
Gange, der sich rechts herumwand und uns vor eine andere Thüre
führte. Unser Begleiter bat uns zum Scherz, wir möchten die
Augen für einen Augenblick schließen und so durch diese innere Pforte
treten, was wir befolgten und sie erst wieder öffneten, als diese
hinter uns zugeschlossen wurde.

Etwas Ueberraschenderes und Schöneres habe ich in meinem
Leben nicht gesehen. Wir sahen einander an und hielten die ganze
Umgebung und Alles, was wir sahen, für ein schönes Märchen.
Waren wir arme Wanderer, die müde und durstig im Koth der
Straße entschlummerten, und die eine mitleidige Fee plötzlich in
ihre schönsten Gemächer versetzte? Der Contrast könnte nicht stärker
sein. Wir standen in einem geräumigen Hofe auf einem Boden
vom schönsten Marmor, dessen verschiedene bunte Farben kunstreich
zu phantastischen Zeichnungen zusammengestellt waren. In der
Mitte erhob sich ein schönes Becken, aus dem ein kleiner Wasserstrahl
hoch in die Luft sprang, umgeben von Orangen- und Citronen-
bäumen, die aus dem Marmor des Bodens zu wachsen schienen,
und rings die Luft mit ihrem süßen Geruche füllten. Der Hof
war im Viereck von einer Gallerie umgeben, die von schlanken
Säulen getragen wurde, und unter welcher sich die Eingänge zu
den verschiedenen Gemächern befanden. Wir betraten sie nach der
Reihe und eins war herrlicher, üppiger eingerichtet, als das andere.
So viel es mir möglich ist, will ich den größten Saal, das Conver-
sations- oder Empfangzimmer, wo wir mit Kaffee und Pfeifen be-
wirthet wurden, beschreiben.

Es war durch einen Gang in drei Theile getheilt. Den Fußboden dieses Ganges bildete ein Mosaik aus buntem Marmor.
Er dient dazu, Besuche geringeren Standes zu empfangen, mit denen
der Herr, auf seinem Divan liegend, sich unterhält. In der Mitte
desselben und demnach auch des ganzen Saales, steht der unent-

behrliche Springbrunnen, der seine Strahlen gegen die Decke schleudert, die hier etwas höher ist, als in den beiden Seitentheilen. Diese sind zum Empfang von Gästen oder zum Gebrauch der Familie bei großen Festen mit äußerster Pracht eingerichtet. Der Boden, um einen Fuß höher, als der des Ganges, ist mit herrlichen persischen Teppichen bedeckt; längs den Wänden läuft der Divan, und diese Wände selbst sind in den buntesten Farben gemalt und mit Schränken und Kästchen von vergoldetem Holze mit eingelegten Spiegelchen geschmückt; ebenso die Decke, um welche sich eine Bordüre von geschnitztem und vergoldeten Holz zieht, mit Spiegeln eingelegt. An einem großen reich verzierten Stern hängt der Kronleuchter. In der Mitte des Zimmers steht der Mangahl, ein kupfernes Becken in Gestalt einer Vase, worin bei kalter Witterung Holzkohlen gebrannt werden. Neben ihm waren zwei Girandolen von Bronze, etwa vier Fuß hoch, aufgestellt.

In einer Ecke des Hofes befand sich eine Treppe, vermittelst welcher man auf das Dach der Gallerie stieg. Dieses war ebenfalls mit Platten belegt, die jedoch nur aus gewöhnlichen Steinen bestehen, und es befanden sich oben zahlreiche Orangenbäume, so wie kleine Lauben von Rebgewinden mit Ruheplätzen. Die äußere Mauer des Hauses stieg noch ungefähr zehn Fuß über diese Gallerie empor, so daß von andern Dächern kein neugieriger Blick hereindringen konnte. An der Seite des Hofes, wo wir hereingekommen waren, befand sich das Bad, das jedoch anstatt der Wasserdämpfe, welche das Gemach erhitzen, Wannen hatte, die mit kaltem und warmem Wasser gefüllt werden konnten.

Herr Baudin, der Baron und der Fürst gingen nach einiger Zeit wieder fort, und ich blieb allein zurück, um den Empfangsaal so gut wie möglich abzuzeichnen. Anfänglich saß ich allein in dem Gemach; doch bald erschien einer der Söhne des Hauses und brachte einen ältern Armenier mit, der einige Worte französisch verstand und durch den wir eine nothdürftige Unterhaltung einrichteten. Kaffee und Pfeifen wurden dabei natürlich mehrere Male gewechselt und der junge Armenier war so artig, mir eine Pfeife zu halten, so oft ich auf dem Papier einige Striche machte. Jetzt kam auch noch der Vater, sowie ein kleiner Knabe herein, und bald hatte ich ein großes Auditorium um mich versammelt. Zwei Töchter des Hauses, sehr schöne Gestalten und zum Glück unverschleiert, wodurch ich ihre regelmäßigen Züge sehen konnte, erschienen zuweilen an der Thür, sprangen aber jedesmal, so oft ich mich auf ihr Lachen umwandte, davon. Endlich sagte ich dem Alten, wenn die Mädchen mir bei meiner Arbeit zusehen wollten, möchte er sie doch nur hereinkommen lassen, worauf er mir entgegnete, sie würden das gerne thun, nur fürchteten sie, mich zu stören.

Einer der Brüder rief ihnen jetzt zu, hereinzukommen, und sie erschienen auch, eine nach der andern; doch hatte sich jede ein kleines Geschäft gemacht. Eine trug auf einem Präsentirteller ein Krystallgefäß mit Eingemachtem, die zweite das nöthige Wasser dazu und ein anderes noch kleines Mädchen hatte in einem Körbchen silberne Löffel. Bald aber waren wir recht bekannt mit einander. Sie setzten sich um mich herum und bewunderten meine in der That schlechte Arbeit. Auch erwiesen sie mir alle möglichen kleinen Aufmerksamkeiten. Bald reichten sie mir eine neue Pfeife, die sie zuvor angeraucht hatten, und es war mir gar nicht unangenehm, das Bernsteinmundstück direct aus den frischen Lippen der hübschen Mädchen zu bekommen; bald legten sie eine glühende Kohle auf den Pfeifenkopf, wenn sie glaubten, das Feuer sei ausgegangen. Es that mir leid, daß es bald an zu dunkeln fing und ich meine Arbeit beendigen mußte. Zum Abschied ließen sie mich durch ihren Bruder bitten, ich möchte ihnen doch etwas auf ein Stückchen Papier zeichnen, was sie behalten könnten. Eine bat mich um das Conterfei eines Stuhls, der andern mußte ich einen Mangahl zeichnen und die ältere hat mich um das Bild eines Schiffes, das auf Rädern laufe, ein Dampfschiff nämlich, wovon sie hatten erzählen hören. Sie mußten dafür ihre Namen in mein Buch schreiben und wir schieden als die besten Freunde.

Noch immer hatte der Baron von all' den Pferden, die er gesehen, nichts gefunden, was ihm der Mühe werth schien, anzukaufen, und dieses Fehlschlagen seiner Hoffnungen, hier in Damaskus recht edle Pferde zu finden, machte ihn zuweilen sehr verdrießlich. Es ist aber auch sonderbar, daß man im Orient so wenige ganz ausgezeichnete Pferde sieht. Den Ideen nach, mit welchen wir das Land betreten, müßten wir die edlen Pferde überall finden; aber dem war nicht so. Fast alle hatten viel Race und wir sahen auch manche, die in Europa für sehr edle Pferde gegolten hätten; aber etwas ganz Ausgezeichnetes, das die ungeheuern Transportkosten rechtfertigen konnte, fanden wir nicht. Der Kamerdiener des Fürsten, Standar, der sich, da er sehr gut persisch sprach und auch sein Costüm fast ebenso aussah, viel mit den persischen Kaufleuten beschäftigte, die, von Bagdad und Mekka kommend, oft kostbare Pferde mitbringen, meldete eines Morgens, er wisse ein ganz vorzügliches Pferd, Fuchshengst, doch sei er nicht sicher, ob es der Eigenthümer, ein sehr reicher Kaufmann, abgeben würde. Inzwischen könnten wir es in dessen Abwesenheit einmal ansehen. Wir gingen sogleich hin und durch Standars Bekanntschaft mit den Dienern des Persers wurde uns das Haus geöffnet und der Stallmeister ließ uns die Pferde vorführen. Es waren ungefähr zwanzig, alle sehr gute edle Thiere und zuletzt kam der Hengst, von dem Standar gesprochen. Wirklich ein prächtiges edles Pferd. Es wurde uns vorgeritten und obgleich wir alle über seine schönen Formen und eleganten Bewegungen entzückt waren, ließen wir uns natürlich davon nichts merken, sondern sahen ihm äußerlich sehr gleichgültig zu.

Es versteht sich von selbst, daß der Perser, der ihn ritt, alles Mögliche anwandte, um uns alle Schönheiten des Hengstes recht vor Augen zu führen. Bald ließ er ihn steigen und das Thier

Reise nach Damaskus und Palmyra.

hieb laut wiehernd mit den Vorderhufen in der Luft herum, bald wandte er es im hellen Sonnenschein hin und her, wobei sein Haar wie Gold glänzte. Nachdem wir den Stallbedienten ein reichliches Trinkgeld gespendet; entfernten wir uns, um auf der Straße gegenseitig in Lobeserhebungen über das Thier auszubrechen. Ein schönes Pferd war demnach gefunden; aber der Baron war noch im Zweifel, ob er für das eine allein, wenn er keine andern mehr dazu fände, die großen Kosten des Transportes anlegen wollte, indem drei oder vier Pferde dieselben verhältnißmäßig nicht viel vertheuern würden; und dann war auch noch die große Frage, ob der Perser uns das Pferd überlassen würde und ob er in dem Fall nicht eine ungeheure Summe forderte.

Der Fürst, der auf seinen Kammerdiener die größten Stücke hielt, was dieser auch durch Treue und Anhänglichkeit rechtfertigte, überredete den Baron, die Einleitungen zu diesem Kauf seinem Standar ganz zu überlassen, der sich an die Stallbedienten machen sollte und dessen Gewandtheit in solchen Geschäften, im Fall etwas zu machen sei, die Sache in Gang bringen würde.

Bisher waren wir immer unsern Pferdeverkäufern nach ihren schmutzigen Ställen gefolgt, aber heute machten wir einmal nach unserm eigenen Gutdünken einen Gang durch die Bazars und nach einigen merkwürdigen Orten der Stadt. Die Besestans sind hier viel weitläufiger und großartiger, auch angenehmer zu durchwandern, als die von Konstantinopel. Man kann hier doch wenigstens auf ebenem Boden gehen und braucht nicht wie dort beständig steil auf- und abzusteigen. Die Auswahl der Artikel, die zum Verkaufe daliegen, ist in manchen Theilen weit reicher, als die in der Hauptstadt, so die Gewölbe, wo Stickereien feil geboten werden oder solche, wo man Kaschemirshawls zu ungeheuern Preisen kaufen kann. Am größten wohl und in seiner Art am reichsten ist der Markt der Sattler, deren Fabrikate von hier aus durch ganz Syrien und Arabien gehen. Wenn auch diese Sattel- und Zaumzeuge nicht mit der Einfachheit und Solidität in ihren kleinsten Theilen, wie dergleichen Sachen bei uns gearbeitet sind, so übersteigt doch die schöne Ciselirung der Silberbeschläge und die reichen und prächtigen Arbeiten der Silber-, Gold- und Perlenstickereien, besonders an den Schabraken, alle Begriffe. Auf dem Waffenmarkt findet man eine große Auswahl an kostbaren alten Waffen; doch sind die neueren Klingen, die hier verfertigt werden, nicht mehr das, was wir uns unter dem Namen Damascener denken. Schon vor mehreren hundert Jahren gingen die berühmten Waffenfabriken von Damaskus ein und siedelten nach Korassan in Persien über, welches jetzt die ausgezeichneten schwarzen Klingen liefert, die man an Güte den frühern Damascenern gleichstellt. Eine „Eski-Scham-taban" — alte Damascenerklinge, deren man jedoch noch sehr viele kaufen kann, ist sehr theuer und wird ohne Beschlag und Scheide bis zu zehntausend Piastern und drüber bezahlt.

Die Kaffeehäuser von Damaskus sind in ihrer ärmlichen Ausstattung denen von Konstantinopel gleichzustellen, nur daß man hier nicht, wie dort, unter dem Schmutz, der Alles überzieht, Spuren von ehemaliger Pracht hervorblicken sieht; sondern fast alle sind erbärmliche Baracken, aus Holz und Lehm aufgeführt und haben nur das einzige Angenehme, daß die meisten an einem der vielen Bäche liegen, welche die Stadt durchschneiden und ein kleines Vordach, eine Art Laube aus Reben bestehend, haben, worunter man sich hinsetzt und ohne viel zu denken, in die dahingleitenden klaren Wellen sieht.

Wir kehrten nach dem Kloster zurück und ließen unsere Pferde satteln, um einen Ritt vor die Stadt zu machen. Vor dem Thore nach Jerusalem liegt der Kirchhof der Armenier, in dessen Nähe unser Führer, ein Janitschar des Klosters, uns den Ort zeigte, wo Saulus, der von Jerusalem kam, um die Christen in Damaskus zu verderben, von der Stimme des Herrn niedergeworfen wurde, der ihm zurief: „Saul, Saul, warum verfolgst du mich?" Auf dem

Platze stehen ein paar große Platanen und er ist nur durch Tradition der Einwohner von Damaskus als jene Stelle bezeichnet.

In die Stadt zurückgekehrt, ritten wir durch mehrere enge winklige Gassen und kamen endlich an die, welche früher die richtige hieß, und wo sich der erblindete Saulus versteckt hielt, bis Ananias die Hand auf ihn legte und er wieder sehend wurde. An diesem Platze selbst steht kein Haus, sondern er ist nur ein kleiner oder Hof, mit einer Lehmmauer umgeben, durch welche wir hineintraten. In der Mitte dieses Hofes ist eine Kellerluke, durch welche man auf mehreren steinernen halb zerfallenen Stufen in ein unterirdisches Gewölbe hinabsteigt, wo sich über einen kleinen Altar, auf welchem die ewige Lampe brennt, ein großes Gemälde befindet, das die Bekehrungsgeschichte Sauls darstellt.

Während der Fürst und unser Führer niederknieten, um den Altar und den Boden des Gemachs zu küssen, standen wir eine Weile dabei, in ernste Betrachtungen versunken, woraus uns die Erscheinung eines alten Mannes riß, der die Treppen herabkam und sich eine Kleinigkeit zum Unterhalt jener Lampe ausbat. Dieser ehrwürdige Tempelwächter war ein Armenier, und versah den Dienst schon an vierzig Jahre.

Wir bestiegen unsere Pferde wieder und ritten quer durch den größten Theil der Stadt bis an die Mauern derselben, wo unser Führer eine Bresche zeigte, durch welche man Saul in einem Korbe hinabgelassen hatte.

Für den Abend des heutigen Tages hatte uns der gute Armenier, dessen Haus wir gestern besehen, zu einem Familienfeste eingeladen. Er verheirathete nämlich seinen Sohn mit der Tochter eines der reichsten Kaufleute der Stadt, und Herr Baudin, der sehr genau mit ihm bekannt war, hatte ihm gesagt, wie dankbar wir ihm sein würden, einer für uns so fremden Ceremonie beiwohnen zu können. Wir kehrten deßhalb frühzeitig nach Hause zurück, da uns Herr Baudin von der Sitte in Kenntniß gesetzt hatte, daß der

Hochzeitvater angesehene Gäste, wie wir ihm einmal waren, durch seine Leute abholen lasse.

Es war Abends fünf Uhr, als man uns benachrichtigte, die Abgesandten des Kaufmanns seien unten. Kaum waren wir zum Thor hinausgetreten, so sahen wir eine Menge Volks versammelt, welche einen unharmonischen Gesang anstimmten, der von einer Geige und einer Flöte begleitet wurde. Der Musik gingen zwei Leute mit Fackeln voran, denen andere mit Lichtern folgten. Mit dieser Begleitung im Hofe des Armeniers angekommen, mußten wir einen Augenblick warten. Hier saßen an einem Feuer eine Menge Knaben; der Ceremonienmeister, ein sehr dicker Armenier, kam uns entgegen und begleitete uns in's Vorzimmer, wo sich eine solche Masse Menschen aller Art drängte, daß es beinahe unmöglich war, durchzukommen, ohne die Ellbogen und Fäuste in Bewegung zu setzen. So gelangten wir zu dem großen Empfangsaal, den ich bereits früher beschrieben. An der Thüre desselben warfen sich zwei Diener zu unsern Füßen, um uns die Schuhe auszuziehen.

Als wir in das Zimmer traten, erhoben sich Alle, um uns ihre Ehrerbietung zu bezeugen, von ihren Sitzen, und der Herr des Hauses führte uns in eine Ecke des Divans, wo der Ehrenplatz ist. Nachdem wir uns niedergelassen und durch Zuwinken mit den Händen die Andern gebeten hatten, ein Gleiches zu thun, bewillkommte uns der Bischof der armenischen Kirche, der uns gegenüber in einer andern Ecke des Divans lag, indem er seine Hand auf's Herz legte und sie dann zu der Stirne erhob; seinem Beispiele folgten alle Uebrigen.

Nachdem diese üblichen Begrüßungen abgemacht waren, trat eine solche Masse von Dienern in recht gutem Costüm vor uns hin, daß ich nicht absah, wie es möglich sei, sie für den Augenblick alle zu beschäftigen. Hiefür sorgt aber die orientalische Sitte, welche zu dem kleinsten Geschäft einen, wenn nicht mehrere Bedienten anstellt. So auch hier. Einer legte jedem von uns ein goldgesticktes

Tuch über die Arme, welche wir ihm entgegenstrecken mußten. Ein Zweiter hielt knieend ein silbernes Waschbecken unter unsere Hände, auf welche ein Dritter aus einer silbernen Kanne helles, klares Wasser goß. Ein Vierter zog das erwähnte Tuch über unsere Finger zum Abtrocknen. Dann kam ein Fünfter und Sechster mit einem silbernen Präsentirteller, auf welchem Gläser mit Sorbet und einige kleine Confituren standen; dann ein Siebenter und Achter wieder mit Servietten, um, falls wir Einiges verschüttet hätten, es wieder aufzutrocknen. Hierauf kam ein ganzer Troß in alttürkischer Tracht mit Turban und Kaftan, weche uns die langen Pfeifen in den Mund steckten und Kaffee reichten.

Wir rauchten tapfer und im Saal herrschte allgemeine Stille, weil jeder mit sich oder seiner Pfeife beschäftigt war. Dies selige Richtsthun, der Glanz der seidenen Gewänder und der Spiegelwände, das Aroma des Kaffees und der feine Geruch des guten Tabaks versetzten uns in die alte Zeit des ächt orientalischen Prunkes, von welchem fast nur noch in Damaskus einige Spuren anzutreffen sind. Nachdem Pfeife und Kaffee einige Male gewechselt waren, ließ man uns eine Viertelstunde ruhen; dann wurden am Eingang des Zimmers zwei kleine Matratzen ausgebreitet und vier Personen erschienen, welche darauf Platz nahmen. Es war die Musikbande. Sie bestand aus zwei Violinisten, von denen einer blind war, einem Flötisten und einem, der das Tambourin schlug.

Das Concert begann mit einem türkischen Liede, dessen Schönheit ich nicht zu fassen im Stande war. Dann spielte der Blinde ein Violinsolo und präludirte so wahnsinnig auf seinem Instrument, fuhr so entsetzlich auf den Saiten herum, daß ich bis zu Ende des Stücks glaubte, er stimme nur und probire sein Instrument. Nach einer martervollen halben Stunde beschlossen endlich die Virtuosen ihr Concert mit einem Gesange, den der Blinde in näselndem Tone anhob und dessen Refrain die drei Andern im

Chor sangen. Drauf entfernten sie sich, und uns wurden wieder Pfeifen und Kaffee servirt.

So wurde es neun Uhr. Da traten zwei Kinder von acht bis zehn Jahren in's Zimmer und jedes trug in der Hand einen Leuchter in Gestalt eines Blumenstraußes, von Holz geschnitzt, auf welchem eine grüne Wachskerze brannte. Hinter ihnen kam ein Mann, der einen Korb trug, welcher mit einem dünnen goldgestickten Schleier bedeckt war, durch dessen feines Gewebe man den Anzug eines Mannes erkennen konnte. Kerzen und Korb wurden zu den Füßen des Bischofs niedergesetzt, welcher sich vom Divan erhoben hatte und mit vier andern Priestern, die um ihn traten, ein Gebet sprach, das hie und da durch den Gesang von sieben Knaben unterbrochen wurde.

Merkwürdig war es uns, daß wir, nachdem wir schon einige Stunden im Hause waren, noch keine Spur vom Bräutigam gesehen hatten, dem doch die ganze Ceremonie galt; jetzt, nachdem die Priester ihren Segen über die Kleider gesprochen, wandten sich alle Augen nach der Thür, an welcher ein junger Mann von etwa zweiundzwanzig Jahren in der ärmlichsten Kleidung stand. Wir hielten ihn anfangs für einen Bettler; er war von hoher Gestalt, doch sehr blaß und wagte kaum, die Augen aufzuschlagen.

Plötzlich fing er an, sich vor unsern Augen zu entkleiden, worauf ein alter Mann, ein Verwandter des Bräutigams — daß dies der junge Mann war, brauche ich wohl kaum zu sagen — zum Korbe trat und dem Bräutigam zuerst das lange Unterkleid, dann den Shawl und den Gürtel, endlich das mit Pelz besetzte Ueberkleid reichte. Nun erhob sich der Vater, nahm die Filzmütze, die noch im Korb zurückgeblieben war, ging mit feierlichen Schritten auf seinen Sohn zu und setzte sie ihm auf den Kopf, nachdem er ihm dreimal die Stirne geküßt hatte. Zu gleicher Zeit steckte er ihm an den kleinen Finger einen goldenen Ring mit einem herrlichen Brillanten, dessen Feuer im ganzen Gemach umherstrahlte. Jetzt trat der Bischof wieder vor, schlug ihm ein rosenfarbiges, goldgesticktes Tuch von Seide um den Hals und gab ihm eines von gleicher Farbe und gleichem Stoffe in die Hand, welches er einen Augenblick an Mund und Augen drückte, worauf ihn der Ceremonienmeister bei der Hand nahm und im ganzen Saal herum zu jedem Gast führte, dem er sofort die Hand küßte. Endlich kehrte er zu seinem Platz an der Thür zurück, setzte sich zwischen die beiden grünen Wachskerzen und blieb da bis eilf Uhr, der Zeit des Nachtessens.

Zu diesem Zweck wurde ein kleines Gestell von etwa zwei Fuß Höhe hereingebracht, worauf man eine große Kupferplatte setzte, die wenigstens vierzehn Fuß im Umfang hatte, und an deren Rand in Scheiben geschnittenes weißes Brod zwischen Rettichen, Sellerie und Petersilie lag. Ein gleicher Tisch wurde in der andern Ecke des Zimmers für die Geistlichen bereitet.

Sobald das Essen begann, zog sich der Bräutigam in's Nebenzimmer zurück, woher im gleichen Augenblicke sich die ungeschickte Musik von Neuem hören ließ, welche jedoch bald zu unserm größten Vergnügen wieder aufhörte. Sie spielte, wie ein des Landes kundiger Freund erzählte, altarabische Melodien, zu welchen der Blinde in seinem schnarrenden Tone Mährchen aus „Tausend und einer Nacht" recitirte. Das Nachtessen wurde folgendermaßen servirt: Reiß in Milch gekocht, Butterteig, die Suppe, mit einem Beigeschmack von Hammelfett, ein Hammelsbraten mit Reiß gefüllt, ein Entrée von Braten, Compot von Birnen, ein welscher Hahn mit Reiß gefüllt, am Spies gebratene Hühner, Entrée von anderem Fleisch, Kebab (kleine Stückchen Fleisch, welche an hölzernen Stäbchen auf dem Rost gebraten werden ein Lieblingsgericht der Türken), Entrée von Zwiebeln, Pillau mit saurer Milch und Käse. Von Zeit zu Zeit wurde rother Libanonwein, der, obgleich sehr gut und feurig, leider beständig nach den Schläuchen schmeckt, worin er aufbewahrt wird, in kleinen Gläsern gereicht. Ihn brachten Diener, welche besser gekleidet waren und einen höhern Rang einnahmen, als die, welche die Speisen auftrugen.

Es war Mitternacht, als die Tafel aufgehoben wurde, worauf, wie schon oben beschrieben, Diener Waschbecken, Handtücher und dergleichen reichten; zwei erschienen dann mit einem Rauchfaß, und während sie uns damit räucherten, wurde uns von andern Rosen= wasser aus kleinen krystallenen Fläschchen über die Kleider gegossen. Während der ganzen Mahlzeit war der Bräutigam nicht zum Vor= schein gekommen; aber kaum waren die Tafeln weggeräumt, so er= schien der Arme wieder und nahm seinen Platz wie früher zwischen den beiden grünen Wachskerzen an der Thür. Jetzt erfolgte die Siesta, die der Türke mit dem unübersetzbaren Worte Kef bezeich= net, etwas, das wir Europäer durchaus nicht nachmachen können. Der Orientale lehnt sich in seinen Divan zurück, denkt nichts und ruht behaglich zwischen Wachen und Schlafen, wobei er lang= sam aus einer langen Pfeife raucht. Selbst der Prophet empfiehlt diese Siesta, indem er sagt: „Schlafet den Schlaf Kailuleh," d. h. den Schlaf nach dem Essen, „denn Satan schläft ihn nicht."

Dieser Zwischenakt dauerte heute Abend über anderthalb Stun= den, während welcher Zeit Mitternacht ihr Recht ausübte und auf dem ganzen Hause Grabesstille lag. Auf einmal aber erhob sich wieder das Geschnarre der Instrumente und brachte die Ruhenden augenblicklich in Bewegung. Man sprach, lachte, erzählte, bis kurz darauf der Ceremonienmeister mit großen Schritten in die Mitte des Zimmers trat und mit lauter Stimme verkündigte, daß es Zeit sei, die Braut zu holen und nach der Kirche zu führen.

Alles erhob sich und ging vor's Haus, um sich zu einem Zuge zusammenzureihen. Dieser begann mit einer Reihe Fackelträger; dann kam die Musik und die Sänger, hinter denen uns zu unserm großen Leidwesen der Ehrenplatz angewiesen wurde; sodann die übrigen Gäste, und endlich unter den Dienern der Bräutigam. Nachdem wir uns im langsamen Schritt in einer der schmutzigen schlechtgepflasterten Straßen — es war eine feuchte, neblichte Januarnacht — etwa zehn Minuten fortbewegt hatten, kamen wir an das Haus des Brautvaters, wo an der Thür das nämliche Ceremoniel mit unsern Stiefeln stattfand. Als wir eine große Vorhalle durchschritten hatten, kamen wir in ein Zimmer, wo um einen Mangahl diejenigen Freunde des Hauses kauerten, welche den zweiten Rang in der Gesellschaft einnahmen.

Aus diesem Zimmer wurden wir in den großen Empfangsaal geführt, der noch weit prachtvoller war, als der im Hause des Bräutigams. Gegenüber dem Eingang befand sich eine Nische, in welcher außer einer Pendule von Alabaster mehrere hübsche Porcellanvasen mit künstlichen Blumen standen. Die Fenster, höher als die gewöhnlicher Häuser, waren mit seidenen Vorhängen versehen, die Kissen des Divans von gelber Seide, mit Blumen von braunem Sammt. Auf dem Teppich standen zwei sehr schön gearbeitete Mangahls, umgeben von großen bronzenen Leuchtern mit grünen Wachskerzen. Zuerst wurden wir auf gewöhnliche Art bewillkommt, dann brachte man uns Kaffee und lange Pfeifen, und während wir behaglich rauchten, ging der arme Bräutigam im Kreise herum und lüpfte Allen die Hand, die nicht bei seinem Vater gewesen waren. Dann kamen vier Künstler, welche vom Brautvater gedungen waren, und beglückten uns mit mehreren Musikstücken, welche jedoch nicht besser waren, als die frühern. Uebrigens blieben wir hier nur kurze Zeit, weil der Hochzeitzug jetzt endlich in die Kirche ging. Im Hofe sahen wir eine Menge Menschen um einen weißen Zelter gedrängt, der, sehr reich geschirrt, für die Braut bestimmt war. Der Zug setzte sich wie früher in Bewegung, und nach dem Bräutigam kamen die Freunde der Braut und endlich sie selbst zu Pferde, umringt von einer Anzahl Frauen zu Fuß. Sie trug ein Kleid von weißer Seide mit goldgestickten Blumen, das ihr bis an die Sohlen reichte. Auf dem Kopf hatte sie einen Ueberwurf von weißem Mousselin, und über diesem einen von rothem Atlaß, welcher beinahe das ganze

Gesicht bedeckte. Auf dem Kopf trug sie ein Barett von Holz, einem Soldatentschakow, den man oben abgerundet, nicht unähnlich. Diese sonderbare Bedeckung ließ kaum die Form eines menschlichen Kopfes erkennen.

Wir brauchten über eine halbe Stunde, um zur Kirche zu gelangen, welche zu unserm Empfang bereit sein sollte, jedoch so schlecht erleuchtet war, daß der Blick kaum bis zur Kuppel dringen konnte. Diese wurde von acht hölzernen Säulen getragen. Links am Eingang war ein Bild des heiligen Georg, wie er den Drachen erlegt, und rechts die Thür, welche in's Kloster führt. Wir traten vor den Hauptaltar und nachdem man uns Stühle gebracht, konnten wir mit Muße das Innere der Kirche betrachten. Ueber dem Altar, zu welchem vier Stufen von weißem Marmor führten, hing das Bild der Mutter Gottes, rechts von demselben die heilige Anna und links der heilige Petrus. In der Mitte schwebte ein Kronleuchter mit gelben Lichtern, welche schlecht brannten und einige silberne Leuchter standen ohne Symmetrie in der Kirche umher.

Endlich kam der Bräutigam und wurde zur linken Seite des Altars geführt; eine verschleierte Frau brachte sodann die Braut zur Rechten desselben. Der Bischof zog seine schönsten, mit Gold und Silber gestickten geistlichen Gewänder an und nahm Platz in einer Nische. Ein anderer Geistlicher vereinigte die Hände der Brautleute, während ein Dritter ihnen die Köpfe zusammendrückte, und ein Knabe, auf einem Gerüste stehend, hielt ein Kreuz und eine Wachskerze über sie. In dieser eigenen Stellung verweilten sie bei zwanzig Minuten, während welcher Zeit der Bischof vor sie trat und eine Messe las. Der Gottesdienst endigte damit, daß ein Diakonus ein Kapitel des Evangeliums Mathäi vortrug. Da aber dieser Mann das Unglück hatte, bucklig zu sein und mit der Zunge anzustoßen, so mußten wir die Feierlichkeit der Handlung stets bedenken, um nicht in Lachen auszubrechen. Der Geistliche sprach darauf ein kurzes Gebet und befestigte ein Band an der Mütze des

Bräutigams und dem Barett der Braut, worin er ihnen bedeutete, daß sie von nun an für's Leben vereinigt seien. Ein Nachbar, den ich fragte, wozu das unförmliche Holzbarett der Braut diene, antwortete mir, es sei, um Beide gleich groß zu machen, damit sie erkennen, daß keines über dem andern, daß sie einander gleich stehen.

Zum Schluß küßten die Brautleute ein Crucifix; die Braut wurde von derselben Frau wieder abgeholt und dann auf ihrem Pferde gänzlich verschleiert in das Haus ihres Mannes gebracht. Gegen drei Uhr Morgens war endlich diese Hochzeitfeier vollendet, auf welche sich die Eingebornen seit mehreren Wochen gefreut, und der wir eine Nacht zum Opfer gebracht hatten. Wir waren es indessen wohl zufrieden, einmal für allemal eine armenische Hochzeit in Syrien gesehen zu haben.

Wenn wir früher in Konstantinopel, später in Beirut unsere Reiseprojekte machten, und wir in Syrien in Gedanken bis Damaskus vordrangen, so hatte wohl einer die kühne Idee, von da einen Ausflug nach Palmyra vorzuschlagen. Doch behandelten wir diese Idee gerade wie ein schönes Mährchen, von dem man träumt und wo sich am Ende eine kühne Phantasie einredet, man werde die schimmernden Thore des Feenpalastes endlich in der Wirklichkeit einmal erreichen. Wenn uns einige des Landes Kundige eine Tour nach Palmyra, als mit den größten Schwierigkeiten und Mühseligkeiten verbunden, vorstellten, so kamen fast alle, die wir darum fragten, dahin überein, schon von jeher sei der Weg durch die Wüste nach jenen kolossalen Ruinen durch die streifenden Araberhorden sehr unsicher gemacht worden, und jetzt in Kriegszeiten, da Ibrahim Pascha's mächtige Hand jene Raubstämme nicht mehr im Zügel halte, sei es nicht möglich, an eine Tour nach Palmyra zu denken. Obgleich wir nun schon durch unsere Tour über den Balkan und später über den Libanon belehrt worden waren, was man von den Reden der Leute zu halten habe, so waren doch die Gründe,

Erstes Kapitel.

die ich oben gegen eine Reise nach Palmyra angeführt, zu vernünftig und uns zu einleuchtend, als daß wir im Ernst daran hätten denken können, deßhalb thaten wir dies auch nur, wenn wir eben einmal im besten Zuge waren, die schönsten Luftschlösser zu bauen.

Mit diesen Gedanken in Bezug auf Palmyra waren wir nach Damaskus gekommen und wagten es nicht einmal, weder einen unserer Paters, noch den Herrn Baudin zu fragen, ob es wohl in diesen Zeitverhältnissen möglich sei, Palmyra zu sehen. So saßen wir am Tage nach jener Hochzeit, da es gerade mehrere Stunden anhaltend regnete, in unserem Gemach und rauchten eine Pfeife. Skandar, der noch gestern Abend mit den Leuten des Persers zusammen gekommen war, hatte uns gesagt, daß ihm der Stallmeister im Vertrauen erklärt, es sei vielleicht möglich, jenen Hengst zu bekommen; doch würde sein Herr bei einer direkten Anfrage eine ungeheure Summe fordern, weßhalb er ihm die Sache überlassen solle. Daß diesem treuen Knecht dafür ein reichliches Trinkgeld zu Theil werden mußte, versteht sich von selbst. Doch hatte Skandar für gut gefunden, ihn manövriren zu lassen, und brachte uns diesen Bescheid mit dem tröstreichen Zusatz, daß der Stallmeister sich wenigstens fünf Tage Zeit ausgebeten habe, ehe er eine Antwort ertheilen könne.

Trotz den Schönheiten von Damaskus war uns doch die unfreiwillige Verlängerung des Aufenthalts nicht sehr erwünscht; denn erstens hätten wir nach unserer gemachten Zeiteintheilung schon morgen oder übermorgen abreisen sollen, und zweitens hatte uns der Prior die untröstliche Nachricht gegeben, daß in der Stadt die Pest ausgebrochen sei, die, obgleich sie sich erst hie und da zeige und wenig Opfer hinwegraffe, doch wegen des vielen halb verhungerten Gesindels, das der Krieg hier zusammengeführt, sehr gefährlich zu werden drohe. Wir hatten uns um einen Mangahl gesetzt, und der Fürst, der immer sehr guten Humors war, konnte heute doch ein unangenehmes Gefühl nicht unterdrücken und sagte beständig: „c'est terrible, c'est terrible!"

Da trat Herr Baudin in's Zimmer, und nachdem wir ihm Kaffee gemacht und unsere beste Pfeife angeboten, sprach auch er von der ausbrechenden Pest und wie groß die allgemeinen Befürchtungen seien. Ohne ihm zu erklären, was uns hier zurückhalte, sagte der Baron, wir würden noch vier bis sechs Tage da bleiben, worüber viel Gleichgültiges hin und her gesprochen wurde, bis uns plötzlich Herr Baudin fragte: ob wir denn nicht Palmyra sehen wollten. Man kann sich leicht denken, daß uns diese Frage nicht wenig überraschte und wir sie für Scherz annahmen, worauf uns jedoch Herr Baudin in allem Ernste versicherte, obgleich eine Tour nach jenen Ruinen mit ziemlichen Kosten und Mühseligkeiten verknüpft sei, würde sie sich doch gerade jetzt in Folge der Kriegsverhältnisse machen lassen. Ibrahim Pascha nämlich, der seine Truppen aus dem Hauran nach Damaskus gezogen, habe zu diesem Zweck an verschiedenen Orten kleine Etappen errichtet, die auch uns noch zu gut kommen könnten, und wenn auch die zurückziehenden Truppen nicht viel zurückgelassen, als Deserteure, so könnten uns dieselben oder vielmehr ihre Pferde recht zu Statten kommen. Auch würden die streifenden Araber durch diese Truppenzüge, wenn gleich nur für kurze Zeit, weiter in das Innere des Landes zurückgedrängt sein.

Wir sahen uns überrascht an, und als wenn einer in des andern Auge gelesen hätte, nichts sei ihm erwünschter, als diese Aussicht, so antworteten wir mit einem Munde: wir würden uns sehr glücklich schätzen, diese interessante Tour machen zu können. Herr Baudin, der unermüdliche liebenswürdige Mann, schlug uns nun zwei Arten vor, um diese Reise zu machen. Bei der einen müßten wir uns der Kameele bedienen, würden wohl langsamer, aber auch bequemer reisen und könnten mit der Schnelligkeit der gewöhnlichen Karawanen Palmyra am sechsten, im günstigsten Falle am fünften Tage erreichen. Bei der andern dagegen, die kostspieliger sei, müßten wir Pferde nehmen, dürften kein Gepäck mitführen und uns von einer Schaar berittener Beduinen begleiten lassen. Dann aber könnten wir bei ziemlich guten Pferden Palmyra schon in der Nacht vom dritten auf den vierten, oder spätestens im Lauf des vierten Tages erreichen.

Wir waren heute alle in der glücklichen Stimmung, einen schnellen Entschluß fassen zu können, und entschieden uns in kurzer Zeit für die Tour nach Palmyra, sowie dafür, den Ritt zu Pferde zu machen, und Herr Baudin entfernte sich sogleich mit dem Versprechen, wo möglich noch heute das Nöthige zu besorgen, sowie sichere Leute und einen bekannten Schech zu unserer Begleitung auszusuchen, den er uns noch heute Abend zuschicken werde. So auf einmal an's Ziel unserer kühnsten Hoffnungen, Palmyra doch noch zu sehen, gekommen, säumten wir nicht, alle nöthigen Vorkehrungen zu diesem Ritte zu treffen. Vor allen Dingen sahen wir nach unsern Waffen und setzten Pistolen und Säbel in den bestmöglichen Stand. Das dunkle Wetter brachte einen frühen Abend herbei und wir hatten uns soeben nach dem Mittagsessen aus dem Refectorium in unsere Stube begeben, als draußen auf dem Corridor sich schleppende Fußtritte vernehmen ließen, an denen man gleich die Ankunft von Beduinen erkennen konnte. Und so war es auch.

Herr Baudin kam zurück und brachte ein Paar dieser Wüstensöhne mit, von denen einer — es war der Schech selbst — mit uns über die Kosten jener Tour unterhandeln sollte. Es wurde Alles beinahe auf dieselbe Art abgemacht, wie auf unserer Tour durch die Türkei. Der Schech lieferte jedem ein gutes Pferd und versprach, uns am vierten Tag nach Palmyra zu bringen. Da wir wohl wußten, daß wir, um in dieser kurzen Zeit hinzugelangen, äußerst schnell reiten mußten, so wurde in der mündlichen Uebereinkunft vorgesehen, daß der Schech für die Ausdauer der Pferde zu stehen und er, im Fall eines Stürze, für ein anderes zu sorgen habe. Der Schech, ein schon ältlicher Araber, aber ein großer kräftiger

Mann, schilderte uns mit lebhaften Farben die Gefahren, welche die Reisenden auf diesem Wege bedrohe, wie noch vor nicht langer Zeit eine Karawane von den streifenden Arabern geplündert und hinweggeführt worden sei, setzte aber hinzu, in seiner Begleitung seien wir ganz sicher.

Doch was die lebhafte Schilderung der Gefahren, denen er sich um unseretwillen aussetze, bezwecke, wurden wir bald inne; denn der gute Araber forderte eine ganz unerhörte Summe. Trotz unseres Handelns ließ er nicht sehr viel herunter und da uns Herr Baudin versicherte, wir würden mit einem andern nicht billiger einig, so schlossen wir das Geschäft ab, reichten dem Araber die Hand zum Zeichen, daß wir uns ihm übergeben und schärften ihm noch ein, morgen vor Tagesanbruch mit seinen Pferden unten zu sein.

Ich konnte die Nacht nicht viel schlafen; auch den Andern erging's nicht besser, besonders war der Fürst in beständiger Unruhe. So oft ich mich auf meinem Lager herumwandte, sah ich ihn bald dies, bald jenes vornehmen. Jetzt stopfte er sich eine Pfeife, dann putzte er an seinen Waffen herum, und als kaum Mitternacht vorbei war, meinte er, jetzt sei es Zeit, daß wir aufstünden und anfingen, den Kaffee zu kochen. Ich folgte seinem Rath, verließ mein Lager und rüstete mich zu dem weiten Ritte. Mein Anzug war so einfach wie möglich, kurze Stiefel mit Sporen, eine lederbesetzte Reithose, darüber einen kurzen zugeknöpften Rock; auf den Kopf setzte ich das Fez; der Fürst machte mir aus einem ungeheuern Stück Mousselin, das ich gestern gekauft, kunstgerecht einen Turban; einen türkischen Säbel hatte ich an der Seite und meine Pistolen an einer langen Schnur, womit ich sie am Sattelknopf befestigen konnte.

Der Fürst vertauschte auch sein seidenes gesticktes Kleid mit einem sehr groben, das aus gegerbtem Leder bestand und mit Pelz besetzt war.

Erstes Kapitel.

Der Baron war wie ich costümirt; nur hatte er einen rothen Turban, die Pistolen in eben solchem Gürtel stecken und an der Seite einen geraden östreichischen Cürassier=Pallasch.

Unsere Beduinen waren sehr pünktlich. Noch war es gänzlich Nacht, als ein langes anhaltendes Pferdegetrappel auf der Gasse uns ihre Ankunft anzeigte. Von den Leuten nahmen wir Giovanni und den riesigen Mechmed mit, Standar blieb aber zurück, um unterdessen beim Pferdeverkauf mitzuwirken.

Nachdem uns noch der gute Prior seinen Segen ertheilt, saßen wir auf und ritten zur dunkeln, stillen Stadt hinaus. Vor dem Thore hatten wir einen Steinweg, ähnlich dem, auf welchem wir vom Libanon her in die Stadt geritten waren, setzten dann auf einer Brücke über einen Fluß, wahrscheinlich ein Arm des Barrada, und befanden uns auf der großen Straße nach Aleppo. Wie fast auf allen unsern Touren mit den Arabern hielten sie gleich unsern Baron, wegen seiner stattlichen Figur, für den Chef unserer Gesell= schaft. Auch heute, als wir jenen unregelmäßigen Steindamm hinter uns hatten, ritt der Schech zu ihm hin und fragte ihn, ob wir jetzt schneller reiten könnten. Natürlich säumten wir nicht, unsern Pferden die Sporen zu geben und jagten in sausendem Ga= lopp davon. Wir durchschnitten das Thal Gutha und hatten schon beinahe die Berge erreicht, welche es im Süden einschließen, als der Morgen im Osten schwach aufzudämmern begann. Die Straße, auf der wir ritten, war, wie alle hier zu Land, ohne Kunst und Mühe angelegt und nur von den Karawanenzügen gebildet, die jedes Jahr in unabsehbarer Reihe von Damaskus ausziehen.

Unsere Begleitung bestand aus einigen und dreißig Beduinen, die mir alle ziemlich gut beritten schienen. Sie trugen den weißen Burnus; einige einen Turban, andere roth und gelbe, sowie auch weiße Tücher, die mit um den Kopf gebundenen Stricken festgehalten werden. Die Bewaffnung der meisten bestand in einem Säbel, einem Paar Pistolen und der langen Lanze mit dem charakteristi=

schen Büschel von schwarzen Straußfedern. Einige hatten außerdem einen Handschar im Gürtel stecken oder eine lange dünne Flinte auf dem Rücken befestigt. Als wir uns auf der Höhe jener Berge umwandten, drangen gerade die ersten Strahlen der Morgensonne hervor, und beleuchteten die prächtige Stadt, die wir vor einigen Stunden verlassen.

Der Weg, den wir in der ersten Hälfte des heutigen Tages zurücklegten, ging meistens durch bergiges Terrain, deren Formation den Felsen des Libanon, aber in sehr verkleinertem Maßstabe glich. Unsere Pferde liefen ausgezeichnet gut, und als wir mit sinkender Nacht ein kleines armseliges Dorf, Neschme, erreichten, hatten wir an zwanzig deutsche Stunden zurückgelegt. Bei der Ankunft einer so großen bewaffneten Schaar, wie die unsrige, waren die Einwohner geflohen, nur einige alte Männer und Kinder waren zurückgeblieben. Der Schech suchte eine der besten Hütten für uns aus, und es gelang ihm auch, Hühner und Eier für uns, so wie reichliche Gerste für die Pferde zu erhalten.

Da er Alles baar bezahlte und die Zurückgebliebenen sahen, daß es auf keine Plünderung abgesehen war, mußten sie den Geflohenen Nachricht gegeben haben, denn während der Nacht kamen die meisten zurück. Wir ritten am andern Morgen wieder vor Tagesanbruch aus und unser Weg führte durch eine steinige sandige Fläche. Zur Rechten hatten wir einen Zug des Gebirges Ruack, und gegen Abend mußten wir einen Ausläufer desselben übersteigen, der uns quer durch den Weg strich. Doch erreichten wir bald unser heutiges Nachtquartier, Karyatien, ein weit größeres und ansehnlicheres Dorf, als Neschme, dessen Schech uns freundlich mit der gewöhnlichen Gastfreundschaft der Araber aufnahm. Unsere Pferde, d. h. die, die wir Europäer ritten, waren heute Abend entsetzlich ermüdet, denn wir hatten heute nicht weniger als dreißig deutsche Stunden gemacht, aber die unserer Beduinen, die schon an dergleichen Fatiguen mehr gewöhnt waren, schienen wunderbarer Weise von dem fürchterlichen Ritt gestern und heute nicht gelitten zu haben.

Gleich bei der Ankunft setzte sich unser Schech mit dem des Dorfes in Unterhandlung, um für uns auf morgen frische Pferde zu erhalten, sowie eine Anzahl Kameele, die mit Wasser, Gerste und einigem Proviant für uns beladen wurden und sogleich abgehen sollten, damit wir, die wir morgen frühe weiter ritten, auf den Abend in der baum- und wasserlosen Wüste, welche wir hinter Karyatien betraten, den nöthigen Proviant finden würden. Glücklicher Weise waren die beiden Beduinen alte Bekannte; sie hatten mehrmals die Karawanenzüge mit ihren Schaaren durch die Wüste begleitet, und der eine war daher jetzt gleich bereitwillig, dem andern zu helfen, so daß in ungefähr zwei Stunden unsere Proviantkolonne für morgen abgehen konnte. Sie bestand aus zehn Kameelen und ungefähr zwanzig Reitern, bewaffnet und beritten, wie die unsrigen. Wir begleiteten sie bis vor das Dorf und sahen ihnen noch lange nach, wie sie auf der weiten flachen Ebene dahin gingen, in der Dämmerung der Nacht und dem hellen gelben Sande allmälig wie Schatten entschwebend.

Unser Schech war ein freundlicher Mann. Er bewirthete uns mit einem guten Pillau und Lammfleisch und brachte nachher, um uns etwas recht Gutes anzuthun, eine Flasche Raki, Dattelbranntwein hervor, wovon wir jeder ein Gläschen trinken mußten. Er war ein schon alter Mann und ließ uns durch Giovanni viel von den gefährlichen Pilgerzügen sagen, die er durch die Wüste geleitet. Auch brachte er später einen Ehrensäbel herbei, den er dafür von einem Pascha von Damaskus erhalten. Diese freien Araberstämme ziehen ihren größten Verdienst aus der Begleitung und Verproviantirung der Karawanen, die nach Mekka gehen. Alljährlich versammeln sich zu Damaskus aus dem ganzen Norden Asiens alle Pilger, die diesen Zug mitmachen wollen. Die meisten derselben kommen erst am Ende des Ramasans, und dann gleicht Damaskus, die an sich schon so lebendige Stadt, einem ungeheuren Markte. Es wimmelt von Fremden aus allen Theilen der Türkei und Persiens. Alle Straßen der Stadt sind bedeckt mit Haufen von Pferden, Kameelen, Eseln und Waarenballen, und dieser ganze ungeheure Troß setzte sich nach einigen Tagen in Bewegung, um in vierzig Tagen durch die Wüste ziehend, Mekka am Bairamfeste zu erreichen. Da die Karawane durch die Gebiete mehrerer freien Araberstämme zieht, so mußte man Verträge mit ihnen abschließen, ihnen einen Durchgangszoll bezahlen oder sie zu Führern und Begleitern nehmen, was ebenfalls bezahlt wurde. Der Pascha von Damaskus schickt vor dem Auszug der Karawane einem der mächtigsten Beduinenscheche's den Ehrensäbel, von dem ich oben sprach, so wie ein Zelt, und ernennt ihn somit zum Hauptführer der Karawane, unter welchem Titel ihm aber die Verpflichtung obliegt, für einen Theil der zum Zuge nöthigen Kameele zu sorgen, die er um einen bestimmten Preis liefern muß, ohne bei Verlusten auf eine weitere Entschädigung rechnen zu können. Jedes Jahr gehen bei diesen Zügen an zehntausend Kameele zu Grunde, deren Ersetzung ein bedeutender Erwerbszweig der Araber ist. In früherer Zeit lag dem Pascha von Damaskus die Verpflichtung auf, die heilige Karawane selbst nach Mekka zu führen, weßwegen er den Ehrennamen Emir Hadje führte, und diesem Posten wurde eine solche Wichtigkeit beigelegt, daß, wenn der Zug gelingt, das heißt, wenn die Araber ihn nicht zerstreuen und ausplündern, die Person des Pascha für alle Zeiten unverletzlich ist, und es selbst dem Sultan nicht erlaubt ist, sein Blut zu vergießen. Doch wußte die Politik der hohen Pforte dies buchstäbliche Verbot sehr gut zu umgehen, indem sie einen solchen Pascha, dessen sie sich entledigen wollte, in einem Sack ersticken ließ. Neben dem religiösen Interesse treibt auch die Aussicht, im Handel ein Bedeutendes zu gewinnen, eine Menge Pilger zu dem Zuge. Sie nehmen von Hause Waaren mit, die sie unterwegs verkaufen, und das gelöste Geld verwenden sie in Mekka zum Einkauf von Mousselinen aus der Stadt selbst und aus Bengalen, von Shawls aus Kaschemir, Aloe aus Tunkin, Diamanten aus Golkonda, besonders Kaffee aus Yemen. Indessen plündern oft die streifenden Araber die Karawanen gänzlich aus und machen alle die schönen Projekte der Kaufleute zu Schanden. Doch kommen in den meisten Fällen die Pilger wohlbehalten zum Ziel und alsdann ist ihr Vortheil sehr bedeutend. Die ärmere Klasse, die bei dem Zug materiell nichts gewinnen kann, macht sich in allen Fällen durch die Ehrfurcht bezahlt, die man dem Namen Hadji (Pilger) beilegt, oder durch das Vergnügen, ihren Landsleuten die Wunder der Kaaba zu rühmen, mit Emphase von der ungeheuern Menge Pilger und den Mühseligkeiten, die sie ausgestanden haben, zu sprechen, sowie von den seltsamen Figuren der Beduinen, der wasserlosen Wüste und dem Grab des Propheten. Diese Erzählungen haben den gewöhnlichen Erfolg, daß sie die Bewunderung und Begeisterung der Zuhörer erregen, wiewohl es nach dem aufrichtigen Geständniß der Pilger nichts Elenderes, als diese Reise gibt. Uebrigens hat aber auch diese flüchtige Bewunderung nicht verhindert, ein für die frommen Pilger wenig ehrenvolles Sprüchwort in Umlauf zu bringen: „Sei mißtrauisch gegen deinen Nachbar," sagt der Araber, „wenn er einen Hadje (Pilgerzug) gemacht hat; macht er aber zwei, so trenne dich augenblicklich von ihm."

Am andern Morgen brachen wir wieder vor Tagesanbruch auf. Unser alter Wirth wollte uns durchaus begleiten, indem er unserm Schech vorstellte, unsere Escorte sei bei einem bedeutenden Angriff der Araber doch ein wenig schwach, und es mache ihm selbst Spaß, wieder einmal einen Ritt durch die Wüste zu unternehmen. Sein Verlangen konnte uns nur angenehm sein, und da wir schon viel von den verwegenen Räubereien der Araber in diesen Theilen des Landes gehört hatten, so sahen wir es nicht ungern, daß er sich in Begleitung einiger zehn recht gut aussehender Reiter unserm Zug anschloß.

Eine kurze Strecke hinter Karhatien fing die gewaltige Sandwüste mit einem Male an. Eine unabsehbare, weißlich gelbe Fläche breitete sich vor uns aus und der Blick fand keine Abwechslung, als lange Wellenlinien, die der Wind in den Flugsand gezeichnet hatte. Nördlich strichen in weiter Entfernung die Gebirge von Ajar und östlich war das, was wir sahen, entweder Sandgebirge oder der gelbe Boden spiegelte sich in den Wolken wieder. Die ausführlichere Beschreibung einer Reise durch die Wüste findet besser bei unserer zweiten und größeren Tour durch diese öden Sandflächen, als wir später von Gazza nach Kairo zogen, ihre Stelle, weßhalb ich hier nur mit wenigen Worten darauf hingedeutet habe, besonders da sich diese verlassenen baum- und wasserlosen Landstrecken fast ganz gleich sehen.

Unser heutiger Tagmarsch war für die Pferde sehr ermüdend, denn obgleich sie bei jedem Schritt bis über die Fesseln in den Sand traten, ging es doch fast beständig im scharfen Trabe vorwärts. Auch der Himmel war uns nicht sehr günstig, sondern mit Wolken überzogen und ein scharfer Wind wirbelte oft den Sand um uns in die Höhe, daß wir wie in Wetterwolken eingehüllt dahin ritten. Mir kam heute beim Betrachten unserer Reiterschaar häufig und sehr lebhaft ein kleiner Kupferstich in's Gedächtniß, „eine Karawane vor einem Sandsturme fliehend," auf welchem eine bunte wilde Schaar von Beduinen vor zerrissenen Wolken, die vom Himmel herabzuflattern scheinen, und beweglichen Sandhaufen, wie wir heute, dahin fliehen. Im Hintergrund des kleinen Bildchens sah man die Ebene mit Ruinen bedeckt. War es Palmyra? Mir kam es damals schon so vor, als müsse es Palmyra sein, und meine Phantasie bemühte sich nach Allem dem, was uns von jener fabelhaften Stadt gesagt wurde, bei Nennung dieses Namens die prächtige todte Stadt so wundervoll wie möglich auszumalen. Aus der Wüste kamen die guten und bösen Feen, die an der Wiege neugeborener Königskinder erschienen, um sie zu beschenken, und Palmyra hatte ich mir als den Ort gedacht, wo die gute Fee herkommen müsse. Palmyra mit den schönen Bauwerken, von denen ich gehört, und die doch Niemand bewohnen sollte, war mir eine Stadt von Palmen umgeben, in der jene guten Geister ihre eigentliche Heimath hatten, wie auch bei uns die Zauberschlösser mitten im Walde liegen.

Was wir am Morgen vor uns gesehen hatten, waren wirklich Ketten von Bergen, ohne Baum und Strauch, die eine sandige Fläche von ungefähr drei bis vier Stunden Breite einschlossen, und so eine Schlucht bildeten, die sich nordwestlich hinzog. Es dunkelte schon, als wir den Eingang derselben erreichten, wo wir die vorausgeschickten Kameele gelagert fanden. Unser guter Schech von Karhatien hatte ein Zelt mitgegeben, das uns recht gut zu Statten kam. Die Nacht wurde, wie immer hier, recht kalt und der Thau benetzte rings den Boden. Trotz der gespannten Erwartung, mit der wir dem morgenden Tag entgegen sahen, ließ uns die große Ermüdung, die uns diese forcirten Ritte verursacht, sehr fest schlafen und es bedurfte am andern Morgen des lauten Getümmels der aufbrechenden Araber, um uns zu wecken. Die Kameele mit ihrer Bedeckung blieben auf dem Platze hier, um uns morgen in der Nacht wieder aufzunehmen, und sie waren für diese mit Wasser und Proviant genugsam versehen.

Wir ritten in der Morgendämmerung vielleicht zwei Stunden lang durch die Schlucht, die sich auf einmal zu verengen schien; doch traten die Gebirgszüge an dieser Stelle nur etwas zusammen, um sich gleich hinter derselben zu einem weiten Thale auszudehnen, in welchem Palmyra oder Tadmor liegt. Mir klopfte das Herz, als wir eine dieser Bergketten rechts hinanstiegen und nun auf einmal auf der andern Seite die Ruinen einer Wasserleitung sahen, die einst in früheren Zeiten das Wasser nach der Stadt führte. Doch woher, da die Gegend weit und breit mit Sand bedeckt ist?

Die Rinne, welche von den stolzen Bogen getragen wird, zeigt keine Spur von irgend einem grünen Blatt oder einem Moose, sondern Alles ist bestaubt und angefüllt mit dem feinen Sand, den der Samum emporwirbelt. Jetzt sahen wir rechts und links neben diesem Aquaduct, sowie auch an der Höhe vor uns, einige viereckige Thürme von bedeutender Höhe. Unser Weg führte uns bei einem derselben vorbei und wir erkannten, daß es alte Grabmäler seien. Mit lautem Hurrah, das in den Bergen wiederhallte, jagten unsere Beduinen nun den letzten Absatz der Höhe hinan. Wir folgten ihnen und sahen von oben die alte prächtige Stadt vor uns, — todt, — und doch ewig in ihren Trümmern lebend.

Es ist nicht möglich, einen Anblick, wie den der Ruinen von Palmyra zu beschreiben oder auch nur ein schwaches Bild davon zu geben. Man kann gegen andere Trümmer vergangener Zeiten an diese keinen Maßstab legen. Hier ist eine prachtvolle üppige Gegend, auf der die Ruinen nur eine Verschönerung wären, hier ist nichts als eine unabsehbare öde Fläche, welche sich bis zum Euphrat kahl und unwirthbar erstreckt, die erst dem Auge bedeutend wird und es zu fesseln vermag durch die Trümmer der Stadt, Trümmer, so ungeheuer und zahlreich, daß man sie kaum in zwei Stunden umwandeln kann. Fern von jedem lebenden Wesen, fern von der Zeit, die im Stande war, solches zu bauen, ragt hier eine ungeheure Menge korinthischer Säulen empor, deren Bild durch die wenigen Mauern und Gebäude, die man sieht, noch sonderbarer wird. Kann man die unzähligen schlanken Schafte mit dem kunstvoll gearbeiteten Frieß einem versteinerten Palmenwald vergleichen? Nein, es ist wie das Tulpenbeet einer mächtigen Fee, die Säfte der schönen Blume hat eine böse Macht ausgetrocknet und wir Menschen glauben nun, dort sei vormals eine Stadt gewesen. Ja, mir war es unmöglich, das ungeheure Schauspiel, das sich unsern Blicken auf der Höhe darbot, zu erfassen. Wir ritten stumm den Hügel hinab gegen die Stadt mit offenem Auge und gierigem

Blick, um von dem Herrlichen so viel wie möglich in uns aufnehmen zu können.

Bald stößt man auf einen Palast, doch sieht man nur die mit Säulen umgebenen Höfe und Bruchstücke der mit schönen Verzierungen bedeckten Mauern; bald auf einen Tempel, dessen Größe und Lage man nur durch die umhergestreuten Trümmer erkennen kann; bald auf einen andern, dessen Peristyl halb umgestürzt ist. Dort steht noch ein Portikus, da ein Triumphbogen, hier eine kleine Säulenpforte. Die tausende von Säulen, die hier aufrecht stehen, bilden die merkwürdigsten Gruppen. Hier umgeben sie in malerischer Unordnung einen Brunnen, dort sieht man noch, wie sie den Hof eines Tempels umstanden, doch ist die Symmetrie durch den Einsturz mehrerer gestört; weiter hinten dehnen sie sich in einer so langen Reihe aus, daß sie Alleen von Bäumen gleichen und, sich in der Ferne verlierend, nur wie eine ununterbrochene Linie erscheinen. Ruft man die gierigen umherschweifenden Blicke von diesen erhabenen Scenen ab, und senkt sie vor sich hin, so sieht man den Boden mit Trümmern bedeckt, die in ihrer zerstörten Gestalt noch eben so großartig sind. Da liegen die ungeheuersten Säulenschäfte, halb und ganz zerstückt, in ihren Theilen blos verrenkt oder ganz von einander getrennt. Ueberall blicken aus dem Boden halb vergrabene Mauerstücke empor, Ueberreste von Bildsäulen und Friesen, zertrümmerte Kapitäler, entstellte Reliefs, mit Sand bedeckte Gräber und zerstörte Altäre.

Wir überließen unsere Pferde den Beduinen und wanderten den ganzen Tag zwischen den erhabenen Trümmern umher. Ich versuchte es, hier eine schöne Ruine abzuzeichnen, sowie auch anfänglich, einen Plan von dem Ganzen aufzunehmen, aber entblößt von allen Instrumenten, wie wir waren, konnte mir das unmöglich gelingen. Auch mangelte uns die nöthige Zeit. Anfänglich hatten wir projektirt, den folgenden Tag auch noch unter den Ruinen zuzubringen, ein Vorsatz, den wir aufgaben, indem uns dieser verlängerte Aufenthalt ohne Meßgeräthe und Zeichenbücher nichts genützt hätte, und weil auch unsere beiden Beduinenschech die Abreise auf den Abend wünschten, da sie, ich weiß nicht, aus welchem Zeichen erkennen wollten, es müsse erst vor Kurzem ein zahlreicher Araberstamm Palmyra verlassen haben, der vielleicht zurückkehren, uns überfallen und ausplündern könne.

Als wir demnach am Abend unsere Pferde wieder bestiegen und der schönen verlassenen Stadt den Rücken zukehrend, die Sandhügel hinanritten, war es mir, als verlasse ich etwas, das ich längst geliebt und das ich vorher als Andenken in meinem Herzen getragen, jetzt aber, nachdem ich es einmal flüchtig gesehen, zurücklassen müsse und auf ewig verloren habe. Lange standen wir oben auf den Höhen und sahen die Stadt noch einmal vergoldet von den Strahlen der Abendsonne. Ach, wie bist du so todt, so entsetzlich todt, Palmyra! Auf deinen Trümmern weht nicht einmal ein lebendiger Strauch, kein Grashalm winkt zum Abschied herüber! Wäre ich ein Beduine und mir stürbe meine Geliebte, ich würde sie unter deinen Trümmern begraben und dich so an mein Herz fest ketten. Doch ich muß zurück nach dem kalten Norden, kann mir nur ein Bild von dir mitnehmen, das freilich im ersten Anschauen frisch und klar vor mir steht; aber nach und nach werden die Säulen durch einander wanken, sich verwirren, Sand und Staub werden aufwirbeln und dich, du ungeheures Grab, selbst meinem innern Blicke entrücken. — Leb' wohl, Palmyra! Leb' wohl, du Wüstenkönigin!

Unsere Eskorte aus Karyatien fanden wir noch auf demselben Fleck vor dem Eingang jener Schlucht, und brachten den Rest der Nacht bei ihr zu. Am andern Morgen mit Tagesanbruch ritten wir gegen Karyatien zurück und die Kameele folgten uns langsamer. Unser guter Schech — er hieß Abdallah — machte wieder den freundlichen Wirth und wir verließen ihn am andern Morgen mit den Gefühlen, wie man einen alten Freund verläßt, den man nie wiedersehen wird. Er gab uns noch eine kleine Strecke das Geleit gegen Reschme, wandte sein Roß und flog zurück. Beim Abschied hatte er Thränen in den Augen und ließ uns durch Giovanni sagen, er habe uns recht liebgewonnen und werde das nächste Mal mit recht betrübtem Herzen die Ruinen von Tadmor wiedersehen.

Den Abend erreichten wir ohne Unfall Reschme und den folgenden Tag noch bei guter Zeit Damaskus. Unser Pferde hatten sich recht wacker gehalten und waren auf keinen Fall so gränzenlos ermüdet, wie wir, von den ungeheuren Ritten, die wir in diesen Tagen gemacht. Wir legten uns gleich zu Bette und schliefen weit in den folgenden Tag hinein.

Indessen hatte Skandar, während der Zeit wir den Ausflug nach Palmyra gemacht, mit seinem Pferdehandel so ziemlich reussirt. Der Stallmeister des Persers hatte, wie er sagte, seinen Herrn dazu vermocht, das Pferd abzugeben; dieser wollte jedoch nicht eher einen Preis bestimmen, bis wir den Hengst nochmals in seiner ganzen Schönheit im freien Felde dahinjagend gesehen hätten, weßhalb uns der Stallmeister den Tag nach unserer Ankunft von Palmyra auf Nachmittags drei Uhr bestellte, damit er uns den Hengst vor den Thoren der Stadt vorreiten könnte. Dem Baron waren diese Aussichten jedoch nur halb erwünscht; denn Herr Baudin, der die Zeit unserer Abwesenheit ebenfalls dazu benützt hatte, in unserem Interesse Pferde anzusehen, versicherte, er habe keines gefunden, was jenem Hengst an Adel und Schönheit gleich zu stellen sei; ebenso Skandar, der, wie er versicherte, in allen möglichen Stallungen herumgekrochen sei. Demungeachtet ritten wir Nachmittags hinaus, und bald erschien auch der Stallmeister mit ein paar Knechten, von denen einer das Pferd führte. So schön sich uns das Thier schon beim ersten Anblick gezeigt hatte, so edel fanden wir es auch jetzt in allen seinen Bewegungen, besonders da ihn der Fürst ritt, dessen feine Figur zu der mittelgroßen Gestalt des Pferdes sehr gut paßte. Der Baron würde augenblicklich auf den Handel eingegangen sein, wenn ihn nicht die Idee abgehalten hätte, daß er, wie schon gesagt, kein zweites, ebenso edles Pferd finden würde, wodurch die Transportkosten für das eine allein zu groß geworden wären. Doch fragte er nach dem Preis, den ihm der Stallmeister jetzt angab und der, obgleich er sehr hoch war, doch für den edeln Hengst nicht zu übertrieben erschien.

Wir baten den Perser, auf den Abend zu uns in's Kloster zu kommen, wo ihm der Baron seinen Entschluß mittheilen würde, und ritten dann nach der Stadt zurück, wobei viel für und gegen den Ankauf des Pferdes gesprochen wurde, namentlich hatte sich der Fürst förmlich in den Hengst verliebt und wandte seine ganze Ueberredungskunst auf den Baron an, um ihn zum Ankauf desselben zu stimmen. Doch so sehr diesem auch das Pferd gefallen und er es mit gutem Gewissen für den angegebenen, selbst noch für einen höhern Preis hätte kaufen können, hielt ihn doch der oben bemerkte vernünftige Grund von dem Abschluß des Handels zurück, und als der Perser am Abend zu uns kam, händigte ihm der Baron für seine Bemühungen ein reiches Geschenk ein und setzte ihm auseinander, warum er zu seinem großen Bedauern das Pferd nicht kaufen könne.

So waren denn unsere Geschäfte auf einmal hier beendigt. So viel es uns die Zeit erlaubte, hatten wir die Stadt gesehen und ein längeres Verweilen in derselben war uns besonders wegen jener fürchterlichen Krankheit, die sich immer mehr zeigte, nicht angenehm, weßhalb wir noch heute Abend unsere Sachen packen ließen und am andern Morgen bei guter Zeit aufbrachen, um nach Beirut zurückzukehren. Da überall in den Klöstern natürlich keine Zeche berechnet wird, so gibt man dem Prior ein Geschenk für die Armen und bezahlt auf die Art einigermaßen die Mühe und Kosten, welche man den guten Patern verursacht. Der Prior ertheilte uns vor der Abreise seinen Segen, wobei er die Hoffnung aussprach, uns, da er vielleicht in einiger Zeit nach Italien zurückkehren müsse, wiederzusehen.

Erstes Kapitel.

Bald hatten wir die Stadt im Rücken und kletterten die steilen Abhänge des Antilibanon hinauf, von wo aus wir dem schönen Damaskus noch einmal mit unsern Blicken Lebewohl sagten. Der gute Baron, der sich so viele Mühe gegeben hatte, um ein paar schöne Pferde zu finden, war sichtlich verstimmt, daß ihm das nicht gelungen war. Doch der Fürst und ich sangen ihm seine Lieblingslieder vor und bemühten uns, ihn durch unsere gute Laune wieder zu erheitern, was uns auch bald gelang. Wir machten denselben Weg, wie auf der Hinreise, kehrten einen Augenblick in Schtras bei unsern guten Wirthsleuten ein und stiegen wieder aufwärts längs den Ufern des Barrada durch den wilden Felsenweg, in dem wir uns neulich verirrt hatten. Heute beim hellen Tag konnten wir die kolossalen schauerlichen Formationen dieser Schlucht recht erkennen. Ich kann diesen Weg mit keinem andern vergleichen, als der via mala in der Schweiz, nur mit dem Unterschiede, daß dort eine breite gut erhaltene Chaussee führt, hier aber der Weg, hoch über dem schäumenden Flusse kaum einen Fuß breit und mit lockerem Steingerölle bedeckt ist. Die steinerne Brücke, die wir gleich anfangs passirten, schien uralt und war kühn über eine gewaltige Kluft gespannt. Heute verirrten wir uns nicht und folgten dem Weg durch jene seltsam geformten Klüfte längs steilen Felsen vorbei, in denen wir viereckige Löcher gehauen sahen, die, wie uns einer der Mucker sagte, in früheren Zeiten Wohnungen der Bergvölker gewesen seien. Doch wäre es ebenso glaubwürdig, wie uns Giovanni versicherte, daß es alte Grabgewölbe seien.

Die alte Tradition verlegt in diese wilden Felswege eine Sage aus der ältesten Geschichte des Menschengeschlechtes. Kain, der seinen Bruder Abel am Altar auf dem Kasiun bei Damaskus, wo damals das erste Elternpaar wohnte, erschlug, wußte nicht, daß es der Tod sei, der ihm nach jener That die Augen geschlossen und bemühte sich, als schmerzliche Reue seinen Zorn verscheucht, ihn aus dem tiefen Schlafe zu erwecken, aber vergebens. Er trug den Leichnam des Bruders auf seinen Schultern, und schleppte ihn durch das Thal Gutha, dem Lauf des Barrada entlang und legte ihn an dieser Stelle nieder. Er setzte sich verzweiflungsvoll neben der Leiche hin und schaute, ob der tiefe Schlaf noch nicht weichen wollte, bis er einen Raben sah, neben dem ein anderer todter Rabe lag und für welchen der erste mit dem Schnabel ein Loch grub und ihn darin verscharrte. Da fiel auch dem Kain ein, der Schlaf des Bruders könne ein ähnlicher sein, wie der des Vogels und es bedürfe ein anderes tieferes Bette, wie das auf dem Rasen unter dem blauen Zelte des Himmels. Darauf nahm er den Todten auf die Höhe eines der Berge und grub eine Gruft zur Ruhestätte desselben.

Bald hatten wir das Ende jener Schlucht erreicht und die erste Kette des Antilibanon überstiegen. In einem ziemlich langen Thale, das sie von der zweiten scheidet, lag unser heutiges Nachtlager, Zebdeni, das wir mit Einbruch der Nacht erreichten. Ein kleines armseliges Dörfchen, jedoch mit Fruchtfeldern umgeben und in Maulbeerpflanzungen und Platanen versteckt liegend. Wir hatten anfangs Schwierigkeit, ein Unterkommen zu finden; denn Giovanni war heute einmal wieder sehr schlechter Laune und führte uns in eine elende Baracke, eine Art Scheune, wo wir die Nacht zubringen mußten. So streng ihm auch der Baron befahl, ein anderes Quartier zu suchen und sich beim Schech des Dorfes darnach zu erkundigen, so störrisch war der Bursche, meinte, es gebe gar keinen Schech im Dorfe, auch sei dies Quartier eins der besten. Wir mußten uns in Geduld fügen, obgleich der Fürst sowohl wie ich einen Augenblick wartete, ob der Kerl, wie er wohl zu thun pflegte, ein heftiges Wort ausstoßen würde. Für diesen Moment hatte ich schon einen Steigbügelriemen in Bereitschaft, und würde ihn derb durchgeprügelt haben. So einsam unsere Scheune anfangs war, so belebte sie sich doch nach und nach. Männer, Weiber und Kinder erschienen und setzten sich in einem großen Kreise umher, unsere

Kleider und seltsamen Geräthe anstaunend. Ich nahm mein Taschenbuch heraus und versuchte, ob ich nicht eines dieser charakteristischen Gesichter abzeichnen könnte, was den Arabern zu gefallen schien, und sobald sie bemerkten, was ich wolle, so drängte sich jeder vor und bat mich, doch sein Gesicht besonders zu berücksichtigen. Ich bin überzeugt, die Leute sind mit einer äußerst guten Meinung von uns gegangen. Denn später gaben wir ihnen noch ein Vokalconzert zum Besten, in das einige mit einstimmten, andere aber durch einen wilden Tanz begleiteten. Am andern Morgen brachen wir zeitig auf, um die herrlichen Ruinen von Baalbek noch bei guter Zeit zu erreichen. Es war außerordentlich kalt als wir fortritten und beim Hinansteigen der Berge gegen die zweite Kette des Antilibanon trafen wir bald auf Schnee und kleine Bergwasser, deren Ufer mit Eiszacken eingefaßt waren. Wir befanden uns hier in ziemlicher Höhe über der Meeresfläche, gegen drei tausend sechshundert Fuß, fast so hoch wie der Gipfel des Brockens in Deutschland.

Obgleich es heller Tag war, und unsere Mucker behaupteten, den Weg nach Baalbek genau zu kennen, verirrten wir uns doch noch einigen Stunden, eine Nachlässigkeit dieser Leute, die uns einige Zeit raubte und uns obendrein Pfade betreten ließ, die mir nach Allem dem, was wir kürzlich in dieser Art schon erlebt, doch fast unersteiglich vorkamen.

Gegen Mittag hatten wir den letzten Rücken des Antilibanon, wie unsere Mucker versicherten, vor uns liegen, der fast ganz aus steilen Felsen bestand, und den wir auf einem merkwürdigen Pfade erklettern mußten. Eins hinter dem andern wandten sich die Pferde, zwischen Steinblöcken durch, die sie wie Treppen ersteigen mußten, und so dauerte es über zwei Stunden, ehe wir oben waren. Etwas Wilderes, Kahleres, als diesen Bergrücken sah ich nie; er war eine Strecke mit spitzen Steinen bedeckt, die wie versteinerte Wellen emporstarrten, so daß es den Pferden fast unmöglich war, den Weg zu verfolgen, ohne sich zu beschädigen. Rechts von uns erhob sich der

Berg noch hundert Fuß höher in einem einzigen steilen Felszacken, auf welchem sich ein Adlernest befand. Der prächtige Vogel saß auf einer Spitze und sah verächtlich auf uns herab. Wir schossen unsere Pistolen in die Luft, um ihn aufzujagen, was uns aber erst nach mehreren Schüssen gelang. Die Aussicht, die wir hier oben hatten, war großartig. In Süd-Süd-West sahen wir aus weiter Ferne den schneebedeckten Dschebbel-Schech. Vor uns trat die ganze mächtige Kette des Libanon, obgleich etwas in Wolken gehüllt, unserm Auge entgegen. Wir verließen jetzt das Steinmeer und ritten über einen mit Heidekraut und niedrigen Eichen bedeckten Abhang und sahen bald das herrliche Thal Bekaa vor uns liegen.

Anstatt gerade hinabzusteigen, zogen wir an einem Abhang des Berges hin, und erreichten in Kurzem ein kleines Dörfchen Zarain, hinter welchem wir unsern Weg wie oben fortsetzten. Wir alle spähten sorgsam umher, um die prächtigen Ruinen von Baalbek zu erblicken, die unten in jenem Thale liegen, doch mußten wir noch eine halbe Stunde reiten, eh' uns dieser überraschend schöne Anblick zu Theil wurde. Ich war gerade an der Spitze des Zuges und hielt mit einem lauten Ausruf der Ueberraschung mein Pferd zurück; denn plötzlich stiegen vor mir im Thale, in dem man weit und breit nichts sieht, als die kleinen armseligen Lehmhütten der Syrier, sechs riesenhafte Säulen empor, deren majestätische Gestalt unwillkürlich zu halten gebot und das Herz schneller schlagen machte — Baalbek. —

Von jetzt an behielten wir die prächtigen Ruinen immer im Auge und stiegen, wie magnetisch von ihnen angezogen, schneller in's Thal hinab. Nach und nach trat der ganze gewaltige Trümmerhaufen des Sonnentempels vor unsere Augen. Umgestürzte Säulen, zerbrochene Mauerstücke, jetzt der noch ziemlich erhaltene Tempel des Baal selbst, daneben ein kleines rundes Gebäude mit korinthischen Säulen, zuletzt die gewaltige Unterlage von den mächtigsten Steinblöcken, auf welcher das Ganze ruht.

Bald erreichten wir das kleine Dörfchen Baalbek, das ärmlich und unbedeutend neben den Ruinen liegt. Man hatte uns in Damaskus gesagt, der griechische Bischof von Baalbek sei ein sehr gastfreundschaftlicher Mann, und würde uns, da wir keine Engländer seien, gerne ein Obdach gewähren. Gegen Altenglaub und seine Söhne nämlich hat der fromme Bischof, man weiß übrigens nicht woher, einen unüberwindlichen Haß, und tritt, so viel es ihm möglich ist, gegen das mächtige Reich in offenbare Opposition, die er jedoch nur an den Engländern, die ihn besuchen wollen, ausübt; denn obgleich sein Haus für Fremde gern geöffnet wird, geräth er in heftigen Zorn, wenn demselben ein Engländer naht und soll vor noch nicht sehr lange einem vornehmen Reisenden dieses Volks mit den größten Scheltworten die Thüre gewiesen haben. Dagegen hält er die Franzosen sehr werth, und sie sind ihm in Europa das gute, so wie die Engländer das böse Prinzip.

Obgleich wir gewiß keine Engländer waren, hatten wir doch nicht die Ehre, von dem Bischof aufgenommen zu werden, denn der arme Mann war gegenwärtig so krank, daß man jede Stunde sein Ende erwartete. Doch fanden wir ein recht gutes reinliches Quartier bei dem Schech des Dorfes, der uns freundlich entgegen kam.

Wir nahmen ein kleines Mittagessen ein und gingen dann zu den Ruinen, um sie in der Nähe zu besehen. Ueber dieselben ist schon so viel Gutes geschrieben und gezeichnet worden, daß ich nur wenige Worte darüber sagen will. Baalbek ist das alte Baalgad und Baalhamon der heiligen Schrift, dessen heut noch stehende Ruinen der Tempel der Sonne und der Tempel verschiedener anderer Gottheiten der Alten sind. Von der mächtigen Stadt selbst, wie sie in den Zeiten des israelitischen Reichs gewesen, findet man keine Spur mehr als wenige Mauerreste und unausgefüllte Gräben. Jener Tempel waren zwei, die auf mächtigen gewölbten Unterlagen stehen, von denen der eine, der des Baal, noch ziemlich erhalten ist.

An den vier Mauern, die aus großen Quadern in kunstloser Einfachheit aufgeführt sind, sieht man noch die ganze sorgfältige Ausführung des Fries und Karnieß mit den schönsten netzförmig sich verwebeyden Bildwerken; von den Säulenreihen, die sie rings umgaben, an der nördlichen Außenseite noch neun. Es waren vierzehn auf dieser Seite, und die fehlenden fünf liegen in großen Blöcken umher oder stehen noch stückweise auf ihrem Piedestal. Auf der südlichen Seite stehen von diesen vierzehn nur vier und auf der Westseite, wo acht Säulen waren, nur noch drei. Vom Portikus im Osten, der aus zwei Säulenreihen bestand, haben sich viere erhalten, an welche die Saracenen aus den Trümmern der andern einen plumpen Thurm mit einer Mauer gebaut haben, der den Eingang dieses schönen Tempels verdeckt. Noch wohl erhalten ist das Innere desselben, zu welchem man durch ein Portal tritt, an dem der korinthische Baustyl Alles, was ihm an Verzierungen zu Gebote stand, beinahe überladen, aber doch dem Auge wohlthuend durch Symmetrie des Ganzen angebracht hat. Der Schlußstein des Portals ist durch ein Erdbeben oder durch seine eigene Schwere allmählig gesunken und hängt, nur noch von den Nebensteinen gehalten, drohend über dem Eingang, als wolle er die heiligen Räume des Tempels vor jedem unberufenen Besucher durch seinen Anblick schützen. Auf diesem Steine ist das Bild eines Adlers ausgehauen und zu beiden Seiten geflügelte Genien. Die inneren Wände sind ebenfalls glatt, mit sechs gerinnten Säulen an jeder Seite versehen, zwischen denen sich ebensoviele kleine Nischen befinden; doch gewährt von hier das Gebäude durch die mächtigen Schutt- und Trümmerhaufen, die den Boden bedecken, einen weit traurigeren Anblick, als das prächtige Gebäude von außen.

Von dem andern Tempel, der zu einem Pantheon dienen sollte, ist wenig mehr vorhanden, als jene sechs kolossalen Säulen, von denen ich oben sprach. Dieses ungeheure Bauwerk muß an tausend Schritte lang gewesen sein; doch sind viele der ältern und neuern

Reisenden darüber einig, daß es, wie auch so viele großartige Gebäude bei uns, nie fertig geworden sei. An der Ostseite war der Eingang, zu welchem große Stufen hinaufführten. Der Portikus hier hatte zur Rechten und Linken prachtvolle Pavillons und führte auf einen sechseckigen Hof, der, sowie diese Pavillons, nie vollendet gewesen zu sein scheint.

Von hier kam man in einen großen viereckigen Hof, dessen Wände rechts und links, wie man noch jetzt sieht, auf das schönste ausgeführt waren. Besonders schön sind die in denselben befindlichen Zellen und Exedren, die Wohnungen für die Priester und Magier, sowie die zu Aufstellung der Götterstatuen bestimmten Nischen. Erst von diesem Hofe aus trat man abermals auf Stufen in den innern Tempel, den ein Portikus von zehn Säulen schmückte. Dieser Tempel hat vielleicht sowohl an der Nord- als Südseite zwanzig jener großen Säulen gehabt, von denen die sechs oben erwähnten das Einzige sind, was im Lauf der Zeiten stehen blieb. Etwas Schöneres aber als diese Säulen, deren jede an siebzig Fuß Höhe hat und deren Schaft aus einem Stücke besteht, sieht man nicht wieder. Selbst Palmyra hat keine ähnlichen von so klarer, bewundernswürdiger Schönheit. Man mag diese Riesen von nah und von fern ansehen, von vorn oder von der Seite, man vermißt nichts an ihnen, und ihre Anmuth, sowie die Richtigkeit ihrer Formen bleibt sich immer gleich. Nichts von Allem dem, was ich in Palmyra, sowie an andern Orten von Ruinen sah, steht deßhalb auch stets so lebendig und anschaulich vor meinem Blick, wie diese sechs Säulen von Baalbek.

Die Steine zu diesen Tempelburgen wurden von den Abhängen des Libanon und Antilibanon herbeigeschafft, meistens aus der Nähe. So liegt südlich von Baalbek ein großer Steinbruch, in dem bei mehreren kleinen Blöcken ein schon ganz fertig gehauener Steinblock von ungeheurer Größe liegt. Welche Maschinenkräfte die Alten schon beim Bau ihrer Werke kannten und anwandten, ersieht man aus den Dimensionen dieses Felsstückes, das doch ebenfalls auf den Bauplatz geschafft und da benutzt werden sollte. Seine Länge beträgt bei fünfundsechszig Fuß rheinländisch, die Breite siebzehn und die Dicke dreizehn Fuß. Wozu dieser Block hat verwendet werden sollen, ist natürlich nicht zu enträthseln. An den südwestlichen Grundmauern der Burg sieht man einige nicht viel kleinere Werkstücke eingefügt; doch ist es auch möglich, daß man aus diesem Block eine der noch fehlenden Säulen zum großen Tempel hat behauen wollen.

Bis zum Einbruch der Nacht gingen wir zwischen den Ruinen herum, erkletterten die Mauern und krochen in die Gewölbe unter dem Boden. Letztere, vielleicht Gefängnisse der unglücklichen Schlachtopfer, die hier dem wilden Dienst der Aphrodite geopfert wurden, sind aus mächtigen Quadern so kunstreich zusammengesetzt, daß man an den Wänden fast keine Fugen sieht. Was mochte in diesen Gewölben schon Alles vorgefallen sein. Wie viel Seufzer, wie viel verzweiflungsvolle Bitten mögen wohl das Ohr der Tempelwächter eben so wenig erweicht haben, wie diese Mauern. An solchen Orten ist meine Phantasie besonders regsam, mir solche Scenen auszumalen. Hier saß vielleicht ein unglückliches Wesen, ich denke mir am liebsten ein wunderschönes Weib dabei, und wartete auf den Augenblick, wo sie entweder ihr Leben oder ihre Ehre opfern mußte. Von oben ertönte der langsame tiefe Gesang der Priester, der immer näher kam. Sie stiegen die Treppen herab, und ich — eilte rasch meinen vorangegangenen Gefährten nach, denn mir war, als hörte ich den wilden Gesang dicht hinter mir, als berühre meine Wangen schon das Wehen der langen Talare.

Draußen erwartete uns noch der schöne Anblick der Ruinen bei Abendbeleuchtung. Wir erkletterten im großen Hofe eine der Mauern und setzten uns mit dem Angesicht gegen Westen, gegen die Heimath zu, an die wir dachten, während unser Auge mit Wohlgefallen die edlen Formen der Ruinen sah, wie man so oft beim Erblicken eines schönen Bildes an einen entfernten geliebten Gegenstand denkt. Vor uns hatten wir die Kette des Libanon mit seinen Schneespitzen, hinter denen die Sonne sank und uns ihre letzten Strahlen zusandte. Der Tempelhof unter uns, mit seinen wild durch einander geworfenen Trümmern, lag schon im Dunkel, als wir auf der Zinne der Mauer noch von der Sonne beschienen wurden. Doch auch wir mußten zurückbleiben, und der glänzende Schein hob sich allmählig hoch und immer höher. Jetzt vergoldete er die Kapitäler der sechs Säulen, denen die Sonne, als das Schönste, was sie hier fand, ihre letzten Blicke schenkte, und flog dann zu den Wolken auf, mit den purpurgefärbten, eilig gen Westen fliehend.

Wir verließen die stillen und öden Tempel, jene Grabmale einer längst vergangenen Zeit, und gingen nach dem Dorfe zurück. Dicht bei demselben betrachteten wir noch ein anderes kleines Bauwerk, einen halbrunden Tempel, dessen Mauern inwendig mit den schönsten Bildhauerarbeiten überzogen sind. Doch sind diese nach allen Seiten zerborsten und die das Tempelchen umgebenden Säulen stützten sich wie matt und krank gegen einander und werden wahrscheinlich in kurzer Zeit zusammenstürzen.

Der Schech des Dorfes, er hieß Achmet Godder, war uns ein sehr freundlicher Wirth. Sein Besitzthum bestand aus zwei kleinen Häusern, die durch einen klaren Bach, den Leontes, von einander geschieden wurden. Er hatte uns das eine eingeräumt und mit Strohmatten und Divankissen recht wohnlich aufgeputzt. Er erzählte uns während dem Abendessen Manches von der Armee Ibrahim Pascha's, die hier gelegen und in einigen großen schlecht gebauten Häusern, die wir heute Morgen bemerkt, ein Feldlazareth eingerichtet hatten, in welchem aber die Pest stark aufräumte.

Am folgenden Morgen lachte uns das herrlichste Wetter von der Welt. Der Himmel hing klar und wolkenlos über uns und die Morgensonne spielte lustig auf den tausend Thautropfen, die an dem Gras und Haidekraut des schönen Thales hingen. Selbst die beiden Bergketten warfen früher als gewöhnlich ihre grauen Nebelschleier von sich und schienen sich des schönen Tages zu freuen.

Wir verließen unsern guten Schech und durchschnitten das Thal in nordwestlicher Richtung, wobei wir noch oft nach den Ruinen zurücksahen. Am Fuß des Libanon schickten wir zwei Mucker mit den bepackten Mauleseln, so wie Skandar und Mechmed, dem Thal entlang gen Sachile, wo wir am folgenden Tage wieder zusammen treffen wollten. Denn wir hatten noch einen Ritt vor nach den weltberühmten Cedern des Libanon. Unser Weg führte durch dichten Wald ziemlich steil aufwärts bei zwei ärmlichen Dörfern vorbei, hinter welchen wir uns nördlich wandten. Vor uns sahen wir jetzt eine Hauptspitze des Libanon, den Dschebbel Makmel, zwölftausend Fuß hoch, gegen welche sich unsere Mucker dirigirten. Unser Weg war entsetzlich mühsam, und obgleich wir fast immer zu Fuß gingen, mußten wir doch immer noch ein paar Stunden, wegen unserer ermatteten Thiere, ausruhen. Gegen Mittag waren wir so hoch gestiegen, daß wir uns alle die milde Luft des Thales wünschten. Aus den mit Schnee angefüllten Schluchten stieß zuweilen der Wind mit Heftigkeit hervor und durchkältete uns trotz Mäntel und Pelze. Zuweilen wurden wir rückwärts blickend durch eine herrliche Aussicht belohnt. Da lag Bekka vor uns, das herrliche Thal, das alte Celisyrien, und wir sahen die ganze Kette des Antilibanon, die es im Südost einfaßte. Bald hatten wir den höchsten Punkt der Straße erreicht, vielleicht siebentausend Fuß über dem Meer, und konnten nicht gar weit mehr von dem Cedernhain entfernt sein. Rechts sahen wir in ziemlicher Entfernung ein Dorf vor uns liegen, Hosran, das wir in kurzer Zeit erreichten. Von hier aus nahmen wir einen Führer mit, der uns bald an den Eingang des Thales der Cedern führte. Der ganze Weg vom Fuß des Libanon dahin war nicht weniger gefährlich und halsbrechend, wie alle, die wir in diesen Gebirgen gemacht hatten.

Bald mußten wir Bergwasser in Ermanglung von Brücken durchwaten, bald ging es Schluchten hinab und hinauf, deren Wände mit lockerem Steingerölle bedeckt, die Thiere hinabrutschen mußten, bald am Rande jäher Abgründe vorbei, auf fußbreiten Pfaden, wie ich sie schon öfter beschrieben.

Das Thal der Cedern, dessen Durchmesser höchstens eine kleine halbe Stunde beträgt, ist auf drei Seiten eingeschlossen, nur in Süd-west ist es geöffnet, wo die Schneewasser ihren Abfluß nehmen. Ohne diese Gestaltung der Berge würde der Platz hier wahrscheinlich ein See oder unwirthbarer Sumpf sein; doch so, von den Bergwassern beständig angefeuchtet und vor den Winden geschützt, bildete die Natur hier ein Asyl, in welchem jene mächtigen Bäume Jahrtausende dem Wetter und der Zeit trotzen konnten.

Aufrichtig gesagt, wäre es mir lieber gewesen, ich hätte die Cedern nie gesehen; denn die Idee, welche man sich schon in der Kindheit von diesem prächtigen Baume Salomo's macht, verschwindet beim Anblick derselben gänzlich. Wer stellt sich nicht unter den Cedern des Libanon riesenhafte schlanke Bäume vor, von der Gestalt unserer Tannen, wogegen aber unsere höchsten Stämme wie Zwerge erscheinen? Ich wenigstens sah sie beständig so vor mir, mit schöner glatter Rinde, wahre Thürme, deren Spitze hoch in die Wolken hinaufreicht. Doch nichts von Allem Dem! die ersten dieser berühmten Cedern, die den Waldsaum umgaben, waren vielleicht zwanzig Fuß hohe Bäume, ganz von der Gestalt unserer Wachholdersträuche, deren Aeste dicht über dem Boden anfingen und sich in unregelmäßiger Gestalt nach allen Seiten ausbreiteten. Doch betraten wir in feierlicher Stimmung diesen Hain, über dem eine tiefe Stille lag, die nicht einmal durch den Laut einer Vogelstimme unterbrochen wurde, jenen heiligen Hain, in welchen Salomo seine Knechte schickte, um das Holz zur Bundeslade zu holen.

Unser Führer, ein Maronite, war schon von Ibrahim Pascha zu diesem Amte erlesen worden und sollte es verhüten, daß von den Bergbewohnern im Cedernhaine Holz gehauen würde; nicht einmal dürres aufzulesen, hatte der Pascha erlaubt, einen Befehl, der ihm viel Ehre macht.

Tiefer im Wald sind die Bäume größer und stärker und viele derselben mit einer Menge von Namen bedeckt, zu welchen auch wir die unsrigen hinzufügten. Die ältesten Cedern jedoch, welche man als Zeitgenossen Salomo's bezeichnet, stehen in der Mitte des Waldes auf einem kleinen freien Platz. Ihrer sind fünf, deren Stamm neun Fuß im Durchmesser hat. Einer derselben erscheint noch dicker, weil der Blitz seine Krone zerstört und den Stamm von einander gerissen hat. Da man diese Ceder für die älteste und heiligste hält, hat man an ihrem Stamme aus rohen Steinen einen Altar aufgerichtet, auf welchem jährlich einmal am Himmelfahrtstag eine Messe gelesen werden soll. Die Rinde des alten Baumes ist fast ganz verschwunden, denn viele Reisende nahmen sich Stückchen davon mit oder schnitten ihre Namen in so großer Anzahl ein, daß sie nach allen Seiten hin wie zersetzt und durchbrochen aussieht; selbst die weit hinauslaufenden Wurzeln dieses Baums sind mit Inschriften aller Art bedeckt. Wir brachen von ihren Zapfen ab, die ungefähr wie die der Tannen gestaltet sind, aber in die Höhe wachsen.

Die einbrechende Nacht vertrieb uns nach einigen Stunden aus dem Cedernhain, und da das Terrain gleich hinter dem Thale bedeutend abwärts steigt, so hatten wir die alten Bäume bald aus dem Gesicht verloren. Wir erreichten in kurzer Zeit das Dorf Hosran, wo wir übernachteten. Am andern Morgen brachen wir sehr früh auf, um noch bei guter Tageszeit unsere übrigen Mucker wieder zu treffen, die nach Sachle vorausgegangen waren. Das Abwärtssteigen ging so rasch und gut von Statten, daß wir in wenig Stunden die Ebene, in welcher Baalbek liegt, wieder erreicht hatten. Doch erlaubte uns der Lauf des Gebirgszuges nicht, die Ruinen noch einmal zu sehen. Das Wetter war uns wieder so günstig, wie gestern, und wir trabten in heiterer Luft und Sonnenschein über die blumige Rasendecke des schönen Thales rasch dahin. Bei Kerack, einem kleinen Dorfe, das, wie die meisten der Dörfer hier, in einer malerischen Schlucht des Libanon versteckt liegt, hielten wir einen Augenblick an, um ein mit niederen Bäumen umgebenes Gebäude, mehr als zehn Fuß lang, und an drei Fuß breit, zu betrachten — der Sage nach das Grabmal Noah's. Ich hätte es weit eher für eine Kegelbahn gehalten, denn mit einem Mansoleum hatte es auch hier nicht die geringste Aehnlichkeit.

Hinter Kerak ließen wir unsere Pferde etwas ruhiger gehen, unterhielten uns über das viele Schöne, was wir in den letzten Tagen gesehen, als wir plötzlich hinter uns den Galoppschlag eines ansprengenden Pferdes hörten. Ehe wir Zeit hatten, uns umzusehen, was es gebe, war der Reiter desselben, ein Beduine in gutem Costüm, schon neben uns und ließ uns in wenig Augenblicken weit zurück. Wie aus einem Munde riefen wir uns beim Anblick desselben zu: „Welch' prächtiges Pferd!" Es war eine große starke Stute, mit fußlanger schwarzer Mähne, und mit einer Schnelligkeit jagte das Thier bei uns vorbei, die fast beispiellos war. Jetzt sahen wir nur noch vor uns eine Staubwolke, aus der die Lanze des Beduinen emporragte. Dann jagte er eine Schlucht hinauf und war unsern Blicken entschwunden.

Obgleich es die Gewohnheit der Beduinen ist, beim Anblick von Fremden ihre Pferde zusammen zu nehmen und sie in ihrer schönsten Gestalt zu zeigen, wobei sie mit der größtmöglichen Schnelligkeit vorbeifliegen, so daß man sich in solchen Augenblicken über die Figur des Pferdes täuschen kann, so schien dieß bei dieser Stute nicht der Fall zu sein, denn der Reiter, ein ältlicher Mann, sah sich gar nicht nach uns um, sondern verfolgte seinen Weg so eilig wie möglich. Unser Baron, dem die vollkommene Schönheit des Pferdes am meisten aufgefallen war, rief gleich aus: „Das Pferd oder keins!" Und wir erkundigten uns bei den Leuten, die uns begegneten, ob keiner den

Reiter gekannt; aber Niemand wußte uns etwas von ihm zu sagen. Rasch trabten wir wieder vorwärts, um ihm vielleicht wieder nahe zu kommen; aber umsonst! Schon lag Sachile vor uns und wir hatten noch keine Spur von ihm.

Sachile ist eines der größeren Dörfer, die im Libanon liegen und wird hauptsächlich von Maroniten und anderen Christen bewohnt, deren Zahl man auf fünf= bis sechstausend schätzt. Der Ort selbst, übrigens aus ebenso schlecht gebauten Häusern, wie alle diese Gebirgsdörfer bestehend, liegt malerisch am Abhang der Schlucht eines Gebirges, aus der ein reißendes Bergwasser in's Thal stürzt. Die Felder rings herum fanden wir besser angebaut, als wir sie seit lange gesehen; grüne Wiesen wechselten mit Gartenanlagen, in denen Rosen= und Weinstöcke am häufigsten zu sehen waren. Da wir nur wenig Augenblicke hier bleiben wollten, um noch einen andern Chan tief im Gebirge zu erreichen, damit wir morgen in einem Tage nach Beirut kämen, so gingen wir in keines der Klöster, sondern forschten nach dem Chan, wo wir unsere Mucker treffen sollten. Wir mußten fast durch das ganze Oertchen in einem bodenlosen, mit Schmutz bedeckten Hohlwege reiten, ehe wir ihn erreichten. Doch war das erste, was sich unsern Blicken darbot, jene Stute, die auf einem Misthaufen stehend, mit traurig gesenktem Kopf einige trockene Strohhalme daraus hervorsuchte. Der Reiter saß auf der Terrasse vor dem Hause und beschäftigte sich sehr eifrig mit seiner Pfeife und einer Tasse Kaffee.

Unsere Mucker schienen sehr erfreut uns wieder zu sehen; doch war es ihnen gar nicht recht, daß wir ihnen befahlen, die Thiere gleich aufzupacken, um noch ein paar Stunden weiter in einen schlechteren Chan zu ziehen, da es ihnen in Sachile wahrscheinlich besser gefiel.

Wir setzten uns neben den Beduinen, und der Baron fing durch Giovanni gleich an, sich nach jenem Pferd zu erkundigen und ob er es wohl verkaufen würde, wozu er natürlich gleich bereit war. Doch sollten wir, ehe er einen Preis bestimmen würde, das Pferd genau ansehen, um ihm zu bezeugen, daß wir auch nicht den geringsten Fehler an dem Thier gefunden hätten. Der Baron benützte gleich die Erlaubniß, besah das Pferd auf's Genaueste in allen seinen Theilen und versicherte uns einmal über das andere, es sei ein außerordentlich schönes und edles Thier. Was er besonders an ihm schätzte, war seine auffallende Größe und die Stärke seiner Glieder gegen die gewöhnliche Figur der arabischen Pferde. Das Einzige, was man allenfalls an der Stute aussetzen konnte, bestand darin, daß sie hochträchtig war, und in höchstens drei bis vier Wochen fohlen würde; ein Umstand, der bei der langen Tour, die wir mit dem Pferde noch zu machen hatten, wohl zu berücksichtigen war. Im glücklichsten Fall konnte man aber auch erwarten, von dem edlen Pferde ein schönes Fohlen zu erhalten.

Der Preis, den der Beduine nach dieser Besichtigung für das Thier forderte, war allerdings sehr hoch, doch nicht übertrieben. Aber Giovanni, der im Handeln sehr auf unser Interesse sah, — diese gute Eigenschaft mußte man an ihm rühmen, — stellte sich bei dieser Forderung wie aus den Wolken gefallen, und überhäufte den Araber mit einer Flut von Schimpfworten über diese Unverschämtheit, worauf ihm jener ruhig erwiederte: er solle die Summe seinem Herrn nur sagen, der würde es nicht zu viel finden. Doch Giovanni wurde immer hitziger, und wenn wir nicht schon an das Geschrei der Araber beim Handeln gewöhnt gewesen wären, so hätten wir geglaubt, jetzt würden sich beide in die Haare fallen. Der Baron, der wohl verstanden hatte, welche Summe der Araber gefordert, ließ ihm durch Giovanni gerade ein Drittheil weniger bieten, was aber der Beduine scheinbar mit stolzer Verachtung von sich wies. Doch waren wir hierüber nicht verwundert und der Baron hatte jenes Gebot nur gethan, weil ihn derselbe Grund, wie in Damaskus abhielt, dies Pferd allein zu kaufen.

Bald nachher brachen wir auf und waren kaum vor das Dorf

gekommen, als uns jener Beduine einen anderen Araber nachschickte, der uns das Pferd für tausend Piaster unter der anfangs geforderten Summe anbot, eine Forderung, auf die der Baron jetzt gerade nicht einging. Wir stiegen die Schlucht, in welcher Sachile liegt, rasch hinab, und befanden uns bald wieder in dem Thale, wo unser Weg am Fuß des Libanon hinlief. Wir hatten Sachile noch keine Stunde verlassen und unterhielten uns gerade über das tückische Schicksal, das uns die beiden schönen Pferde so einzeln in den Weg führte, wo wir sie nicht mitnehmen konnten, da sie vereint ein so guter Kauf für uns gewesen wären, als wir hinter uns laut rufen hörten. Es war der Beduine, der auf der Stute hinter uns drein jagte. Wir erwarteten ihn und als er von seinem Pferde sprang, wollte er anfänglich sein altes Handeln um den früher bedungenen Preis wieder beginnen. Doch als wir auf diese Forderung hin unsere Pferde gleich wieder wandten, und fortreiten wollten, verkleinerte er die Summe immer mehr und kam endlich, da ihm, wie er sagte, augenblicklich baares Geld schätzbarer sei, als das Pferd, auf unser Gebot, das ihm natürlich der Baron einhalten mußte, und — die Stute war unser.

Schon auf dem Weg von Sachile hieher, als der Baron den Kauf dieses Thieres so vortheilhaft für sich schilderte, wenn er jenen Hengst aus Damaskus besäße, erbot ich mich, wenn er jene Stute laufen wollte, allein dahin zurückzureiten und wenn es möglich sei, das Pferd mitzubringen; ein Vorschlag, auf den er, da er mir Mühe mache, mit seiner bekannten Güte anfänglich nicht eingehen wollte. Doch jetzt, da wir die Stute gekauft hatten, und ich ihm versicherte, es würde mir Freude machen, wenn ich ihm den kleinen Gefallen erweisen könnte, nahm er meine Idee auf, und wir besprachen das Nähere darüber. Da uns diese Unterhandlungen eine Zeit lang aufgehalten hatten und wir den Chan weiter im Gebirge vor der Nacht nicht mehr gut erreichen konnten, so suchten wir in einigen nahe liegenden ärmlichen Häusern eine Unterkunft für diese Nacht.

Der Stall, in welchen wir unsere Pferde stellten, war gegen unser Gemach prächtig zu nennen. Der Boden des letzteren bestand aus gestampfter Erde und die Wände waren dünnes Fachwerk, deren Fugen mit Moos und Erde verstopft waren. Obendrein hatte das Haus keinen Rauchfang, weßhalb das angezündete Holz einen solchen Rauch verursachte, daß wir nur das Gesicht an den Boden legend die Augen offen erhalten und mit einander sprechen konnten.

Von hier nach Damaskus hatte ich in gerader Richtung, wobei ich Baalbek zur Linken liegen ließ, einen Weg von achtzehn deutschen Stunden, von dem ich jedoch nur ein Drittel, wegen des Terrains, im Trabe zurücklegen konnte, den ich morgen reiten wollte, um am Abend in Scham einzutreffen. Der Baron gab mir seinen Schimmel als das beste Pferd mit seinem englischen Sattel und zu meiner Begleitung wurden Skandar und Mechmed bestimmt, so wie ein junger Araber aus dem Hause, in das wir uns einquartiert hatten, der uns als Führer durch die Gebirgswege dienen sollte.

Da in unserer Reisekasse nicht mehr die ganze Summe, die man für den Hengst gefordert, vorräthig war, so gab mir der Baron einen Creditbrief auf den Herrn Baudin und an baar so viel, als er entbehren konnte. Auch von unserem Proviant, der sehr zusammen geschmolzen war, packte ich einige Reste ein, sowie das Theegeschirr des Fürsten. Durch die angedeuteten Unbequemlichkeiten unserer Wohnung hatten wir eine schlechte Nacht, die noch durch den gräßlichsten Husten eines unserer Mucker vermehrt wurde. So wie einer von uns die Augen schloß, fing derselbe an zu stöhnen und zu seufzen, so daß es fast nicht möglich war, eine Minute zu schlafen.

Am folgenden Morgen gegen vier Uhr, als der erste Schimmer des Tages in unser Gemach drang, standen wir auf und machten uns reisefertig. Ich sollte mit meinem Zug zuerst abreiten. Meinen Säbel hatte ich mit dem des Fürsten vertauscht, sowie auch seinen Handschar genommen, von dem ich früher gesprochen. Die Pistolen des Barons nahm Skandar; nur Mechmed der Riese begnügte sich mit seinem Wurfspieß, den er heute Morgen außergewöhnlich putzte. Ich nahm von den beiden Freunden herzlichen Abschied. Der Baron drückte mir die Hand stärker, als gewöhnlich, und versuchte den Morgen noch einmal, mich von dem Ritt zurückzuhalten; doch gegen den Wunsch seines Herzens, denn ich wußte wohl, welch' großen Dienst ich ihm durch den Ankauf jenes Pferdes erwies. Selbst Giovanni zeigte sich heute Morgen sehr gefühlvoll und sagte mir ein herzliches Lebewohl aus dem einfachen Grunde, wie er mir nachher gestand, weil er befürchtete, die Deserteure oder streifenden Araber würden uns ausplündern oder vielleicht gar umbringen.

Eine seltsamere Expedition als die meinige nach Damaskus ist wohl in langer Zeit nicht gemacht worden. Wir waren unserer vier, von denen ich deutsch sprach, Skandar russisch und persisch, Mechmed tscherkessisch und unser Führer arabisch, auf welche Art also auch keiner den andern verstehen konnte. Auf der weiten Ebene, auf der wir rasch dahin trabten, lag ein dichter Nebel, der sich immer tiefer senkte und uns einen schönen Tag versprach. Eine halbe Stunde nach unserem Ausritt hielt der Beduine einen Augenblick an, und forderte mich durch Pantomimen auf, einiges Brod zu kaufen, was man hier sehr gut bekommen konnte. Ich nahm ein paar Dutzend Brodkuchen für ein paar Piaster, vertheilte sie an meine Leute und wir ritten weiter. Skandar war voran und trieb mächtig zur Eile, denn wir hatten keine Zeit zu verlieren, wenn wir Abends nach Damaskus kommen wollten. Gegen neun Uhr hatten wir die Ebene durchkreuzt und begannen am Fuß des Libanon empor zu steigen. Ich hatte mir vorgenommen, nicht eher eine Rast zu machen, bis wir nach Schiras gekommen wären, wo ich bei unsern frühern Wirthsleuten einen Augenblick anhalten wollte. Doch mußte uns der Beduine einen andern Weg geführt haben, denn anstatt in jene Schlucht zu kommen, durch welche der Barrada fließt, stiegen wir ungefähr in der Gegend einen sehr steilen Berg hinan und kamen auf ein großes Plateau, auf dem wir rascher vorwärts traben konnten. Trotzdem versicherte mir unser Beduine beständig, wir würden bald nach Schiras kommen, und ob er mich nicht verstanden oder absichtlich einen andern Weg geführt hatte, weiß ich nicht; genug, als wir nach meiner Berechnung schon lange den Ort hatten erreichen müssen, ritten wir noch immer in einem mir ganz unbekannten Terrain. Es mochte Nachmittags drei Uhr sein, als ich in einer kleinen Schlucht, in der ein kleiner Bach floß, anhielt, und vom Pferde stieg. Ich war von dem langen Ritte so ermüdet, daß ich mich auf dem Boden ausstreckte und mich hin und her wälzte, um meine Glieder wieder gelenkig zu machen. Es war mir sehr verdrießlich, daß wir Schiras noch nicht erreicht haben sollten, denn von da hatten wir noch gute drei Stunden nach Damaskus zu reiten, und ich befragte meinen Beduinen, der sich eifrig mit einem großen Stück Käse beschäftigte, nochmals genau nach Schiras, und ob wir denn nicht bald hinkommen würden, worauf er mir durch Zeichen sagte, was ich denn in Schiras wolle, da wir gleich in Damaskus seien; eine Neuigkeit, die mich angenehm überraschte, die aber richtig war; denn nachdem wir eine halbe Stunde geruht und den vor uns liegenden Berg erstiegen hatten, sah ich zum zweiten Mal die prächtige Stadt vor mir liegen.

Der Weg, den wir früher über Schiras genommen hatten, mußte uns weit zur Linken liegen, denn dort erblickte ich hie und da zwischen den weißen Kalkfelsen die grünen Bäume, welche die Ufer des Barrada bedecken. Ich weiß nicht, ich sah Damaskus heute mit einem ganz andern Gefühl, wie das erste Mal. Wir hatten es vorgestern mit dem Gedanken verlassen, daß wir es nimmer wieder sehen würden und wie ich nun heute plötzlich wieder von der Höhe des Libanon die Stadt vor mir liegen sah, und mir, der ich gestern noch in Begleitung der Freunde war, heute aber der einzige Europäer zwischen den abenteuerlichen Gestalten meiner Begleitung hier oben hielt und in des Thal Gutha hinabschaute, kam es vor, als seien viele Jahre vergangen, und ich beträte diese Gegenden nach langer Abwesenheit zum zweiten Mal.

Wir ritten langsam gegen die Stadt hinab, und es fing an zu dämmern, als wir die Mauern erreichten. Und hier brachte uns unser Führer in eine nicht geringe Verlegenheit, indem er erklärte, den Weg bis hieher habe er wohl gewußt, aber uns zum Kapuzinerkloster zu bringen, wisse er die Straße nicht. So viel es mir möglich war, suchte ich mich nach der großen Moschee, die in der Nähe unseres Klosters lag, zu dirigiren und ritt voran in die schon leerer werdenden Straßen. Doch mochte es an der einbrechenden Nacht liegen, oder weil die Gassen in ihrem Schmutz und ihrer Erbärmlichkeit einander so ähnlich sehen, genug, ich fand den Weg nicht, und wir befanden uns bald in ganz unbekannten einsamen Quartieren. Leute, die wir hie und da auf der Straße anhielten, konnten oder wollten uns keinen Bescheid geben, und ich war schon in der größten Verlegenheit, wo wir die Nacht zubringen sollten, als plötzlich aus einer Seitengasse einige halb europäisch gekleidete Männer heraustraten, denen ein Araber eine Fackel vortrug, und ich erkannte in dem einen zu meiner größten Freude den französischen Konsul. Er war sehr artig und gab uns einen Kawaschen zur Begleitung mit, der uns bald vor das Kapuzinerkloster führte. Hier mußte ich lange klopfen, ehe man mir öffnete und mich zu dem guten Prior brachte, der bei meinem Anblick fast in Ohnmacht gefallen wäre; denn so viel ich aus seinen hastig hervorgestoßenen Reden vernehmen konnte, glaubte er nicht anders, als wir seien von den Arabern überfallen, die Andern getödtet worden und ich allein entkommen. Doch beruhigte ich ihn und erzählte ihm, was mich zurückführte. Skandar wurde den Abend noch ausgesandt, um Erkundigungen nach dem Perser und dem Pferde einzuziehen, kam aber bald mit der Nachricht zurück, er habe, da es heut' Abend schon zu spät sei, keinen der Leute mehr getroffen, wolle aber am andern Morgen in aller Frühe zu ihnen hingehen. Der Prior gab mir ein Kämmerchen, nahe bei seiner Stube, von welchem ich ebenfalls in den stillen Hof hinabsehen konnte. Dort blühte der Baum noch, wie neulich, das Wasser rauschte, und der Prinz Strauß lief mit großen Schritten auf und ab. Eine andere, weniger poetische Zuthat waren ein paar kleine Schweinchen, die man in diesen Tagen auch in den Hof gesetzt hatte und die sich vor dem großen Vogel fürchten mochten; sie liefen schreiend aus einer Ecke in die andere.

Durch den langen Ritt von gestern schlief ich weit in den folgenden Tag hinein. Skandar weckte mich mit der höchst unangenehmen Nachricht, daß der Stallmeister des Persers, den er angetroffen, ihm gleich erklärt, es sei jetzt gar nicht mehr daran zu denken, von seinem Herrn, selbst für die doppelte Summe, jenes Pferd zu erhalten. Er würde es vielleicht vor einigen Tagen gegeben haben, habe aber gleich den folgenden Tag erklärt, wie lieb es ihm sei, daß wir den Handel nicht abgeschlossen, da er den Hengst sehr hoch halte. Das waren saubere Aussichten. Ich kleidete mich sogleich an und eilte zu Herrn Baudin, dem ich den ganzen Verlauf der Sache mittheilte. Er dachte einen Augenblick nach, ich nannte ihm die Summe, die der Perser damals gefordert, und die ich jetzt in Briefen auf ihn vom Baron erhalten hatte und bat ihn dringend bei dieser Sache um seine Verwendung. Er versprach mir, gleich auszugehen und das Seinige zu thun und ich möchte um ein Uhr Mittags wieder bei ihm anfragen. Ich ging in den Straßen auf und ab und bis es ein Uhr war, glaubte ich, es sei eine Ewigkeit vergangen. Herr Baudin war noch nicht zurückgekommen; doch erschien er nach einer kleinen Viertelstunde und erzählte mir zu meinem größten Leidwesen, daß gar keine Hoffnung da sei, das Pferd zu erhalten. Der Perser, ein sehr reicher Mann, habe ihm gesagt, daß er vor einigen Tagen wohl einen Preis für den Hengst angegeben habe, doch mehr, um zu sehen, welchen Werth er für uns habe, als wie, um es zu verkaufen; denn er habe es von Mekka mitgebracht und die Kosten und Mühseligkeiten der Wüstenreise nur an das

Thier gelegt, weil es so außerordentlich edel sei und ihm so wohl
gefallen. Man kann sich leicht denken, wie unangenehm mir
diese Nachricht war. Doch Herr Baudin, nachdem er eine Zeit
lang nachgedacht, sagte mir, es sei vielleicht noch ein einziges Mittel,
das Pferd zu erhalten, indem er nämlich an die den Orientalen im
Allgemeinen eigene Großmuth vermittelst einer Kriegslist appellire.
Doch erforderte dies eine Frist bis Morgen, die ich auch unter
der fast gewissen Voraussetzung opfern müsse, daß nichts aus der Sache
würde.

Herr Baudin beschied mich auf den folgenden Tag um eilf
Uhr in die große Karawanserai. Ich wandte den Nachmittag dazu
an, durch die Bazars zu streichen und hie und da einige Kleinigkeiten einzukaufen. Es that mir sehr leid, daß meine Reisekasse
nicht in dem Zustande war, mehr als einige Piaster aufwenden zu
können; denn unter Anderem bot man mir heute Nachmittag
eine ächte Klinge zu dem unbedeutenden Preise von zweihundert
Piastern an.

Den Abend verbrachte ich mit meinem Prior; wir rauchten
eine Pfeife zusammen und er erzählte mir viel von Spanien, seinem schönen Vaterland, und Skandar, dem ich einiges Geld gegeben
hatte, ging zu den Dienern des Persers, um sich mit ihnen auf einen
freundschaftlichen Fuß zu setzen.

Am folgenden Morgen war ich schon um zehn Uhr in der
Karawanserai, einem der prächtigsten Gebäude von Damaskus.
Wie alle diese Gebäude zu Waarenlagern, Märkten und Wohnungen
für fremde Kaufleute eingerichtet, bestand es aus einem großen
Hofe, um welchen rings herum die Gemächer zu den oben angegebenen Zwecken im Kreise lagen. Dieser Hof, mit schwarzen und
weißen Marmorplatten gepflastert, hatte in der Mitte einen sehr
schönen aus Stein gehauenen Brunnen, der aus fünf Röhren das
Wasser in die Höhe schleuderte. Eine Gallerie, die den Hof umgab, wurde von schönen schlanken Säulen getragen und unter ihr

befanden sich Steinbivans, den verschiedenen Kaufleuten gehörig, auf welche sie bequem hingestreckt, die Kunden erwarten, die mit ihnen größere Geschäfte abzumachen hatten.

Es war noch ziemlich leer in dem Hofe, und ich besah die innere Einrichtung einiger offen stehender Gemächer. Ein Corridor führte hinter denselben im Kreise herum und endigte in einer großen Marmortreppe, die in einen obern Stock führte. Auch von außen hatte die Karawanserai ein stattliches Ansehen, und für mich durch die Abwechslung der Steine, die man hier an einigen größeren Gebäuden findet, etwas sehr Eigenthümliches. Man mauert nämlich die farbigen Marmorarten reihenweise aufeinander, so daß z. B. das Gebäude unten am Boden eine Linie röthlicher Steine hatte, auf welche eine Linie weißer, dann wieder rother und so abwechselnd weiß und roth bis unter's Dach folgten.

Um elf Uhr erschien Herr Baudin und sagte mir, gleich würde der Perser mit seinen Hausbedienten erscheinen und er wollte dann die direkten Handlungen mit ihm beginnen. Vielleicht sei es möglich, daß uns der Kauf gelänge, indem er einen Freund des Kaufmanns auf seine Seite gebracht habe. Es dauerte auch nicht lange, so erschien der Perser mit allem Pomp eines sehr reichen Mannes, der den Markt beherrscht. Ein paar Neger kamen eilfertig voraus, breiteten auf einem der schönsten Steinsitze bunte Teppiche aus und lehnten an die Rückwand mehrere Divankissen aus Sammt und Seide. Vier andere Diener folgten ihnen, der eine trug einen Mangahl mit Kohlen, der andere ein vollständiges Kaffeegeschirr und der dritte und vierte Pfeifen und Tabak. Jetzt erschien der Kaufmann selbst mit einem Gefolge von wenigstens zwanzig Dienern, alle in persischem Costüm, und es war gerade, als komme ein vornehmer Pascha, denn so ehrerbietig grüßten ihn alle im Hofe Befindlichen, Herr Baudin nicht ausgenommen. Auch ich legte meine Hand an Brust und Stirn und verbeugte mich soviel wie möglich.

Der Perser war ein Mann in den besten Jahren mit gelber Gesichtsfarbe und einem kohlschwarzen Kinnbarte, der noch spitzer zulief, als die Mütze von schwarzem feinen Astrachanpelze, die er auf dem Kopfe trug. Sein Anzug war fast wie der unsers Fürsten und ebenso der Handschar; nur war das Kleid weit reicher mit Gold gestickt, und an dem Griffe des Dolches glänzten die prachtvollsten Edelsteine. Das Malerischste aber und Schönste an seinem Costüm war der Mantel, ein einziger großer Kaschemirshawl von Zeichnung und Farben, wie ich nie etwas Aehnliches gesehen. Ein herzförmiger Talisman, d. i. ein Stein, auf dem Koransprüche eingeschnitten sind und der köstliche Schmuck, den die Orientalen besitzen, hielt den Mantel als Agraffe zusammen; das Ende desselben hatte er, damit der köstliche Stoff nicht auf dem Boden schleifen sollte, um den rechten Arm geschlungen. In dem Gefolge waren seine Handlungs- und Hausbedienten, seine Stallmeister, Haushofmeister und eine Menge anderer Chargen, die mir Herr Baudin alle nannte.

Mit der Ruhe und Gravität, die dem Morgenländer eigen ist, setzte er sich auf seinen Divan, und begann mit den Kaufleuten, die nach und nach herankamen, seine Geschäfte abzumachen. Hier wurden Contracte unterschrieben, dort Gold ausbezahlt, das der Zahlmeister in Empfang nahm und durch andere Diener in kleine Beutel binden und in ein Kästchen stellen ließ. So interessant mir die ganze Erscheinung dieses Persers und des Handels war, so wünschte ich doch recht aus Herzensgrund, daß er weniger vornehm und reich sein möge, damit ihm die Summe, die wir ihm geboten hatten, höher und ansehnlicher erscheinen möchte. Jetzt kam die Reihe an uns. Herr Baudin trat näher an den Divan des Persers, und stellte mich als den Mann vor, der jenen Hengst zu kaufen wünschte. Der Kaufmann sah mich lauernd an und seine erste Frage an Herrn Baudin war, ob ich auch sehr viel Geld mitgebracht hätte, da er für die früher angegebene Summe das Pferd wahrlich nicht mehr hergeben würde. Herr Baudin zuckte die Achseln und entgegnete ihm: er müsse ihn des Gegentheils versichern, denn auf seine Forderung vor einigen Tagen bauend, habe ich nicht mehr als die damals geforderte Summe bei mir. Darauf machte der Perser mit ruhiger Miene eine abwehrende Bewegung mit der Hand und unsere Geschäfte schienen leider beendigt. Doch ließ sich Herr Baudin sobald nicht abschrecken. Er nahte sich dem Kaufmann auf's Neue und hielt ihm folgende merkwürdige Rede, die er mir später in's Französische übersetzte.

„Herr, du hast vor einigen Tagen den großen Mann gesehen, der mit deiner Bewilligung deine Ställe und Pferde besah. Es war der Imrachor Agassi des deutschen Sultans, dem sein Herr eine Pilgerfahrt nach unserem Mekka, nach Jerusalem, auferlegte, und obendrein sprach der Sultan beim Abschied zu ihm: Dir wird bei deiner Rückkehr nur dann die volle Sonne meiner Gnade leuchten, wenn du mir aus jenen weiten sandigen Landstrecken, in denen der streifende Araber sein Zelt baut, zwei Pferde, wohl verstanden, zwei Pferde, einen Hengst und eine Stute, den ersten goldfarbig, die andere braun mit schwarzem Mähnenhaar und Schweif, und von der edelsten Race mitbringst. Der deutsche Effendi reiste ab und suchte lange umher in Istambul, Smyrna und Beirut, ja lange in El Scham selbst, ehe ihm der glückliche Zufall deinen Stall öffnete und er darin einen Hengst fand, wie er ihn suchte. Obendrein warst du so großmüthig, Herr, eine Summe zu fordern, die der Imrachor Agassi im Stande war, aufzuwenden. Aber was sollte er mit dem einen Pferde allein thun. So erfreut er war, deinen Hengst gesehen zu haben, so betrübte es ihn doch, da er nicht hoffen durfte, eine Stute in gleicher Schönheit, wie dein Pferd zu finden; es betrübte ihn, und er ließ dich durch seinen Dolmetscher und deinen Stallmeister bitten, ihm den Kauf deines Pferdes noch einige Tage offen zu halten, indem er in einem Theile des Libanon eine Stute sehen wolle, von der man ihm viel

Rühmens erzählt. — Schande über den Dolmetscher des Deutschen, daß er deinem Imrachor andere Worte überbrachte, als ihm sein Herr in den Mund gelegt."

Der Perser hatte diese lange Rede schweigend angehört, saugte an seiner Ambraspitze und strich sich zuweilen den spitzen Bart. „Aber," entgegnete er, „Gott ist mein Zeuge, dafür kann ich nichts. Vor einigen Tagen hätte ich vielleicht das Pferd um den Preis fortgegeben und es würde mich jetzt bitter gereuen; aber Gott hat mich vor der Reue bewahrt und ich habe das Pferd noch. — Und der Imrachor," setzte er fragend hinzu, „fand wirklich eine Stute von gleicher Schönheit, wie mein Hengst?"

„Er fand sie, Herr," entgegnete Herr Baudin, „und kaufte sie im Vertrauen auf deine Großmuth, indem er glaubte, du würdest ihm das Pferd heute noch geben."

Der Perser rückte unruhig auf seinem Divan herum und rief einmal über das anderemal: „Gott ist mein Zeuge, ich kann nichts dazu thun!" — Herr Baudin bemühte sich, so viel es ihm möglich war, ihn zu einem Verkauf des Pferdes zu überreden. Auch der andere Kaufmann, von dem er mir oben gesprochen, redete zu dem Perser, aber lange umsonst. Herr Baudin sagte ihm am Schluß einer sehr langen Rede: „Du bist hart gegen den Fremden, der sich vertrauensvoll zu dir wendet, und kannst doch nicht wissen, ob dich deine Geschäfte nicht auch einmal über das Meer treiben in die Länder der Franken, wo du ihre Hülfe in Anspruch nehmen mußt. Du hast viele schöne Pferde, und deine Karawanen gehen jährlich nach Mekka und können dir ein anderes, vielleicht noch edleres Pferd mitbringen. Doch du bist hart, und dein Pferd, das dir mit schönem Golde bezahlt werden soll, ist dir mehr werth, als das Leben eines Menschen. Der Deutsche wird kein Pferd finden, was einen Vergleich mit deinem Hengste aushielte, und darf die Seinen in der Heimath nicht wieder sehen — und durch deine Schuld, Herr. Er muß in

der Fremde umherirren, oder wenn er es wagt, vor das Auge seines
erzürnten Sultans zu treten, hast du sein Blut zu verantworten, es
komme über dich!"

Diese letzte Wendung mußte auf den Perser gewirkt haben,
denn er dachte einen Augenblick nach, wandte sich dann an seinen
Stallmeister, dem er einige Worte sagte, worauf dieser zwei der
untern Stallbedienten fortschickte. Er kehrte sich darauf wieder zu
Herrn Baudin und sagte: „Laß' dem deutschen Herrn sagen, er
solle vor allen Dingen seinen Dolmetscher bestrafen, weil der so
schwer an ihm gefrevelt und seine Worte verdreht hat. Doch will
ich großmüthig handeln und ihm seinen Wunsch gewähren. Möge
es meinen Kindern oder Kindeskindern zu Gute kommen. Ich versichere dich, Herr, das Pferd war mir lieb; sieh' sein glänzendes
seidenes Haar an, das ich oft gestreichelt, hör' seine helle Stimme,
die es am Morgen an meinem Zelt erschallen ließ und mich damit
weckte. Hättest du die Schnelligkeit seiner Glieder gesehen, wie er
über den Sand dahin flog und doch augenblicklich anhielt, wenn ich
meinen Arm ausstreckte, du würdest mir nicht zumuthen, meinen
Hengst zu verkaufen. Doch ich gebe ihn dir, weil der Prophet sagt:
sei barmherzig gegen den unbekannten Pilger, auch wenn er nicht
deines Glaubens ist!"

Da ich natürlich diese Verhandlungen nicht verstand, sondern
sie mir Herr Baudin erst später verdolmetschte, so kann man denken,
daß ich den Mienen und Geberden der handelnden Personen meine
volle Aufmerksamkeit schenkte. Daß der Stallmeister des Persers zwei
seiner Leute fortschickte, nahm ich für ein gutes Zeichen an, und als
mir jetzt Herr Baudin sagte: „Gott sei Dank! wir haben ihn!"
und einen Beutel mit Dukaten herauszog und sie vor dem Schatz-
meister des Persers hinzählte, machte ich dem Herrn eine sehr tiefe
dankende Verbeugung.

Jetzt hörten wir auf der Gasse das unruhige Getrappel eines
Pferdes, und im nächsten Augenblicke erschienen die beiden Perser,

Reise nach Damaskus und Palmyra. 115

den Hengst ohne Decken und Sattel am Zaume hereinführend. Das Thier wieherte laut auf, wie es in den Hof trat und der Kaufmann hatte Recht, als er vorhin von der hellen reinen Stimme des Pferdes sprach. Mit mehr Lebhaftigkeit, als dem Orientalen eigen ist, erhob er sich von seinem Divan und trat vor das Thier, seinen schlanken schönen Hals streichend. Er winkte mir näher zu treten und hielt mir eine Rede, von der ich natürlich kein Wort verstand, die ich aber mit vielen Verbeugungen erwiderte. Darauf nahm er den Zaum des Pferdes in die Hand, rief Herrn Baudin und sagte mir durch ihn:

„Laß' dem deutschen Herrn das Pferd übergeben. Sage ihm, wie lieb es mir gewesen und daß er es nur meiner Großmuth zu danken habe. Sag' ihm ferner, er soll es seinem Sultan rühmen, daß es ein gutes Pferd sei und ihn bitten, er möge es gut behandeln und freundlich seinen schönen Hals streicheln. Es wird ihn muthig seinen Feinden entgegenführen und ihn vor den verfolgenden Kriegern durch die Schnelligkeit seiner Glieder retten." Nach Beendigung dieser Worte umfaßte er mit beiden Armen den Hals des Pferdes, küßte es und warf mir mit abgewendetem Gesichte den Zaum zu. Ich übergab ihn Skandar und wir führten das Pferd sogleich fort.

Auf dem Weg zum Kloster betrug es sich sehr wild und außer dem Geschrei und den Schimpfworten, die uns die Araber, welche vor seinen ungestümen Bewegungen auf die Seite springen mußten, nachsandten, mußte ich auch noch einem Kuchenbäcker all' seine Waaren bezahlen, die ihm der Hengst auf die Erde geworfen.

Am andern Morgen verließen wir in der Frühe Damaskus, um nach Beirut zurückzukehren. So streng ich meinem Führer eingeschärft hatte, den Weg über Schiras zu nehmen, wo ich wußte, daß ich das Pferd gut unterstellen konnte, so nahm er doch einen andern, trotzdem es mir gleich vor Damaskus auffiel, daß wir eine veränderte Richtung einschlugen und ich ihm mehrmals sagte, wir müßten uns mehr nördlich halten. Der Kerl widersprach mir beständig und brachte uns am Nachmittage in ein anderes sehr elendes Dorf, das er ebenfalls Schiras nannte. Was konnte ich dagegen thun, da ich nicht einmal im Stande war, ihm Grobheiten zu machen. Am Morgen, als wir aus Damaskus ritten, erhielten wir eine sonderbare Begleitung, es waren nämlich zwei jener abgemagerten elenden Hunde, wie sie sich zu Tausenden in der Stadt herumtreiben. Die Thiere folgten uns beständig in einer gewissen Entfernung und waren weder durch Geschrei noch Steinwürfe zurückzuscheuchen. Ob sie vielleicht glaubten, das ledige Pferd, unser gekaufter Hengst, sollte vor der Stadt abgeschlachtet und ihnen eine gute Mahlzeit werden, weiß ich nicht; doch blieben sie den ganzen Tag bei uns, und verloren sich erst am Abend in Schiras zwischen den Hütten.

Während der Nacht machte uns unser neues Pferd viel zu schaffen. Es mochte ihm unbequem sein, von seinen frühern Gefährten getrennt zu stehen, wir hatten ihn nämlich mit in unsere Stube genommen, denn er betrug sich ganz ungeberdig, riß mehrere Male den Strick von der Mauer und die Fessel aus dem Lehmboden der Hütte, und wieherte beständig so, daß wir keine Minute schlafen konnten. Wir brachen am Morgen sehr frühe auf und kaum hatten wir uns aus dem Dorfe entfernt, so waren unsere beiden Hunde auch wieder bei der Hand und zogen mit uns. Nach einigen Stunden hatte unser Führer den Weg verloren und erst, nachdem wir eine lange Zeit irre gegangen waren, begegnete uns ein Eseltreiber, der uns wieder auf den richtigen Weg brachte. Dieser Mann hatte ein ganz merkwürdiges Aussehen, eine kleine Figur, schneeweißen Bart und ein sehr vergnügtes Gesicht, das ein grüner Turban schmückte, der aber so zersetzt war, daß es aus einiger Entfernung aussah, als habe der Kleine sein Haupt mit Rebenlaub umwunden. Ein türkischer Anakreon! Dabei war er gegen die Gewohnheit der Orientalen sehr lustig und wir hörten ihn noch schreien und singen, wie er schon lange unsern Augen entschwunden war.

2. Eine Expedition, wie unsere heutige mit dem unartigen Pferde war, will ich keinem Menschen wünschen. Skandar ritt einen alten Wallachen, neben dem es gestern ganz ruhig gegangen war; doch heute biß und schlug es nach dem armen Thiere und machte oft solche Seitensprünge, daß es den Skandar fast von seinem Pferde herunterzog. Unser Araber hatte eine Stute, weßhalb er immer, statt uns voraus zu reiten und den Weg zu zeigen, eine weite Strecke zurückbleiben mußte, denn so wie er vorritt oder nur in unsere Nähe kam, war der Hengst wie toll. Auf den schlechten halsbrechenden Felswegen, die ich früher beschrieben, war es ein Wunder, daß wir ihn mit ganzen Beinen nach Beirut brachten. Oft ging er eine Strecke ganz ruhig, dann fing er auf einmal wieder an, über die Zacken zu springen, und Skandar, der heute zu Fuß ging und sein Pferd dem Araber gegeben hatte, mußte ihm folgen, und so ging es oft über spitze steile Abhänge hinab, daß wir alle schaudernd zusahen.

Gegen Mittag hatten wir den Antilibanon überstiegen und kamen in's Thal, wo wir einen Augenblick rasteten und ich benützte diese Zeit dazu, um dem Hengst den Sattel meines Pferdes aufzulegen, worauf ich ihn bestieg und wir im vollen Galopp die Fläche in weniger als einer Stunde durchritten hatten. Neben diesen Unannehmlichkeiten, die wir mit dem Pferde hatten, waren wir obendrein noch in beständiger Sorge, von Deserteuren oder Bergbewohnern überfallen zu werden. Doch hätten wir uns auf das Aeußerste vertheidigt, wenigstens Skandar, Mechmed und ich. Wir hatten deßhalb unsere Waffen in steter Bereitschaft, wodurch mir später, als wir den Libanon hinanritten und ich meinen Schimmel wieder bestiegen hatte, ein kleiner Unfall passirte. Ich ritt voraus, eine gespannte Pistole in der Hand und die andere ebenso am Sattel hängend, als mir plötzlich die letztere, bei einem Sprung des Pferdes, ich weiß nicht,

Erstes Kapitel.

durch welchen Zufall, losging, und die Kugel durch das eiserne Blech des großen Steigbügels fuhr.

Mit Einbruch der Nacht erreichten wir den Chan, in welchem wir bei unserer ersten Hinreise den türkischen Oberst getroffen hatten. Das Wetter war heute glücklicher Weise besser und wir wurden in der Nacht nicht wieder durch den aufgeweichten Schnee unangenehm erweckt.

Den andern Morgen ritt ich mit der freudigen Hoffnung aus, Nachmittags Beirut zu erreichen, unsere Freunde wieder zu sehen und dem guten Baron durch Ueberbringung des Pferdes eine Freude zu bereiten. Mit viel Sorge und Mühe, aber glücklich stiegen wir die schlechten Wege des Libanon hinunter und erreichten gegen Mittag den Chan el Hussein. Freudig aufjauchzend begrüßte ich das Meer, dessen unübersehbaren Spiegel ich jetzt wieder erblickte. Wir waren auf die Höhe unserer Mühseligkeiten gekommen, und stiegen nun rascher in's Thal der Ruhe hinab. Jetzt erreichten wir schon die Felder mit ihren Mauern von natürlichen Steinen, Beirut tauchte allmälig vor unsern Blicken auf; bald ritten wir durch die Cedern und Pintengebüsche am Fuße des Libanon und unter den Palmenpflanzungen vor der Stadt selbst. Es mochte drei Uhr sein, als ich an den äußern Mauern derselben vorbeiritt und auf dem Weg am Meer hin unserer Villa zueilte.

Auf der Terrasse war Niemand von den Freunden zu sehen und ich ritt in den Hof, der wie ein kleines Feldlager aussah. Da waren Zelte ausgespannt und Pferde und Maulthiere standen daneben, die mein Hengst mit lautem Gewieher begrüßte, so hell und rein, daß es die Freunde hörten, welche im Zimmer des Barons zu Tische saßen. Alle stürzten nun eilfertig die Treppen herab und bewillkommten mich auf's Herzlichste. Der Baron drückte mir die Hand und sein Dank, so wie seine Freude über das Pferd, war mir Belohnung genug für all' die Mühseligkeiten, die ich ausgestanden. Auch die Kranken waren wieder gesund und meine erste Frage: was denn die Zelte und Thiere bedeuteten, wurde mit der freudigen Nachricht beantwortet, daß man übermorgen Beirut verlasse, um nach Jerusalem zu ziehen.

Zweites Kapitel.
Reise nach Jerusalem.

Abreise von Beirut. — Saida. — Syrische Wirthshäuser. — St. Jean d'Acre. — Landhaus des Pascha Abdallah Samad. — Nachtlager auf dem Carmel. — Gazellen, Schakals, Hyänen. — Jaffa. — Ramleh.

Der Tag meiner Rückkehr von Damaskus ging damit hin, daß ich den Freunden einen umständlichen Bericht über meine Abenteuer geben mußte, und ich ließ mir dagegen von dem Baron den letzten Marschtag mit der Stute hieher, so wie von den beiden jetzt wieder genesenen Kranken das Vorgefallene während unserer Abwesenheit erzählen. Auch der Fürst betheuerte mir nach seiner Gewohnheit mit vielen „vraiment" und „je vous assure," daß er auf dem letzten Marschtage vom Libanon hieher fast gar nicht mehr gesungen habe. Dafür wurde heute Abend beim Thee desto mehr in diesem Artikel gethan und wir ließen in der Freude unseres Herzens, das traurige Beirut übermorgen verlassen zu können, noch einmal manch deutsches Lied durch die Räume des arabischen Hauses und die Klippen des Meeres erschallen.

Den folgenden Tag trafen wir alle Anstalten zu unserer Abreise. Die Pferde, die wir auf unserer Tour nach Damaskus gebraucht hatten, wurden, da sie sich als tüchtig bewährt, auch für die Reise nach Jerusalem beibehalten. Unsere Carawane hatte noch einen kleinen Zuwachs bekommen durch den Reitknecht Friedrich, von dem ich früher gesprochen und dem auch ein Pferd gemiethet wurde. Der Fürst hatte seine frühere Begleitung, Skandar und Mechmed mit dem Wurfspieß, welche ihre eigene Pferde ritten. So bestand denn unsere Karawane aus neun Reitern, mit zehn Pferden, und außerdem hatten wir drei starke Maulthiere bei uns, welche Zelte, Gepäcke und Lebensmittel trugen. Den Abend vor unserer Abreise kamen die Thiere alle aus der Stadt, um draußen bei uns zu übernachten und da glich unser Hof einem kleinen Feldlager. Das Zelt war aufgeschlagen, die Pferde gesattelt an die Bäume gebunden, unsere Säcke und Koffer lagen schon theilweise gepackt vor dem Hause, und in der Küche war Giovanni beschäftigt, die eingekauften Lebensmittel, als Schinken, Hammelfleisch, Käse, Kaffee und Zucker, einige Flaschen Wein und eine Flasche Rum in Körbe zu verpacken. Fourrage für die Pferde brauchten wir nicht mitzunehmen, indem die Mucker uns versichert hatten, wir fänden in jedem Chan auf dem Wege von hier nach Jerusalem, als der am meisten betretenen Straße, Gerste für die Thiere im Ueberfluß, und so war es auch. Während unseres ganzen Aufenthaltes in Beirut schlief ich keine Nacht unruhiger, als die heutige, und dem Baron, der neben mir lag, ging es nicht besser. Einer fragte den Andern während der Nacht wohl hundertmal: „Schlafen Sie noch nicht?" und die Antwort war fast immer: „Ver....! ich kann kein Auge zuthun!"

Kaum graute der Tag, so standen wir auf und bald war das ganze Haus in Bewegung. Dann wurden die Teppiche zusammengerollt und den Maulthieren aufgeladen. Jeder zog den Sattelgurt fester an und zum letzten Mal vereinigten wir uns auf der Terrasse des Hauses, um Kaffee zu trinken, zum letzten Mal schauten wir die entzückend schöne Natur an, die sich hier in aller Pracht um uns gelagert hatte, und sagten der Stadt mit ihren traurigen

Häusern, dem kleinen Friedhofe vor uns und den weißen Spitzen des Libanon ein Lebewohl. Unsere arabischen Hausleute nahmen mit all der Herzlichkeit, die uns diese guten Menschen während unseres Aufenthaltes hier beständig bewiesen, Abschied von uns, und wir bestiegen die Pferde und ritten um die Stadt herum, anfangs auf demselben Weg, der auch gen Damaskus führt. Vor den Thoren trafen wir noch unsern lieben Bekannten, den russischen Consul, Herrn v. B., der uns bis zu den Pinienanpflanzungen begleitete und dann mit treuherzigem Händedruck von uns Abschied nahm. Wir folgten dem Wege nach Damaskus bis zum Fuße des Libanon, wo er sich die Höhen hinabwand, wir aber am Fuße des Gebirges der Küste entlang ritten.

Anfänglich ging unser Weg durch tiefen Sand und oft so dicht am Meere vorbei, daß die anschlagenden Wellen die Füße unserer Pferde benetzten. So gut das Wetter den letzten Tag aussah, so hatte es sich doch heute verschlimmert, und der Himmel, der schon heute Morgen mit grauen Wolken überzogen war, sandte uns Vormittags heftige Windstürme, die uns feinen Sand ins Gesicht wehten und das Reiten sehr beschwerlich machten. Gegen Mittag ließ freilich der Wind etwas nach, aber dafür fing es so entsetzlich an zu regnen, daß das Wasser in kurzer Zeit von unsern Pferden herunter troff. Wir verließen das Ufer des Meeres und überschritten einen Ausläufer des Libanon auf einem Felsenpfad, der durch die glatten Steine und den Regen so schlüpfrig war, daß mehrere Pferde, worunter auch meines, stürzten. Wir hatten geglaubt, noch heute bis jenseits Saida zu kommen; doch da es die Araber überhaupt lieben, den Marsch des ersten Tages so klein wie möglich zu machen, und das Wetter uns heute auch nicht sehr geneigt war, so mußten wir dem Zureden unseres Hauptmuckers folgen und in einem elenden Chan übernachten, der kaum fünf Stunden von Beirut entfernt war.

Dieses Wirthshaus — es hieß Chan Nabiunis — war etwas

besser als die gewöhnlichen Etablissements der Art, und bestand aus zwei Gemächern, und einem kleinen Anbau für die Pferde und Esel. Obendrein hatte das Haus vorne eine Art von Gallerie, von der man die Aussicht auf das weite Meer genoß, dessen Wogen fast die Mauern bespülten. Doch zogen wir bei dem heutigen Regen, der von einer empfindlichen Kälte begleitet war, eines der rauchigen, dunklen Gemächer vor, wo unsere Sais ein Feuer angemacht hatten und Giovanni einen guten Pillau kochte. Der unangenehme Marsch heute, so wie das Gebrause der tobenden See vor unserem Hause, die ihre grünschmutzigen Wellen unaufhörlich mit lautem Donner auf den Strand warf, verstimmte uns Alle. Wir legten uns bald auf unsere Decken, ohne wie gewöhnlich ein Vocalconcert zu halten. Doch hätten wir am andern Morgen beim Erwachen füglich singen können: „Keine Ruh' bei Tag und Nacht 2c." denn wenn wir auch auf unseren früheren Ritten bei Tag viele Strapazen auszuhalten hatten, so war die Nacht desto ruhiger und nichts störte uns im festen sanften Schlummer. Aber das war heute zum ersten Mal ganz anders. Kaum wurde der Körper unter den Mänteln oder Decken warm, so begann an allen Theilen ein unerträgliches Jucken. Es war eine Schaar blutdürstiger Flöhe, die sich hier in den Wänden und Fußböden aufhielt und gelegentlich hervor kam, um eine Schaar armer Pilger wie wir auszusaugen. Beim Anbruch des Tages verschwanden die Ungethüme wieder; doch ließen sie so unverkennbare Merkmale zurück, daß keiner den Gedanken hegen konnte, als habe ihm nur geträumt. Von dieser Plage war übrigens Niemand verschont geblieben und der Fürst erzählte noch von einem andern Schrecken, den er gehabt. Er hatte nämlich eine Maus gehört; ein Thier, das ihn, wie er behauptete, aus der Welt jagen könne.

Wir brachen zeitig auf und kamen nach ein paar Stunden in die Gegend von Saida, dem alten Sidon, von dessen früherer Pracht und Herrlichkeit jedoch nichts mehr übrig geblieben ist; auf dem Platze, wo vor alten Zeiten die reiche phönizische Handelsstadt stand, ist jetzt nur noch eine kleine armselige syrische Stadt zu sehen. Da sowohl hier, als wie in Sur und Acre, die Pest herrschte, so vermieden wir, so viel wie möglich, die Orte zu berühren und umgingen Saida auf einem ziemlich schlechten Wege, der aber durch Gärten voll blühender Citronen- und Orangenbäume, voll Feigen, Akazien und Palmen führte. Das Wetter hatte sich glücklicher Weise wieder aufgeklärt und der Himmel lachte uns mit der schönen dunkelblauen Farbe freundlich an. Bald ritten wir am Ufer des Meeres hin, bald über flache Ausläufer des Libanon oder an steilen Felswänden, die den Fuß des mächtigen Gebirges bildeten. In einigen derselben bemerkten wir kleine Höhlen, deren Eingänge mit dem Meißel regelmäßig behauen waren. Vielleicht waren es in früherer Zeit Wohnungen syrischer Christen, die sich hier vor den Verfolgungen ihrer Feinde verbargen. Gegen Mittag überzog sich der Himmel wieder und wir wurden von einem gewaltigen Gewitterregen tüchtig eingeweicht. Vor uns senkte sich das Terrain abwärts, und wir ritten so rasch als es unsere bepackten Maulthiere aushalten konnten. Gegen vier Uhr machten uns die Mucker auf ein vor uns liegendes altes Gemäuer aufmerksam, das unser heutiges Nachtlager sein sollte. Es schien früher eine Burg gewesen zu sein und lag auf einem kleinen steilen Hügel, rings mit einem schmutzigen Wassergraben umgeben, über den eine steinerne, wenigstens zu drei Viertel zerfallene Brücke führte.

Wir ritten die Anhöhe hinan und durch die Ruinen eines großen gewölbten Thores in den Hof. Dieser war sehr geräumig und mit Gebäuden umgeben, deren Wände aber gespalten und theilweise eingestürzt waren. Dem Eingang gegenüber stand noch ein Gewölbe, dessen vordere Seite freilich ebenfalls zertrümmert, doch groß genug war, um unsere Pferde hineinzustellen, die so wenigstens von oben und drei Seiten gegen Regen und Wind geschützt waren. Wir durchliefen den ganzen Hof, ohne einen Winkel zu finden, wo wir die Nacht hätten zubringen können; vergeblich suchten wir nach einem Gemach, das mit einer Decke versehen wäre, und da wir nichts fanden, waren wir schon entschlossen, uns bei den Pferden einzuquartieren, als unsere Mucker ein paar Kerle entdeckten, die sich uns als die Eigenthümer dieses schönen Wirthshauses darstellten und uns das Zimmer anzeigten, wo Gäste, die lieber allein, als wie unter ihren Pferden schlafend, die Nacht zubringen konnten. Dies Gemach hätten wir wirklich ohne Hülfe nicht gefunden. Ueber Schutt und Trümmerhaufen kletterten wir auf eine Art Wall, der uns an eine Ecke des Gebäudes führte, wo vor Zeiten ein großer Thurm stand. Von diesem Thurm war das untere Stockwerk stehen geblieben, d. h. ich begreife unter diesem stehen gebliebenen Stockwerke ein kleines Gewölbe mit zwei großen Oeffnungen, eine, zu der wir hereintraten und die zweite auf der andern Seite, die mannshoch, mehrere Fuß breit und wahrscheinlich bei dem Einsturz der obern Stockwerke entstanden war. Neben dem Genuß eines kühlenden frischen Zugwindes, der, mit einigem Regen vermischt, die ohnehin schon kalten Glieder fast erstarren machte, bot uns dies Gemach mit den beiden Oeffnungen noch obendrein die faulen Dünste des sumpfigen Grabens, der um den Fuß des Walles herumlief. Doch da wir keine Wahl hatten, mußten wir uns mit diesem Obdach begnügen. Unsere Koffer und Kisten, die wir mit Mühe um den schmalen Wall nach dem Thurme schleppten, wurden vor die eine Oeffnung gestellt und so dem Wind, der um dies einzeln stehende Gebäude wie toll herum fuhr, der Eingang etwas gesperrt.

Als wir uns nun so gut wie möglich eingerichtet hatten, und Giovanni ein Feuer ansteckte, um unsern Pillau zu kochen, erregte das feuchte Holz einen Rauch, der nirgends einen Ausweg fand, und uns, da wir keine Lust hatten, draußen von dem Regen durchnäßt zu werden, nöthigte, mit dem Gesicht uns platt auf die Erde zu drücken. Diesem Uebelstande war nur dadurch abzuhelfen, daß wir, sobald unser Pillau gekocht war, das Feuer wieder ausgehen ließen, denn jeder von uns wollte lieber frieren, als in dem Rauch ersticken. Ersteres wurde uns auch in gutem Maße zu Theil und die feuchten Kleider, sowie die Zugluft in dem Thurm erregten uns eine solche Kälte, daß wir sogar unsere Plage von gestern, die Flöhe, nur wenig spürten.

Am andern Morgen brauchte keiner den andern zu wecken, vielmehr war jeder froh, das feuchte Mauerloch verlassen zu können. Ich ging heute wenigstens zwei Stunden neben meinem Pferde her, um die Glieder, die ganz erstarrt waren, wieder beweglich zu machen. Glücklicher Weise schien die Sonne recht warm und angenehm, und obgleich uns auch gestern der Himmel am Vormittage so freundlich angelächelt hatte, und doch später mit einem soliden Regen regalirte, so glaubten wir doch heute den Versicherungen unserer Beduinen, daß es schönes Wetter bleiben würde, und sie behielten diesmal recht. Unser Weg führte wieder an der Küste des Meeres hin, doch ohne daß wir es sahen; denn eine kleine Hügelkette verdeckte uns die Aussicht. Das Terrain war uninteressantes Haideland und nur selten kamen wir bei kleinen Gebüschen von Feigen- und Olivenbäumen vorbei. Zur Noth hätten wir noch am Abend Acre erreichen können. Da die Stadt aber so fürchterlich zerstört war, auch jene entsetzliche Krankheit dort herrschen sollte, so folgten wir unsern Muckern, die es vorzogen, die Nacht vor der Stadt in einem kleinen Dorfe, Casmin, zu bleiben. Doch hätten wir uns bei Erblickung des heutigen Chans fast wieder für Acre entschieden; denn außerdem, daß dies Gebäude nur ein einziges schmieriges Loch hatte, wo Pferd und Mensch zusammen kampiren sollten, fanden wir auch hier schon einige zerlumpte Beduinen gelagert, eine Nachbarschaft, die wohl im Stande war, unsere nächtlichen Quälgeister noch um ein paar andere Species zu vermehren. Es war ein Glück für uns, daß selbst unserem Giovanni das Gemach zu unsauber vorkam, denn er nahm sich diesmal seiner Herren mit vielem Eifer an

Zweites Kapitel.

und befahl den Muckern mit kurzen Worten, für ein anderes Lokal zu sorgen. Diese steckten die Köpfe zusammen, berathschlagten sich mit einem alten Manne, dem der Chan gehörte, und ließen uns nach kurzer Ueberlegung durch Giovanni sagen: nicht weit von dem Dorfe liege ein sehr schönes Landhaus, das wegen der Kriegsereignisse in diesem Augenblicke ganz unbewohnt sei, und wo wir eine gute Unterkunft finden würden. Nur sollten wir bedenken, daß eine Zeit lang Soldaten von der ägyptischen Armee dort gehaust, von denen einige an der Pest gestorben seien. So angenehm uns der Vorschlag war, wieder eine Nacht in einem guten Hause zubringen zu können, so stutzten wir doch bei Erwähnung der Pest und berathschlagten, was hier zu thun sei. Wenn die Angabe der Leute, daß die Pest hier in der Umgegend geherrscht habe und noch herrsche, richtig war, so konnte uns das Dorf, wo sich vielleicht noch Kranke befanden, viel gefährlicher werden, als jenes verlassene Landhaus, weßhalb wir uns für dieses entschlossen und dahin aufbrachen.

Es war ein wunderschöner Abend. Ich habe den Himmel nie so hell gefärbt, die fernen Berge nie in so schönen Tinten von saftigstem Violett und frischestem Rosenroth gesehen. Wir schlugen von der Straße links einen Feldweg ein, der durch schöne grüne Wiesen führte, und sahen bald, umgeben von einem Rosen-, Orangen- und Citronenwald das Landhaus vor uns liegen. Es war ein schönes stattliches Gebäude und hatte, wie alle Häuser dieser Art, außer dem Erdgeschoß nur einen Stock und platte Dächer. Die Stille, die auf dem Ganzen lag, so daß bei unserer Ankunft kein menschliches Wesen uns entgegen kam, sich nichts in Haus und Garten regte, warf einen wahrhaft poetischen Reiz über unser heutiges Nachtlager, das mir wie von bösen Geistern verwünscht erschien. Ein Gitterthor, das dem Drucke wich und sich öffnete, ließ uns in einen kleinen Garten treten, der einstens sorgfältig angelegt war. Doch jetzt waren Bänke und Ruheplätze umgestürzt. Zwischen dem bunten Kies auf den Wegen wucherte das Gras empor und die zahlreichen Schlinggewächse, die an Hecken, welche die Beete umschlossen, emporgeleitet waren, mußten diese Stellung langweilig finden, denn sie hatten die hölzernen Latten verlassen und krochen gleich Schlangen auf den Wegen gegen einander, um sich über die Oede des Gartens zu besprechen. Nachdem unsere Pferde angebunden und vorläufig in einen Schuppen, der am Hause angebracht war, eingestellt wurden, machte ich eine kleine Inspektionsreise um das ganze Gebäude herum. Der Garten umgab es auf drei Seiten und war nach türkischem Geschmack sehr schön angelegt. Hie und da kleine Steinsophas, auf denen wahrscheinlich lange keine türkische Dame mehr gesessen hatte; denn das Unkraut, das überall emporschoß, wiegte sich wie spottend auf diesen Ruheplätzen. Bei solchen verlassenen Anlagen ist nichts trauriger und melancholischer, als der Anblick eines vertrockneten Springbrunnens, das Ersterben des lebendigen Strahls, der hier in diesen Ländern so nöthig ist, um der ausgedörrten Natur etwas abzugewinnen. So heimlich das Murmeln des Wassers dem Ohre ist, so traurig ist mir eine Fontaine erschienen, deren Mund schweigt. Das müssen entsetzliche Sachen sein, die dem lustigen Wasser den Mund verstopft und es zum Schweigen gebracht haben. In dem Bassin hier, welches aus einer Art grauem Marmor sehr schön gearbeitet war, lagen große Blätterhaufen, welche die umstehenden Platanen hineingestreut, und kleine Eidechsen spielten um die Brunnenröhre. Wie ich schon oben sagte, umgab eine sehr große Anpflanzung von Orangen-bäumen den Garten und das Landhaus; man konnte es eher einen Wald, als eine Anpflanzung nennen. Die Stämme standen nicht in regelmäßigen Reihen und obgleich sie nicht gerade nahe zusammen-gepflanzt waren, bildeten doch die starken und langen Aeste der dicken Orangenbäume ein undurchdringliches Laubdach. In jenen Wald führte aus dem kleinen Garten ein Thor, das offen stand. Doch war hinter demselben noch ein drei bis vier Fuß breiter Wassergraben, über den vormals eine hölzerne Brücke geführt hatte.

die aber gewaltsam abgebrochen war — wahrscheinlich hatten die ägyptischen Kriegsknechte das Holz zum Kochen ihres Pillau verwendet — nur die beiden Hauptbalken, die zu fest in der Gartenmauer eingefügt waren, hatten sie stehen lassen. Der Anblick des Orangenwaldes war aber so schön und für uns alle so neu, daß wir, trotz der mangelhaften Communication, in kurzer Zeit über dem Graben waren und unter dem frischen duftenden Laubdach der Blätter, Blüthen und goldgelben Früchte wandelten. Wenn wir auch schon unzählige Orangenbäume in kleinen Gruppen gesehen, so war uns doch der Anblick eines weit ausgedehnten Waldes dieser herrlichen Bäume so entzückend, daß wir jauchzend auf dem Grase dahin sprangen, uns unter den Stämmen auf den Rücken legten und mit einer wahren Wollust in die zusammenhängenden Zweige über uns schauten. Es ist aber auch fast kein schönerer und für uns Europäer zugleich fabelhafterer Anblick, als die Frucht der Orange, die in Körbe verpackt und meistens halb verfault zu uns kommt, zwischen den frischen Blättern und duftigen Blüthen zu Tausenden hängen zu sehen. Obendrein sind die Orangen an der syrischen Küste, besonders bei Jaffa und Acre, die größten und saftigsten, und es war daher kein Wunder, daß wir, von dem langen Ritt recht durstig geworden und hier auf einmal in diesen Ueberfluß versetzt, so viel von den über uns hängenden Früchten herunterwarfen, als wir nur eben gebrauchen konnten. Zuweilen kamen wir auch an einen Baum, der bittere Früchte trug, mit denen wir dann unter lautem Lachen Ballspiele trieben. So waren wir allmälig immer tiefer in den Wald gekommen und sahen das Haus nicht mehr, als wir in der besten Freude durch die Ankunft zweier Neger erschreckt wurden, die mit großen Stöcken daher sprangen und uns mit sehr zornigen Mienen ansahen. Die Erscheinung der Schwarzen in dieser Umgebung hatte gerade noch gefehlt, um den Schauplatz eines Märchens aus der Tausend und einen Nacht mit der gehörigen Staffage zu versehen. Sie schienen mir die beiden Riesen, welche die Prinzessin beschützten, die von dem bösen Zauberer in eine weiße Lilie verwandelt worden war. Es waren aber auch wirklich ein paar riesenhafte Kerle, welche uns, die wir so unbefugt in ihr Eigenthum gebrochen waren, mit ihren langen Stöcken vielleicht in einen zweifelhaften Kampf verwickelt hätten, wenn der Baron sie nicht durch Vorzeigung eines reichlichen Bakschis wieder besänftigte. So wurden wir aber die besten Freunde, und die Neger, die auf der andern Seite des Waldes in einem kleinen Häuschen wohnten, führten uns zu den besten Bäumen und füllten uns für den morgenden Ritt alle Taschen mit ihren Früchten.

Indessen schwebte die Sonne noch eben am Horizont und vergoldete mit ihren letzten Strahlen die Stämme der Bäume, deren ohnehin schon goldene Früchte nun wie Tausende von Feuerballen glänzten. Giovanni und die Mucker waren unterdessen auch nicht müßig gewesen, hatten den Pferden ihr Futter gegeben, das man aus dem Dorfe heranbrachte, und ersterer saß vor der Thür des Hauses bei dem großen Feuer und kochte unsern Pillau, der heute mit einigen Hühnern, die er ebenfalls erhandelt, noch schmackhafter gemacht wurde. Wir suchten jetzt die Treppe, die in das obere Stockwerk führte und fanden oben mehrere Gemächer, die alle so verlassen und halb zerstört, wie der Garten waren. Man konnte oben recht sehen, daß eine wilde Soldateska ihr Wesen hier getrieben. Von der türkischen Einrichtung der Zimmer hatten sie nur gelassen, was ihnen unmöglich war zu zerstören, einen hölzernen Divan, der längs an den Wänden hinlief. Die aus Holz zierlich geschnitzten Schränke waren alle zerschlagen und verbrannt worden, und die Fensterläden hätten sie auch gewiß nicht verschont, wenn sie den Zugwind, da die Oeffnungen ohne Glasscheiben waren, nicht gescheut hätten. Auch der Fußboden der Zimmer war meistens zerstört und hie und da Löcher eingebrannt, wo die leichtsinnigen Kriegsknechte wahrscheinlich die glühenden Kohlen ihrer Pfeifen hingeworfen hatten. Wir verzehrten unsere Abendmahlzeit, die Giovanni heute noch mit einem süßen Reiß vermehrt hatte, rauchten noch einige Pfeifen und suchten dann unsere Schlafstellen. An die Erhöhung der Divans wurden unsere Sättel gelegt, und bildeten so die Kopfkissen. Da wir alle Laden verschlossen, und es auch heute nicht so kühl wie gestern in der alten Burg war, so erschienen alsbald unsere nächtlichen Plagegeister wieder und quälten uns im wahren Sinne des Worts bis auf's Blut, so daß wir kein Auge zuthun konnten. Dazu erhob sich noch gegen Mitternacht ein schweres Gewitter, das unsere Pferde drunten so in Angst versetzte, daß wir alle hinabsteigen mußten, um sie zu beruhigen. Und als endlich Donner und Blitz aufhörten und wir uns wieder zum Schlafen legen wollten, wüthete der Wind dergestalt um das freistehende Haus, und klapperte mit den lockeren Fensterladen, daß es nicht möglich war, auch nur einen Augenblick Ruhe zu finden. Bei Anbruch des Tages erhoben wir uns Alle, und jeder klagte dem Andern seine Noth, wie sehr er in der Nacht von den Insekten zerstochen worden sei. Bis jetzt hatte uns noch der Gedanke, daß es nur harmlose Flöhe seien, die unser edles Blut verzehrten, so ziemlich getröstet; doch meine Versicherung, die ich gegen die Andern aussprach, daß ich in der Nacht zweierlei Arten von Stichen gespürt, brachte alle Gemüther in Aufruhr. Doch hatte keiner den Muth, an seinem Körper nach einem andern blutdürstigen Thiere auf Entdeckungsreisen auszugehen, denn da wir die Sache doch nicht hätten ändern können, wollten wir uns wenigstens die traurige Gewißheit nicht verschaffen.

Giovanni, der in diesen Tagen äußerst aufmerksam und liebenswürdig war, hatte den Kaffee in den Garten gebracht, und wir freuten uns Alle, ihn wieder einmal sitzend verzehren zu können, und besonders wegen der Nähe des Orangenwaldes, der nach dem Gewitterregen von dieser Nacht doppelt schön duftete. Darauf wurden die Maulthiere wieder beladen, den Leuten aus dem Dorfe ihre gelieferten Lebensmittel und Fourrage bezahlt und jeder sattelte sein Pferd. Als wir vor die Gartenthüre traten, um uns aufzusetzen, bemerkten wir einen starken Moschusgeruch, der neben uns aufstieg. Wir konnten nicht begreifen, wo er herkommen möge, und dachten schon, es wären Ueberbleibsel von Arzneien, die den Kranken, welche früher das Landhaus bewohnt, gereicht worden wären. Doch halfen uns die Leute aus dem Dorfe, die der Baron darum befragen ließ, bald aus diesem Irrthum; einer riß eine Handvoll kleiner Kräuter ab, die am Wege wuchsen, und brachte sie uns. Sie hatten fein gezackte wolligte Blätter, und von ihnen kam der starke Geruch.

Das Wetter war heute wieder ebenso schön wie gestern, und wir ritten rasch über die vom Regen erfrischten Felder gen Acre, das wir in Kurzem vor uns liegen sahen. In der Nähe der Stadt kamen wir durch ein türkisches Lager von Kavallerie und Infanterie, die unter hellgrünen Zelten ihre Wirthschaft trieben. Die Soldaten krochen aus ihren Baraken heraus und sahen uns neugierig an, während wir vorüber ritten. Hie und da bot uns einer etwas zum Verkauf an, ein schönes Bernsteinmundstück, einen Säbel oder ein paar Pistolen und dergleichen mehr. Doch ritten wir so rasch wie möglich vorbei, da wir diese lieben Leute bei Beirut genugsam hatten kennen gelernt, und da auch die Pest in all' diesen Lagern so gut wie in den Städten herrschen sollte.

Jetzt ritten wir um die äußere Mauer auf der Landseite herum nach dem Hafen und Meerbusen von Acre, wo wir unsere Pferde ließen, und zu Fuße in die Stadt traten, um die zerschossenen und gesprengten Werke und Häuser in der Nähe zu sehen.

Wir gingen durch einige Straßen der Stadt und sahen überall die starken Verheerungen, welche die Kugeln der Flotte angerichtet. Doch schien es mir, als haben die Häuser der Stadt mehr gelitten, als Wall und Mauer. Man konnte in den Straßen fast keinen Schritt thun, ohne bei Trümmerhaufen vorbeizukommen. Vieles

Volk, Soldaten wie Einwohner, campirten unter grünen Zelten oder Gerüsten von Balken, die sie aufgerichtet hatten. Wir verließen die Stadt bald wieder, setzten uns draußen auf unsere Pferde und ritten um den Meerbusen von Acre herum. Auch hier sah man, sowie an der Küste von Beirut, die deutlichen Spuren der Verheerung, welche der Sturm vom 1. auf den 2. Dezember vorigen Jahres angerichtet. Mehrere größere und kleinere Handelsschiffe lagen zerschmettert am Ufer, und ebenso eine englische Kriegsbrigg, die hier gestrandet war. Doch hatte man von letzterer so viel wie möglich gerettet. Ihre Matrosen und Soldaten hatten sich bei dem Fahrzeug kleine Barraken aufgeschlagen, und bewachten Kanonen, Masten, Takelage, die man vom zertrümmerten Wrak herunter genommen. Nach ungefähr drei Stunden, die wir immer dicht an der Küste des Meerbusens auf weichem Muschelsande reitend, durch Jagd auf allerhand Wasservögel verkürzt hatten, erreichten wir Haifa, ein kleines Dörfchen mit alten Mauern und Thoren, am Fuß des Carmel liegend. Vor dem Ort hatten wir die Freude, den Drusenfürsten wieder zu sehen, der vor einiger Zeit mit seinen Reitern in Beirut gewesen war. Er lag mit seiner Kavallerie um Acre und Haifa herum, und wollte gerade nach der Festung reiten. Wir wechselten einige freundliche Worte zusammen, und verließen ihn, wahrscheinlich auf Nimmerwiedersehen. In Haifa machten wir einen kleinen Halt und nahmen für unser heutiges Nachtlager, das Kloster auf dem Carmel, Fourrage für unsere Pferde mit, da es hieß, man würde uns dort oben keine geben können. Nach Verlauf einer kleinen Stunde ritten wir langsam den sehr steilen Weg des Carmel hinan, fast niedergedrückt von der Nachmittagssonne, die, an dem Berge abprallend, uns sowohl wie die Thiere äußerst ermattete. Die prächtig weite Aussicht, die immer ausgedehnter und schöner wurde, je höher wir stiegen, entschädigte uns einigermaßen. Vor uns lag Haifa, St. Jean d'Acre, von dem Meerbusen getrennt, und in der ungeheuren Fläche des

Meeres, die wir von hier oben sahen, fast nur wie ein kleiner Einschnitt erscheinend. Endlich erreichten wir das Kloster, und waren nicht wenig überrascht von den stattlichen Gebäuden, die wir hier so unverhofft vor uns sahen. Wir ritten vor die Thür des Klosters, das, in großem Maßstab aus schön gehauenen Steinen aufgeführt und mit hohen Fenstern versehen, eher einer fürstlichen Residenz als einem Mönchskloster ähnlich sieht. Es erschienen ein paar Brüder in ihrer braunen Ordenstracht, die uns auf's Freundlichste willkommen hießen und in das Innere des Hauses führten, wo unsere Ueberraschung bei jedem Schritte stieg. Wir arme Pilger waren schon ganz entwöhnt, ein schön gebautes und gut eingerichtetes Haus zu sehen, so daß wir Alles mit einer kindlichen Neugierde betrachteten. Schöne Steintreppen führten in den ersten Stock; oben kamen wir in einen Speisesaal, mit Tischen, Stühlen und ganzen Schränken voll Glas- und Porzellansachen versehen. An diesen Saal stieß eine Reihe freundlicher kleiner Zimmer für Gäste und Pilger, auf's Beste und Sauberste eingerichtet. Da waren eiserne Bettgestelle, mit den schönsten Matratzen, weißem frischem Leinenzeug und grünen Vorhängen; da waren Waschtische mit allen Bequemlichkeiten, Spiegel, Stühle, kurz bis zum Stiefelzieher herab Alles auf's Beste eingerichtet. Das Kloster auf dem Carmel kam uns nach den entsetzlichen Quartieren, die wir bisher gehabt, wie eine Wohnung der Seligen vor, und die guten Patres ergötzten sich nicht wenig an der Freude, mit der wir ihre Herrlichkeiten betrachteten. Wer sich noch nie in gleichem Falle mit uns befand, der wird das Wohlgefallen nicht mitfühlen, uns wieder einmal ordentlich waschen und frische Wäsche anziehen zu können. Ja, dieser Genuß war weit größer, als der der guten Mahlzeit, die wir, auf Stühlen an einem ordentlichen Tische sitzend, bald darauf einnahmen.

Nach Tische führte uns einer der Mönche zu dem Prior, einem Mann in den besten Jahren, mit kohlschwarzem langem Bart und einem sehr einnehmenden Wesen. Sein Zimmer war mit Büchern, mathematischen und astronomischen Instrumenten angefüllt, die auf eine gediegene wissenschaftliche Bildung des Mannes hindeuteten, welche sich auch in seinen Gesprächen kundgab. Er war ein Spanier und erst zwei Jahre auf dem Carmel. Später besahen wir das ganze Kloster und die schöne geräumige Kirche, in welcher sich unter dem Hochaltar die Grotte des Propheten Elias befindet.

Vom platten Dach des Klosters genossen wir in der schönsten Abendbeleuchtung eine wundervolle Aussicht auf die schneebedeckten Gipfel des Libanon und Antilibanon, nach Westen auf das Mittelmeer und nach Süden auf die Ebene der Meeresküste bei Atlit und auf das Gefilde von Cäsarea; gegen Osten verdeckten uns die vortretenden Höhen die Aussicht; dort lag Nazareth und der Tabor.

Auf unserer ganzen Tour in Syrien schliefen wir keine Nacht so ruhig und angenehm, wie hier auf dem Carmel, und als wir am andern Morgen zum Aufbruch geweckt wurden, war uns die Nacht wie eine Minute verflogen. Doch standen die Pferde schon zur Weiterreise gesattelt und wir verließen das Kloster bei Sonnenaufgang mit unserem besten Dank gegen die Gastfreundschaft und Herzlichkeit der guten Mönche. Anfänglich führte uns der Weg die romantischen Schluchten des Gebirges hinab und dann wieder an die Küste des Meeres, das wir auf unserem heutigen Marsch nur dann verließen, wenn das Ufer aus Klippen bestand, die wir umgehen mußten. Gleich am Morgen hatte unser Nimrod, der Maler F., eine Hyäne entdeckt, die sich aber bei unserem Anblick tiefer in's Gebirge zog, und obgleich wir ihr eine Stunde folgten, und gar zu sehr gewünscht hätten, ihre nähere Bekanntschaft zu machen, so sahen wir sie doch nicht wieder. Dagegen schossen wir ein paar Schakals und eine ziemlich große Schlange, die am Weg auf einem Steinblock lag und sich sonnte. Unser heutiger Weg führte uns durch große grasbewachsene Flächen, die gen Jaffa zu immer häufiger und üppiger werden. Auf ihnen sahen wir heute zum ersten Mal schöne niedliche Gazellen in großen Schaaren; doch habe ich nie ein Wild gesehen, welches so scheu und flüchtig ist, wie dieses. Wenn wir ganz ruhig unsere Straße zogen, hielten sie kaum auf zweitausend Schritte, doch wenn selbst in dieser weiten Entfernung einer von uns sein Pferd gegen sie wandte oder eine Pistole abschoß, so jagten sie in unglaublicher Schnelligkeit davon und wir sahen sie in kurzer Zeit nur noch fern am Horizont. Es ist sehr schwer, eines dieser Thiere zu erlegen, denn selbst eine Gemse ist viel leichter zu beschleichen, als eine Gazelle. Wie jene stellen sie Wachen aus, die den Jäger auf den weiten flachen Ebenen noch viel eher entdecken, als wenn das Terrain bergigt und bewachsen wäre. Es gibt hier eine Art Windhunde, die allenfalls im Stande sind, eine Gazelle, die keinen zu großen Vorsprung hat, einzuholen. Doch fangen selbst diese schnellen Hunde gewöhnlich nur ganz junge oder erkrankte Gazellen.

Gegen Mittag kamen wir bei den Ruinen von Castellum peregrinorum vorbei; doch sieht man von denselben nur noch undeutlich auf der Landseite die Umrisse der Gräben und Ueberreste von alten Mauern. Nachmittags gegen vier Uhr erreichten wir unser heutiges Nachtlager, ein kleines armseliges Dorf, Tantura, dicht am Meere gelegen. Da es hier keinen Chan gab, so quartierten wir uns in einer Art von Schoppen ein, der früher zur Aufbewahrung von Früchten benutzt wurde. Doch wurde uns die Armseligkeit dieses Lokals, besonders nach dem gestrigen herrlichen Quartiere auf dem Carmel, recht fühlbar. Es war aber auch eines der schlechtesten, die wir bisher gehabt. Die beiden schönen Pferde des Barons hatten wir mit in unser Gemach genommen und die andern waren nebenan in einem andern noch schmutzigeren Winkel untergebracht. Außer den schon früher bemerkten unangenehmen Thieren, die unsere Nachtruhe störten, waren es hier ganze Schaaren von Ratten und Mäusen, die uns belästigten. Unser guter Fürst, der eine schreckliche Abneigung gegen letztere Thiere hatte, hielt so komische Lamentationen, daß die Nacht, trotz allem Elend, fast unter lauter Lachen und Scherzen verging. Ich hatte mich in eine Art Nische zurückgezogen, doch kaum hatten wir das Licht ausgelöscht und es war etwas ruhig geworden, als mich die Mäuse und Ratten förmlich aus meinem Lager vertrieben. Was dieses zudringliche Volk über meinem Kopfe in der Mauer anfing, war mir unerklärlich; doch kaum hatte ich mich niedergelegt, so fing es dort an zu trappeln und zu kratzen und scharrte mir eine solche Menge Lehm und Erde auf den Kopf, daß ich mich flüchten und in die Mitte des Gemachs legen mußte. Doch war es hier auch nicht viel besser, denn es wimmelte in der ganzen Hütte von allerlei Ungeziefer. Zuweilen sprang uns eine langgeschwänzte Ratte über den Kopf, dann hörten wir deutlich, daß ganze Schaaren von Mäusen unser Brod und andere Effekten benagten, kurz, es war nicht zum Aushalten; auch die andern blutdürstigen Ungeheuer, die wir gehofft hatten, gestern auf dem Carmel zu entfernen, zeigten sich wieder in großer Anzahl und ließen uns kein Auge zuthun, weßhalb wir schon gegen drei Uhr wieder aufstanden und Anstalten zum Abmarsch trafen. Um vier Uhr schwangen wir uns auf die Pferde und ritten davon. Der Tag stieg langsam herauf und als es so hell war, daß man die Gegenstände um sich her erkennen konnte, bemerkte ich einen Teich, der einige hundert Schritte vom Weg ablag und worauf ich etwas schwimmen sah, das mir wilde Enten oder sonstige Wasservögel zu sein schienen. Ich nahm das Gewehr, stieg vom Pferde, welches ich einem unserer Mucker gab, und ging langsam auf das Wasser zu, um im glücklichen Fall auf heute Abend einen Braten zu schießen. Als ich jedoch näher kam, sah ich, daß es keine Wasservögel waren, sondern kleine Stücke Holz, die von Weitem ungefähr so aussahen. Der Teich war mit niedrigen Gesträuchen umgeben, und da ich ihn erreicht hatte, wollte ich auch vollends um ihn herumgehen. Der Seite gegenüber, wo ich hergekommen war, begann wieder eine der großen Grasflächen und hier entdeckte ich eine seltene und erwünschte Jagdbeute. Meine Schritte verursachten ein ziemliches Geräusche in dem hohen Grase und hierdurch aufgeschreckt, gingen wenige Schritte vor mir drei Gazellen auf und mit solcher Schnelligkeit von dannen, daß sie schon an fünfundzwanzig Gänge von mir entfernt waren, ehe ich Zeit hatte, das Gewehr anzulegen. Der eine Lauf versagte mir, doch mit dem andern schoß ich glücklich eines dieser Thiere. Es machte noch einige Sätze vorwärts und stürzte dann zusammen. Das Thier war von der Größe einer Rehkitze und nach seinen beiden kleinen Krücken zu urtheilen, noch sehr jung. Ich nahm es auf meine Schultern und suchte meinen Gefährten nachzukommen, die unterdessen schon weit voraus waren. Auch wandte sich der Weg nach einer ganz andern Richtung, als auf der wir vorhin ritten, und so glaubte ich schon mich verirrt zu haben, als die aufgehende Sonne mit ihren Strahlen vor mir etwas Glänzendes beschien und ich unsere Karawane erkannte. Doch hatte ich noch immer eine gute halbe Stunde zu thun, ehe ich, mit der Gazelle auf dem Rücken, und durch vier bis fünf Fuß hohes Gestrüpp watend, sie erreichen konnte. Die Freude beim Anblick meiner Jagdbeute war indessen nicht gering, und wir dachten schon im Voraus an den seltenen Genuß eines guten Bratens, den uns das Thier gewähren würde.

Unser heutiger Marsch war einer der angenehmsten, dagegen unser Nachtlager das schlechteste, das wir je gehabt. Ersterer führte fast den ganzen Tag durch eine duftige, grün bewachsene Fläche, wo wir häufig dem Spielen und der Flucht großer Gazellenheerden zuschauten. Gegen Abend wurde das Terrain etwas hügelig und wir hatten rechts und links hohe Gebüsche, aus denen bei einbrechender Dunkelheit die Schakals ihre zarten Stimmen ertönen ließen. Ein gräßlicheres Geschrei kann man nicht leicht hören; ein unangenehmes heiseres Bellen; besonders diesen Abend mußten sich in den Gebüschen ganze Heerden dieser Thiere aufhalten. Wir schossen

Zweites Kapitel.

einige Male unsere Pistolen ab, worauf sie eine Zeitlang schwiegen, doch auch gerade nur so lange wie die Frösche in einem Teich, wenn man einen Stein hinein wirft.

Unser Nachtquartier sollte heute ein kleines Dorf sein, mit Moschee und Chan, und die Mucker hatten es als eines der besten auf unserem ganzen Wege gerühmt. Doch unsere Erwartungen wurden sehr getäuscht. Jetzt lag das kleine Dorf vor uns und wir waren bald zwischen den ersten Häusern. Doch obgleich die Sonne kaum untergegangen, sahen wir keinen Menschen. Schliefen die Bewohner schon oder kamen sie vielleicht aus Furcht vor uns nicht aus ihren Löchern? Als wir bei der Moschee und dem, was sie hier einen Chan nennen, ankamen, fanden wir dort zwei Beduinen, die uns das Räthsel lösten. In dem Dorf hatte ein Trupp türkischer Soldaten so arg gewirthschaftet, daß die Einwohner bei Annäherung einer zweiten Abtheilung mit ihren sämmtlichen Habseligkeiten die Flucht ergriffen hatten. Ihr Korn, Gerste und sonstige Feldfrüchte hatten sie in großen Löchern verborgen, die nicht so leicht aufzufinden waren. Diese Nachrichten waren für uns nicht angenehm, denn wir hatten hier auf ein gutes Futter für die Pferde und auf Lebensmittel für uns gerechnet, da der Vorrath in unsern Säcken und Körben sehr zusammengeschmolzen war. Zuerst sahen wir uns nach einem Stalle um, wo wir die Thiere unterbringen konnten, doch war nichts der Art zu finden und wir mußten sie also im Freien übernachten lassen. Der Chan bestand aus zwei Gemächern, von denen das eine keinen Rauchfang hatte und das andere von den beiden Beduinen, zu denen sich bald noch ein dritter und vierter gesellte, eingenommen war. Wenn die meisten dieses Volkes nicht sehr reinlich und zierlich gekleidet sind, so waren diese ihrem Aussehen nach rechte Landstreicher. Um die Füße hatten sie grobe Lappen gewickelt, die Farbe ihres Unterkleides war gar nicht zu erkennen und der Burnus, aus allen möglichen Stoffen und Farben zusammengesetzt, ließ an mehreren Stellen die dunkel-

farbigen, sehnigten Glieder durchblicken. Am besten waren ihre
Waffen: die Lanze hatte die unentbehrliche Büschel von schwarzen
Straußfedern und die Säbel sahen auch recht gut aus; nur war
die Klinge, statt in einer Scheide zu stecken, mit alten Lappen
umwickelt.

Da es ziemlich kühl war, so mußten wir, um ein Feuer unterhalten zu können, uns mit jenen Kerls in dasselbe Gemach legen.
Doch wurde schon von vorne herein bestimmt, daß wir während
der Nacht abwechselnd wachen wollten. Kaum loderte unser Feuer
und wir sahen behaglich umher, die durchkälteten Glieder etwas zu
erwärmen, als durch die offen stehende Thüre eine Katze herein-
schlich, bald darauf eine zweite, eine dritte, eine vierte, fünfte und
sechste, und hinter diesen hörten wir an den uns so wohl bekannten Tönen, daß noch mehrere draußen seien. Und so war es auch.
Der ganze Hof wimmelte von einer Unzahl von Katzen, die, von
den Bewohnern des Dorfes zurückgelassen, jetzt die neuen Ankömm-
linge witterten und von allen Seiten herbeikamen, um etwas zur
Stillung ihres Hungers zu finden. Die Thiere waren nicht zu
verjagen und wenn wir ihnen auch nichts zu Leide thaten, so machten unsere Mucker und die Beduinen, als sie sahen, daß uns die
Thiere in dem Zimmer belästigten, eine große Jagd auf sie, die
mancher das Leben kostete. Die Moschee neben uns an war eine
Ruine zu nennen, denn das Mauerwerk war halb eingestürzt und
von dem Minaret standen kaum noch zwei Drittel. Es fehlte uns
heute Abend an Allem, sogar am Wasser, und wenn auch gleich
bei der Moschee ein Brunnen war, so hatten wir kein Geschirr und
auch nicht Stricke genug, um auf den Wasserspiegel zu langen.
Wir halfen uns so gut wir konnten, indem wir die Stricke, die
sich an unsern Säcken und Körben befanden, mit unsern Shawls
zusammen knüpften, und an diesen unser Kaffeegeschirr banden, wo
wir dann am Ende Wasser, aber nur in sehr kleinen Portionen
bekamen. Den Thieren konnten wir auf diese Art natürlich keines

herausschöpfen. Wir hatten nicht einmal ein Korn Futter für sie und entschloßen uns schon, nur einige Stunden hier zu bleiben, um am andern Morgen früh das nicht weit von hier entfernte Jaffa zu erreichen. Doch halfen uns die Beduinen, denn sie gingen ins Dorf und waren so glücklich, in kurzer Zeit eine jener Gruben aufzufinden, worin die Leute ihre Früchte vergraben, und brachten Gerste genug für die Pferde mit.

Nachdem wir aus unsern Körben die Reste von Brod, Fleisch und Käse zusammengeschaart hatten, legten wir uns hin und versuchten zu schlafen. Ob ich gleich offiziell die erste Wache allein hatte, so wachten doch Alle mit mir, denn unsere Plage, die kleinen blutdürstigen Flöhe und andere dergleichen Insekten überfielen uns heute grimmiger als je. Keiner konnte ein Auge schließen und bald hatte ich bei meinem Wachedienst Gesellschaft genug, denn einer um den andern kam aus der Ecke hervor und setzte sich zu mir ans Feuer, wo wir aus reiner Verzweiflung mit den Resten unseres Kaffees und Zuckers uns die Zeit vertrieben und eine Tasse um die andere tranken. Auch unsern Muckern draußen gefiel es hier sehr schlecht, und als es noch ganz finster war, fragten sie schon um Erlaubniß, aufpacken zu können, da der Weg nach Jaffa leicht zu finden wäre. Wir waren froh, dies elende Local verlassen zu können, sattelten deßhalb unsere Pferde und ritten in der Dunkelheit fort. Die vier Beduinen, die wir hier angetroffen hatten, schlossen sich an uns an. Die Spitze des Zugs hatte unser Hauptmucker und wir folgten ihm, einer hinter dem andern, um nicht in Gräben oder Wasserpfützen zu stürzen, die sich rechts oder links befinden könnten.

Das Terrain war wie gestern, grüne Wiesen mit Gebüschen durchsetzt, und zuweilen kamen wir in kleine Waldungen. Mit Anbruch des Tages erreichten wir einen Weideplatz mit einigen schlechten Hütten, in denen sich Hirten befanden, die uns die eben frisch gemolkene Milch ihrer Kühe und Ziegen anboten. Wir lagerten uns um sie im Grase und tranken mit viel Behagen die gute Milch, zu welcher wir die Reste unseres steinharten Brodes verzehrten. Mir hat übrigens in meinem ganzen Leben kein Kaffee, auf das Eleganteste servirt, so geschmeckt, wie dies ländliche Frühstück. Wir brachen jedoch bald wieder auf und kamen nach einigen Stunden in die Nähe von Jaffa, wo sich damals, sowie in Ramleh und Jerusalem, ein großer Theil der türkischen Armee befand. Lange vorher, ehe wir der Stadt ansichtig wurden, begegneten wir schon ganzen Schaaren dieser Kriegshelden, die wahrscheinlich in der Umgegend fourragirt hatten und mit Früchten und Vieh nach der Stadt zurückkehrten. Auf den nächsten Höhen vor Jaffa befanden sich rechts und links vom Wege zwei große Lager von grünen und grauen Zelten, unter denen reguläre Infanterie und Kavallerie hausten. Jetzt lag Jaffa vor uns und zugleich sahen wir das Meer wieder, das seine Mauern bespült. Die alte bekannte Stadt gewährt übrigens keinen großartigen Anblick. Sie liegt auf einem kleinen Hügel und sieht von der Nordostseite, von welcher wir herkamen, mit ihren alten Mauern und Häusern einer großen unregelmäßig zusammengebauten Burg ähnlich. Die Umgebung der Stadt von Nordost, eine sandige Fläche, und von Süden das blaue Meer, ist nur im Osten schön, wo dichte Wälder von Palmen, Platanen, Feigen- und Orangenbäumen die Mauern bekränzen. Wie vor einem Bienenhause wimmelte es vor der Stadt und an den Thoren von Soldaten, meistens irreguläre Kavallerie, die aus- und einzogen. Ebenso waren die Straßen vollgepfropft, daß wir uns kaum nach dem Kapuzinerkloster durchwinden konnten. Auf allen Plätzen waren Zelte aufgeschlagen, oder es lagen die Soldaten unter freiem Himmel auf der Straße und kochten an kleinen Feuern. Die Kavallerie hatte ganz Jaffa in einen großen Stall verwandelt, denn ihre Pferde standen rechts und links an den Häusern festgebunden und ließen nur eine schmale Gasse frei, die man mit Lebensgefahr passiren mußte; denn die Pferde waren unruhig, traten zurück und bissen und schlugen nicht selten um sich. Doch erreichten wir ohne Unfall das Kloster, wo wir unsere Reisegefährten vom Dampfboote Crescent, die östreichischen Offiziere, wieder zu finden hofften. Wir trafen sie auch oben beim Prior, mit Ausnahme des Grafen Szechenyi, der unterdessen nach Damaskus gezogen war, wo ihn der Tod ereilte. Da es ohnehin nicht in unserer Absicht lag, heute in Jaffa zu bleiben, worin wir durch die Ueberfüllung der Stadt, sowie durch die Versicherung des Priors, daß es ihm unmöglich sei, uns ein Obdach zu geben, noch bestärkt wurden, so fütterten wir rasch unsere Pferde ab, nahmen mit Dank die Mahlzeit an, die uns der Prior serviren ließ, und ritten gen Ramleh, das wir auch am Abend erreichten.

Bis jetzt hatten wir auf unsern Touren die lateinischen Klöster, wo es deren gab, besucht. Doch da sich Fürst Aslan von Beirut aus mit sehr guten Empfehlungsbriefen an die Klöster seiner Kirche versehen hatte, so ritten wir bei unserer Ankunft in Ramleh vor das dortige griechische Kloster, ein schönes stattliches Gebäude, wo wir die freundlichste Aufnahme fanden. Neben den Bequemlichkeiten, die uns ein reinliches Zimmer mit guten Kissen und Teppichen, darbot, erfreute und beschäftigte uns besonders heute Abend der Gedanke, morgen das Hauptziel unserer ganzen Tour, Jerusalem, zu erreichen.

Drittes Kapitel.
Die heiligen Orte.

Eine griechische Familie. — Jerusalem. — Die Stadt. — Das griechische Kloster. — Die Grabeskirche. — Die Via dolorosa. — Die Davidsburg auf Zion. — Das Thal Josaphat. — Morija. — Der Bach Kidron. — Die Gräber. — Der Oelberg. — Bethlehem. — St. Saba. — Das todte Meer. — Der Jordan. — Ueberfall von Raubbeduinen. — Felsenwege. — Nachtlager unter freiem Himmel. — Tänze der Beduinen. — Bethanien. — Erzählung des Fürsten Aslan.

Heute sollte ich Jerusalem schauen! Ich hatte viel ertragen in der Hoffnung dieses Anblicks: Gefahren des Meeres und Gefahren des Landes; seit drei Monaten war ein Teppich und der nackte Boden meine einzige Lagerstätte, und die Gegend, durch welche wir zogen, bot weder Sicherheit, noch Aussicht auf körperliche Ruhe. Durch Ibrahim Pascha's Vertreibung hatten sich die Verhältnisse für die Reisenden weit unangenehmer gestaltet. Die ägyptische Verwaltung war stark genug gewesen, Ordnung im Lande zu erhalten, und die Europäer, denen sie sich geneigt zeigte, zu schützen. Jetzt schwärmten, unter türkischer Herrschaft, wieder Araber umher und die Stämme des Libanon waren in Bewegung. Doch nichts konnte meinen Vorsatz schwächen! — Die Strahlen der Sonne, welche im Januar schon Frühlingswärme verbreitete, stärkten mich wunderbar, und mein Herz erweiterte sich, als ich über die fruchtbare, leider unangebaute Ebene des alten Arimathia hintrabte. Nach ein paar Stunden gelangten wir an den Fuß einer Kette kegelförmiger Hügel, zu „Judäas gebirgigem Lande." Wir ritten den ganzen Tag über die vielen einzelnen Höhen des schroffen Gebirges hinweg, und so oft wir wieder eine Spitze erstiegen hatten, hofften wir, Jerusalem sehen zu können; aber es schien vor uns zu fliehen, wie der Schatten eines Glückes, und immer trennte uns eine neue Schlucht von dem nun gegenüber liegenden Abhange, der uns abermals den Anblick der „Seelenstadt" versprach. Die Gegend liegt öde; man trifft auf dem ganzen Weg kein bewohntes Dorf, und kaum einige Oel- und Maulbeerbäume, unter deren Schatten man Ruhe und Kühlung schöpfen konnte. Sparsame Reben bekränzen die Anhöhen. Keine Züge von Pilgern, wie die meisten Reisenden erwähnen, kamen uns buntfarbig und malerisch in langer Reihe entgegen; wir begegneten, obgleich die Jahreszeit das Reisen bei Tage wohl gestattete, nur wenigen Menschen. Ich versenkte mich in Betrachtungen über die Vergänglichkeit alles Irdischen und die eitlen Mühen der Menschen, — Betrachtungen, welche durch die Spuren großer Verödung ringsum von ihrer Melancholie so wenig verloren, als durch die Erinnerung an die Klaglieder des Propheten Jeremias, dessen Geburtsort Amathoth, heute Kariet-el-Aaneb, an einem eben von uns überstiegenen Abhange liegt. Hier in der Nähe pflegte sonst der Scheik von Abu Gosch die Reisenden mit einigen Reitern anzuhalten und ihnen eine Art Tribut abzunehmen. Wir blieben zwar verschont mit dieser rauhen Probe mangelnder Civilisation und barbarischen Faustrechts; aber eine rührende Scene sollte uns doch überzeugen, wie verlassen hier, in der Nähe seiner Wurzel, die Kinder des Kreuzes sind. Unten an dem Bergesgipfel, worauf der Scheik von Abu Gosch seinen Räubersitz aufgeschlagen hat, liegen die Ruinen eines christlichen Klosters aus der Zeit der Kreuzzüge, dessen Bewohner, die „Väter des heiligen Landes," vor einem Jahrhundert von den Arabern niedergemetzelt wurden. Dort trafen wir eine griechische Familie, welche der Krieg im Innern des Landes vertrieben hatte. Die Trümmer ihrer eigenen Behausung hatte sie verlassen und lagerte nun an den Trümmern eines Tempels ihres Gottes. Sie verrichtete eben in gläubiger Andacht ihr Abendgebet, als wir daselbst anlangten und unwillkürlich den himmlischen Frieden dieser frommen Menschen störten. O wie rührend ist doch der Anblick des Unglücks, der Ergebung und der Schönheit! Noch weilt mein Auge mit Wohlgefallen und Bewunderung auf jener lieblichen Griechenjungfrau, welche inmitten der betenden Gruppe an eine Säule gelehnt stand, sie mit einem Arme umrankend, wie die Rebe den Palmbaum. Welcher Adel in ihrem schlanken Wuchse, welches Ebenmaß in diesen sanft gerundeten Gliedern, welcher Stolz in diesem erhabenen, vollen Nacken, über welchen eine Fülle dunkler Locken herabwallte! Die herrliche Erscheinung war gehüllt in die bunte malerische Tracht ihres Volkes. Die letzten Strahlen der Sonne fielen glänzend auf die rothe Mütze, den lasurblauen Gürtel und die rothe Robe, das charakteristische Costüm der griechischen Frauen. Das schöne blaue Augenpaar der reizenden Beterin verlor sich, gleich zwei unergründlichen Sternen, im blauen Himmel und hob sich empor zu dem Allmächtigen, in dessen Händen das Schicksal der ihrigen lag, und zu der holden Fürsprecherin der Jungfrauen, zu der ewigen Jungfrau. Ueberrascht, in Anschaung und Erinnerung versunken, faltete auch ich schweigend meine Hände, und durchdrungen von dem Wunsche, daß ihr Gebet erhört werde, betete auch ich mein Ave Maria! Lange nachdem wir die Umgebung der Ruinen verlassen hatten, weilte mein Geist noch bei der betenden Griechin, welche mich durch den Reiz ihrer Schönheit und die Poesie ihrer Erscheinung doppelt anzog.

Es war schon spät und der Tag neigte sich, als wir nach mühevoller Reise immer noch an den steilen Bergen emporkletterten, welche Jerusalem von allen Seiten umgeben. Mit jedem Schritte wurde meine Ungeduld größer, lebendiger meine Sehnsucht, den Ort zu sehen, der mich hauptsächlich in diese Oede gezogen hatte; so sehr brannte ich vor Verlangen, daß ich die letzte Viertelstunde beinahe in vollem Lauf meines Pferdes zurücklegte, denn ich wollte die weltberühmte, ewig merkwürdige Stadt noch von der untergehenden Sonne beleuchtet erblicken.

Plötzlich, nachdem ich den Gipfel eines steilen, kahlen Hügels erreicht hatte, stellte sich meinen gierigen Augen eine Mauerlinie mit hohen Zinnen dar, über welche einige Kuppeln und Minarets emporragten. Es war eine Stadt, obwohl größtentheils verborgen hinter den Abhängen des Berges: es war Jerusalem! Ich durfte nicht fragen: ich fühlte es.

Mit bebender Hand hielt ich mein Pferd an, und versenkte mich in Anschauung, in Gedanken, in Empfindungen, ich weiß es nicht; der Griffel kann das Unaussprechliche nicht schildern. Das Auge glühte, das Herz pochte, meine Pulse schlugen in fieberischer Aufregung, ich konnte nicht unterscheiden, ob Befriedigung am Ziele, ob Andacht und Erhebung, ob Neugierde und Verwunderung in diesem feierlichen Momente vorherrschten. Alles das zumal stürmte auf mich ein; ich war ein Anderer in diesem Augenblick der Weihe; ich war aus mir selbst herausgetreten und in andächtige Beschauung verloren. Es durchzuckte mich wie Gottes Nähe. Mancher Kampf nach innen und nach außen lag nun hinter mir; eine Epoche meines Daseins war geschlossen, und hier erschien mir die Vergangenheit in höherem, edlerem Lichte; ein heiligender Strahl war darüber hingefahren. Wie ich jetzt empfand und dachte, hatte ich nie empfunden, nie gedacht.

Die Sonne sank immer tiefer und schon warfen die Schatten des Abends sich über die Hügel der Stadt. Da legte sich mir unwillkürlich auf die Linke, in welcher ich nachläßig den Zügel hielt, um sich zu einem stillen Gebet zu falten, dieselbe rechte Hand, welche ein paar Tage darauf, als ein Araber Wasser aus dem Jordan zu schöpfen mir verwehren wollte, sich ausstreckte zu raschem Blutvergießen. Auch schäme ich mich nicht, es zu gestehen, — als ich den letzten trunkenen Blick warf auf die Stadt, um mich nun loszureißen von dem Schauspiel und einzuziehen in die Thore, sank mir eine stille Thräne in das Auge, und ich dachte an die Lieben, die ich im Vaterland zurückgelassen, und mich abwendend gab ich dem Pferde zu raschem Lauf die Sporen, damit nicht von fremden Gedanken mir überfüllt werde die des Heiligen volle Seele, und damit ich dem Schmerze der mich überraschenden Erinnerung entelle.

Der gewöhnliche Einkehrort der Fremdlinge, die aus den Abendländern kommen, ist das Franziskanerkloster. Da wir jedoch gewichtige Empfehlungen an den Patriarchen des griechischen Klosters vorzuweisen hatten, wählten wir das letztere zur Wohnung während unseres Aufenthaltes in Jerusalem. Wir hatten uns der sorgfältigsten und freundlichsten Aufnahme zu erfreuen. Der Metropolitan Archiepiskopus Petrus Meletius, der Procurator von Jerusalem, wies uns die besten Zimmer des Klosters an, und suchte mit der edelsten Gastfreundschaft in allen Dingen uns gefällig zu sein. Er ist ein würdiger Alter von dem stattlichsten Aussehen; der große Bart, der ihm vom Kinne niederwallt, flößt unwillkürlich Ehrfurcht vor ihm ein, und das, trotz des vorgerückten Alters, immer noch schön zu nennende Antlitz gewinnt den Fremden durch die zuvorkommende Freundlichkeit. Es war gerade Fastenzeit, weßwegen der Archiepiskopus des Fleisches sich enthielt. Doch war dies kein Grund für ihn, auch uns, die wir täglich an seinem Tische saßen, dieselbe Enthaltsamkeit aufzulegen; vielmehr wurden uns täglich verschiedene Fleischspeisen vorgesetzt.

Es war ein feierliches Erwachen am ersten Morgen, der mich in Jerusalem begrüßte. Kaum graute der Tag, so zitterte meine Seele schon vor Erwartung dessen, was ich sehen sollte. Nur ein paar Schritte noch, und das Ziel der Reise war erreicht; das heilige Grab hatte zum Anblick mich empfangen. Langsam ging uns die erste Stunde des Morgens vorüber; wir drangen in unsern Führer, nicht zu säumen, und uns einzulassen in das Heiligthum. Aber wie bitter traf mich die Antwort, die mir auf mein Drängen zu Theil wurde, daß die Grabeskirche nur zu gewissen Stunden sichtbar und daß die Erlaubniß zum Eintritt erst von den Türken einzuholen sei. Da erwachte in meiner Seele der Grimm und ich verstand in diesem Einen Augenblicke das Geheimniß, worüber die Geschichtsschreiber aller Zeiten sich verwunderten, das Geheimniß des heiligen Triebes, der Millionen hieher in's ferne Land geführt, um auf dem fremden Boden ihr Herzblut zu verspritzen.

Endlich traten wir in die Grabeskirche; mir bangte fast, festen Fußes aufzutreten, und ich wußte, warum der Prophet, als sein großer Beruf ihn in die Nähe Gottes riß, die Füße entblößte, ehe er sich dem Heiligsten näherte. Ich schweige von den Formen der Kirche, welche schon von so vielen Reisenden beschrieben wurden; auch waren meine Augen wie getrübt und meine Seele so voll in diesen Stunden, daß mir das steinerne Schnitzwerk und alle kolossale Pracht des heiligen Hauses nur etwa so zum Bewußtsein kam, wie die Zinne einer Burg, welche der Wanderer erschaut, wenn sie an den fernen Bergen aus dem Nebel steigt.

Ohne daß ich wußte, wie mir geschah, war ich aus dem Grabesmysterium herausgetreten und hatte die Terrasse der Kirche erstiegen, von welcher man ganz Jerusalem übersieht. Betäubend wie Opferdampf stiegen mir da Gedanken aus der Seele auf, und dem Griechen gleich, der in Delphi in stummem Sinnen auf die verhängnißvolle Antwort des befragten Gottes harrt, lehnte ich mich an die Kuppel des Doms zurück. Da lag sie vor mir die Stadt der Jahrtausende, und erschien mir, wie die Wittwe in ihrer Trauer; denn die Jahrhunderte, welche auf ihr liegen, die vor Alter sinkenden Oelbäume, die Grabmale mit den weißen Steinen, die durchlöcherten Felsen, das zerstreute Gemäuer, und alle Schwere der Erinnerungen mahnen genugsam an die Last von Begebnissen und Verlusten, die sie schon in Zeiten, wohin das Denken der Geschichte kaum reicht, getragen. Der Fremdling vermeint darum, es sollte still sein in ihrer Mitte, wie in einem Trauerhause, und die Menschen auf ihren Gassen mit verhüllten Häuptern gehen. Aber auch dieses Trauerhaus von Jahrhunderten ist vom Getümmel der Erde nicht verschont, und wo man nur stille Klage erwartet und frommes Sehnen, drängen sich Käufer und Verkäufer, zudringliche Führer und gieriges Gesindel.

— „Sehen Sie," sagte mein Führer zu mir, „dieser Weg, der zur Grabeskirche führt, ist die Via dolorosa." Und auch auf dem Schmerzenswege dasselbe Getriebe! Hier ist kein Stein und keine Platte, die nicht Zeugen einer großen Begebenheit wären. Dieser Raum hat den Heiligsten gesehen in aller seiner Schmach, ihn, den Verurtheilten und Leidenden, den Dorngekrönten und unter der Last des Kreuzes zum Tode Geführten! Welch heilige Erinnerungen sind in diese Steine eingebaut, wie viel tausend Herzen seit Constantius und Helena's Zeiten haben über diesen Anblick geblutet, sind von diesem Anblick getröstet wieder von dannen gezogen! „Was willst du klagen, kleine Seele?" so sprach ich zu mir, „was ist doch all dein Leid, das du groß nennst über Vermögen, gegen den Jammer, der auf dieser Bahn der Leiden und Erniedrigungen von dem Edelsten Aller freiwillig ist getragen worden! So sind wir armseliges Geschlecht! dachte ich und athmete freier bei dem Gedanken: Jeder mit seinem kleinen Leide wähne in seiner Blindheit, er leide das Höchste, und zuletzt ist es mit all den großen Schmerzen Täuschung nur gewesen. Doch sei es, wie es will: die Via dolorosa endigt am gewissen Ziel."

Da wollte der Gedanke mich eben in die Heimath führen, als mein Begleiter mich aus den Träumereien mit den Worten weckte: „Dort im Süden liegt Bethlehem." — Bethlehem, die anmuthigste unter den Städten! Sie liegt so gottgeliebt und friedlich auf dem Berge, und die hohe Sonne schaut so ruhig auf sie, daß ich mich nicht erinnere, irgendwo einen Ort gesehen zu haben, der mit solcher Anmuth solche Majestät verbände. Zur Linken zwischen den Hügeln dehnt sich das Thal der Hirten; eng und stille liegt es zwischen den Bergen, und nur wenige Bäume bekränzen seinen Saum. Dort haben in der heiligen Nacht die Heerschaaren des Himmels zuerst den Aermsten unter dem Volke das neue Heil verkündet. Viele Klöster erheben sich über die Häuser von Bethlehem, und die Kuppel, welche am höchsten emporragt, gehört der **durch die Kaiserin Helena erbauten Kirche** an, welche **über der heiligen Grotte** steht, da Christus geboren ist. Vom unscheinbarsten Anfang liebt das Größte aufzuwachsen, und auf den kleinsten Schauplatz mag das umfassendste Leben sich zusammendrängen. Aber nicht allein durch die Geburt Christi ist das kleine Bethlehem zur größten unter den Städten geworden; auch durch die Geschichte der späteren Zeit ist es geadelt. Denn auf dem bei Bethlehem liegenden **Frankenberg** haben die Helden unter den Christen gegen die Uebermacht der Sarazenen sich auf's Aeußerste gehalten, und in der Tapferkeit ihres felsenfesten Glaubens den letzten Blutstropfen verspritzt.

Der Himmel war ohne Wolke und das schönste Wetter begünstigte die Fernsicht. Erscheint mir Jerusalem wie eine Wittwe in ihrer Trauer, so liegt Bethlehem auf seinen Bergen, still und schicksallos, wie ein jungfräuliches Kind und in ruhigem Stolze wie eine Prophetentochter.

— „Welches Namens ist dort die Burg," fragte ich den Begleiter, „welche nur einige hundert Schritte von hier auf dem Gipfel jenes Hügels steht? Jene Gruppe von Gebäuden gemahnt mich heimathlich an die Bauart in dem Welttheil, in welchem mein Vaterland sich findet."

— „Das ist die **Davidsburg auf Zion**," sagte eintönig der Führer, nur bestätigend, was ich zuvor schon selbst gedacht. Also hier hat der Mann gehaust, der größte seiner Zeit, der ein Prophet war, ein Dichter und ein König! Der Himmel ist zu karg geworden in unserer Zeit: solch große Spenden theilt er nimmer aus, daß er demselben Manne, dem er die Worte der göttlichen

Offenbarung in das Herz gibt und von den Lippen rauschen läßt, eine Leier in die Hand drückte, deren Saiten weit hin, ja durch Jahrtausende schallen, und ihm zugleich ein Diadem um das Haupt windet! Von Zion aus konnte der **König** Jerusalem beschauen, seine Stadt; der Dichter ungestört des Flusses strömende Welle, und das stille grünende Thal, die Terebinten und Olivenbäume betrachten, wie sie die Häupter der Hügel schmücken; der **Prophet** aber von der Höhe der Burg den Willen des Himmels erlauschen, und in ihren stillen Räumen die Geheimnisse der göttlichen Weisheit nachforschen.

— „Dort außerhalb der Stadt," sagte mein Begleiter weiter, „sehen Sie das Haus, wo **Christus das Abendmahl stiftete.**" Gegen Südost dehnt die Aussicht sich weiter. Vor dem Auge des Betrachters liegt das **Thal Josaphat, die Moschee auf Morija** und weiterhin der Kessel des todten Meeres.

Es gibt wohl keinen andern Anblick, der die Seele mit so trüben Gedanken zu füllen vermag, wie das Thal Josaphat. Ein enges Thal zwischen zwei Hügeln, deren einer den Oelberg, der andere die Stadt Jerusalem auf seiner Höhe trägt, von dem fast wasserlosen **Kidron** durchschlichen; und was es an Zierde hat, sind die Grabmäler, die in seinem Schooße liegen. Niemals scheint die Sonne in diese düstre Tiefe; Morgens verbirgt sie sich dem Thale hinter dem Oelberg, und Nachmittags hinter Morija. Es ist das Thal der Schatten und der Gräber, und wer über die Brücke geht, die dort den Kidron überbaut, wird unwillkürlich von allen Schauern des Orkus beschlichen. Was der italienische Dichter an die Pforte seines Hades schrieb: „**Hier laß die Hoffnung hinter dir zurück!**" wendet er unwillkürlich auf das „Todesthal" an.

Rechts von der Kidronbrücke befinden sich die Gräber **Absalon's, Josaphat's** und **Sacharja's**. Betende liegen in der Nähe dieser Gräber auf den Boden hingestreckt, und eine Masse aufgeschichteter Steine, namentlich vor Absalon's Grab, vermehrt noch das Traurige dieser Stätte. Der Zorn der Türken hat diese Steine vor das Grabmal Absalon's geworfen. Indem sie die Steine hinwerfen vor seine Gruft, sprechen sie einen Fluch aus wider den gottlosen Sohn und wider Jeden, der seinen Eltern nicht gehorcht. Ein hoher, sittlicher Ernst liegt in diesem Gebrauche, und der Orientale, der mit dem durch das Thal hallenden Fluch einen Stein vor dieses Mausoleum wirft, gemahnt auf's Lebhafteste an den Ernst des Gottes, der mit dem Arme seiner Stärke die böse That des Menschen rächt. In der Nähe von dem Grabmal Sacharja's befindet sich eine Grotte, in welche sich Jakobus mit einigen andern Jüngern während der Gefangennehmung Jesu geflüchtet und verborgen haben soll. Jeder Fels, jede Grotte, jede Höhle, jeder Stein birgt eine bedeutsame Erinnerung, und die größte und weiteste Kirche, welche zur brünstigen Andacht ruft, ist sicherlich Jerusalem selbst und seine Umgebung. Wer hier die Nähe Gottes nicht fühlt und die Hand des Allerhöchsten, welche das Salz ihres Zornes auf diese Gegend gestreut, dem muß das gottverwandte Menschenherz aus dem harten Busen gerissen sein. Wer das Thal Josaphat nur mit einem Blicke gesehen, der hat auch gefühlt, woher die trübe Wolke kommt, welche über dem Judaismus lagert; der muß die Klagelieder Jeremiä und die Trauerlieder der Psalmisten und die Verzweiflungsworte Hiobs verstehen, der weiß die Tiefe des Sündenbewußtseins eines Paulus zu erklären, und erkennt die Seufzer und das lange Geschrei nach Erlösung, welches aus diesen Städten einst erschollen ist. Keinen Tag vermöchte ich zu weilen in diesem Thale; hier werden die Gefühle, die bangen Ahnungen centnerschwer, hier lastet die Luft wie eine eiserne Kette, und die Seele schrickt in sich zusammen, wie ein im Walde vom Schusse des Jägers verwundetes Reh.

Drum hinweg von diesen Gräbern, hinweg von dieser Schlucht! Wer in dieser Atmosphäre des Unheils, in dieser Melancholie des Orients an das sanftere Abendland, an die Heiterkeit griechischer

Lüfte sich erinnern will, der rette sich hinüber zum Teiche Bethesda, hinauf zur Quelle Siloah. Der Teich Bethesda erinnert doch an die heilende Kraft der Natur und läßt im Anblick seiner von Mauern überbauten Tiefe die von Schrecknissen erfüllte Seele sich in etwas wieder beruhigen. Am Ende des Thales Josaphat liegt die Quelle Siloah. Könige und Propheten haben auf das Rieseln dieses Quells gehorcht: wenn sie Trost suchen wollten in der Bekümmerniß, setzten sich die Edlen in seine Kühle. Nirgends in der ganzen Umgegend Jerusalems kann der Wanderer mit einem Trunke Wassers sich erfrischen, nirgends findet er Schatten, um auszuruhen von der Mühseligkeit der Reise; nur hier am Quell Siloah ist ihm vergönnt, die lechzende Zunge zu erfrischen, den vertrockneten Gaumen zu netzen und das ermattete Haupt im Schatten niederzulegen. Wenn die Frauen aus dem Dorfe Siloah kommen, um sich Wasser zu schöpfen, und sie hinabsteigen die Stufen, welche in den Fels gehauen sind, und in stillem Sinnen die Krüge füllen von dem Quell: dann meint der Reisende in die Zeit des grauesten Alterthums sich zurück versetzt; und lebendig vor seinen Augen steigen jene schönen Bilder auf, welche die Dichter uns malen von den Töchtern der Patriarchen und dem Werben der Hirten, welche Stamm- und Erzväter wurden.

Auf Morija, dem Tempelberge, auf derselben Stätte, wo einst der alte jüdische Tempel gestanden, steht mit hoch empor gewölbter glänzender Kuppel die Moschee Omar, nächst der Moschee in Mekka der Muhamedaner größtes Heiligthum. Denn in ihr soll die Stelle sein, wo Muhamed gen Himmel fuhr. Bei Todesstrafe ist der Zutritt in diesem Heiligthum jedem andern Menschenkinde, als dem Bekenner des Islams, versagt. So heilig halten die Muhamedaner ihre Monumente; zu dem Allerheiligsten der Christen aber führen die Verehrer des Propheten den Schlüssel.

Durch den Kessel des todten Meers ist die Aussicht gegen Südost hin begrenzt. Ich schweige von all dem Schauerlichen, das man von dem todten Meere sich erzählt; es ist wie besonders geschaffen für diese Gegend des düstersten Schweigens und der Trauer. Die biblische Erzählung aber von der dereinstigen Lieblichkeit dieses Thalparadieses, von der Verdorbenheit seiner Bewohner und dem Untergange Sodom's und Gomorrha's ist voll sittlichen Ernstes und beweist abermals, wie nothwendig es war, daß gerade aus diesen Gegenden, welche die Spuren der Sünde und ihrer Strafe so sichtbar an sich tragen, die Religion hervorgehen mußte, welche das Bewußtsein und die Angst der Sündenschuld in ihrer Versöhnungslehre aufgehen läßt. Von der Terrasse auf der Grabeskirche erscheint bisweilen das todte Meer wie ein spiegelglatter See, und gerne läßt man in der dürren Gegend das Auge über dasselbe hinschweifen.

— "Dort im Osten," sagte der Führer zu mir, "sehen Sie Bethanien und den Oelberg." Nächst Bethlehem ist Bethanien gewiß das lieblichste Dörflein, das weit und breit der Reisende findet. Und welch theure Erinnerungen knüpfen sich an diese Stätte! Hier hat Lazarus gewohnt und Maria und Martha; in ihrem Kreise hat Jesus ausgeruht von der heiligen Arbeit, um neue Kräfte sich zu sammeln zur Ausführung des schweren Berufs, den er über sich genommen; hier hat der aus Jerusalem Verstoßene ein Obdach, der Heimathlose eine Heimath, der von seinem Volke einem Missethäter gleich Verachtete Liebe und Ehre gefunden. Bethanien möcht' ich den Ort der stillen Liebe nennen; es ist so einsam, so traulich an den Berg gebaut, rings von schattigen Bäumen, von grünenden Feldern umgeben, daß man, wenn man's auch nur anschaut aus der Ferne, Wohnung darin machen möchte, umgeben von geliebten Herzen. Noch heute wallen alle Pilger besonders gerne dorthin, und viele Christen verweilen daselbst, um sich der Erinnerung an die Stunden zu erfreuen, da Jesus in Lazarus Haus ausstrahlte allen Glanz seiner Liebe, und wo der Geliebte Liebe um Liebe genoß. Wäre der Orient zur neuen Heimath mir beschieden, so möcht' ich mit jenen Christen in Bethanien wohnen, und oft vorübergehen an Lazarus Haus und der Martha gedenken und ihrer Schwester Maria. Lange ruhte mein Blick auf Bethanien, der Heimath der Seelen, welche der Herr lieb hatte; und die Seele war mir bewegt von unbeschreiblicher Wallung.

Mit Bethanien übersieht das Auge den Oelberg. Der Oelberg — jede Spanne des Berges eine Geschichte! Nahe am Oelberg liegt Gethsemane; unten an seinem Fuße der Olivengarten und oben auf dem Gipfel die Himmelfahrtskirche. Steht der Sinai in der Wüste, wie ein Berg des Zorns, so ist der Oelberg mit seinen Bäumen wie ein Berg des Friedens anzuschauen. Ich konnte mein Auge fast nicht wenden von den heiligen Hügeln; nur unvermerkt schweifte es mir hin und wieder nach Bethanien hinüber. Auch in dem Oelgarten haben die Türken einen Beweis ihrer Tiefe gegeben. Wie durch ihre Hand vor Absalon's Grab die unter Fluchworten hingeworfenen Steine liegen, so haben sie auch die Stätte im Oelgarten, wo Judas seinen Meister und Herrn verrieth, zum Zeichen ihres Abscheu's, mit Felsblöcken umgeben, damit zur ewigen Schande das Gedächtniß des Verräthers nicht erlösche.

Immer noch stand ich auf der Terrasse der Grabeskirche, an die Kuppel des Doms gelehnt, wo rings umher die Zellen der gläubigen Beter sind, und mein Auge war in dem großen Schauen fast wie eingewurzelt. Kein Wort ging mir über die Lippe; ich mußte schweigen, weil die Bedeutung dieses Augenblickes mich verstummen machte. Jahrtausende sind über dich hingegangen, du bedeutungsvollste unter den Städten, und heute noch, die Religionen säugtest du als treue Mutter an deinem Busen, und jeder Stein deiner Mauern ist ein Zeuge von Heldenthaten. Zwar gebrochen ist deine äußere Macht, und du sitzest nicht mehr in dem Rath der Völker; aber groß und gewaltig bist du noch heute durch die Erinnerungen, die du in deinem Schooße beherbergst, und der kleinste Raum deines Bodens mit seinen Begebnissen wiegt die Geschichte manches Landes auf; und heilig wirst du den Völkern bleiben, auch wenn eine zweite noch fürchterlichere Zerstörung dich treffen und abermals kein Stein auf dem andern bleiben sollte, wie in jenen Schauertagen, wo der nächtliche Engel dreimal deine Mauer umkreiste und sein Wehe über dich ausrief, wo die Thränen Jesu über dich zu Blut- und Feuerströmen wurden, die der siegende Römer mit den Ruinen deines Tempels und den Leichnamen deiner Kinder dämpfte! Daß alle Völker nach dir sich sehnen und deinen Heiligthümern, ist reicher Trost für dich und Ersatz für die Trauer deiner Wittwentage, da die eigenen Söhne dir vom Herzen gerissen und hinausgejagt sind in die heimathlose Irre, wo sie nur noch in den Träumen ihrer Sehnsucht deiner sich erinnern. Die Pilgrime wandern nach deinen Stätten, um aus deiner heiligen Einsamkeit Ruhe und Trost sich zu erholen. Ich weiß nicht wie gemuthet und wie gestimmt die Andern wieder hinweg ziehen in die Heimath von deinen Felsen, deinen Höhlen, deinen Grotten, deinen Burgen und deinen Gräbern: ob vom innern Schmerz, den sie zu heilen suchten, das Herz ihnen wirklich auch getröstet ist, oder ob nur der fromme Wahn sie in deine Mauern geführt hat. Mir, das fühl' ich, wird die Seele bleiben wechsellos, — nur ergebener, nur geweihter, weil erfüllt von der Heiligkeit deiner Erinnerungen! Und was ich an der heiligsten Stätte gelobt und inbrünstig gebetet, hoffe ich als Wahrheit hier und dort zu schauen.

Und noch einmal sah ich über den Oelberg nach dem lieben Bethanien hinüber. Noch einmal trank ich mit vollstem Zuge das heilige Schauspiel und wandte mich dann mit dem Wunsche des heimathlichen Dichters ab:

„Bleibt mir nah mit eurem heil'gen Walten,
 Hohe Bilder, himmlische Gestalten."

Acht Tage verweilten wir in dem griechischen Kloster, dem

schönsten und reichsten der Stadt, welchem auch die vor nicht langer Zeit neu aufgebaute Grabeskirche zum größern Theile angehört. Mein Zweck war, zu betrachten und die Eindrücke in mich aufzunehmen. Nicht gelehrte Forschungen beschäftigten mich und Vermuthungen, ob Dieses da oder dort, Jenes so oder anders gewesen; auch die Masse todter und künstlicher Reliquien ließen mich kalt und gleichgültig. Mir genügte es, zu wissen und zu empfinden, daß in diesen Räumen der Stifter meiner Religion gewandelt, daß hier mein Heiland gelebt und gelitten hatte. Von dem Boden, den sein Fuß betreten, pflückte ich Blumen und brachte sie, geweiht im Gebet, auf den Altar seines Grabes zurück; heilige Erde nahm ich vom Oelberge und grüne Zweige von seinen Oelbäumen und Wasser aus dem Jordan, und wem ich dieser Gaben Eine spende, an dem möge sich die Kraft dieser Reliquien im reichsten Segen bewähren. ———————

—— Nachdem wir die Ueberbleibsel der ehemaligen Pracht und Herrlichkeit Jerusalems so viel wie möglich genossen, wurden eines Abends Anstalten getroffen, um am folgenden Morgen nach Bethlehem, dem Geburtsort des Heilandes, zu ziehen. Wir nahmen die Pferde, die wir mitgebracht, und da seit dem Abzug Ibrahim Pascha's die Gegend hinter Bethlehem nach dem todten Meere sehr unsicher geworden ist, ließen wir einen der Beduinenschechs kommen, die sich ein Geschäft daraus machen, die Pilger nach jenen Orten zu geleiten. Er hieß Suleyman und wurde uns von den Vätern des Klosters als ein zuverläßiger Mann empfohlen. Auch war die Summe, die er für seine Schaar forderte, wenn gleich groß, doch nicht übermäßig. Er versprach zehn Reiter und sechs Beduinen zu Fuß zu unserer Begleitung mitzunehmen.

Am folgenden Morgen brachen wir mit dem schönsten Wetter auf, ritten durch das Thor von Jaffa, an welchem uns Suleyman gleich auf eine Merkwürdigkeit aufmerksam machte, die uns bisher

entgangen. An den Quadern des Thurmes waren nämlich drei runde
Platten ausgehauen, wovon jede einen Fuß im Durchmesser hatte,
und von denen uns der Beduine erzählte, es sei die Form von
Broden, die zum Andenken an die ungemeine Wohlfeilheit vor vielen
Jahren, wo ein Brod von dieser Größe nur einen Para gekostet
(sieben Para sind ein Kreuzer) hier abgebildet worden seien. Längs
dem Hügel, auf welchem vormals die Burg Zion stand, stiegen wir
hinab, ritten an dem untern Teich Gihon vorbei eine Strecke durch
das Thal Ghinnon und stiegen neben dem Berg des bösen Rathes
die Höhe hinan, über welche der Weg nach Bethlehem geht. Wie
jeder Fuß breit Landes um Jerusalem eine schöne Sage oder Erinnerung an große Thaten trägt, so besonders die Berge und Thäler
zwischen Bethlehem und Jerusalem, die, nur zwei Stunden von
einander entfernt, doch auf diesem Raume eine ganze Weltgeschichte
entstehen sahen.

Ungefähr in der Mitte des Weges zwischen beiden Städten
sahen wir das Kloster Elias, auf der Stelle, wo der Prophet, der
Geschichte nach, gen Himmel fuhr. Eine kurze Strecke davon lag
ein kleines Gebäude vom Wege ab, welches die Türken Rahels
Grab nennen. Hier sind die Felder, wo Ruth, die Moabittin,
Aehren auflas. Dort etwas entfernt erblickt man über die Hochebene, auf welcher Sanheribs Heer von der Macht des Engels
geschlagen wurde. Vor uns in dem Thale, das uns noch von
Bethlehem trennt, erschlug David den Goliath. Jetzt lag Bethlehem vor uns auf der Höhe und seine äußere Ansicht ließ nicht
mehr erkennen, warum diese Stadt einst ein Ort der Fülle geheißen.
Das ganze jetzige Bethlehem besteht aus kleinen armseligen Hütten,
aus denen sich nur drei Klöster, das griechische, lateinische und
armenische, die in schönen imposanten Formen über der heiligen
Grotte gebaut sind, erheben. Wir besuchten das erstere und wurden
mit unserer Begleitung von den Mönchen recht freundlich aufgenommen und in ihre Kirche geführt. Diese ist auf der heiligen

Felsengrotte, in der sich die Krippe befindet, erbaut, und man steigt zu dieser an beiden Seiten des Altars auf fünfzehn Stufen hinab. Unten gelangt man in eine größere Höhle, die gegen fünfzehn Schritte lang und etwa fünf breit ist. Ihre Höhe beträgt an zwölf Fuß. Rechts an der Treppe, wo wir hinabstiegen, ist eine Vertiefung in dem Felsen mit Marmor bekleidet, auf dem ein silberner Stern eingelegt ist, bei welchem man die Inschrift liest: Hic de virgine Maria Jesus Christus natus est. Links steht diese Hauptgrotte mit zwei kleineren in Verbindung, in deren einer sich die Krippe aus Stein gehauen befindet, in welche Maria das neugeborene Kind legte; die andere ist die Grotte der Anbetung der Könige. Von der Decke der Hauptgrotte hängen zweiunddreißig Lampen, ähnlich denen in der Hauptkirche in Jerusalem, welche immer brennend die Gewölbe mit einem sanften Schimmer erfüllen. Die Wände dieser Grotten mit Ausnahme derer, in welcher sich die Krippe befindet, sind mit geglättetem Marmor und Porphyr bekleidet. Nur in dieser sieht man das natürliche Gestein. Um diese drei Höhlen herum liegen mehrere andere, welche von heiligen Männern und Frauen bewohnt wurden. In einer derselben übersetzte der Kirchenvater Hieronymus das alte Testament; eine andere wählte sich der heilige Eusebius von Cremona zu seinem Grabe, und die heilige Paula und ihre Tochter Eustochium sind in einer dritten beigesetzt. Aus der heiligen Grotte gingen wir über einige Stufen in eine andere Höhlenkammer und Kapelle, wo der Sage nach die unter Herodes gemordeten Kinder begraben sein sollen.

In diesen unterirdischen Gängen begegneten wir einem Mönche aus dem lateinischen Kloster, der vor Freuden fast außer sich kam, als er uns deutsch sprechen hörte, — es war ein Landsmann, — und wir mußten ihm in sein Kloster folgen. Das Schönste in diesen drei Klöstern ist das Kirchenschiff, welches die Griechen und Armenier inne haben. Die Form desselben ist die des alten griechischen Kreuzes; achtundvierzig Marmorsäulen in vier Reihen tragen das

Dach. Wir kehrten mit unserm Führer in's griechische Kloster zurück, wo ein Mahl für uns aufgetragen wurde. Auch hatte sich in dem Zimmer, das uns eingeräumt worden war, sowie in den Gängen vor demselben, ein Markt mit den Gegenständen, die hier in Bethlehem gemacht und von den Pilgern häufig gekauft werden, etablirt. Da waren Kreuze und Rosenkränze aus Perlmutter und aus den schwarzen weichen Steinen, die man am todten Meere findet, aus letzterem Stoffe auch kleine Tassen und Becher, und wir kauften von diesen Stoffen Mehreres, um es mit in die Heimath zu nehmen.

Es war unterdessen drei Uhr geworden und da wir noch heute das Kloster St. Saba erreichen wollten, so trieb Suleyman, der Schech, zum Aufbruch. Unsere Begleitung, die von Jerusalem hieher nur aus einigen Reitern bestanden hatte, vermehrte sich hier auf die bestimmte Zahl, und wir waren schon eine ziemliche Schaar, so daß wir einem guten Trupp Räuber, von deren Unwesen man sich hier viel erzählte, die Spitze bieten konnten.

Wir ritten nordöstlich von Bethlehem anfänglich durch angebaute Felder; doch bald führte unser Pfad wieder über Felsen und durch ganz unwirthbares Terrain. Es ist nicht möglich, von solchen Wegen eine geordnete Beschreibung zu machen, denn wenn sich auch mit jedem Schritte die Landschaft ändert, so bleibt doch im Ganzen ihr rauher, wilder Charakter immer derselbe. Die Sonne war längst gesunken und die Dämmerung mächtig hereingebrochen, und wir zogen noch immer, ohne das gastliche Dach des Klosters zu erblicken, auf den einsamen Bergen von Judäa umher. Zuweilen jagten unsere Beduinen ein wenig im Trab oder Galopp voraus und wir folgten ihnen, mußten aber immer wieder abwarten, bis unsere Begleitung zu Fuß herangekommen war. Endlich hatten wir die letzte Höhe erreicht, hinter der, wie uns Suleyman versicherte, St. Saba, aber tief im Grunde liegen sollte. Bald gelangten wir auch an den Rand einer großen Schlucht, wo wir einige Augenblicke rasteten. Mit den Augen folgte ich der Richtung, nach welcher das Kloster liegen sollte, und ich muß gestehen, trotzdem, daß uns die Wege auf dem Balkan und Libanon nicht verwöhnt hatten, war es mir doch im ersten Augenblicke nicht klar, wie da hinab zu gelangen sei. Das Gebirge, auf dem wir uns befanden, schien sich in seiner ganzen Länge, wenn auch ziemlich steil, doch wenigstens allmälig an die Ufer des todten Meeres hinabzuziehen, was nur in der Richtung vor uns nicht der Fall war. Da schien einstens eine gewaltige Erdrevolution aus dem Bergrücken ein großes Stück herausgerissen und eine Schlucht gebildet zu haben, die uns bei dem schon weit vorgerückten Abend ohne Weg und Steg pechschwarz entgegen gähnte. Also da hinab? In Gottes Namen. Obgleich einer der Beduinen mir versicherte: es sei weit sicherer, wenn er mein Pferd führe, so dankte ich ihm doch dafür und wollte mich lieber auf mein Gesicht und meine eigene Kraft verlassen.

Anfangs umkreiste der Weg, wenn man die Felszacken, über die wir wegschreiten mußten, und die man bei den schlimmsten Stellen nur einigermaßen mit großen Steinen ausgefüllt hatte, so nennen kann, die Hälfte der Schlucht und wandte sich dann zurück auf dieselbe Art, wie die Zickzackwege in der Schweiz den Wanderer langsam hinabführend. Nach Verlauf einer halben Stunde jedoch hörte auch dieser Pfad auf, und ich fand mich veranlaßt, von meinem Pferde zu steigen, um es den Felsbach, dessen Bett nun unsere Straße bildete, und wo das Thier auf dem nassen lockern Grund jeden Augenblick ausglitt, glücklich hinabzubringen. Dabei war es so dunkel geworden, daß ich, obgleich scharf um mich spähend, nur langsam Schritt für Schritt vordringen konnte, um nicht in einen der vielen Abgründe zu stürzen, die sich meinem Auge nur durch größere Dunkelheit gegen das übrige Gestein und meinen Weg, sowie durch kleine Sträucher, womit ihr Rand meistens eingefaßt war, bemerkbar machten. Da ich trotz allem dem ziemlich große Schritte machte, so war ich in kurzer Zeit meinen Gefährten weit voraus, nur gefolgt von einem Beduinen, der ebenfalls sein Pferd führte und mit der langen Lanze stets um sich focht, um auf dem rechten Weg zu bleiben, wobei manches Maschallah seinem Munde entfuhr, besonders wenn die stählerne Spitze der Lanze das Gestein traf, daß die Funken umhersprühten. Plötzlich mußte ich halten, denn mein Pferd, das dicht hinter mir ging, und zuweilen über meine Schultern sah, blieb auf einmal stehen und war nicht von der Stelle zu bringen. Ich tappte, meinen Säbel zwischen das Gestein klemmend, langsam noch einige Schritte allein abwärts, und sah bald, daß wir fehl gegangen waren; denn der Bach, der uns bisher geleitet, stürzte kaum drei Fuß vor mir rauschend in eine Gott weiß wie tiefe Schlucht hinab, wohin wir ihm doch bei allem guten Willen nicht folgen konnten. Ich rief dem Beduinen, der auch gleich herbei kam, jedoch im ersten Augenblick die Hände sinken ließ, gleich einem Menschen, der nicht mehr weiß, was er beginnen soll. Was war zu thun? Umkehren und den Weg zurückmachen, den wir gekommen, um oben wieder von vorne anzufangen, auf's Neue hinabzusteigen, um vielleicht nicht weiter zu kommen? Ich muß gestehen, bei mir reifte schon der Entschluß, mich in meinen Mantel zu wickeln, und hinter einem Stein gelagert die Nacht zu verbringen, als der Beduine, der auf dem Bauch bald rechts, bald links herumkroch, ein freudiges Geschrei ausstieß. Er kam schnell zu mir zurück, faßte meine Hand, wobei er mir einige arabische Worte zurief und gab mir durch Zeichen zu verstehen, mich zu bücken und dorthin zu schauen. Ich folgte ihm, und sah, als ich mich fast auf den Boden legte, vor mir in der Tiefe eine Felsmasse, die ich sogleich, als sie sich nun gegen den etwas helleren Nachthimmel in scharfen geraden Umrissen abzeichnete, für einen großen Thurm erkannte. Jetzt glaubte der Beduine den Weg wieder gefunden zu haben, wandte sein Pferd, und ich folgte ihm eine

Die heiligen Orte.

Strecke zurück, wo er das Bett des Baches verließ und einen kleinen Seitenpfad einschlug, den wir vorhin bei der großen Dunkelheit übersehen hatten. Noch einige Minuten, und wir waren neben dem Thurm angelangt, der schon zum Kloster St. Saba gehörte, dessen Hauptgebäude jedoch, wie mir der Beduine bedeutete, noch viel tiefer da unten in der Schlucht liege, wohin aber von hier der Weg gefahrlos und nicht zu verfehlen sei. Darauf band er sein Pferd an einen Strauch fest und bat mich, einen Augenblick allein zu bleiben, indem er dem Wächter im Thurm unsere Ankunft anzeigen wolle. Mir war das ganz recht, denn ich wollte ohnehin die Gefährten erwarten, die noch hinter uns zurück waren.

Ich stützte mich auf den Sattel meines Pferdes und blickte in die Schlucht vor mir hinab, die mir finster und unheimlich entgegensah, und uns doch, wenn wir es mit gutem Glauben gewagt hinabzusteigen, einen Ort finden ließ, wo wir einer freundlichen, liebevollen Aufnahme gewiß waren, ein Bild des Grabes, sowie ein Bild manches verlorenen Lebens, das hinter sich ließ die Höhen des Glücks und träumend und sinnend einen unbekannten finstern Pfad hinabfließt, weil dort oben seine Sonne untergegangen, und ihm kein neuer fröhlicher Tag anbrechen wird.

Horch! neben mir in dem Thurme wird es lebendig. Der helle Schall einer Glocke schlägt an mein Ohr. Es ist so eigen, hier in der Oede, wo die wilden Felsmassen fast kein menschliches Wesen ahnen lassen, plötzlich den Ton einer Glocke zu hören. Er dringt tief in's Herz und alle finstere Gestalten verjagend, stiegen neue freundliche Bilder in mir auf; kaum hatte das Läuten einige Secunden gedauert, so begann eine andere Glocke unten in der Schlucht, wo man nichts unterscheiden konnte, in tieferem Tone, und antwortete der ersten, und eine dritte, die sehr entfernt sein mußte, denn man hörte sie nur dumpf einstimmen, schlug fast zugleich an. Ich stand überrascht und das Alles kam' mir wie Zauber vor. Ich hätte geglaubt zu träumen, wenn nicht die Glocken ihren melodischen Dreiklang eifrig fortgesetzt hätten und sich nicht ein anderes viel ergreifenderes Schauspiel meinen Augen darbot. Unten in der Schlucht blitzte ein Licht auf, das sich langsam fortbewegte, dann ein zweites, ein drittes, bis eine große Anzahl zum Vorschein gekommen war, und munter durch einander flimmerten. Ich drückte meine Hände zusammen, denn mir war, als müßte ich einen Zauberstab halten, der mit seiner Kraft meine Untergebenen, die Berggeister und Kobolde, aus ihren Höhlen gerufen und da unten versammelte. Doch hinweg mit allen Träumen! Für heute war der Ritt in finsterer Nacht beendigt, da unten öffneten sich die freundlichen Zellen des Klosters St. Saba zu unserem Empfang. Mein Beduine kam zurück und zeigte freundlich lächelnd auf die Lichter, die sich dort bewegten. Hinter mir hörte ich Pferde schnauben und Waffen klirren. Es waren meine Gefährten, die, ebenso überrascht von dem Schauspiel, das sich unsern Blicken entfaltete, an meiner Seite hielten. Bald unterschieden wir lange schwarze Gestalten, die, jeder eine Kerze in der Hand tragend, auf uns zukamen. Wir gingen ihnen entgegen und nun begrüßte uns der Abt des Klosters, ein alter griechischer Priester mit lang herabwallendem Bart, mit einem Segensspruch, der unserer Ankunft galt, und die Brüder reichten uns freundlich ihre Rechte.

Unsere Pferde und das Gepäck ließen wir in dem Thurm, auf welchem die zweite Glocke, die ich gehört, läutete, und uns führte der Abt bei vierhundert Stufen hinab auf den Grund der Schlucht, wo die Kirche stand, die geöffnet und erleuchtet war.

Es war ein eigenes sonderbares Gefühl, so tief zwischen diesen Felswänden, zwischen denen das Kloster, oder vielmehr die Kette von Gebäuden liegt, hinabzusteigen und überall an Treppen und Häusern den größten menschlichen Fleiß zu bewundern, der diese Gegend aufgesucht zu haben schien, um zu zeigen, was Ausdauer selbst den unwirthbarsten Schluchten abzugewinnen vermag. Die Gebäude lagen auf ausgehauenen Terrassen, die durch gleichfalls in den Fels gehauene Treppen verbunden wurden und auf welchen man hie und da kleine Gärtchen angelegt hatte. Den ersten Anfang zu dem Kloster des heiligen Saba gab die Höhle eines Löwen in der Felswand fast auf dem Grunde der Schlucht. Sie befindet sich auf dem untersten Hofe des Klosters, und einer der Mönche führte uns hin. Der Fels, in dem sie sich befindet, ist wie ein Haus mit Gängen, Treppen und kleinen Höhlen versehen, in denen sich die christlichen Einsiedler um den heiligen Saba versammelten, der anfänglich in der Höhle des Löwen lange allein wohnte. Auch die umliegenden Schluchten und Felshöhlen wurden von diesen Einsiedlern bewohnt, deren Zahl auf zehn bis eilftausend gestiegen sein soll. Die immerwährenden Verfolgungen und Ueberfälle der Araber zwangen endlich die Christen, um den größten Theil ihrer Höhle sowie ihrer Kirche Mauern zu ziehen, was den ersten Anfang des jetzigen Klosters gab. Auf dem Hofe sieht man noch die Ueberbleibsel der alten Kirche, die ganz mit Schädeln und Gebeinen der von den Arabern erschlagenen Mönche und Einsiedler angefüllt ist.

Wir betraten die neue, sehr schöne, fast reich ausgeschmückte Kirche, wo der griechische Bischof, der dem Kloster vorstand, zu unserem Empfang eine Messe lesen ließ, die äußerst feierlich war. Mir fielen hier in der Kirche zwei Gemälde auf, die mich sehr interessirten: es war ein Christuskopf und die Jungfrau Maria. Obgleich unser Maler versicherte, daß diese Bilder nicht viel künstlerischen Werth hätten, fanden wir doch Alle den Ausdruck dieser beiden Köpfe so voll sanfter und himmlischer Schönheit, daß wir lange davor stehen blieben, sie mit innigem Wohlgefallen betrachtend.

Unterdessen hatte man in dem untern Hofe ein Gemach für uns eingerichtet, den Boden mit Kissen und Teppichen belegt und einen soliden Pillau aufgetragen, der nach dem langen Ritte auch nicht zu verachten war. Unsern Beduinen wurde das gleiche Gericht auf dem Hofe servirt, und das stille friedliche Kloster des heiligen Saba hatte gewiß lange nicht solchen Lärm wie heute gehört; denn es ist den Arabern selbst nicht einmal möglich, während dem Essen stille zu sein, und ihr Geschrei ist so laut und wild, daß man immer glauben muß, sie seien in einem heftigen Streit begriffen.

Das Gemach, in welchem wir uns befanden, hatte ein plattes Dach, wohin wir uns nach der Abendmahlzeit begaben und noch eine Stunde lang dem Mondscheine zusahen, der sich allmählig an den glatten Felswänden hinabsenkte und die Schlucht bis zu uns mit weißem Lichte erfüllte. Der unterste Hof des Klosters, wo wir uns befanden, war jedoch noch nicht der Grund der ganzen Schlucht, sondern diese zog sich noch wenigstens hundert Fuß tiefer hinab. Große Fledermäuse flatterten zuweilen von dort zu uns herauf und das Geheul der Schakals, die wir deutlich unten herum laufen sahen, unterbrach nicht sehr angenehm die feierliche Stille, die über dem ganzen Kloster lag. Unser guter Fürst Aslan fühlte sich hier besonders recht heimisch, denn er traf hier mehrere Landsleute an. Wegen eines derselben hätte ich beinahe einen kleinen Streit mit ihm gehabt. Der Fürst erzählte uns nämlich mit wahrer Begeisterung: dieser, jetzt hier ein armer Mönch, sei früher in P. einer der reichsten Kaufleute gewesen, habe jedoch von einem Theil seines großen Vermögens eine Kirche erbaut und sei mit dem andern nach St. Saba gezogen, um hier sein Leben zu verbringen. Ich konnte mich nicht enthalten, über diese Geschichte den Kopf zu schütteln und dem Fürsten zu bemerken: mir würde es weit mehr gefallen, wenn der Kaufmann mit seinem Vermögen andere Stiftungen, die für das Wohl der Menschheit besser sorgten, bedacht hätte, als Kirchen zu erbauen und Klöster zu bereichern. Doch that es mir leid, ihn erzürnt zu haben, und als er in der Vertheidigung jenes Mannes den triftigen Grund einflocht, wer uns, wenn alle Leute so dächten, hier wohl heute Abend mit einem guten Pillau und mit Kissen und Decken zum Schlafen regalirt hätte, reichte ich ihm' lachend die Hand und leerte ein Glas des ziemlich guten Rothweins, den man uns vorgesetzt, auf das Wohl jenes freigebigen Russen.

Nach einer ruhigen Nacht, in der wir sanft geschlafen und nur einmal von dem harmonischen Läuten der Glocken geweckt worden waren, welche die Mönche zum nächtlichen Gottesdienst rief, brach der Tag an, und beim hellen Lichte, wo wir die riesenhafte Schlucht noch deutlicher, als gestern beim Mondscheine, betrachten konnten, war es uns zwischen den hohen steilen Felsmauern des Klosters, als seien wir in einem ungeheuern Verließ gefangen. Unten bei uns herrschte noch das Dunkel der Nacht, während oben am Rande der Schlucht das Dunkelblau des Himmels sich immer heller färbte. Wir nahmen unten, vor unserem Gemach sitzend, noch ein kleines Frühstück ein und stiegen dann wieder die Treppen hinauf bis zum ersten Thurm, wo unsere Beduinen und Pferde schon bereit standen. Hier drückten wir den gastfreundlichen Mönchen noch einmal herzlich die Hand, saßen auf und ritten durch die wilden Schluchten auf Pfaden, wo allenfalls Ziegen mit Bequemlichkeit wandeln konnten, gegen Osten nach dem todten Meere zu. Schon bei Jerusalem, an den Abhängen des Oelberges, sieht man deutlich den schwarzen Spiegel dieses Salzsees und hinter Bethlehem erscheint er dem Auge so nahe, daß man glaubt, ihn in wenigen Stunden erreichen zu können. Doch windet sich der Weg die Gebirge hinab so vielfach und beschwerlich zwischen Schluchten längs Abgründen und Felsen hin, daß man nur sehr langsam reiten kann, und wir brauchten vom Kloster St. Saba noch volle fünf Stunden, ehe wir den letzten Abhang hinabritten, der an das Ufer des todten Meeres führt. Der Weg hieher war über alle Beschreibung mühsam und gefährlich und oftmals stiegen wir ab, um unsere Pferde Abhänge hinauf oder hinabzuführen. Im Allgemeinen aber hat dies Terrain viel Aehnlichkeit mit den wildesten Partien des Libanon, die ich glaube ausführlich genug beschrieben zu haben. Wenn man sich gewöhnlich von Gegenden, weil man viel darüber gelesen hat, eine weit größere Vorstellung macht, sei es in Betreff der Lieblichkeit oder der Oede dieser Orte, so ist dies bei dem Thale, in welchem Jericho, der Jordan und das todte Meer liegt, nicht der Fall. Ich habe nie eine schauerlichere, ödere Fläche gesehen, als diese. Rechts das todte Meer mit wild gezackten Felswänden, zwischen denen das schwarzgefärbte Wasser fast ohne Bewegung liegt; vor uns eine nackte sandige Ebene, in welcher weit zur Linken die grüne Linie einiger Gebüsche die Richtung des Jordans angibt. Doch hört dies Grün weit vorher auf, ehe der Fluß das Gebiet des todten Meeres erreicht, denn dort in dem ausgebrannten salzigen Boden finden die Wurzeln jener Bäume keine Nahrung mehr. Was hier wächst sind niedrige Sträucher, deren Aeste und Blätter mit einer weißlichen Salzrinde überzogen sind. Die Oede, die über dem ganzen Thale lag, mochte auch vielleicht theilweise von der schrecklichen Hitze herkommen, die jetzt in der Mittagsstunde auf Allem mit einer unerträglichen Schwere lastete. Da flog kein Vogel, und keine Schnecke oder sonst ein kriechendes Thier war auf dem Boden zu sehen. Wir näherten uns langsam und schweigend den Ufern des todten Meeres und stiegen von unsern Pferden, um einige Augenblicke hier zu rasten. Das Wasser, das wir aus Neugierde versuchten, hatte einen unerträglich scharfen Geschmack. Schon das gewöhnliche Seewasser verursacht ein Brennen im Halse, aber gegen die Schärfe und Bitterkeit dieses Wassers ist es gar nicht zu vergleichen. Wir hatten anfänglich die Idee gehabt, im todten Meere zu baden, doch rieth unser Schech Suleyman auf's Bestimmteste davon ab, indem es in dieser Gegend zu gefährlich sei, sich der Waffen zu entledigen und sich in einen wehrlosen Zustand zu versetzen. Ueberhaupt hatten wir diesen Morgen schon sehr viel von der Unsicherheit dieses Thales hören müssen, und wie es gar nicht unwahrscheinlich wäre, wenn wir von dem Raubgesindel, das allein diese Gegend bewohne, und das hinzugekommene ägyptische Deserteure täglich vermehrten, angegriffen würden. Schon an den Abhängen des Gebirges, ehe wir

Die heiligen Orte.

zu den Ufern des Salzmeeres hinabstiegen, trafen unsere Beduinen allerlei verdächtige Vorsichtsmaßregeln. Sie luden ihre Gewehre, versuchten ihre Säbel und zogen ihre Gürtel fester um den Leib. Während wir am Rande des Sees kleine schwarze Steine sammelten, die wir zum Andenken mitnehmen wollten, schaute Suleyman aufmerksam mit einer gewissen Unruhe in die Gegend ob sich nichts Verdächtiges dort sehen ließe, und trieb stark zum Weiterreiten.

Das todte Meer, dessen nördlichstes Ufer wir besuchten, erstreckte sich an sechs Stunden gegen Süden und seine Breite beträgt an zwei Stunden. Merkwürdig ist es, daß sein Wasserspiegel sechshundert Fuß unter dem des Mittelmeeres liegt. Wir bestiegen unsere Pferde wieder und ritten nördlich über die mit tiefem Sand bedeckte baum- und strauchlose Ebene. Die Sonne brannte hier fürchterlich und wir sowohl wie die Thiere zogen niedergedrückt und schweigend dahin. Jeder ritt abgesondert von dem Andern und die Strahlen der Sonne lagen so schwer auf mir, daß ich mich, am Knopfe des Sattels festhaltend, in schwere, unklare Träume versenkte. Unsere Beduinen hatten nach ihrem Grundsatz, was die Kälte abhalte, auch Schutz gegen die Hitze gewähre, ihren dickwollenen Burnus über den Kopf geschlagen und saßen so, seltsam vermummt, auf ihren Pferden. Die armen Thiere hatten heute harte Arbeit, denn der Sand war so weich und locker, daß sie bei jedem Tritte tief hineinsanken, und jedes Thier ließ so eine lange Furche hinter sich zurück. So ritten wir eine starke Stunde, als unsere Beduinen zu Fuß, die voran waren, plötzlich mit dem lauten Ruf: „Arab'! Arab'!" stehen blieben und ihre Gewehre erhoben. Die Reiter warfen ihren Burnus vom Kopfe und Suleyman sprengte auf einen kleinen Sandhügel in der Nähe, um sich umzusehen. Wirklich erblickten wir auch weit vor uns in der Ebene drei bis vier Gestalten, die jedoch in wenig Augenblicken zwischen den Gebüschen am Jordan verschwunden waren. Wenn sonst der Anblick von Menschen dem Reisenden angenehm ist, und der Klang der menschlichen Stimme das Ohr des einsamen Wandelnden wohlthuend berührt, so ist dies hier nicht der Fall; man weiß, daß sich hier nur Raubgesindel aufhält, das, wenn es sich zu schwach hält, die Reisenden anzugreifen, sich vor ihnen flüchtet und entfernt hält, und sich im andern Fall nur nähert, um zu rauben und nicht selten zu morden.

Dies kleine Intermezzo hatte übrigens das Gute, daß es uns aus dumpfen Träumereien emporriß und für das Aeußere wieder empfänglich machte. Vor uns fing die Ebene an etwas hügelig zu werden und wir waren den grünen Bäumen und somit den Ufern des Jordans, nach dessen Wasser wir uns alle sehnten, bedeutend näher gerückt. Nordwestlich zeigte Suleyman auf einen Punkt, den ein scharfes Auge für verfallene Häuser halten konnte, das Dorf Richa, welches auf einem Theil der Trümmer des alten Jericho steht. Der Baron mit seinem scharfen Auge glaubte sogar die Wasserleitung des Herodes unterscheiden zu können. Wir mußten uns mit dem Anblick der alten Stadt begnügen, denn wir mochten nicht noch einen Tag zusetzen, um auf jener Stelle zu wandeln, die nichts weiter bietet, als einige wenige Steine und Trümmerhaufen. Endlich erreichten wir das Ufer des Jordans, welcher so dicht mit Schilf und Bäumen bewachsen ist, daß man nur an wenigen Punkten zum Wasser gelangen kann. Suleyman führte uns an eine Stelle des Flusses, das Pilgerbad genannt, das zu Ostern von ganzen Schaaren christlicher Pilger besucht wird. Hier stiegen wir müd und matt von unsern Pferden und legten uns in den Schatten der Gebüsche, unter denen wir manchen guten Bekannten aus der Heimath sahen, denn Weiden, Pappeln und Tamarisken stehen hier neben und zwischen den Bäumen der wärmeren Zone. Wir nahmen die Lebensmittel, die wir von den guten Mönchen in St. Saba erhalten, als Brod, Fleisch und eine große Korbflasche mit Wein, von unsern Pferden herunter und ließen uns das Mittagsmahl trefflich schmecken. Vier andere junge Pilger, es waren

Griechen, die unter Anderem auch den Sinai besucht hatten, und heute Morgen in unserem Schutz und unserer Begleitung St. Saba verließen, um das todte Meer und den Jordan zu besuchen, lagerten sich neben uns und machten gern gemeinschaftliche Sache. Suley= man hatte einen Theil der Beduinen längs dem Gebüsch, unter welchem wir lagerten, vertheilt und es für nöthig befunden, einzelne Vorposten bis auf die Ebene hinauszustellen. Anfänglich hatten wir geglaubt, daß seine Furcht vor den Arabern dieser Gegend mehr erkünstelt sei, um uns die Wichtigkeit seines Postens recht ans Herz zu legen. Doch war er hier, anstatt sich ebenfalls unter die Bäume zu lagern, mit seinem Pferde, von dem er nicht herabstieg, in beständiger Bewegung, schärfte die Steine an seinen Pistolen und hatte den ge= zogenen Säbel an einer geflochtenen Schnur neben sich am Sattel hängen; bald ritt er gegen die Ebene, bald durchkreuzte er das Ge= büsch und wollte unserer Einladung, sich neben uns zu setzen, keine Folge leisten. Kaum nahm er etwas Brod und Fleisch an, das er, auf seinem Pferde sitzend, verzehrte.

Nur die goldenen Fäden, welche Religion und Geschichte an die Ufer des Jordans knüpfen, geben dem Flusse seinen Reiz. Er selbst fließt ärmlich und unscheinbar durch die sandige Ebene und verliert sich ebenso in die Tiefe des todten Meeres. Er ist wie eine alte einfache Melodie, die in dem Herzen tausend glänzende Erin= nerungen und herrliche Thaten anregt und lebendig hervortreten läßt, wie eine staubige Pergamentrolle, deren Charaktere verblichen sind, aber die das Herrliche, was sie uns früher erzählten, noch immer um= schwebt, und dem innern Auge bei eifrigem Nachsinnen wieder in sichtbaren Gestalten erscheint. — Das Wasser des Flusses, der nir= gends über hundert Fuß breit ist, ist von gelber, sandiger Farbe und wie schon gesagt, durch die verdeckenden Gebüsche nur an wenigen Punkten sichtbar. Die Ufer, die ziemlich steil hinab gehen, sind lehmigt und die Tiefe des Wassers beträgt kaum zehn Fuß.

Nachdem wir uns durch Speise und Trank etwas erquickt und

unter dem Schatten der Bäume abgekühlt, zogen sich, trotz dem Abrathen Suleymans, mehrere von uns aus, um ein Bad in dem Flusse zu nehmen, doch das Wasser war sehr kalt und trieb uns bald wieder in die Kleider. Auch hatten uns die Vorposten auf der Ebene schon einige Mal durch lautes Geschrei beunruhigt, ohne daß sich etwas Verdächtiges hätte blicken lassen. Doch hatten wir uns kaum auf's Neue gelagert und suchten unsere Feldflaschen hervor, in denen wir zum Andenken an den heiligen Fluß Wasser schöpfen wollten, als wir plötzlich von allen Seiten den Ruf: „Arab'! Arab'!" vernahmen. Suleyman sprengte mit verstörter Miene, den Säbel in der Hand, durch das Gebüsch auf uns zu und bedeutete uns ebenfalls unter dem Ausrufe: „Arab'! Arab'!" daß wir unsere Pferde und Waffen zur Hand nehmen sollten. Alles sprang in wilder Verwirrung empor. Ich, da ich heute Morgen den Aussagen unseres Suleyman über die Räubereien der Araber keinen Glauben schenkte, hatte meinen Säbel einem unserer Beduinen geliehen, der den Stein an seiner Flinte verloren hatte. Der Doktor B. hatte seinen Säbel abgeschnallt und da derselbe zwischen uns lag, griffen wir Beide darnach, er an den Griff, ich an die Scheide, und liefen so mit der getheilten Waffe nach unsern Pferden. Der Maler F. war der erste, der zu Pferde saß und sein Doppelgewehr fertig machte. Ich war am schlechtesten bewaffnet, und da ich wohl einsah, daß ich mit meiner Scheide nicht viel ausrichten könne, so riß ich dem Fürsten Aslan, der außer seinen Pistolen einen langen krummen Säbel führte, als er bei mir vorbei nach seinem Pferde stürzte, den kurzen breiten Handschar von der Seite und warf die Scheide weg. Der Baron, statt sich auf's Pferd zu schwingen, lief mit dem Säbel in der einen, mit seiner Feldflasche in der andern Hand an das Ufer des Flusses, um sich wenigstens vor Anfang des Gefechts, das nun kommen konnte, mit Jordanwasser zu versehen. Ich nahm sein Pferd beim Zügel und ritt ihm nach, um ihn wenigstens für den Augenblick zu decken. Zwischen den Gebüschen, die uns umgaben, ging nun ein fürchterlicher Spektakel los; es wurde geschossen und man vernahm Schläge, als wenn mit den Säbeln gegen Holz gefochten würde; dabei schrieen unsere Beduinen, als wenn sie alle am Spieße steckten. Bald wurden auch rings um uns Gestalten sichtbar, und wir sahen nun klar ein, daß uns eine Schaar von wenigstens dreißig bis vierzig halbnackter Kerle, die nur mit großen Stöcken bewaffnet waren, überfallen hatte. Man konnte eigentlich nicht sagen, wer vor oder wer zurückdrang; denn unsere Beduinen waren mit jenen Arabern ganz untermischt. Zuweilen stürzte einer der letzteren auf den Platz, wo wir standen, sprang aber beim Anblick unserer Pferde und Waffen gleich wieder zurück. Jetzt schwang sich auch der Baron auf's Pferd und im gleichen Augenblick stürzten drei etwas besser gekleidete Araber uns gegenüber aus dem Gebüsch, von denen der eine eine Pistole, der andere einen Säbel und der dritte eine Luntenflinte trug. Den mit dem Säbel nahm sich unser kleiner Doktor auf's Korn und ritt auf ihn zu. Anfänglich schien der Kerl Stand halten zu wollen, doch als der Fürst von der andern Seite kam, wandte er sich eilig um und floh in's Gebüsch zurück. Der mit der Pistole schoß gegen den Baron und mich und wir hörten seine Kugel den Zweig eines Baumes neben uns zerreißen. Der andere hatte seine Luntenflinte auf eine Art Gabel gelegt, doch ließen wir ihm keine Zeit, uns diese Ladung zuzuschicken, sondern wir gaben unsern Pferden die Sporen und ritten ihn nieder. Der die Pistole auf uns abgefeuert hatte, wandte sich nach dieser Heldenthat ebenfalls in's Gebüsch zurück und wollte entfliehen. Doch schoß ihm der Maler nach und streifte ihn leicht am Bein; zu gleicher Zeit fiel einer der jungen griechischen Pilger mit seinem Stock über ihn her und zerbläute ihn ganz gewaltig. Der Baron hatte seinen Säbel ebenfalls gezogen und gab dem, den wir überritten, mit der flachen Klinge einige kräftige Hiebe. Das ganze Gefecht war glücklicher Weise nur eine große Prügelei zu nennen, und Suleyman mit seinen Beduinen endigte es bald, indem sie den Säbel zwischen den Zähnen und in den Händen die Pistolen, die Araber truppenweise vor sich her gegen uns jagten. Bald war die ganze liebenswürdige Gesellschaft um uns versammelt und flehte sehr erbärmlich um Gnade. Suleyman hielt ihnen eine donnernde Rede und hieß sie alle im Kreis niedersitzen. Der mit der Luntenflinte, den wir niedergeritten, war der Schech und trat an das Pferd unsers Suleymans, dessen Kaftan er ergriff und dreimal an seine Stirn drückte, das Zeichen der Unterwerfung.

Nach einigem Hin- und Herreden, in das zuweilen die ganze Truppe der Araber mit lautem Geheul einstimmte, ließ Suleyman den Baron fragen, was er mit diesen Kerls machen wolle; es seien arme Teufel, die nur etwas Brod für ihren Hunger haben nehmen wollen. Wir wußten das freilich besser, aber was war zu thun? Jagten wir sie mit einigen Prügeln fort, so war zu erwarten, daß sie uns am Abend in den Gebirgen noch einmal in größerer Anzahl überfielen. Das Klügste war demnach der Rath unseres Suleyman, ihnen von unserem Brod und Salz zu geben und sie bis zum andern Morgen, wo wir nahe an Jerusalem waren, bei uns zu behalten. So geschah es auch. Wir schüttelten unsere Säcke aus und gaben ihnen, was wir hatten. Darauf rauchten unsere Beduinen mit den ältesten der Truppe eine Pfeife und der Friede war hergestellt. Giovanni versicherte uns, so wie er dieses Volk kenne, dürfen wir jetzt ganz sicher bei ihnen sein; sie würden eher ihr Leben zu unserer Vertheidigung wagen, als uns im Geringsten feindselig behandeln. Der Kerl, der mit der Pistole auf uns geschossen, ging zum Baron hin, legte ihm, wie der Schech dem Suleyman, die Stirne dreimal an den Rockschoß und ließ uns sagen, er habe absichtlich fehl geschossen. Das konnte übrigens glauben, wer Lust dazu hatte.

Wir brachen nun auf und der ganze Trupp zog mit uns. Der Himmel hatte sich stellenweise mit Wolken bezogen und hinderte den Strahl der Sonne, wieder mit solcher Heftigkeit uns wie heute Morgen zu versengen, was Menschen und Thieren recht wohl that, und unsere Beduinen fingen sogleich an mit einander zu spielen und sich zu necken. So ernst und selbst faul der Araber zu Fuß herumschleicht, so lustig und ausgelassen ist er zu Pferde. Selbst die ältesten Leute machen die Kindereien der jüngeren mit. So war bei unserem Trupp ein alter Mann mit schneeweißem Bart — er ritt eine sehr gute Schimmelstute — von Allen der Ausgelassenste. Ihr Spiel bestand hauptsächlich im Werfen des Dscherid, in dessen Ermangelung sich die meisten unserer Beduinen von den Fußgängern einen Stock geben ließen. Einer sprengt voraus, nimmt das Gewehr und thut als ob er auf den Andern schösse. Ein Anderer folgt ihm, was das Pferd laufen kann, faßt den Dscherid an einem Ende und sucht, wenn er den ersten erreicht, ihm über den Rücken zu hauen. Jener parirt den Schlag entweder mit seiner Waffe oder, und dies ist am Schwierigsten, er wirft sich in dem Augenblick auf die Seite des Pferdes, so daß der Schlag fehl geht und faßt dann, wenn der Angreifer hierdurch das Gleichgewicht etwas verloren, plötzlich den Arm desselben und sucht ihn vom Pferde zu reißen. Es war für uns höchst ergötzlich, diesem Manöver zuzusehen und wir folgten den Beiden, die gerade rauften, im Galopp nach, die Fußgänger weit zurücklassend. Fürst Aslan hatte lange dem Spiel zugesehen, ohne Theil daran zu nehmen und forderte endlich den alten Beduinen, der durch die Geschwindigkeit seines Pferdes, sowie durch eigene Gelenkigkeit gewöhnlich den Sieg davon trug, auf, mit ihm einen Ritt zu machen. Der Fürst gab seinem Tscherkessen die Sporen und nahm einen Vorsprung von ein paar hundert Schritten, drehte sich dann mit solcher Gewandtheit im Sattel, daß man glaubte, er sitze rückwärts zu Pferde, nahm sein Gewehr, lud es, natürlich ohne Blei, und schoß in unglaublicher Geschwindigkeit dreimal gegen uns. Jetzt jagte ihm der Beduine nach, führte mit dem Dscherid einen Hieb gegen ihn; doch bog sich der Fürst so auf die Seite, daß der Sattel wie leer aussah. Der Schlag ging fehl; doch der Beduine, der wohl wußte, was jetzt kam, ließ seine Stute einen gewaltigen Seitensatz machen, und der Fürst konnte ihn nicht erreichen. Jetzt nahm dieser einen Stock und jagte dem Alten nach, das Spiel von oben wiederholend. Der Beduine bog sich auch auf die Seite, doch der Fürst ließ seine Steigbügel los, sprang mit den Knieen auf seinen Sattel und versetzte dem Alten so von oben herunter einen tüchtigen Hieb, worüber die Andern in ein bewunderndes Maschallah ausbrachen und die Geschicklichkeit des Fürsten bis in den Himmel erhoben. Selbst der Baron gestand, nie eine solche Gewandtheit gesehen zu haben und man muß dabei bedenken, daß der Fürst Aslan ein gewöhnliches Pferd ritt, mit dem er schon Monate lang die größten Touren gemacht, die Pferde der Beduinen dagegen ganz frisch waren. Auch Suleyman versuchte sein Heil mit dem Fürsten, konnte aber ebenfalls keinen Vortheil gegen ihn erringen. Nur hatte dieser einen Unfall, der ihn beinahe auf den Boden gebracht hätte, doch half er sich mit einer Geschicklichkeit, die an's Wunderbare grenzt. Als er sich nämlich wieder auf die Seite bog, um dem Hieb unseres Schech's auszuweichen, rutschte ihm der losgewordene Sattel herum, so daß die Bauchgurte nach oben kam, und wir glaubten schon alle, jetzt müsse er herabstürzen; aber nein, er schwang sich wieder hinauf, saß mit Blitzesschnelle oben auf dem Gurt und erst nachdem er den ihm zugedachten Hieb tüchtig wieder erstattet, sprang er vom Pferde, um den Sattel wieder zu befestigen.

So zogen wir, beständig dem Spiel der Beduinen zuschauend, durch das Thal Richa. Die Sonne war schon längst hinter den Gebirgen von Judäa hinabgesunken und der herandämmernde Abend warf einen dunklen Schleier über das öde Thal, was wir soeben verlassen, als wir den Fuß jener Gebirgskette, welche Jerusalem vom todten Meere trennt, erreichten und an ihren sehr steilen Abhängen hinaufzuklettern begannen. Wir konnten in den Schluchten nur einer hinter dem andern gehen und mußten wohl auf unsere Pferde achten, die in den schmalen Felsenrinnen kaum ihre Füße setzen konnten. So gewährte einmal unser Maler einen komischen Anblick. Er ritt ein sehr kleines Pferd, das auf einem dieser Wege mit der Hufe zwischen das Gestein trat, sich festklemmte und stürzte. Der Maler, der augenblicklich ohne Bügel ritt, brauchte nur seine Beine auszubreiten, um sich so auf den Rändern der Felsenrinne festzustellen. Das Thier wurde mit Mühe aufgerichtet und wieder festgemacht. Man kann sich nicht leicht eine ödere, traurigere Gegend denken, als den Weg, den wir nun machten. Hier sind wild zerklüftete Felsen übereinander gethürmt und nur spärliches halbvertrocknetes Grün unterbricht das verbrannte Gelb der Steinmassen, ohne sie zu schmücken. Unsere Beduinen, die seit dem Vorfall am Jordan beständig neue Räuber zu sehen und zu hören glaubten, ritten scharf spähend umher und riefen einander beständig zu. Einmal geriethen sie in eine gewaltige Bewegung und schrieen von allen Seiten wieder: „Arab'! Arab'!" Einige unserer Fußgänger waren voraus und hielten oben auf der Höhe, nach dem Hohlweg vor uns zeigend, wohin wir unsere Pferde alsbald wandten und so schnell es in dem Terrain möglich war, ritten. Was war die Ursache des Lärmens gewesen? Wir fanden an dem Weg drei Pilger sitzen; es waren Russen, die gehört hatten, daß wir unter Begleitung an den Jordan gezogen seien, und uns nachfolgten, um unsern Schutz zu genießen, doch kamen sie zu spät und mußten unverrichteter Sache wieder zurückgehen.

Die Nacht brach jetzt mächtig herein und es wurde bald so finster, daß wir ohne Gefahr nicht weiter vordringen konnten. Unser Schech Suleyman sah sich nach einem Platz um, wo wir einige Stunden bis zum Aufgange des Monds verweilen könnten. Der Ort, wo wir uns gerade befanden, war seiner alten und neueren Geschichte wegen nicht sehr einladend, um in seiner Nähe zu bleiben. Es war das sogenannte Mordthal, wohin schon die ältere Geschichte die Erzählung vom barmherzigen Samariter verlegt, und wo bis auf die neuere Zeit häufige Beraubungen und Mordthaten an Pilgern verübt wurden. Doch mußten wir diese Bedenklichkeit bei Seite setzen, und da es nicht rathsam war, in der Dunkelheit weiter zu ziehen, unserem Suleyman folgen, der auf einer Höhe in der Nähe des Thales uns zu alten Ruinen führte. Es waren wahrscheinlich die Ueberbleibsel eines christlichen Klosters, doch konnten wir aus den Trümmern und Mauerstücken, die sich hier befanden, nichts erkennen.

Ein ähnliches Nachtlager, wie das heutige, werde ich wohl in meinem Leben nicht wieder haben. Unter den Trümmern eines wahrscheinlich von den Beduinen zerstörten christlichen Klosters, vor uns Jericho, der Jordan und das todte Meer, auf der einen Seite die Mordschlucht, auf der andern eine kahle baumlose Höhe, der Berg der Versuchung genannt. So heiß es den Tag über gewesen war, so empfindlich kalt wurde es, wie immer in diesen Ländern, während der Nacht. Wir hatten unsere Mäntel in Jerusalem zurückgelassen und unsere dünnen Kleider schützten uns gar nicht vor dem Nachtfrost. Auch vermehrte unser leerer Magen dies Uebel, und Giovanni fand in unsern Säcken kaum so viel Kaffee, um jedem von uns eine Kleinigkeit reichen zu können. Ein Feuer anzumachen widerrieth Suleyman, indem er sagte, es würde uns zu nichts nützen, da der Mond in kurzer Zeit hervorkomme und wir dann weiter reisen können. Ich kroch mich wie ein Igel zusammen und drückte mich fest an ein Mauerstück, um wenigstens vor dem kalten Winde, der über die Höhe zog, geschützt zu sein, und versuchte zu schlafen, was mir auch, Dank der Ermüdung, bald gelang. Doch hatte ich noch nicht lange geschlummert, als mich Giovanni weckte und mir sagte, ich solle mit ihm kommen, er wolle mir etwas zeigen. Ich folgte ihm, und wir gingen durch den größten Haufen der Ruinen auf die andere Seite derselben, von woher ich das

Geschrei und Lachen der Beduinen hörte. Einer von ihnen hatte nämlich einen Keller entdeckt, dessen Gewölbe oben eingestürzt war, und in welchem sich eine Menge wilder Tauben aufhalten sollten. Sie hatten nun berathschlagt, wie sie dieser Thiere habhaft werden könnten, und ihre Anstalten hiezu so unsinnig wie möglich getroffen. Die ganze Gesellschaft saß in großem Kreis um den Keller herum und von Zeit zu Zeit warfen sie große Steine hinab, wodurch dann wirklich die Tauben aufgeschreckt wurden und den Versuch machten, durch die Oeffnung oben zu entkommen. Sobald aber ein Schwarm aufstieg, schlugen die Beduinen mit ihren Mänteln zu und glaubten auf diese Art die Thiere zu fangen. Am Ende sahen sie jedoch selbst ein, daß sie so schlechte Geschäfte machen würden und griffen die Sache anders an. Es wurde einer durch's Loos bestimmt, der sich in den Keller hinablassen sollte, und es traf einen ganz jungen Menschen, der auch gleich dazu bereitwillig war. Die andern knüpften ihre Gürtel zusammen, banden ihn unten daran fest und er wurde so hinabgelassen. Das Gewölbe mußte ziemlich tief sein, denn die langen Gürtel von sechs dieser Leute reichten kaum aus. Sobald der junge Bursche unten angekommen war, schrie er herauf: er könne ja nichts sehen, worauf die oben unter vielem Geschrei den Entschluß faßten, ihm einen Feuerbrand hinabzuwerfen. Einige suchten Gesträuche zusammen, Andere machten Feuer und bald flog ein großer Haufen des brennenden Zeuges in den Keller hinab, was einen unbeschreiblich schönen Anblick gewährte. Es war gerade, als sei die Erdoberfläche von einem ungeheuren Feuer geborsten, das in ihrem Schooß brenne, um welches die halbnackten kräftigen Gestalten der Beduinen saßen, und mit den glänzenden Augen neugierig hinabschauten. Jetzt suchte der unten mit seinen Feuerbränden die Tauben emporzujagen und es kam auch eine ganze Wolke dieser Thiere bis an die Oeffnung, tauchten aber mehrere Male wieder hinab, wenn die Beduinen mit ihren Mänteln dreinschlagen wollten. Endlich aber wußten die geängstigten Thiere keinen Ausweg, flogen wieder empor und zwischen den Beduinen durch, die ihnen lachend und schreiend nachsahen. Jetzt war der Spaß zu Ende. Nachdem sie den jungen Burschen unten noch lange geneckt, wurde er wieder heraufgezogen. Bald stieg auch im Osten hinter den Gebirgen, die das todte Meer begrenzen, der Vollmond hell und klar empor und beleuchtete fast taghell den Weg, den wir vor uns hatten. Sogleich wurde aufgebrochen und wir zogen weiter.

Es war gegen ein Uhr in der Nacht und wir mochten noch fünf Stunden bis Jerusalem haben. Wir ritten so schnell vorwärts, als es der Weg erlaubte, mußten aber wegen Ermüdung der Pferde und Menschen nach drei Stunden beständigem Aufwärtssteigens noch einen kleinen Halt machen, zu welchem Suleyman eine kleine Schlucht erkor, die vom Winde hinlänglich geschützt war und wo sich ziemlich viel dürres Gesträuch befand, um ein Feuer anmachen zu können. Unsern Beduinen wurde jetzt ein kleines Trinkgeld versprochen und in kurzer Zeit hatten sie ganze Haufen kleiner abgerissener Sträucher zusammengescharrt. Einer von uns machte Feuer und bald schlug unter großem Geschrei der Beduinen eine haushohe Flamme empor. Alles lagerte sich an das Feuer, um sich zu erwärmen, und nur von Zeit zu Zeit gingen einige der Leute fort, um für die Flamme neue Nahrung zu suchen. Doch auch die andern Araber hielten es bei ihrem unruhigen Temperamente trotz der großen Ermüdung nicht lange aus, so ruhig da zu sitzen. Bald neckten sie einander, balgten sich auf der Erde herum, bald jauchzten sie laut auf und als ihnen Suleyman sagte, wenn sie einen Tanz aufführten, würden wir ihnen gewiß ein Trinkgeld dafür geben, waren Alle gleich dazu bereit. Wir bestätigten gern das Versprechen Suleyman's und bereuten es nicht; denn obgleich an dem versprochenen Tanz nichts Graziöses war, so hatte doch die Gruppe der Beduinen bei dem flackernden Feuer in der wilden Schlucht etwas außerordentlich Malerisches und Phantaftisches. Etliche dreißig dieser Leute, denn auch mehrere unserer berittenen Beduinen nahmen Antheil au dem Tanze, stellten sich in einem großen Halbzirkel um das Feuer, hinter welchem wir lagen und begannen einen eigenthümlichen Gesang. Von den Worten, die sich stets gleich blieben, verstanden wir nichts, auch war die Melodie ganz eintönig und nur der Takt brachte einiges Leben in den Gesang. Mir scheint er sich ungefähr durch diese Bezeichnung ausdrücken zu lassen: al — lah — — allahla — al — lah — — allahla. Zuerst war die ganze Reihe der Männer ohne Bewegung, dann begann sie mit dem Kopf zu nicken und sich zu verbeugen, eine Bewegung, die allmälig der Hals, der Oberleib und der ganze Körper annahm, wobei der Gesang immer wilder und toller wurde. Sie bückten sich immer tiefer und tiefer, bis sie zuletzt fast mit dem Gesichte den Boden berührten, dann stiegen sie ebenso allmälig wieder aufwärts, wobei der Gesang in derselben Weise wieder schwächer wurde. Wieder gerade aufgerichtet, ließen sie sich plötzlich los, klatschten in die Hände, sprangen einige Mal wie toll im Kreise umher und das Ballet war zu Ende.

Unser Feuer hatte indessen durch den Tanz Schaden gelitten und war allmälig verglimmt. Die Beduinen sammelten sich ihr Trinkgeld ein und legten sich noch einige Minuten auf den Boden, um sich von dem ermüdenden Tanze zu erholen. Suleyman streckte die Hand nach Morgen aus und rief zum Aufbruch, denn dort färbte sich der Himmel heller und verkündigte, daß der neue Tag heraufsteige. Wir bestiegen die Pferde wieder und erreichten in kurzer Zeit Bethanien. Noch lag die dunkle Nacht über dem kleinen Ort, aber er erschien uns um so schöner, indem die Stille, welche die alten Häuser umgab, besser zu diesem Grabe einer gewaltigen Vorzeit paßte, als das geräuschvolle Treiben des Tages. Hier wohnte Lazarus mit seinen Schwestern Maria und Martha. Unter einem verfallenen Hause, nicht weit von der kleinen Moschee, hielten wir, und Suleyman holte ein paar Männer aus ihren Hütten, die mit Fackeln herbeikamen und uns in einen schachtähnlichen Keller begleiteten, der sich unter jenem Hause befindet — das Grab Lazarus.

Von Bethanien hatten wir nur noch eine kurze Strecke bis Jerusalem, die wir bald zurückgelegt hatten und am Fuße des Oelbergs anlangten in dem Augenblick, wo die heilige Zion von den ersten Strahlen der Morgensonne geküßt wurde. Es war ein schöner großer Anblick, ich möchte ihn für keine andere Erinnerung meines Lebens hingeben. Rechts hatten wir den Oelberg, links das Kidronthal, vor uns das Thal Josaphat mit dem Garten von Gethsemane und der Grabeskirche Maria und Josephs. Wie prächtig erschien die trauernde Wittwe noch immer auf ihrem Felsenthrone. Zu ihren Füßen wallte in den Schluchten der zerrissene Schleier der Nacht, den die Sonne des neuen Tages überwältigt und hinabgedrückt hat, und auf der Kuppel der Grabeskirche glänzte dasselbe Licht, das hier die gewaltigste Geschichte der Erde erblühen und wachsen sah, und das auch uns freundlich begrüßte.

Jener Morgen bleibt mir neben dem unvergeßlichen schönen Anblick der Stadt noch durch eine andere Erinnerung im Gedächtniß. Wir mußten hier warten, bis drinnen die Thore aufgeschlossen wurden, stiegen deßhalb von den Pferden und setzten uns auf einen Trümmerhaufen. Fürst Aslan, unser lieber Freund und Begleiter, dem, sowie uns, Jerusalem das Hauptziel der Reise war, hatte uns schon lange versprochen eine Episode aus seinem Leben, sowie die Ursache seiner Pilgerfahrt nach Jerusalem zu erzählen und hielt jetzt sein Versprechen.

„Ich war," erzählte er uns, „noch vor wenigen Jahren der glücklichste Mensch auf der Welt. Jung und mit ziemlichem Vermögen hatte ich, wie es bei uns üblich ist, den Militärstand erwählt und war Offizier bei einem Garderegiment in der Hauptstadt. Als ich nach kurzem Aufenthalte dort ein Mädchen kennen lernte, das ich auf's Glühendste liebte und von der ich ebenso wieder geliebt zu sein glaubte, fehlte meinem Glücke nichts, als die Verbindung mit ihr für's ganze Leben. Viele Schwierigkeiten, die sich mir in den Weg warfen, wurden glücklich beseitigt und obgleich ich eines Tages im Geheimen benachrichtigt wurde, daß meine Geliebte mit einem Manne, der an Geburt und Rang über mir stand, ein inniges Verhältniß habe, warf ich alle Schwierigkeiten, die sich mir in den Weg stellten, bei Seite und erhielt von meiner Geliebten, unter Zusicherung der herzlichsten Liebe, die Erlaubniß, sie meine Braut nennen zu dürfen. Ihre Eltern waren längst todt und da sie mündig war, hatte sie nach dem Willen ihres Bruders, der mir eben die größten Schwierigkeiten in den Weg legte, nichts zu fragen.

„In dieser Zeit befanden wir uns eines Abends auf einem Balle in einem der ersten Häuser der Hauptstadt und ich sah meiner Braut zu, wie sie mit jener Person, vor der man mich früher gewarnt hatte, tanzte. Nur an sie denkend, beachtete ich gar nicht die Umstehenden, bis ich hinter mir einige Worte sprechen hörte, die mein Blut zum Kochen brachten. Ich drehe mich rasch um und ein junger Offizier wiederholte die Worte: „„Es ist doch Schade, daß die Fürstin ** in einem solchen Verhältniß steht."" Außer mir vor Zorn trete ich nahe zu dem Offizier hin und sage ihm so leise als mir die Wuth erlaubte: „„Ein Schurke, der das gesagt hat!"" Was die Folge hievon war, können Sie sich denken. Es wurde auf den nächsten Morgen ein Duell auf Pistolen ausgemacht und da sich das Gerücht hievon bald im Saal verbreitete, waren wir gezwungen, ihn Beide zu verlassen. Da ich mit meiner Braut noch nicht öffentlich erklärt war, mußte ich sie unter der Obhut ihres Bruders lassen und sah sie den Abend nicht wieder. Kaum bricht nach einer unruhig durchwachten Nacht, indem mich die Eifersucht, die ich mit allen Vernunftgründen zu unterdrücken suchte, gräßlich plagte, der Morgen an, als ein Adjutant meines Obersten in mein Zimmer tritt, der mir unter Androhung der härtesten Strafe den Befehl ertheilen ließ, sogleich nach **, der zweiten Stadt des Landes, zu reisen und mich bei dem dortigen Kommandanten bis auf Weiteres als Arrestant zu melden — — „"das Alles,"" wie es in dem Befehle hieß, „"um das eingegangene, durch die Gesetze streng verbotene Duell zu hindern."" Der Adjutant bleibt bei mir, bis ich meine nöthigsten Sachen zusammengepackt und in den Wagen steige, der vor der Thüre hält. Sie können sich denken, daß es meine Absicht war, gleich auf der ersten Station nach der Stadt zurückzukehren. Doch das war unmöglich, mir wurden nur Pferde zu meiner Weiterreise nach meinem Bestimmungsort gegeben; alle andern wurden mir mit dem Bemerken verweigert, daß man Befehl habe, gleich nach meiner Weiterreise zu melden, daß ich durchpassirt sei. Ich schrieb in der Eile einige Zeilen an meine Braut und übergab sie der rückkehrenden Post mit dem Versprechen einer glänzenden Belohnung, wenn sie richtig abgeliefert würden. Der Postbeamte nahm den Brief, zuckte aber die Achseln; — ich verstand ihn damals noch nicht. Auf jeder Station erging es mir so, und ich erreichte endlich die mir angewiesene Stadt, wo ich mich meldete und mir der Befehl ertheilt wurde, die Stadt ohne besonderen Urlaub nicht zu verlassen. Sogleich schrieb ich mehrere Briefe an meine Braut, welche ich auf den verschiedensten Wegen nach * sandte, erhielt aber keine Antwort, weder von ihr, noch von einem meiner Freunde. So verging denn ein Vierteljahr, und wie, können Sie sich leicht denken. Da konnte ich die Ungewißheit, in der ich schwebte, länger nicht ertragen und versuchte insgeheim alle Mittel und Wege, um nach der Hauptstadt zurückkehren zu können. Es gelang mir lange nicht, da ich zu scharf bewacht wurde. Endlich gelingt es mir, mit einem Franzosen, der mich als Bedienter mitnahm, die Stadt verlassen zu können. Ich komme nach *. Es ist Abend, und da ich alle Welt im Theater vermuthe, wo auch ich am besten unerkannt bleiben und meine Beobachtungen anstellen kann, eile ich dorthin, suche ängstlich und hoffend umher und sehe endlich in einer Loge meine Braut neben einem Manne sitzen, der noch vor Kurzem mit mir in gleichem Dienstrange war, jetzt aber die Auszeichnung des Obersten trug. Ich eilte dorthin, treffe vor der Thür einen alten Diener, der mich erkennt und der mir leise zuruft: „Um Gottes Willen, was machen Sie hier?"" Ich fragte hastig nach seiner Herrin. „"Sie ist verheirathet und die Frau des neben ihr sitzenden Offiziers."" Ich will in die Loge, der alte Diener hält mich fast mit Gewalt zurück und beschwört mich, ruhig zu bleiben. Ich verlange, er soll mir eine Zusammenkunft mit seiner Herrin verschaffen. Lange versicherte er mich, so gerne er wolle, wisse er keinen Weg hiezu, sagte mir aber endlich, ich solle mich nach beendigter Vorstellung vor dem Theater aufhalten, um zu sehen, ob die Fürstin vielleicht allein nach Haus fahre. So thu' ich. Nach einer ewig langen Stunde ist die Oper zu Ende, die Carossen rasseln daher, ich hörte den Namen jenes Offiziers rufen, der neben meiner Braut saß, eine Equipage fährt vor, Graf **, ihr jetziger Gemahl, begleitet die Fürstin an den Wagen, welche allein einsteigt, und der Wagen fährt davon. Ich eilte hinter her, die Nacht ist finster, es gelingt mir, den Schlag zu öffnen und ich springe in den Wagen. Ein Schrei des Entsetzens entfährt der Fürstin und ich habe eben noch so viel Zeit, ihre Hand zu ergreifen, mit der sie dem Kutscher schellen will. Ich nenne meinen Namen. Verlangen Sie nicht, daß ich Ihnen die Scene ausmale, die nun folgte. Ich erfahre viel Entsetzliches, ich erfahre, daß der Bruder der Fürstin, der mich nicht leiden konnte, alles Mögliche gethan, um meine Verbindung zu hintertreiben. Er war es, der die eigene Schwester jener Person, die ihr lange nachgestellt, fast mit Gewalt in die Arme lieferte; er war es, der meine Verbannung bewirkt und alle Briefe an mich unterschlagen hatte; ja er hatte noch mehr gethan, er hatte der Schwester einen Brief von mir übergeben, in welchem ich ihr schrieb, mir sei ein gewisses Verhältniß bekannt geworden und sie könne leicht denken, daß meine Ehre es mir nicht mehr erlaubte, mein gegebenes Wort zu halten und ich entbände sie auch hiermit des ihrigen. Darauf war ihr der Graf** so kräftig und nachdrücklich empfohlen worden, daß sie, um nicht gänzlich compromittirt zu werden, einwilligen mußte. Wie viel Schuld an ihr selbst lag, habe ich mir bis jetzt noch nicht klar auseinanderstellen mögen, am allerwenigsten in jener Nacht; da war es mir genug, daß ich doch wenigstens Jemand wußte, auf den ich mit Recht meine ganze Rache ausschütten konnte. Ich gab der Fürstin meinen Ring zurück, sie beschwor mich unter Thränen, ihr den meinigen zu lassen. Was lag daran? Sie war gewiß eben so unglücklich, wie ich. Ich eilte davon, um ihren Bruder aufzusuchen. Ich erfahre seine Wohnung, eile hinein und trete ohne Weiteres in sein Zimmer, wo er sich auf's Angenehmste mit einigen andern Offizieren unterhält. Auch einige meiner früheren Freunde sind gegenwärtig und sind überrascht, mich hereintreten zu sehen. Man ahnt, was ich will. Ich fasse mich auch kurz und erzähle den Hergang der ganzen Geschichte. Natürlich ist eine Herausforderung das Ende, und der Fürst** nimmt sie an. Wir bleiben in seiner Wohnung, bis der Tag graut, fahren dann hinaus und schießen uns vor der Stadt. Er streift mich an der Schulter und ich schieße ihn durch die Brust, daß er in wenig Augenblicken den Geist aufgibt. Meine Freunde beschützen mich so viel wie möglich, einer gibt mir seinen Wagen, der andere sein vorräthiges Geld, und ich rette mich in ein Kloster, wo ich meine Schuld beichte, und mir zur Büßung derselben eine Pilgerfahrt nach Jerusalem auferlegt wird. Ich lasse meinen Bart wachsen, mache mich so unkenntlich wie möglich und entkomme nach ** zu meinen Brüdern, die dort auf unsern Gütern leben. Einer derselben verschaffte sich einen Paß, was, wie Sie wissen, bei uns mit vielen Schwierigkeiten verknüpft ist, und der für ihn und seinen Bedienten ausgestellt ist. So kommen wir über die Grenze, und als wir in Sicherheit sind, will mein Bruder, der aus seinen Bergen nie herausgekommen und wenig gereist ist, die Rolle mit mir wechseln und die Pilgerfahrt nach Jerusalem mit mir zusammen machen. — Dort, Skandar, ist mein Bruder."

So erzählte uns Fürst Aslan im Angesicht von Jerusalem und besonders der Schluß frappirte uns Alle sehr. Obgleich es uns aufgefallen war, daß der Fürst mit seinem Kammerdiener stets sehr vertraut that, so hatte doch keiner von uns eine Ahnung gehabt, daß es Brüder sein könnten; ja, eine gewisse Aehnlichkeit, die ich mehrmals zwischen Beiden entdeckte, erschien mir nicht auffallend, da für unser Auge die Gesichtsform aller Südländer sich ziemlich gleicht.

Die Thore von Jerusalem öffneten sich und wir kehrten in's griechische Kloster zurück, um es, sowie die heilige Stadt den andern Morgen für immer zu verlassen.

Viertes Kapitel.

Zug durch die Wüste.

Jaffa. — Die Pest. Unsicherheit der Straßen. — Uebergang zur ägyptischen Armee. — Gaza. — Ibrahim Pascha und seine Generale. — Die ägyptische Armee. — Schwierigkeiten mit unsern Pferden. — Fouragirungen. — Abreise von Gaza mit einem Theil der Reiterei. — Die Wüste. — Elend des mitziehenden Volkes. — El Arisch. — Der Tartar Gaïsi. — Die Fata Morgana. — Der Samum — Soliman Pascha. — Ankunft in Kairo.

Zu Anfang unserer Reise war es halb und halb unsere Absicht gewesen, den Weg nach Aegypten durch die Wüste zu nehmen; wir hatten uns von diesem Zug viel Interessantes versprochen und sehr oft deßhalb Erkundigungen eingezogen. Doch je näher wir dem

Viertes Kapitel.

Sandmeer selbst rückten, je mehr stellte man uns von allen Seiten die großen Schwierigkeiten einer solchen Reise vor, und versicherte, bei der dermals herrschenden vollkommenen Anarchie in Syrien sei es ohne sehr zahlreiche Bedeckung nicht möglich, durch die Wüste zu kommen, und wir sahen wohl ein, daß dem nicht anders sein konnte. Wie sehr hatten sich sogar die besuchten Straßen Syriens in der kurzen Zeit geändert, seit Ibrahim gestürzt und die Furcht, die sein Name und Regiment rings verbreitet, verschwunden war! Wie ungefährdet, mit welcher Sicherheit reisten Schubert und Andere vor einigen Jahren durch die große Wüste von Suez nach dem Sinai, zwischen den räuberischen Horden der streifenden Araber, und durchzogen ganz Syrien! Wie erging es dagegen uns! Schon auf dem Wege nach Damaskus waren wir nahe daran, von Gesindel ausgeplündert zu werden; den Jordan besuchten wir mit einer Deckung von acht Reitern und zwölf Beduinen zu Fuß, und trotz dem, daß wir gegen zwanzig Pilger waren, von denen freilich mehrere, die sich unserem Zuge angeschlossen, keine Waffen führten, mußten wir ja das Wasser, das wir zum Andenken an den heiligen Ort in unsere Feldflaschen füllten, mit dem Sabel in der Faust vertheidigen und einigen dreißig halbnackten Arabern, die uns auf unserem Lagerplatz überfielen, ein förmliches Gefecht liefern. Auf dem Wege von Jerusalem über Ramleh nach Jaffa, welche drei Orte in jenen Tagen von der türkischen Armee besetzt waren, und wo also auf einer Strecke von zwölf Stunden wohl zwanzigtausend Soldaten lagen, kamen wir an zwei Stellen vorüber, die mit noch flüssigem Blut überschwemmt waren. Wir hörten von herbeigekommenen Reitern, vor wenigen Augenblicken habe man hier einem Reisenden den Hals abgeschnitten und dort einen andern erschossen. Es war in der Nähe des Dorfes Abu Gosch und man hatte eben die Leichen dorthin geschafft. Zur Zeit Ibrahims konnte ein einzelner Mann an den Jordan gehen, ohne Gefahr, geplündert zu werden, und wer jetzt am Abend den Oelberg bei Jerusalem besteigen wollte, mußte eine Bedeckung mitnehmen; und doch lagen in der Stadt fünf bis sechstausend Mann, ich wollte sagen: türkische Soldaten.

So zwangen uns die Umstände, die Idee aufzugeben, über El Arisch durch die einsame gewaltige Sandwüste nach Kairo zu ziehen, und wir faßten schon in Jerusalem den Entschluß, in Jaffa ein Schiff zu nehmen und durch die minder öde und gefährliche Wasserwüste nach Alexandrien zu schiffen. An Joppes Strande angelangt, fanden wir, weil Alles noch immer mit englischen und östreichischen Offizieren besetzt war, nur mit Mühe in dem lateinischen Kloster Quartier, und zwar herzlich schlecht; so mußten zwei unserer Gesellschaft von der Todtenkammer Besitz nehmen. Wir sahen uns sogleich im Hafen um, ob ein Schiff von passender Größe für uns und die Pferde da sei; aber es war nichts vorhanden, und wir sahen uns schon im Geist in die Nothwendigkeit versetzt, in dieser, von Truppen strotzenden Stadt verschiedene langweilige Tage hinzubringen, als der Prior des Klosters, ein lebhafter, robuster Spanier, — es hieß, er habe früher als Kapitän gedient, — unter dem Siegel der Verschwiegenheit uns anvertraute, soeben finde im Refectorium eine Versammlung von Aerzten statt, weil in den Spitälern die Pest ausgebrochen. Dabei gab er uns den Rath, die Stadt so schleunig als möglich zu verlassen, indem dieselbe wahrscheinlich schon morgen mit einem Cordon umzogen würde und uns so leicht mehrere Monate festhalten könnte.

Bei diesen Aussichten besannen wir uns keine Minute, unsere Effekten schleunigst zusammenzupacken, und machten uns fertig, morgen in aller Frühe aufzubrechen. Aber wohin? Wir hatten zwei Wege vor uns, entweder zurück, vielleicht bis Acre oder gar bis Beirut, um dort ein Segelschiff zu suchen, das uns nach Alexandrien brachte, oder zum Feind überzugehen, d. h. zu Ibrahim Pascha nach Gaza; dort erhielten wir vielleicht die Erlaubniß, auf den ägyptischen Dampf- oder Kriegsschiffen überzusetzen, und im schlimm-

Viertes Kapitel.

sten Fall konnten wir uns der Armee anschließen und mit ihr den Zug durch die Wüste machen. Wir besannen uns nicht lange; Alle stimmten für Gaza und Ibrahim, wo sich neben viel Mühseligkeiten doch die Aussicht auf manches Abenteuer zeigte. Unsere schon abgegangenen drei Pferde wurden mit vieler Mühe durch zwei Maulthiere und einen kleinen Esel ersetzt, den ich mir zum Reitpferd erkor, und am folgenden Morgen brachen wir gen Süden auf.

Wir hatten nach Gaza zwölf Stunden, und hofften heute noch nach Metschdel, das auf der Mitte des Weges liegt, zu gelangen. Die Straße lief immer zur Seite des Meeres, ohne daß wir dasselbe sahen, indem der Strand aus hohen Sanddünen bestand, die sich stellenweise bis über unsern Weg zogen und den Thieren das Gehen sehr erschwerten; besonders sank mein kleiner Esel sehr tief in den beweglichen Sand. Mir dagegen behagte die neue Reitart sehr, denn das Thier trabte ganz angenehm, es hatte einen sehr dicken Packsattel ohne Bügel, auf den man sich nach allen Richtungen setzen, sogar legen konnte; nur machte das Aufsteigen einige Beschwerlichkeit, indem man mit einem Sprung sich ganz im Sitz befinden mußte, sonst verlor der Sattel das Gleichgewicht und fiel von der Seite herunter. Der Weg war nicht sehr lebhaft und, wie uns die Mucker merken ließen, gar nicht sicher; sie baten, mit den Jagdgewehren nicht, wie wir gewohnt waren, nach Vögeln und kleinem Wild zu schießen, um die Waffen im Nothfall geladen zu haben. Dann und wann begegneten uns auch wirklich Banden von zerlumptem Gesindel, deren Aussehen wohl vermuthen ließ, daß, wo sie die Stärkeren wären, sie nicht so ruhig vorbeigehen würden, wie sie jetzt thaten. In Jaffa hatte man uns gesagt, Ibrahim werde heute oder morgen Gaza verlassen, und unsere größte Besorgniß war daher, ihn nicht mehr dort anzutreffen, wodurch sich unsere Lage wirklich sehr bedenklich gestaltet hätte. Die Auskunft, die wir von den uns Begegnenden erhielten, waren auch nicht gemacht, uns zu beruhigen. Die Einen sagten, er sei gestern aufgebrochen, andere heute Morgen, ein Dritter, er werde morgen bei Zeiten absegeln, bis uns gegen Mittag einige ägyptische Reiter entgegenkamen, die uns bestimmt versicherten, Ibrahim verweile noch in Gaza, er sei unwohl und sie deßhalb nach Jaffa gesandt, um für ihn Arzneien zu holen.

Der tiefe Sand und die sehr schwer beladenen Packpferde ließen uns nur sehr langsam vorwärts kommen, weßhalb wir erst um drei Uhr Nachmittags in Esdud, nur fünf Stunden von Jaffa, ankamen und uns durch die Führer, hauptsächlich aber durch die drohenden Wetterwolken am Himmel, überreden ließen, hier die Nacht zuzubringen. Wir suchten lange unter den Lehmhütten umher, um eine zu finden, die etwas weniger schmutzig und erbärmlich wäre als die übrigen. So wenig uns aber die Reise von Beirut nach Damaskus und Jerusalem hinsichtlich der Nachtlager verwöhnt hatte, so fanden wir es doch rein unmöglich, in eines dieser Löcher zu kriechen. Wir wandten uns deßhalb zur Moschee, die zur Seite des Dorfes auf einem kleinen Hügel stand. Sie bestand aus einer offenen Halle, ungefähr wie unsere Scheunen, in der einige Lampen an Schnüren hingen und zwei weiße Stäbe die Richtung nach Mekka bezeichneten. Wie gewöhnlich stand ihr gegenüber der Chan der Fremden, hier eine etwas größere Lehmhütte, als die übrigen Häuser, und im Hofe war neben einem vertrockneten Brunnen das Grab irgend eines türkischen Heiligen. Obgleich der Himmel mit Regen drohte, wollten wir doch lieber unser Zelt benützen, als in jenen Chan kriechen, aus dem die Mucker erst ein Dutzend zerlumpter, halbnackter Gestalten, Lahme, Wunde und Blinde jagen mußten, ehe für uns und die Bedienten mit den Sachen Platz wurde.

Wir schlugen unser Zelt unter einem majestätischen Palmbaum auf, der im Hof stand, stolz und schön neben der Erbärmlichkeit der Menschen. Vor uns hatten wir ein Thal, mit Dattelpalmen und Bananen bepflanzt, unter welchen einiges türkische Militär seine grünen Zelte aufgeschlagen hatte; südlich sahen wir die große

Ebene Sephela, durch die der Askalon fließt, und östlich die Gebirge bei Jerusalem, von den letzten Strahlen der Sonne beschienen, die von dunkeln Wolken umsäumt in's Mittelmeer sank. So umgab uns die Natur erhaben und schön, wie immer in diesen Ländern; wer kann sie aber vollkommen genießen unter solchen Umgebungen! Der Regen, der während der Nacht in Strömen fiel, trieb uns schon um drei Uhr Morgens aus unserem durchnäßten Zelt und nöthigte uns in den Chan, wo die Leute ein großes Feuer angezündet hatten und den für die Reisenden in diesen Ländern so nothwendigen Kaffee bereiteten.

Gegen sieben Uhr, als der Regen etwas nachgelassen, saßen wir auf und zogen weiter, erreichten um eilf Uhr Metschdel und wurden gleich hinter diesem Dorfe von einem fürchterlichen Regenwetter überfallen, wogegen sich jeder so gut zu schützen suchte als er konnte. Ich war auf meinem Esel einige Schritte voraus, hatte einen himmelblauen Schlafrock angezogen und einen Regenschirm aufgespannt. Meine Figur auf dem kleinen Thier war so komisch, daß die ganze Gesellschaft, trotz dem Unwetter, in lautes Gelächter ausbrach. Es halfen übrigens keine Vorkehrungen. Alle waren in einer Viertelstunde völlig durchnäßt, und dabei blies der Wind so heftig, daß mein Esel förmlich laviren mußte, um vorwärts zu kommen. Endlich gegen vier Uhr Nachmittags kamen wir in die Nähe von Gaza.

Wir waren begierig, die ägyptischen Truppen kennen zu lernen, vor Allem die uns als sehr gut geschilderte Reiterei, nachdem wir bis jetzt nur einzelne Ausreißer gesehen. Wir meinten, schon eine Stunde vor der Stadt müßte man gewahr werden, daß dort ein Lager sei, wie es in Beirut, Jaffa, überall, wo Türken lagen, der Fall war. Diese trieben sich beständig auf Straßen und Plätzen herum, jagten ihre Pferde ab und belästigten die Vorübergehenden durch ihr pöbelhaftes Betragen, oder sie ritten in die Bazars, um für einen Piaster Reiß zu kaufen, und hemmten da mit ihren Mähren die ganze Passage. In ihren Freistunden, deren sie vierundzwanzig am Tage hatten, lungerten sie überall herum und rannten die Spaziergänger an, und die Ermüdung, die sie sich hiedurch geholt, verschliefen sie meistens auf ihren Posten unter den Thoren oder an den Gebäuden, wo sie Wache stehen sollten. Wie gesagt, wir glaubten, die Aegypter würden sein wie unsere lieben türkischen Verbündeten, irrten uns aber sehr. Kein Lärm vor der Stadt, wohl hie und da Soldaten, die ihren Geschäften nachgingen, aber ruhig und ernst. Der Aegypter in seinem einfachen weißen Leinwandkleid sieht aus wie ein Soldat, der Türke in seiner nachgeäfften europäischen Uniform wie ein ungezogener Schuljunge. In Gaza gab uns jeder Soldat freundlich Antwort auf unsere Fragen, und einer begleitete uns sogar zur Wohnung des Muzzelin, des Gouverneurs, durch dessen Hülfe wir in der kleinen überfüllten Stadt eine, wenn auch sehr schlechte, Wohnung erhielten. Das Quartier bestand aus zwei Räumen, in denen Gerste lag, die uns erst Platz machen mußte, und war umgeben mit einer großen Mistpfütze, hier Hof genannt, deren Ausdünstung uns zwang, die Fensterläden beständig geschlossen zu halten, wodurch unsere Nasen gewannen, wir jedoch im Finstern sitzen mußten.

Ibrahim Pascha, auf den wir jetzt unser ganzes Vertrauen setzten, war wirklich noch hier, empfing den Baron v. T., der sich ihm am folgenden Morgen vorstellen ließ, auf's Freundlichste, wollte auch die Erlaubniß, auf seinem Dampfboot die Ueberfahrt zu machen, gerne ertheilen, nur unsere Pferde könne er auf keinen Fall mitnehmen, da er sogar seine eigenen mit der Armee ziehen lasse. So wurde also unser Projekt, zu Wasser nach Alexandrien zu gehen, vollkommen zu Wasser. Unsern nunmehrigen Entschluß, nuter dem Schutze seiner Reiterei durch die Wüste zu ziehen, nahm er dagegen sehr gut auf, und gab später in unserer Gegenwart dem Kommandanten dieser Truppen, Walli-Bey, den gemessenen Befehl, uns allen möglichen Schutz angedeihen zu lassen. So merkwürdig und lohnend auch unter diesen Umständen der Zug durch die Wüste zu werden versprach, so waren andererseits doch auch die Bedenklichkeiten sehr groß. Neben den regelmäßigen Truppen zogen Arnauten mit, und ein gewaltiger Troß von Volk, Menschen aller Art, Weiber und Kinder des Fußvolks und der Artillerie, die Ibrahim zu Schiffe mit sich nach Aegypten nahm. Was wurde aus uns unter diesem rohen Haufen, wenn vielleicht Mangel an allen Lebensbedürfnissen eintrat, wenn man sich, wie es bei den andern Colonnen geschehen war, um einen Bissen Brod, einen Trunk Wasser todtschlug, wenn Hitze, Hunger und Durst alle Bande der Subordination lösten? Dergleichen Betrachtungen drängten sich uns während der sechs ewiglangen Tage, die wir in Gaza zubringen mußten, nur zu oft auf. Da wir in unserm finstern, schmutzigen Gemach nicht schreiben, nicht einmal lesen konnten, so wäre die Langeweile noch schwerer auf uns gelegen, wenn wir nicht dadurch Zerstreuung gehabt hätten, daß wir für unsern Proviant zur Wüstenreise sorgen mußten. Und dies war in diesem Augenblick keine Kleinigkeit. Wir konnten dazu weder den arabischen Dolmetscher, noch einen Einwohner der Stadt brauchen, weil die Bazars von Allem entblöst waren, und man, um die nothwendigsten Artikel, wie Hühner, Brod, Eier zu bekommen, die Bauern in der Umgegend aufsuchen und s e l b s t mit ihnen handeln mußte; denn den Arabern, ihren Landsleuten, trauten sie nicht, und gaben einem solchen, aus Furcht, nichts zu bekommen, nicht das Geringste. Uebrigens machte uns diese Fouragirung viel Spaß. Schon am frühen Morgen wurden zu diesem Zwecke Jagdpartien gemacht, d. h. wir zogen, unsern Maler, einen gewaltigen Nimrod, an der Spitze, unter die Palmen und Olivenbäume im Umkreis der Stadt und schoßen täglich viele wilde Tauben, die sich hier, besonders in der Nähe einiger zerfallenen Moscheen und Gräben in Menge aufhalten. Schon bei den ersten Excursionen der Art hatte das Knallen unserer Flinten eine Masse arabischer

Knaben herbeigelockt, die sofort, durch ein geringes Bakschis (Trinkgeld) bestochen, vollständig die Rolle der uns mangelnden Jagdhunde
übernahmen. Mit ihren Falkenaugen überall umherspähend, zeigten uns die kleinen Bengel die Tauben an und apportirten die ge-
schossenen, mit einer Gewandtheit über Mauern und Gräben setzend,
die unglaublich ist. Fiel ein Thier zufällig in einen umschlossenen
Hof, so drangen sie hinein, und nicht selten gab es laute Zänkereien
und hätte vielleicht Prügel gegeben, wenn wir nicht vermittelnd
eingeschritten wären. Nachmittags kauften wir in der Umgegend
und den Vorstädten, oder vielmehr Vordörfern Gaza's Hühner und
Eier, so viel wir bekommen konnten, wofür wir freilich hohe Preise
zahlen mußten; wir hätten aber im Nothfall für jedes Ei einen
Gulden gegeben. Das Geschäft des Verkaufs besorgen meist die
arabischen Weiber. Am ersten Tage waren sie sehr mißtrauisch
und brachten uns nur wenig auf die Straße; als sie aber sahen,
daß wir gut zahlten, wurden sie zutraulicher; auch jagten unsere
kleinen Jungen stets vor uns her und brachten mit ihrem Geschrei:
„die Franken wollen Eier und Hühner und zahlen gut," die Dörfer
in vollkommenen Aufruhr. Am letzten Tage, wo Dr. B. und ich
die Einkäufe besorgten, hatten wir in weniger als einer halben
Stunde an vierhundert Eier gekauft, und noch standen gegen zwanzig Mädchen und junge Weiber um uns her, mit verschiedenen Artikeln beladen; sie überhäuften uns mit Schmeicheleien, und zum
Glück kamen wir bald auf den Grund unseres Geldbeutels, sonst
hätten wir einen ungeheuern Vorrath angekauft, denn es wurde uns
sehr schwer, diesen reizenden Wesen zu widerstehen. Die Araberin hat
etwas ungemein Graziöses in allen ihren Bewegungen, ein angenehmes Gesicht mit den feurigsten Augen von der Welt, und die
schönsten kleinen Hände und Füße. Dazu kommt ihr Anzug, ein einfaches blaues Hemd, vorn bis unter die Brust offen, welches die
schlanken und doch vollen Formen ihres Körpers nur bezeichnet,
nicht verdeckt. Selbst die Zudringlichkeit, mit der sie dem Fremden,

von dem sie wissen, daß er sie gut behandelt, ihre Waaren anpreisen, hat nichts Plumpes und Unanständiges.

Zwischen diesen häuslichen Geschäften besahen wir die Umgebungen der Stadt und ritten zuweilen an's Meer, das eine halbe Stunde entfernt ist, um der Einschiffung der Truppen zuzusehen. Bereits dauerte dieselbe zehn Tage und war noch nicht beendigt; ein beständiger starker Westwind machte die Brandung so heftig, daß man täglich nur sehr wenige Menschen an Bord bringen konnte. Das sämmtliche Fußvolk und die Kranken der Reiterei wurden eingeschifft, sowie einige Artillerie, etwa zwanzig Kanonen ohne Bespannung, und ich bemerkte mit Vergnügen, daß trotz der hohen See die Soldaten diese Geschütze mit Leichtigkeit an Bord brachten. Zum Transport lagen da zwei Linienschiffe und drei Fregatten der ägyptischen Marine, sowie ein Dampfboot, der „Nil"; ein anderes, der „Hadschi-Baba", zum Gebrauch Ibrahims bestimmt, kam am 17. Februar Abends. Ibrahim Pascha saß selbst oft viele Stunden des Tags auf dem Teppich am Strande und sah dem Einschiffen zu. Er bildete so mit den ihn umgebenden Offizieren immer eine sehr interessante Gruppe. Der Pascha ist ein kleiner dicker Mann; sein rothes, blatternarbiges Gesicht, von einem weißen Bart umgeben, hat wenig Ausdruck; die Augen aber, ohne gerade viel Geist zu verrathen, sind lebhaft, stechend. Er trug einen grünen Kaftan, mit Pelz besetzt, auf dem Kopfe ein Feß und um dasselbe das gelbe und rothe Tuch der Beduinen bis auf die Schultern herabhängend. Er sah mißmuthig auf's Meer, und zuweilen, während er einige Worte mit seiner Umgebung sprach, nahm er kleine Steine auf und warf sie in die Wellen. Um ihn standen Hassan Pascha, der Admiral, ein Georgier, Mahmud Bey, Oberstlieutenant der Marine, besonders wohl von ihm gelitten, und Hussein Pascha, ein Türke und auffallend schöner junger Mann.

Oestlich von der Stadt hatte Achmed Pascha Menikli, mit der sämmtlichen Reiterei sein Lager gehabt, war jedoch schon vor zwölf

Tagen über El Arisch nach Kairo gezogen; nur die Gardereiterei unter Wally Bey stand noch hier, den Augenblick erwartend, wo sich Ibrahim einschiffen würde, um gleich darauf aufzubrechen und Achmed Pascha zu folgen. Diese Garde (Lanzenreiter und eine Schwadron Kürassiere) bestand aus drei Regimentern, deren jedes tausend Mann stark Damaskus verlassen hatte; hier waren ihrer noch siebenhundert Mann in Allem. Wir suchten gleich in den ersten Tagen unsere neue Reisegesellschaft auf, kamen aber zum traurigen Schauspiel einer Execution. Man erschoß vor unsern Augen vier eingebrachte Deserteurs. Nördlich von diesem Lager erhob sich ein kleiner Berg mit einem alten Gebäude, angeblich Simsons Haus, von dem man eine sehr schöne Aussicht über Stadt und Meer hat.

In gleichem Falle mit uns, d. h. die Einschiffung Ibrahims erwartend, befand sich in Gaza ein englischer Oberst, ein Linienschiffslieutenant und ein englischer Arzt; letztern hatte der Pascha einer Unpäßlichkeit halber von Beirut kommen lassen; ferner Reschid Achmed Ferik Pascha, auch der Brillenpascha genannt, weil er beständig ein solches Instrument trug. Diese Herren waren von ihren Regierungen hierher geschickt worden, um sich mit eigenen Augen zu überzeugen, daß Ibrahim Syrien verlasse, daß das Land von seiner Plage befreit sei, und reingewaschen in den Schooß des allein glücklich machenden türkischen Reiches zurückkehren könne.

Endlich am achtzehnten Februar Mittags um zwölf Uhr verließ Ibrahim Pascha das Land, und sogleich wurde der Aufbruch der Reiterei auf den folgenden Morgen festgesetzt. Nachdem die vielen Schwierigkeiten, die uns die Fortschaffung unserer Effekten verursachte, beseitigt waren, wozu noch der Umstand kam, daß unsere Stute den 18. Abends ein allerliebstes Fohlen warf, das man um keinen Preis zurücklassen wollte, zogen wir am 19. in aller Frühe zum Lager der Reiterei, das zum Sammelplatz der Karawane bestimmt war. Unser Zug nahm sich auch hier wieder, wie auf der ganzen Reise, wenn auch nicht sehr malerisch, doch höchst eigenthümlich aus. Syrien und Palästina hatten wir auf flüchtigen Pferden durchzogen, ein kriegerischer Reitertrupp, der in den verschiedenartigsten Costümen und Waffen den Orient und das Abendland vereinigte; jetzt waren wir allein. Fürst Aslan, unser lieber Reisegefährte, hatte in Hassan Pascha, dem Admiral, einen Landsmann gefunden und war zu Schiff nach Alexandrien gegangen; wir reisten unter dem Schutze vieler bewaffneter Reiter, friedlichen Kaufleuten gleich, nicht mehr selbstständig jeden schönen Pfad wählend, sondern ein Glied der Karawane, an diese durch die schauerlich öden Wege der Wüste gekettet, und auf hohen Kameelen ein ganz anderes Bild gebend.

Wir hatten sieben dieser nützlichen und guten Thiere, von denen drei durch den Maler, den Dr. B. und mich nebst unsern Sachen besetzt wurden; ein weiteres ritt der Reitknecht des Barons, welcher selbst den prächtigen arabischen Hengst aus Damaskus bestieg; das fünfte trug unsere in der Eile zusammengekauften Vorräthe, die in Hühnern, einem Hammel, Eiern, Brod und Kohlen bestanden. Wein oder Rum war zu keinem Preis in Gaza zu bekommen; nur einmal brachte uns ein Araber eine Flasche Champagner zum Verkauf, wahrscheinlich aus dem Keller Ibrahims gestohlen, der, obgleich ein guter Muselmann, den Champagner sehr liebt. Das sechste Kameel war mit Fourage und Wasser für die Pferde beladen, und auf dem siebenten thronte das kleine Fohlen, in einen alten persischen Teppich gewickelt. Der Schimmel, von dem ich früher gesprochen, trug die Sachen des Barons und den Dolmetscher, der die Stute, die Mutter des Kleinen, an der Hand führte. Auch hatten wir drei Kameeltreiber, Mahmud, Achmed und Akrabud, auf welche Herren ich später zurückkommen werde. Zu uns hatte sich noch von Gaza ein englischer Offizier, Kapitän E., gesellt, der nebst drei Bedienten, einem Perser, einem Griechen und einem Araber, ebenfalls nach Kairo ging.

Das Lager der Reiterei bildete indessen ein wahres Chaos von Menschen und Pferden, Eseln und Kameelen, aus dem sich allmählig geordnete Züge sonderten und auf dem Wege nach El Arisch sich fortbewegten. Hier schlug man die Zelte ab und lud sie nebst Kisten und Säcken auf die geduldigen Kameele, die gruppenweise niedergekauert im Kreise lagen und zuweilen ein unwilliges Geschrei ausstießen, wenn man einen neuen Pack auf ihren Rücken legte. Dort stand ein gutmüthiger Esel und ergab sich in sein Schicksal, eine ganze Familie nebst Hausgeräth zu schleppen; außer der Dame des Hauses, die seinen Rücken eingenommen, hatte das Thier an jeder Seite einen Korb hängen, aus denen die schmutzigen Gesichter ihrer Sprößlinge heraussahen. Da waren ganze Harems auf ein einziges Kameel geladen, indem man dasselbe rechts und links mit zwei großen Kisten behängte, in denen drei, vier Weiber und verschiedene Kinder auf Bettwerk und Teppichen lagen; ein schwarzer Eunuch trieb mit seinem Stock die Familie vorwärts. Man sah mitunter die lächerlichsten Auftritte und konnte tiefe Blicke in das innere Familienleben der Araber thun. Da wurde gesungen und gelacht, erzählt und gezankt, und wer das wüthende Geschrei dieses Volks bei der friedlichsten Veranlassung kennt, kann sich einen Begriff von dem wüsten Lärm machen. Das ganze Lager war ein großer Ameisenhaufen, wo jeder sich mit gleicher Geschäftigkeit herumtrieb, vom Kameeltreiber im grauen Hemde, der nur ein ungegerbtes Schaffell besitzt, womit er nach Bedürfniß diesen oder jenen Theil seines Körpers bedeckt, bis zum ägyptischen Offizier im betreßten Kleide, dessen gold- und silbergesticktes Kopftuch hie und da hervorblitzte. Die Gardereiter standen ruhig bei ihren Pferden und warteten des Befehls zum Aufsitzen, der jedoch für unsere Ungeduld zu lange ausblieb, und da die Leibschwadron Ibrahims, unter dem Kommando eines sehr liebenswürdigen Polen, der geläufig Französisch, auch einiges Deutsch sprach, sich in Bewegung setzte, so machten auch wir Anstalten, unsere Reise anzutreten. Ich darf wohl sagen

Anstalten, denn gegen die Leichtigkeit, mit der man sich auf's Pferd schwingt, ist das Besteigen eines Kameels eine wahre Arbeit und erfordert Anstalten. Das Thier liegt, von seinem Treiber festgehalten, indem ihm dieser seinen Fuß auf ein Vorderbein setzt, auf den Knieen. Zu beiden Seiten hängen die Effekten des Reiters und oben zwischen denselben bilden Matratzen, Teppiche, Pelze einen weichen Sitz. Auf diesen schwingt sich der Reiter und hält sich sogleich vorn und hinten fest; denn das Kameel, von seinem Treiber losgelassen, richtet sich plötzlich ruckweise auf, erst vorne, und man fällt beinahe auf den Rücken, dann hinten, und man würde ohne Halt unfehlbar auf den Hals des Thieres stürzen. Wir kamen alle ziemlich glücklich hinauf; nur der Reitknecht Friedrich, der sich nie durch Gewandtheit in seinen Bewegungen auszeichnete, fiel mit gewaltigem Purzelbaum in den Sand.

Endlich kam auch unser Zug in Bewegung und die Kameele gingen mit großem, ruhigem Schritt dahin, den Reiter eben nicht angenehm schaukelnd. Es braucht einige Zeit, ehe man sich an diese Art zu reiten gewöhnt. Abgesehen davon, daß das Gefühl, das Thier nicht in seiner Gewalt zu haben, sondern seinem Willen folgen zu müssen, sehr unbehaglich ist, so ist der Gang der Kameele, die nicht wie Pferde und Esel, ihre Beine kreuzweis heben, sondern den vordern und hintern Fuß jeder Seite zugleich, im höchsten Grade unangenehm. Er bewegt den Oberleib des Reiters unaufhörlich stark von hinten nach vorne, gleich dem Schaukeln eines Nachens, und wirkt auch beinahe ebenso; denn es gibt Leute, die auf dem Kameele, diesem „Schiff der Wüste", vollkommen von der Seekrankheit befallen werden. Indessen empfanden wir von dieser Unbequemlichkeit nicht viel, wozu wohl am meisten der erfreuliche Gedanke beitrug, das traurige Gaza hinter uns zu haben und endlich auf dem Wege zu sein, auf dem einzigen, der uns aus Syrien offen stand.

Ehe man sich, abgesehen von der unangenehmen Bewegung,

auf den Kameelen heimisch und sicher fühlt, muß man sie — ich meine den Packsattel — vollständig zu seinem Gebrauch einrichten. Die Thiere sind eines hinter das andere gebunden, und so ist die ganze Reisegesellschaft getrennt; auch lassen sie sich nicht antreiben, und ich konnte nicht zu einem von unsern Freunden hinreiten, wie ich wohl früher that, wenn mir eine Pfeife Tabak oder Feuer mangelte. Mir kam mein Thier wie ein neues Haus vor, in welchem man die Ecke noch nicht gewählt hat, wo man schlafen will, und für den Hausrath noch keinen Platz weiß. Lange schob ich an meinen Teppichen hin und her, um einen etwas bequemen Sitz zu erhalten, denn ich muß gestehen, daß ich mich nichts weniger als behaglich fühlte. Die meisten Kameele hatten hinter dem Packsattel noch ein kleines gepolstertes Kissen, ungefähr wie der Bedientensitz an einem Wurstwagen, was sehr bequem ist, und dieses mangelte gerade an meinem; auch hatte noch keiner von uns die Kunst erlernt, das Kameel von vorne herein so zu packen, daß man sich bequem darauf befindet, und unsere Herren Kameeltreiber waren am Morgen immer froh, wenn sie nur die Sachen hinaufgeworfen und die Kameele in Gang gebracht hatten; denn jeder fürchtete sich, zurückzubleiben. Um auf dem Kameele einigermaßen angenehm zu sitzen, muß man den Sattel, der den ganzen Höcker bedeckt, nachdem man die Bagage zu beiden Seiten angehängt hat, hinten durch Kissen oder Teppiche erhöhen, auf die man sich setzt, und nun nicht nöthig hat, mit den Beinen das ungeheure Thier zu umklammern, sondern dieselben mehr vor sich hinstrecken kann.

Unser Mundvorrath, den wir in Gaza treu und redlich getheilt hatten, bestand für die Person in sechszig bis achtzig Orangen gegen vierzig hartgesottenen Eiern, einem Sack voll Brod und einer Flasche mit Essig, welche Sachen, nebst Tabak und Pfeife, jeder auf seinem Kameel so vertheilte, daß er ohne Mühe etwas davon hervorlangen konnte. Wir hatten uns zu dem Behufe weiße leinene Säcke machen lassen, die rechts und links an den Packsattel gebunden wurden.

Wir hatten schon eine ziemliche Strecke zurückgelegt auf einem Terrain, das wenig von dem Weg zwischen Jaffa und Gaza verschieden ist. Es besteht, wie dort, aus beweglichem Sand, doch sah man an den Seiten noch grüne Felder, Palmen- und Olivenbäume; auch war der Boden der Straße stellenweise von hartem Kies, der den Kameelen das Gehen sehr erschwerte. Diese merkwürdigen Thiere scheuen die geringste Senkung des Weges und gehen sogar unsicher, wo er recht glatt und eben ist. Baron von L. war mit unserem neuen englischen Freunde noch zu Wally Bey gegangen, um mit ihm und seiner Reiterei zugleich aufzubrechen. Doch dauerte dies länger, als sie gedacht, weßhalb sie uns bald darauf allein nachgesprengt kamen. Der Engländer hatte drei Bedienten bei sich, wovon zwei auf Kameelen saßen und der dritte, sein Kammerdiener, auf einem großen Maulthiere hinter ihm drein zog. Er erkundigte sich, wie uns die neue Reitart behage, und als ich ihn versicherte, ich habe in meinem Leben nie so schrecklich unbequem gesessen, so bot er mir das Maulthier seines Dieners an, das, mit einem englischen Sattel versehen, sich gar nicht unvortheilhaft ausnahm. Auch schien sein Inhaber mit dem Tausch sehr zufrieden. Er lachte mich heimlich aus, wie er auf mein Kameel stieg, ordnete oben Teppiche und Decken anders, und warf mir mitleidige Blicke zu, als ich den Esel bestieg. Dieser hatte auch merkwürdig schöne Eigenschaften. Er hatte unförmlich lange Ohren und war sehr hartmäulig, was daher kam, daß er als Thier des Dieners gewöhnt war, stets dicht hinter dem des Herrn zu laufen. Machte nun der Engländer, wie er sehr häufig that, rechts und links einen Abstecher in den Klee oder unter die Palmen, so mußte ich ihm folgen, wollte ich mich mit dem Esel nicht abarbeiten. Traf er mich aber bei solchen Anlässen, wie es zuweilen vorkam, schlecht gelaunt, so daß ich ihm seine Unarten nicht hingehen ließ, so stieß er, wenn er das andere Pferd davon traben sah, ein jämmerliches Geschrei aus, ein Geheul, so ohrenzerreißend, wie ich es selbst bei einem Esel nie vernommen.

Durch unser Warten auf die Kavallerie Ibrahims, die uns noch immer nicht nachfolgte, waren wir ganz ans Ende des Zugs gekommen, der sich unabsehbar über die vor uns liegenden Höhen fortbewegte. Ein buntes Gemisch von Kameelen, Pferden, Eseln und Trachten in allen möglichen Farben. Wir freuten uns auf die sonderbaren Scenen, die uns der Zusammenfluß so vieler für uns fremdartiger Menschen versprach, da es uns auf unsern Pferden leicht wurde, bald hier, bald da den Zug zu durchkreuzen, oder ein Stück vorgaloppirend, ihn theilweise an uns vorbeiziehen zu lassen. Doch sparten wir dies Vergnügen für den folgenden Tag auf; denn wir hatten heute viel zu thun, um unsere Vorkehrungen für die nächste Nacht, sowie die Vertheilung unseres mäßigen Proviants für die Wüstenreise zu besprechen. Wir hatten in Gaza ein kleines Zelt gekauft, unter welchem, wenn man sich auch sehr dicht zusammen legte, kaum vier Personen Platz hatten. Auch war es in einem etwas defekten Zustand und würde einen ziemlichen Platzregen nicht abgehalten haben. Ein zweites besaß der Engländer, das, wie alle Reisegeräthe dieses praktischen Volkes, sich im besten Zustande befand. Als ein sehr artiger Mann schlug er uns gleich vor, mit ihm unter seinem Zelte zu hausen und der Dienerschaft das unsrige zu überlassen.

Wir wurden heute auf unserem Marsch einigemal durch das kleine Fohlen aufgehalten. Das Thierchen hatte, obgleich es am Morgen sehr gut aufgepackt und erst einen Tag alt war, in seinem Teppich so gezappelt und sich gedreht, daß die Stricke am Packsattel des Kameels los geworden waren und das geduldige Thier sich mehrmals legen mußte, damit man den Sprößling frisch aufbinden oder an der Stute saugen lassen konnte. Es war wirklich rührend, mit welcher Sorgfalt und Liebe die Araber, besonders unsere Kameeltreiber, sonst die rauhesten Menschen von der Welt, das kleine Thier behandelten und pflegten. So ging ihm immer einer zur Seite und beobachtete alle seine Bewegungen; dann und wann wurde die Stute gemolken und sie gaben die in einem Löffel aufgefangene Milch dem Kleinen auf's Kameel. Gelangten wir Abends in's Lager, und die Nacht kam, wie immer in Syrien, mit empfindlicher Kälte heran, so versuchten sie nicht selten, das Pferdchen mit ihren warmen Lumpen zu bedecken; ein Manöver, das jedoch nicht half, denn wir mochten ihm noch so fest seinen persischen Teppich umhängen, so schlüpfte es beständig hinaus.

Es war erst gegen zwei Uhr, als wir schon den Ort unseres heutigen Nachtlagers, ein armseliges Dorf, vor uns liegen sahen. Dasselbe war kaum vier Stunden von Gaza entfernt. Wir waren zwar Morgens um vier Uhr aufgebrochen, aber das Bepacken der Kameele und die Verzögerung des Abmarsches durch die Reiterei hatte so viel Zeit weggenommen, daß wir uns erst um acht ein halb Uhr in Bewegung setzten. Als wir das Dorf erreichten, war bereits eine große Halde hinter demselben von den uns vorangegangenen Zügen bedeckt: ein buntes, geräuschvolles Gewimmel, Männer, Weiber und Kinder in der lebhaftesten Bewegung. Man lud Kameele ab, schlug die Zelte auf, dort loderten Feuer, hier bemühten sich einige kleine Buben, auf dem Bauche liegend, eines anzublasen. An ernstlichen Streitigkeiten fehlte es auch nicht, und wir waren froh, als wir den Schwarm durchzogen hatten und am Ende der Halde zu der Leibschwadron Ibrahims kamen, bei der wir, nach einer Bestimmung des Pascha, unser Zelt aufschlagen sollten. So war denn glücklich der erste Tag unserer Wüstenreise vorüber. Der heutige Marsch war so stille und ruhig gewesen, daß unsere Besorgnisse für die künftigen anfingen sich zu zerstreuen. Wir glaubten nun ungefähr ausrechnen zu können, wann wir in Kairo eintreffen würden, und ich dachte nur an die schönen Bilder, die während des Zugs zu sammeln wären, und an das alte Wunderland Aegypten, das wir bald betreten sollten. So wie unsere Kameele sahen, daß wir an Ort und Stelle waren, ließen sie sich gleich nieder und harrten ruhig, bis wir sie ihrer Last entledigten. Unsere Leute schlugen beide Zelte auf, und die Kameeltreiber ordneten Gepäck und Proviant, wie es ihnen für die Nacht am zweckmäßigsten däuchte. So wurde der gemeinschaftliche Proviant, der in einem gekochten Hammel, Kaffee und Zucker bestand, in das Bedientenzelt geschafft, unsere Nachtsäcke und Kohlen zu beiden Seiten des Einganges aufgepflanzt und um das Zelt im Kreise unsere sieben Kameele gelagert, eine ruhige, wiederkäuende Wache.

Unter dem Zelte des Engländers begann sich jetzt ein Comfort zu entwickeln, den wir uns auf unserer Reise durch Syrien ganz abgewöhnt hatten und zu dessen Fortsetzung es bei der Einrichtung unseres Reisegeräthes wenigstens sechs Pferde bedurft hätte, wogegen bei dem praktischen Engländer Alles in eine einzige Kiste gepackt war. Er hatte schon viele Reisen durch die Wüste gemacht und war also mit Allem, was dort nothwendig ist, besser vertraut als wir. Es ist schlimm, daß fast in keinem Reisehandbuch über den Orient die Gegenstände erwähnt sind, deren der Reisende wirklich bedarf. Wir schleppten eine ganze Küche mit, theils in Säcken, theils an die Kameele gehängt, Teller, Messer, Gläser, Flaschen, Casserole ꝛc. Wir hatten Teppiche, Decken, Pelze bei uns, der Engländer hingegen nur eine einzige Kiste, aus welcher sich aber eine Menge von Sachen entwickelte, die uns unglaublich schien. So war der halbe Boden des Zelts mit einem Teppich bedeckt, worauf eine zwei Finger dicke roßhaarene Matratze lag, mit Kopfkissen, Leintuch und einer Decke versehen. Einige Leuchter wurden auf den Boden gesetzt, und außer dem nöthigen Kochgeschirr, nebst Tellern, Messern und Gabeln kam im Laufe des Abends noch ein Kaffee- und Theeservice, eine kleine Punschbowle, sowie die Leibtoilette des Engländers zum Vorschein.

Dieser hatte, wie die meisten seiner Landsleute, seine Eigen-

Viertes Kapitel.

heiten. Er war Kapitän in Diensten der ostindischen Compagnie und hatte öfters Reisen zwischen Bagdad, Bombay und Kalkutta gemacht. Seine drei Bedienten, die nichts zu thun hatten, als seiner Person aufzuwarten, waren ein Indier, den er aus Bombay mitgebracht, und der etwas Persisch verstand, was auch der Kapitän sprach, ferner ein Grieche, sein Koch und Dolmetscher, und endlich ein Araber, den er in Gaza aufgegriffen hatte und blos mit nach Kairo nehmen wollte. Der Engländer war ein Mann von etwa sieben und zwanzig Jahren, sprach geläufig französisch und verstand, wie wir erst am Ende der Reise erfuhren, ganz gut, was wir Deutsche zusammen sprachen. Warum er dies früher nicht merken ließ, weiß ich nicht; er hat durch diese Verläugnung unserer edeln Muttersprache manchen kleinen Stich hinnehmen müssen. So gutmüthig er von Natur war, so machte es ihm doch ein eigenes Vergnügen, seine Bedienten und die Leute, mit denen er in Berührung kam, durch allerhand kleine Geschäfte stets in Athem zu halten, ja sie fast zu quälen. So hätte er nie selbst Hand an seine Sachen gelegt; er stieg vom Pferde, warf dem Araber den Zügel zu, sagte zum Griechen: „Husseln, Mantel und Säbel!" welche Gegenstände dieser ihm abnehmen sollte, während der Indier ihm die gestopfte Pfeife fast in den Mund stecken mußte, und blieb dann stehen, bis das Zelt aufgeschlagen war, worauf er sich auf seine Matratze streckte und durch allerhand Kleinigkeiten die Drei stets auf den Beinen zu erhalten wußte.

Wir waren auf diese Art bei ihm gut eingerichtet und mit Beiziehung unseres eigenen Mobiliars unter seinem Zelt ganz vergnügt. Das Erquickendste auf dem ganzen Zug war der Kaffee, den unser Giovanni, falls er bei guter Laune war, sogleich bereitete. So saßen wir denn unter dem Zelte, dessen Oeffnung regelrecht vom Winde abgekehrt war, in den Händen die kleinen türkischen Täßchen und rauchten behaglich aus dem Nargileh. Draußen hatten die beiden Kochkünstler kleine Gruben in den Sand gemacht, in denen sie Holzkohlen anglühten, um darüber die Speisen zuzubereiten. Scham, der Hengst, wälzte sich vor Vergnügen auf dem Boden und das kleine Fohlen sog an seiner Mutter, — ein Familienbild. Im Hintergrunde war das buntscheckige Lager mit hunderten von Feuern. Die Leibschwadron Ibrahims hatte ihre Pferde in ein Viereck gestellt und sie auf die übliche Art an einem Hinterfuß gefesselt. Die Leute lagen ohne Zelte in diesem Carré. Sie hatten ihr Gepäck fast wie unsere Kavallerie im Lager geordnet, auf den Sattel Mantelsack, Säbel und Pistolen gelegt und die Lanze mit der rothen Fahne daneben gesteckt. Ihr Oberst, der Pole, lag in der Mitte in einem großen Pelze und um ihn standen ein paar Negerknaben, die ihn zu seiner Bedienung begleiteten.

Während wir alle diese Gegenstände mit Muße betrachteten, schlug plötzlich eine schmetternde, jedoch nicht unangenehme Hornmusik an unser Ohr. Es war die Reiterei unter Ali Bey, die jetzt nachkam. Da sie, wie wir später erfuhren, nicht eher von Gaza abmarschiren konnte, als bis das Dampfboot, der Hadschi Baba, auf welchem Ibrahim sich befand, das Signal gegeben hatte, daß es abgefahren sei, und dasselbe, obgleich sich der Pascha am achtzehnten eingeschifft hatte, erst am neunzehnten wirklich abfuhr, so hatten sie bis gegen zehn Uhr auf den Signalschuß warten müssen und rückten jetzt erst ein, nachdem wir schon ein paar Stunden im Lager waren. Hinter der Musik ritt der Pascha, ein Mann mit großem Bart, umgeben von mehreren Ober- und Unteroffizieren; dann die Lanciers, in recht gutem, in Betracht ihres fürchterlichen Rückzugs sogar vortrefflichem Zustand. Sie hatten alle ihre Waffen, Säbel, Pistole und Lanze, sowie jeder eine lederne Wasserflasche; Geschirr und Sattelzeug der Pferde war in Ordnung, die Uniformen ziemlich gut, und jeder hatte außer einer Art Mantel noch eine Kapuze, die er über den Kopf ziehen und auf der Brust befestigen konnte. Die zweite Abtheilung bestand aus reitender Artillerie, vielen Kürassiren ohne Helm und Küraß; nur einige wenige hatten denselben umgeschnallt, andere sogar an den Sattelknopf gehängt. Diese Waffengattung ist aber auch wohl die unzweckmäßigste für heiße Länder, wie Syrien und Aegypten. Dann kamen wieder Lanzenreiter, und den Beschluß machte die Bespannung von achtzig bis neunzig Geschützen je zu vier Maulthieren, deren Geschirre sich in der besten Ordnung befand. Pferde und Maulthiere hatten sich in Gaza wieder erholt und sahen gut genährt, frisch und munter aus. Später kam noch ein kleines Piket Reiter, die eine Masse Reitpferde der Pascha's begleiteten; doch war keines darunter, das unsern arabischen Pferden zu vergleichen gewesen wäre, was die Türken und Aegyptier selbst anerkannten. Sie umgaben diese Thiere oft Stunden lang, besahen den schönen Bau, die starken, reinen Beine, und strichen mit dem öftern Ausruf: El w'Allah! (bei Gott, das ist schön!) über die feine Haut und die seidenartige Mähne. Dabei war es sehr eigenthümlich, daß die Beduinenschechs dem Hengst den Vorzug gaben, die ägyptischen und türkischen Pascha's dagegen die Stute für vorzüglicher erkannten. Oft hielten sie vor unsern Zelten lange Debatten hierüber, welche wir am besten schlichten konnten, indem wir sie auf das Fohlen aufmerksam machten, dessen starke Glieder, sowie der wunderschöne, edle Kopf, einst die Vorzüge beider vereinigen würden, was sie zugaben.

Wir machten noch einen Gang durch sämmtliche Lager, sowie in's Dorf, wo wir einen Topf voll Milch einkauften, um daraus für den Abend einen Riz au lait bereiten zu lassen. Der Tränkungsplatz war uns heute das Interessanteste; dort standen die kleinen Esel und Pferde des ärmeren Volkes in erster Reihe, um getränkt zu werden, weil sie zuerst angekommen waren; dann kamen die Pferde der Kavallerie und hinter ihnen die geduldigen Kameele, welche bis zuletzt warten mußten. Das Wasser befand sich in einer Art Teich, um welchen die Thiere gereiht wurden, so daß sich eine große Zahl zugleich tränken ließ, weßhalb heute das Gezänk und

Geschrei nicht sehr groß war. Das Wasser, obgleich matt, wie fast an der ganzen syrischen Küste, ließ sich dennoch genießen.

In unser Zelt zurückgekehrt, nahmen wir unsere Abendmahlzeit ein, die aus Reiß bestand, worin ein Stück Hammelfleisch gekocht war, ferner aus ein paar Hühnern, Orangen, getrockneten Feigen, Rosinen und Datteln. Während wir bei Tische saßen, kam unser Dolmetscher, meldete, unsere Nachtwache sei angekommen, und fragte, ob er ihnen etwas Kaffee zubereiten und den übriggebliebenen Pillau geben dürfe. Natürlich ließen wir ihn diese großmüthige Idee ausführen, und bald bezogen die ägyptischen Lanciers ihren Posten um unser Zelt. Ihren Wachtkommandanten, seines Ranges Hauptmann, luden wir zu uns und bewirtheten ihn mit Punsch, den unser Engländer zubereitet hatte. Der Araber erzählte uns durch den Dolmetscher Einiges vom fürchterlichen Rückzug über Damaskus, rauchte seine Pfeife und zog sich dann wieder zurück, wobei er in ehrerbietiger gebückter Stellung rückwärts das Zelt verließ. Wir legten unsere Teppiche auf den Boden, scharrten einen Haufen Sand zu einem Kopfkissen zusammen, worauf der ausgezogene Rock gelegt wurde, und bereiteten so unsere Lagerstätte. Dann traten wir nochmals vor's Zelt, um den wundervollen, sternhellen Himmel zu betrachten. Ich habe die Sterne, besonders die Venus, nie herrlicher glänzen sehen, als in den Nächten, die wir in der Wüste zubrachten: wir haben Versuche gemacht, und gefunden, daß ihre Strahlen hell genug waren, um, wie das Mondlicht, einen wenn auch schwachen Schatten auf unsere weiße Zeltwand zu werfen. Unsere Wache bestand aus zehn Mann, die im Kreis um unsere Zelte postirt waren und, in weiße Mäntel eingehüllt, regungslos an ihren Lanzen lehnten.

Die Nacht verging ziemlich ruhig, und ich hörte nur zuweilen das Geschrei einiger Hunde, die sich bei unsern Zelten herumbalgten, sowie das entfernte Geheul der Schakals, Töne, welche mit nichts

Anderem zu vergleichen sind. Es ist ein helleres, pfeifendes Bellen; doch hielten die vielen Wachtfeuer diese Thiere heute Nacht in Respekt. Der Aufbruch der Karawane war auf fünf Uhr bestimmt, und schon um vier fing Alles im Lager an sich zu regen. Man packte auf, riß die Zelte ein, die meisten tränkten ihre Pferde noch einmal, und um fünf bewegten sich die Kolonnen nach einer vom Pascha getroffenen Einrichtung vorwärts. Wally Bey nämlich, ein sehr vernünftiger Mann, befahl, daß sich die kleinen Thiere, Esel, schlechten Pferde, gleich am Morgen an die Spitze des Zugs stellen sollten, um zuerst abzumarschiren. Dann kamen die Kameele und zuletzt die Reiterei. Er wollte damit bezwecken, daß die Esel, die mit den Kameelen und Pferden nicht gleichen Schritt halten konnten, wenigstens am Morgen einen Vorsprung hätten und man nicht genöthigt sein möchte, jene zu weit zurückzulassen und sie so den Angriffen der Beduinen bloßzustellen. Dennoch überholten Kameele und Pferde sie im Lauf des Marsches, und die Spitze des Zugs, wie er sich Morgens in Bewegung gesetzt, kam am Abend zuletzt auf den Lagerplatz. Diese Anordnung des Pascha war sehr gut, und er sorgte auch so ziemlich dafür, daß sie befolgt wurde. Es waren aber auch wirklich manche Lastthiere zum Erbarmen bepackt, Kameele wie Esel.

Wir ließen Alles an uns vorüberziehen und waren im besten Packen begriffen, um mit der Leibschwadron aufzubrechen, als unser Dolmetscher und Koch dem Baron den leeren Korb zeigte, worin noch gestern der so schön geschlachtete und gekochte Hammel gewesen war. Man hatte uns keine Faser gelassen, wir begriffen aber nicht, wer der Dieb sein könne; ein gewandter auf jeden Fall, denn unser Fleischkorb hatte unter unsern Bedienten mitten im Zelt gestanden, um welches obendrein noch die zehn Lanciers Wache hielten. Im Stillen hatten wir auf diese edlen Kriegsknechte selbst den Verdacht geworfen; doch sagte uns im Laufe des Tages der polnische Obrist, als wir es ihm erzählten, es werden wohl Hunde gewesen sein, die sich in großer Menge bei den Zelten herumtrieben. Wir ritten mit dem Polen fort, den ich im Verlauf der Reise recht lieb gewann. Er hatte merkwürdige Schicksale gehabt, war Renegat und hieß jetzt Husseyn Effendi, was so viel heißen will, als Herr Husseyn. Er führte zwei sehr schöne arabische Windhunde mit sich, die glücklich den Rückzug überlebt hatten. In den Tagen, ehe wir an die eigentliche Wüste gelangten, wie heute, wo der Weg dann und wann an grünen Wiesen und Haiden vorbeilief, schossen die beiden flinken Thiere zuweilen in merkwürdigen Sprüngen den Gazellen nach, die sich am Horizont in Heerden von zwanzig bis dreißig Stücken sehen ließen; doch erreicht der Hund höchst selten eine Gazelle, es sei denn, der Boden wäre ziemlich weich oder das Wild erkrankt.

Das Terrain zeigte heute, wie schon gesagt, hie und da noch einiges Grün, jedoch höchst sparsam, und man sah an den Haiden, auf denen kein Gras, sondern nur kleine, stachlichte Gesträuche wuchsen, sowie am feinen Sand, der alle Wege einige Zoll hoch bedeckte, daß wir uns der großen Wüste näherten. Palmen trafen wir nur wenige, zerstreut in einer Vertiefung des Terrains, wo sich das Regenwasser sammeln konnte. Auch weiß ich nicht, ob's Einbildung von mir war oder Wirklichkeit, daß ich bei jedem gelinden Windhauch, der uns von der Wüste entgegen kam, die schon sehr starke Hitze noch bedeutend verstärkt zu fühlen glaubte. Der ganze Charakter der Natur war, obgleich großartig, doch heute schon sehr einförmig, ein bedeutungsvolles Vorspiel zu dem, was unser in den nächsten Tagen harrte. An Schatten war natürlich den ganzen Tag nicht zu denken und die Hitze quälte mich schon jetzt bedeutend. Das Schlimme in jenen Ländern ist, daß man sich nicht der Witterung gemäß kleiden darf. Während des Tages drückt die glühende Hitze, trotz der leichtesten Kleidung, fast zu Boden, und sobald die Sonne sinkt, fällt der Thau und die Nacht tritt mit einer Frische, ja mit einer Kälte ein; die einen dicken Mantel

Viertes Kapitel.

nothwendig macht. Der Sand wird ein paar Zoll tief feucht, und wir benützten dies, unsere welk gewordenen Orangen, die Wasserschläuche und den zu Staub verbrannten Taback wieder aufzufrischen.

Nachdem wir eine Zeit lang neben unserm Obrist hingeritten waren, ließen wir unsere Pferde einen stärkern Schritt gehen, um an die Spitze des Zugs zu kommen, und obgleich wir zuletzt scharfen Trab ritten, brauchten wir doch gegen anderthalb Stunden, um dieselbe zu erreichen. Welche Trachten, welche Physiognomien, interessante und höchst gemeine, welches Elend neben Pracht und Luxus wir hinter uns ließen, ist mit keiner Feder zu beschreiben. Den Vortrab bildeten einige fünfzig junge Türken und Araber, meistens Oberoffiziere Mehemed Ali's, die ohne ihre Truppen nach Aegypten zurückzogen. Die Herren waren ziemlich gut gelaunt und beschäftigten sich, trotz des unermeßlichen Elends, das hinter ihnen zog, mit allerlei Kindereien, jagten einander nach und belustigten sich vorzüglich mit dem Dscherid, einem Wurfspieß von ungefähr drei Fuß Länge mit stumpfer, eiserner Spitze, den sie einander zuschleuderten, um ihn, sich vom Sattel zur Erde biegend, wieder aufzuheben.

Auch Wasly Bey ritt voran und hatte heute, sowie mehrere andere Generale, die ohne Kommando mitzogen, ein Reitkameel bestiegen. Neben ihm ritt der Tartar-Gassi (Chef der Tartaren), oder, wenn man will, der Generalpostmeister. Er war ein schöner Mann in reichem Costüm, und ich werde, da er uns später viele Freundschaft erwies, auf ihn zurückkommen. Wir stiegen ab und setzten uns unter eine gewaltige Aloe am Weg, um die Menge an uns vorbeiziehen zu lassen und wieder zu unsern Freunden zu gelangen. Nach einer mäßigen Schätzung ergaben sich ungefähr zweitausend Kameele und gegen dreitausend Pferde, Maulesel und Esel, die Kavallerie nicht gerechnet. Fast sämmtliche Lastthiere dienten zur Fortschaffung von Menschen, nur einige ganz kleine Waarenzüge waren dabei. Weiber und Kinder mochten es an viertausend sein, sowie zwei tausend Männer von fast allen Nationen. Nichts interessanter, als die großen Harems der Pascha's, die, größtentheils auf Kameele geladen, an uns vorüberzogen. Da trug ein armes Kameel drei, vier Weiber mit einigen Kindern, und die ganze Familie scherzte und lachte; auch kokettirten sie von ihrem Sitz herunter, sowie ein Europäer zu ihnen hinaufsah, besonders drei türkische Damen, mit denen sich unser Engländer viel zu schaffen machte. Sie waren auf ein Kameel geladen und gaben uns für Orangen, die wir ihnen reichten, kleine Confituren oder auch die leeren, aber sehr niedlichen Hände. Von der ärmeren Klasse hatten meistens zwei oder drei Weiber zusammen einen Esel, auf dem sie abwechselnd ritten. Andere waren sogar genöthigt, den ganzen Weg zu Fuß zu machen, und ich habe Weiber gesehen, die außer zwei Kindern, die sie fast beständig tragen mußten, noch ihren Mundvorrath nebst Kochgeschirr schleppten. Woher sollten sich diese Armen mit Wasser versehen? Doch gingen sie dahin unter dem Schutze ihres geliebten Wortes: „Bakulum", „wir wollen sehen!" Und die, welche wirklich sehend Aegypten erreichten, konnten sich glücklich schätzen; denn manche schlossen ihre Augen in der Wüste und sahen ihr Heimathland, das Delta mit seinen üppigen Feldern und grünen Palmen, nicht wieder. Wir hatten heute einen Marsch von sieben Stunden gemacht; da aber Wally Bey sich alle Mühe gab, den ihm anvertrauten Troß so glücklich als möglich nach Aegypten zu bringen, und deßhalb öfters am Tage die Spitze halbe Stunden lang halten ließ, um die Nachzügler zu sammeln, so gelangten wir erst um drei Uhr auf den Lagerplatz.

Wir zogen auf eine große Haide, die rings von Sandhügeln eingeschlossen war, und in deren Mitte ein altes, zerfallenes Gebäude stand, mit dicken Mauern und einem Graben, das ein Fort gewesen zu sein scheint. Unser Lager glich dem gestrigen. Nachdem unsere Anstalten getroffen waren, machten wir unserem Oberst einen Besuch, der, wie gestern, in der Mitte seiner Lanciers lag und uns von seinen beiden Negersklaven mit Kaffee und Pfeifen bewirthen ließ. Die Reiter tränkten ihre Pferde, was heute schon mit mehr Schwierigkeiten verbunden war, als gestern; der Brunnen, den wir vorfanden, war sehr schlecht und schlammig, und dabei so klein, daß es bis morgen früh gedauert hätte, bis alle Thiere getränkt gewesen wären. Deßwegen machten die Araber große Gruben, etwa drei Fuß tief, in den Sand, in denen sich, weil wir noch in der Nähe des Meeres waren, Wasser sammelte, das, obgleich durch den Sand etwas filtrirt, doch immer noch salzig und so übelschmeckend war, daß wir selbst Kaffee und Thee, den wir damit bereiteten, trotz seiner Stärke kaum genießen konnten.

Als das Lager etwas ruhiger geworden war, machten wir einen Gang durch dasselbe und sahen den Soldaten und Weibern bei ihrer Abendmahlzeit oder ihrem Kochgeschäfte zu. Die meisten der letztern hatten nichts als einen großen irdenen Topf, in dem sich Oliven befanden, die sie mit den Fingern herausholten und zu einem Stück Brod aßen; Andere kochten ein Gericht Zwiebeln mit Hammelfett, was schon besser war, und die, welche Reiß auf dem Feuer hatten, gehörten zur wohlhabendern Klasse. Hie und da bereitete ein Schwarzer das Abendessen für seinen Herrn, den Pascha, und solche Herde waren stets von einer Masse kleiner ägyptischer Kinder umringt, denen zuweilen vergönnt wurde, die am Topf herunterlaufende Brühe mit einem Stück Brod abzuwischen, was die armen Geschöpfe sehr glücklich machte. Es war oft rührend anzusehen und ein Beweis von der Gastfreundschaft, die seit undenklichen Zeiten in diesen Gemüthern herrscht, daß uns selbst die Aermsten mit freundlicher Geberde von ihren Zwiebeln oder Oliven anboten; ja ein Abyssinier, der an seinem Feuer kauerte und sein Stück trocken Brod aß, winkte uns mit vielsagendem Blick heran und wickelte aus seinen Lumpen ein Stück Zucker, von dem er etwas abbrach und uns reichte. Auch die ägyptischen Soldaten fühlten sich durch den Besuch, den wir ihnen abstatteten, sehr geehrt und umstanden uns haufenweise, wobei sie es gern sahen, wenn wir uns nach ihren Chargen erkundigten.

Es kam mir anfangs eigen vor, so viele ägyptische Soldaten mit Kreuzen und Sternen geschmückt zu sehen; ich konnte mich keiner Affaire entsinnen, in der sie sich in jüngster Zeit so mit Ruhm bedeckt hätten, um diese Ehrenzeichen zu verdienen. Doch klärte sich die Sache bald auf: jede Charge in der türkischen und ägyptischen Armee wird nicht wie bei uns durch Tressen am Kleid, sondern durch ein kleines messingenes oder silbernes Ehrenzeichen von verschiedener Gestalt bezeichnet. So trägt der Corporal ein kleines Sternchen von Messing, der Sergeant dasselbe von Silber, und der Feldwebel noch einen kleinen Halbmond darunter; der Lieutenant (On-Baschi) hat Stern, Halbmond, und bei der Artillerie zwei Geschützröhren, bei der Kavallerie zwei Säbel; der Kapitän (Jüs-Baschi) dasselbe in größerem Maßstab, mit einigen Kugeln versehen, der Major (Bim-Baschi) die Spitzen des Kreuzes mit kleinen Diamanten besetzt, und der Obrist (Miralaje) das ganze Kreuz nebst Halbmond von Brillanten, so daß es beinahe aussieht wie der türkische Orden, den man gewöhnlich fälschlich Nischah nennt. Nischah heißt blos Zeichen, und so werden alle Sterne und Kreuze genannt, die einen Rang bezeichnen. Der eigentliche Orden heißt Nischah-Eftendar (Zeichen der Ehre). — Die Geschirre der Kavalleriepferde und der Artilleriebespannung sind sehr einfach, aber stark und zweckmäßig; der Sattel hält die Mitte zwischen einem ungarischen Bock und dem deutschen Sattel, und die Bügel sind etwas länger geschnallt, als wie sie der Beduine der Wüste gebraucht. Die Truppen, welche mit uns zogen, waren nicht mit Zelten versehen, alle bivouakirten..

Noch machten wir Wally Bey einen Besuch, und der Baron hatte die bei unsern kleinlichen Vorräthen kühne Idee, ihn und seinen Adjutanten, einen alten Miralaje, sowie den Obristen der

Leibwache, zum Souper einzuladen, was die Herren annahmen. Bei unsern Zelten angekommen, trafen wir sogleich alle Anstalten, um die edlen Gäste bestmöglichst zu bewirthen. Unsere letzten Hühner wurden gebraten, Pillau gekocht und ein Reißbrei ohne Milch zubereitet. Auch schmorte der Koch aus Orangen, Cibeben, Feigen, und Gott weiß was sonst noch, ein Compot zusammen. Wir schaufelten an den Wänden des Zelts den Sand etwas in die Höhe, um eine Art Divan zu bilden, stopften alle vorräthigen Pfeifen und erwarteten unsere Gäste. Sobald es dunkel wurde, kam der Pascha mit einem Gefolge von acht oder neun Adjutanten und Sklaven, die ihm Säbel, Mantel, Orden, Pfeifen nachtrugen. Er wurde an der Schwelle empfangen und auf unsern Sanddivan geleitet, eine Einrichtung, die den dicken Mann zu lautem Gelächter veranlaßte. Sein erster Adjutant setzte sich am Eingang des Zelts auf die untergeschlagenen Beine und die Sklaven lagerten sich draußen bei unsern Bedienten um's Feuer. Kurz darauf erschien auch der Obrist, und die Pfeifen wurden in Bewegung gesetzt. Der englische Kapitän und der Obrist Husseyn Effendi machten die Dolmetscher und wir unterhielten uns mit Sr. Excellenz recht angenehm. Der aufgetragene Pillau schien dem Pascha nicht sehr zu schmecken, wogegen er dem süßen Reiß sehr zu Leibe ging. So waren wir im besten Speisen begriffen, als sich vor unsern Augen ein großes Wunder begab. An der Thür erschien einer der ägyptischen Lanciers und trug unter jedem Arm ein Ding, daß ich beim nähern Betrachten mit freudigem Schreck für eine Champagnerflasche erkannte. Und dem war so. Der Soldat murmelte einige Worte, die wir nicht verstanden, und

„Wie ein Gebild aus Himmels Höhen,"

standen die beiden Flaschen auf der Erde. Wir sahen einander an; keiner wußte, woher diese Gabe kam. Wir dachten an den Pascha, doch ließ dieser mit einem langgezogenen Maschallah seine Finger ruhen, und seine Ueberraschung war zu ungekünstelt. Dagegen machte Hussehn Effendi ein halb lächelndes Gesicht, und als wir ihn bestürmten, gestand er, die Flaschen rühren von ihm her und seien ein Geschenk Ibrahim Paschas. Champagner in der Wüste! eine Idee, so seltsam als angenehm! Wir ließen die Pfropfen fliegen und tranken den sehr guten Wein auf das Wohl Ibrahims, unserer Gäste und der Lieben zu Hause.

Wir hatten einen sehr vergnügten Abend. Der Engländer schlug Waffenproben vor, der Pascha ließ seine Pistolen holen, und da draußen die Nacht zu dunkel war, um eine Schießbahn zu arrangiren, so meinte der Engländer in beliebter Kürze, man könne vor die Zeltthür ein Licht stellen und darnach schießen, eine Idee, die ohne Gefahr für unsere Umgebung ausgeführt werden konnte, da die Thür vom Lager abwärts nach der Wüste gekehrt war. So schossen wir, und ich muß mit Stolz erklären, daß der Occident den Orient überbot. Der Pascha schoß mehrmals vorbei, und als ihn dies ärgerte und er genauer zielte, schlug seine Kugel an den Fuß des Leuchters und warf ihn um, daß das Licht erlosch, wogegen Baron T. beim zweiten Schuß die Wachskerze mitten auseinander riß. Dieser Jubel und der Champagner machten uns sehr lustig, und ich muß den Arabern nachsagen, daß sie der Sieg des Abendlandes nicht ärgerte, sondern sie ihren Beifall in vielen Ausrufungen kund gaben. Der Baron hatte eine kleine Pistole, welche ohne Pulver nur mit dem Zündhütchen geladen wurde und eine Kugel von der Größe der schweren Rehposten schoß. Da ich den Schützen kannte, so hielt ich ihm mit der Hand ein Stück weißes Papier an die Zeltthüre, das er in der Mitte durchschoß, eine That, die den Pascha ungemein überraschte. Es war schon spät, als wir uns trennten und unsere Sandbetten einnahmen.

Morgens, als wir unsere Kameele beluden, hatten wir eine merkwürdige Scene mit einem Araber, der aus dem Lager zu uns kam und etwas in seinen Burnus gewickelt trug. Es war ein armes kleines Fohlen, das er vor uns hinlegte und dem Baron zum Kauf anbot, wobei er erzählte, die Stute, welche das Thierchen vor zwei Tagen geworfen, sei gefallen und er habe es gestern mit Kuhmilch erhalten. Da aber jetzt die Wüste komme, wo nichts dergleichen zu haben sei, so wolle er das Fohlen, das von sehr edlen Eltern abstamme, uns um zehn Piaster — ungefähr einen Gulden — verkaufen; unsere Stute sei im Stande, die beiden zu ernähren. Dieser Vorschlag war natürlich nicht annehmbar; doch dauerte uns das arme Thier, und wir versuchten, ihm einige Milch, die wir von der Stute nahmen, einzuflößen. Aber es war schon zu schwach, und als der Araber sah, daß wir den Kauf nicht eingehen wollten, sagte er, er schenke es uns, und lief eilends davon. Was sollten wir mit dem armen Geschöpf machen? Es mitnehmen, war unmöglich; wir hatten mit dem unserigen Sorge und Mühe genug; ließ man es liegen, so mußte es elend verschmachten oder wurde noch lebendig von den Schakals zerrissen. Nach kurzem Rath beschlossen wir, es schnell zu tödten, und unser Maler erschoß es mit zwei Schüssen aus seinem Doppelgewehr.

Schon um sieben Uhr war heute die Hitze fast unerträglich. Die Beduinen und Araber hatten, von der vielleicht richtigen Idee geleitet, daß, was die Kälte abhalte, auch die Hitze nicht durchlasse, sich bis über den Kopf in ihre Mäntel und Decken gehüllt und zogen schweigend dahin. Auch die Türken und Araber an der Spitze trieben heute nicht ihre Spiele, sondern ritten einzeln und schienen ernst gestimmt durch den Gedanken an die nahe Wüste, in deren eigentliches Gebiet wir noch heute gelangen sollten. Schon jetzt hatte alle Vegetation aufgehört, und der Sand war so tief, daß uns das Gehen, was wir den Tag über zuweilen versuchten, sehr beschwerlich wurde. Auch zog sich durch dieses schlimme Terrain und die große Hitze die Karawane sehr auseinander, und wenn man früher die Leute in Gruppen plaudernd und lachend zusammenreiten sah, so trennte sich heute Alles, und man ritt so einsam wie möglich. Jeder schien zu fürchten, dem Andern verpflichtet zu werden und ihm kleine Gefälligkeiten in den folgenden schweren Tagen mit Wucher zurückgeben zu müssen. Auch wir waren durch eine Nachricht, die uns heute Morgen der Obrist mitgetheilt hatte, ziemlich verstimmt. Die Reiterei, hieß es, werde wahrscheinlich auf dem heutigen Lagerplatz in der Nähe eines größern, aber armseligen Dorfes, El Arisch, drei Tage liegen bleiben, um die dort befindlichen, für den syrischen Krieg aufgehäuften Vorräthe aufzuzehren, weil sie der Pascha nicht nach Aegypten nehmen könne.

Von drei Uhr Nachmittags an hatten wir ein kleines Vorspiel der Wüste: rings um uns her war gelber, feiner Sand. Indessen wurden die Schrecken dieser Umgebung durch große grüne Palmenwälder gemildert, die sich am Horizont vor unsern Blicken erhoben. Wir erreichten sie um fünf Uhr und sahen, daß sie sich bis an's Meer erstreckten, dem wir heute noch einmal recht nahe kamen; der Strand war keine hundert Schritte von unserm Wege entfernt. Hinter diesem Palmenwald war wieder eine ziemliche Sandebene, in deren Mitte El Arisch lag, ein Haufen von etwa zweihundert Häusern, „gelb, wie der Sand, der sie umweht," niedrig und schmutzig.

Wir waren mit etwa hundert Reitern dem Zuge vorangeeilt, unter ihnen der Tartar-Gassi, der uns winkte, ihm zu folgen. Im Angesicht des Dorfes ließ er seinem Pferde den Zügel und jagte dahin; wir folgten ihm. Es war ein prächtiger Anblick: der aufwallende Sand, die Beduinen mit ihren langen Lanzen und fliegenden Mänteln, die Araber mit den goldgestickten Uniformen und gelb- und rothseidenen Kopftüchern, Alles bunt durcheinander in vollem Galopp dem Dorfe zueilend. So muß ein Angriff der alten Mameluken ausgesehen haben. Wir wußten nicht recht, was sie zu solcher Eile antrieb, denn wir waren der Karawane weit voraus. Hinter uns erstiegen die ersten Kameele in breiten Reihen die Sandhügel, und es war ein äußerst lebendiges Schauspiel, wie jeder einzelne Reiter, der zwischen ihnen auftauchte und uns so in vollem

Jagen sah, ebenfalls sein Pferd ausgreifen ließ und uns zu erreichen suchte. Aber der Tartar=Gassi, ein umsichtiger Mann, war mit Baron T., der ihn im Augenblick überholt hatte, der erste im Dorf und bemächtigte sich gleich des Brunnens, den er mit Wachen umstellte, um seine und unsere Pferde zuerst tränken zu können. Dieses Wasser, in einem Schöpfbrunnen, dessen Rad durch ein Kameel gedreht wurde, war ziemlich gut, und die Pferde, nachdem sie ein wenig abgekühlt waren, erquickten sich sehr daran. Dann überließen wir den Brunnen den Nachfolgenden, die immer zahlreicher wurden und gingen vor's Dorf, wo eine einzelne Sycomore mitten im Sand stand, von großen und kleinen Aloen umgeben. Hier wollten wir die Karawane erwarten, und einstweilen versuchten wir mit den Arabern, die uns neugierig umstanden, einige Käufe abzuschließen. Dank unserer Gelehrsamkeit in der arabischen Sprache, machten wir ihnen ungefähr begreiflich, daß wir einen Hammel, Hühner, Eier rc. wünschten, und kamen nach vielen Pantomimen auch wirklich damit zu Stande. Sie brachten uns die verlangten Artikel, wofür sie unsinnige Preise verlangten und natürlich auch erhielten; denn bei einem so großen Markte, wie er sich heute und Morgen hier eröffnen mußte, war an kein Feilschen zu denken.

Nachdem wir anderthalb Stunden gewartet, in welcher Zeit uns der ganze Troß mit Bequemlichkeit hätte einholen können, waren wohl viele einzelne Reiter, aber weder fremde noch unsere eigenen Kameele zur Stelle. Der Tartar=Gassi hatte sich von uns getrennt, um die Postetape in El Arisch zu besichtigen. Postetape in der Wüste mag sonderbar klingen, aber es ist so, und ich werde später darauf zurückkommen. Wir erstiegen eine kleine Höhe vor El Arisch, auf welcher der Friedhof lag, und sahen, daß die Karawane uns nicht folgte, sondern beschäftigt war, ihr Lager bei den oben erwähnten Palmen aufzuschlagen; ein sehr vernünftiger Gedanke, um dessen willen wir gern die halbe Stunde wieder zurückritten. Man war auf dem Platz, wie immer bei der Ankunft, in voller Thätigkeit, und Alles beschäftigte sich mit Abladen der Thiere und Aufschlagen der Zelte. Die Kavallerie bildete ein ungeheures Viereck, in dem sich der größte Theil des Trosses befand, uns eingerechnet. Einige waren bis vor El Arisch gezogen, um ganz in der Nähe des Orts besser Lebensmittel erhalten zu können.

Zum erstenmal war heute die Umgebung unseres Lagers wahrhaft malerisch. Nördlich erblickten wir zwischen zwei großen Sandhügeln, von denen einer mit einer halb zerfallenen Moschee und vielen umgestürzten Leichensteinen bedeckt war, das Meer; südlich und westlich umgaben uns die dichten Palmenwälder, östlich sahen wir gegen die Wüste. Sobald unser Zelt aufgeschlagen war, nahm ich das Gewehr, um einen kleinen Ausflug in die Umgegend zu machen. Ich erstieg die Moschee, die sich in der Nähe besser ausnahm, auf mich aber dennoch einen sehr traurigen Eindruck machte. Ich trat in das offen stehende Gebäude; vom Meer her strich ein frischer Luftzug durch die Halle und bewegte eine der kleinen hölzernen Lampen, die an Schnüren von der Decke hingen, knarrend hin und her. Ich lehnte lang an einem Pfeiler der Thür und sah über das Meer hin. Beim genauen Betrachten der umherliegenden Grabsteine fand ich einen, dessen ausgehauener Turban mir sagte, ein Muselmann ruhe darunter; aber auf der andern Seite des Steins war mit einem scharfen, schneidenden Instrument, vielleicht einem Säbel oder Dolche, ein Kreuz eingegraben. Einige Zeit stand ich und dachte nach, was diese beiden Symbole auf einem und demselben Grabe zu bedeuten hätten, bis mir endlich einfiel, ähnliche Gräber in Konstantinopel gesehen zu haben. Es waren Renegaten, die dort lagen, und als man sie unter dem Turban zur Ruhe gebracht, hatten ihre Angehörigen oder Freunde mit frommer Sorgfalt später ein Kreuz auf ihre Leichensteine gekritzelt. Es muß ein sonderbares Schauspiel am Tage der Auferstehung sein, wenn sich, durch die beiden Zeichen irre geführt, zwei Auferstehungsengel dem Grabe nähern und jeder mit dem Finger an die Seite klopft, wo sein Zeichen steht. In diesem Augenblick bewegte sich etwas hinter mir: ich wandte mich um, es war der polnische Obrist Husseyn Effendi, der, vielleicht meine Gedanken halb und halb errathend, mich mit einem sonderbaren Blick ansah. Ich suchte mit einem Scherz seinen Gedanken eine andere Wendung zu geben, und lief, ihn am Arme nehmend, den Sandhügel gegen das Meer hinab.

Wir gingen eine Zeit lang an demselben fort und ich las kleine Steinchen und Muscheln aus dem Sande, um sie zum Andenken mitzunehmen. Der Pole trug mein Gewehr und schoß nach einem großen Vogel, der sich aus den Palmen erhob. Die Tränkungs-anstalten für Menschen und Vieh waren in diesem Wald eingerichtet; man hatte große Löcher in die Erde gegraben und mit Baumstämmen eingefaßt, um dem Verschütten vorzubeugen. Als ich mich den Palmen näherte, konnte ich mit Freiligrath sagen:

  Hört ihr aus dem Palmendickicht
  Das Gebrüll und das Gestampf?

Obgleich sich hier kein Löwe und kein Leopard um den Leichnam eines Weißen zankten, so stritten sich doch Beduinen und Araber mit viel lauterem Gebrüll um einige Tropfen Wasser. Es war mir stets lächerlich, dem Wortgemeng und Gezänke dieser Leute zuzuhören; beim geringsten Anlaß fuhren sie geifernd gegen einander, aber so erbost sie auch oft waren, zu Prügeln, wie bei uns, kam es sehr selten. Viel eher konnte einer seine Pistole oder den Yatagan vom Gürtel reißen und seinen Gegner plötzlich erschießen oder niederstechen.

Bei unsern Zelten hatte der Koch Giovanni unsern eingekauften Hammel abgezogen und in einer großen Kasserole über das Feuer gehängt, um das Fleisch abzukochen und es so besser mitnehmen zu können. Um ihn standen ein Dutzend Weiber und Kinder, welche sich die unbrauchbaren Abfälle erbettelten und freudig davon-trugen. Wir beschlossen unser Tagewerk wie gewöhnlich, speisten

etwas zu Nacht, rauchten unsere Pfeifen, und dabei wurde, wie der
gute Baron sich ausdrückte, große Oper gehalten, das heißt, wir
ergötzten uns an deutschen Liedern und Arien, die wir uns gegenseitig vortrugen. Doch war diese Unterhaltung heute Abend nicht
recht lebhaft; die Bestätigung der Nachricht, daß die Reiterei drei
Tage hier liegen bleiben werde, hatte uns verstimmt. Allein die
Nacht deckte uns mit ihrem Schleier zu und wir schliefen ruhig.
Am andern Morgen wurde mit Wally Bey Kriegsrath gehalten.
Der Gedanke, für nichts und wieder nichts drei volle Tage zu verlieren, war uns sehr peinlich; zu unserer größten Freude eröffnete
uns aber der Pascha, daß nur er mit dem größten Theil der Kavallerie liegen bleibe, daß aber der Tartar-Gassi mit einigen hundert
Reitern und dem ganzen übrigen Trosse schon morgen mit dem
Frühesten wieder aufbrechen werde. So war uns demnach wieder
geholfen und ein Rasttag kam den armen Pferden, besonders der
Stute mit dem Fohlen, sehr zu statten. Den Tag über beschäftigten
wir uns damit, vor Allem unsere Kleider aus verschiedenen Ursachen
genau zu untersuchen, sowie auch unsere Waffen in den besten Stand
zu setzen; denn wir hatten jetzt eine Strecke von drei Tagereisen
zurück zu legen, auf der es die Beduinen meistens unternehmen, die
Karawanen anzufallen. So hatten sie vor kaum vierzehn Tagen
einen Trupp von achtzig Kameelen theils aus einander gesprengt,
theils geplündert.

Der Aufbruch der Truppen, denen wir uns anschließen wollten,
war auf vier Uhr bestimmt und der Sammelplatz das Dorf El
Arisch. Es war noch Nacht, als wir unsere Zelte abbrachen und
uns anschickten, den Lagerplatz der Reiterei zu verlassen. Vom Meere
her pfiff ein scharfer Wind, gegen den ich mich nur durch meine
dicke wollene Decke schützte, in welche ich mich wickelte, während ich,
auf einem alten Sacke sitzend, dem Beladen der Kameele zusah.
Mir war es diesen Morgen vorgekommen, als seien unsere Kameele
nicht mehr alle beisammen; sonst lagen, wie schon gesagt, diese

Thiere rings um unser Zelt, heute aber umgaben sie nur einen Theil desselben und ließen gegen El Arisch zu eine Lücke. Vielleicht daß unsere Kameeltreiber heute Morgen noch einige zur Tränke geführt hatten; doch war dies unwahrscheinlich, da sie es früher nie gethan. Ich theilte meine Besorgniß dem Kapitän E. mit; dieser übersah mit einem Blick die Kameele, schnallte darauf mit stillem Lächeln einen Riemen von seinem Sattel los, den er zu einem gewissen Zweck dort verwahrte, und entfernte sich. Nicht lange, so hörte ich die Stimme des Kapitäns mit einigen Sekter Besewenk's, was etwa so viel heißen will, als: „Geh zum Teufel, Schuft!" eigentlich aber unübersetzbar ist. Auch vernahm ich einen klatschenden Laut, wie wenn sein Riemen mit irgend einem andern Leder in Berührung gekommen wäre.

Ich sprang auf und fand den Engländer beschäftigt, mit seinem unerschütterlichen Gleichmuth einen unserer Kameeltreiber, es war Herr Akrabut, zu peitschen, wobei er immer rief: „Die Kameele, die Kameele!" Der Araber, ein ungemein starker Mensch mit Muskeln wie von Stahl, der den Engländer zermalmt hätte, wand sich schreiend unter den Streichen und überschüttete ihn mit einer Fluth uns unverständlicher Worte. Auf unser Befragen stellte es sich heraus, daß wirklich drei Kameele fehlten, und gerade zwei des Engländers. Er hatte den Kameeltreiber darnach gefragt, und da dieser zur Antwort gegeben, sie werden wahrscheinlich gestohlen sein oder sich verlaufen haben, so hatte er in der angegebenen Weise seinen Riemen gebraucht. Der Kameeltreiber mochte noch so oft betheuern, er wisse nichts von den Kameelen, die Hand des Kapitäns ruhte nicht, und wenn sich einer der andern Araber darein mischen wollte, so bekam dieser ebenfalls sein Theil zugemessen. Da wir wußten, daß der Kapitän schon manche Reise der Art gemacht, und er sich in allen Sachen sehr praktisch zeigte, so ließen wir ihn gewähren; denn wenn die Kameele wirklich gestohlen waren, so saßen wir in der allerunangenehmsten Klemme, indem es wohl nur

durch die allergrößten Geldopfer gelungen wäre, vom Trosse andere
zu bekommen. Der Lärm des eben geschilderten Trauerspiels hatte
unterdessen die nächsten Soldaten herbeigezogen, diese wieder andere,
und so waren wir bald von einem großen Kreise umgeben. Auch
unser Bekannter, der dicke Obrist, durch den Lärm aus seiner Nachtruhe gestört, trat aus dem Zelt, und kaum hatte er gehört, um
was es sich handle, so nahm er sein kurzes Pfeifenrohr, das ihn
nie verließ, und fing an, den zweiten unserer Kameeltreiber, den
Herrn Mahmud, durchzuhauen. Dieser war aber nicht so standhaft
wie sein Kamerad; denn kaum hatte er einige Streiche empfangen,
so fiel er auf seine Kniee und rief, er wolle die Kameele wieder
herbeischaffen, und nach Verlauf einer guten Viertelstunde brachten
sie die Thiere wirklich herbei. Die Hallunken, in El Arisch zu
Hause, hatten während der Nacht die drei Kameele dahin geführt
und glaubten, unter dem Vorwand, sie seien gestohlen, von uns
Geld zum Ankauf anderer zu erpressen. Doch, Dank dem Riemen
des Kapitäns! wir erhielten sie wieder. Wir hatten aber durch das
Intermezzo eine halbe Stunde verloren und mußten uns jetzt beeilen, um zur rechten Zeit nach El Arisch zu kommen. Dort standen schon die meisten Züge geordnet und erwarteten das Signal
zum Aufbruch.

Noch war es ziemlich dunkel und kalt. Vor uns im Osten
begann sich der Himmel etwas aufzuklären und ließ uns kaum erkennen, daß das Terrain aus lauter Sandhügeln bestehe. Wir
gingen einem großartigen Schauspiel entgegen, der eigentlichen
Wüste, und die Nacht als Vorhang, der sich langsam hob, ließ uns
nicht plötzlich in jene einförmige Dekoration schauen. Nach und
nach röthete sich der Himmel, und als wir die Hügel erstiegen
hatten, die hinter El Arisch liegen, warf die Sonne ihren ersten
Strahl über das Sandmeer, auf demselben einen glänzenden Streifen
bildend, wie auf der See. Alles vor uns öde und still, kein Baum

und kein Strauch, nicht die geringste Unterbrechung in der weißlich gelben Fläche, auf der ein feiner, staubartiger Sand lag, vom Nachtwind zu kleinen Wellen gekräuselt; kein betretener Pfad, der uns anzeigte, daß vor einigen Tagen eine große Menschenmasse denselben Weg gekommen war und gewiß für den Augenblick tiefe Spuren hinterlassen hatte. Der Wind weht jeden Fußtritt zu; hier ist der Mensch gar nichts mehr; die ungebändigte Natur läßt sich von ihm kein Merkzeichen aufdrücken.

Schon vor Aufgang der Sonne hatte uns der Wind einen unangenehmen süßlichen Geruch entgegen getragen, der sich verstärkte, als wir über El Arisch hinaus kamen, und die aufgehende Sonne Alles hell um uns beleuchtete, sahen wir mit Entsetzen, woher der unheimliche Duft rührte; die Leichen der Menschen und Thiere, die von den frühern Kolonnen zurückgeblieben waren, verpesteten rings die Luft. Der erste Todte, den ich sah und vor dem ich mich sehr entsetzte, war ein Neger, der mit zusammengezogenen Gliedmaßen im Wege lag. Doch bald gewöhnten wir uns an diesen Anblick; denn ich übertreibe nicht, wenn ich sage, daß wir von El Arisch an, die drei folgenden Tage hindurch, alle vierzig bis sechzig Schritte die Leiche eines Menschen oder eines Thieres fanden, oft sogar von solchen, die am Morgen mit uns ausgezogen. Ich habe nie eine gräßlichere Gleichgültigkeit gegen den Tod gesehen, als bei diesem Volk. Waren sie durch Wunden oder Ermattung genöthigt, zurückzubleiben und verloren die Karawane aus dem Gesicht, so ergaben sie sich in ihr Schicksal, legten sich ruhig hin, mit dem Gesicht nach der Seite, wo sie glaubten, daß Mekka liege, wickelten sich in ihren Mantel und erwarteten so den Tod, der dann, aber meist erst nach qualvollen Stunden, in Gestalt des Hungers, der Hitze oder des Erstickens durch den Sand, ihren Leiden ein Ende machte. Was in unsern Kräften stand, dergleichen fürchterliche Scenen zu verhüten, haben wir redlich gethan und nicht immer Dank dafür geerntet. Nicht selten entgegnete uns der Unglückliche, den wir durch Brod und Wasser gestärkt hatten: „Warum hast du das an mir gethan? Ich hatte mich in mein Schicksal ergeben, und morgen werde ich alle Qualen von Neuem durchmachen müssen."

Der Tatar-Gaffi hatte am Morgen Rath gehalten und alle Reiter gebeten, die Karawane, die sich noch immer über eine Stunde ausdehnte, so oft als möglich zu durchkreuzen und Alles, was zurückblieb, anzutreiben. So hatte ich zuweilen mein Augenmerk auf die Frau gehabt, die ihre beiden Kinder rechts und links in Körben an ihrem Esel hängen hatte und selbst den Rücken des Thieres einnahm. Ich hatte ihr dann und wann Orangen und Brod mitgetheilt, was sie im Anfang gar nicht nehmen wollte, indem sie Gott weiß, welche Absicht darunter erblickte. Im Verlauf des heutigen Tages hatte ich sie einigemal, aber in den letzten Reihen bemerkt, und der unsichere langsame Schritt des armen Esels, wie das bleiche, krankhafte Aussehen der Kinder weissagte mir nichts Gutes. Das Weib ging heute zu Fuß nebenher und theilte den beiden Kindern dann und wann eine Feige mit, nach welcher sie aber in allen Ecken ihrer Kleider herumsuchen mußte.

Wäre dieses Jammerbild das einzige im Zug gewesen, so hätte man öfter nach den Armen sehen können; indessen fing schon heute das Elend an ausschweifend zu werden. Es war der fünfte Tag des Marsches, so daß die nicht sehr große Provision des ärmern Volks fast ganz aufgezehrt war. Auch war das Wasser gestern sehr salzig und kraftlos gewesen und hatte sogar uns, die wir es doch mit Essig oder Kaffee vermischen konnten, in eine gewisse Abspannung versetzt, die erst heute bei der großen Hitze recht fühlbar wurde. Keine Hand breit Schatten war auf dem ganzen Weg und die Thiere versanken über einen halben Fuß tief im Sand. Wir theilten von unsern Vorräthen rechts und links so viel aus, als wir entbehren konnten; es war aber eigen, daß sie uns nie um etwas ansprachen; eine Pfeife Taback war das einzige, wornach sie ihre Hände ausstreckten. Neben diesen Scenen des stillen Elends sah man auch welche von empörender Rohheit. Solche Ausbrüche unnatürlicher Wuth mochten freilich dem allgemeinen Elend zuzuschreiben sein, das die Leute sowohl moralisch als physisch entkräftete. So ritt ich zuweilen an einem Kerl vorbei, der auf einem alten Pferde saß und eine Frau hinter sich hatte. Rauchte dieser Mensch, so war er ruhig, das heißt, er blickte nur mit seinem verzogenen, grimmigen Gesicht boshaft lächelnd die Frau an; hatte er aber die Pfeife nicht im Mund, so beschäftigte er sich damit, die Frau mit seinem Kantschuh so lange zu schlagen, bis sie herunter sprang, worauf er ihr aber sogleich wieder befahl, aufzusteigen.

Ein anderer Vorfall, der trotz seiner Schändlichkeit etwas Komisches hatte, war folgender. Ein Infanterist besaß einen Maulesel, der in Folge des mehrtägigen Fastens in ziemlich erbärmlicher Verfassung war, und auf welchem das Weib des Soldaten ritt. Das Thier konnte sich mit seiner Last kaum mehr fortbewegen, weßhalb der Aegypter seine Gemahlin in ruhigem Tone ersuchte, abzusteigen und wenigstens ein paar Stunden zu Fuß zu gehen, weil, wenn das Thier, wie vorauszusehen, falle, sie den ganzen Weg marschiren müßte. Sie gab aber diesen vernünftigen Ermahnungen kein Gehör, sondern blieb ruhig sitzen. Jetzt nahm der Mann seinen Stock und versetzte ihr einen derben Hieb; sie aber sprang flugs zu Boden, fiel über ihren Herrn und Gebieter her und schlug ihn weidlich durch, ohne daß der Aermste im Stande war, sich ihrer zu wehren. Als endlich ihr Müthchen gekühlt war und sie erschöpft zur Seite trat, sagte der Soldat ganz ruhig: „Sieh, du hast mich jetzt geprügelt, weil du weißt, daß ich seit einigen Tagen fast nichts gegessen und deßhalb keine Kraft habe; aber laß mich nach Kairo kommen, wo ich Reiß und Brod genug bekomme, so will ich dir all diese Hiebe zehnfach wieder geben; das schwör' ich dir bei Allah und seinem Propheten!" Und wenn ihn nicht in der Wüste der Tod überrascht hat, so wird er, wie ich die Araber

Zug durch die Wüste.

kenne, redlich sein Wort gehalten haben. Ich fürchte aber, er wird sich erst im Paradies an ihr rächen können; denn so oft ich mich auch an dem folgenden Tag nach ihm umsah, ich habe ihn nicht wieder zu Gesicht bekommen.

Wie wir oft Hülfe bringend einschritten, so traten wir zuweilen auch als Rächer und Vergelter auf. Als der Baron und ich einmal etwas hinter dem Zug zurückblieben, hörten wir aus einem Gebüsch heftiges Zanken und Geschrei. Wir ritten hinzu und sahen, wie eben ein Negerjunge, der das Pferd einer alten, lahmen Frau führte, diese herunterwarf und im Begriff war, sich selbst aufzuschwingen. Wir verhalfen der Frau wieder zu ihrem Pferd, und ich konnte mich nicht enthalten, den Jungen derb abzuprügeln. Neben der Gefahr, daß die Zurückbleibenden die Kolonne nicht wieder erreichen konnten und im Sand umkamen, waren es auch die Beduinen der Wüste, die, uns wie Raubthiere umschwärmend, jedem Nachzügler gefährlich wurden. Wo sich diese Menschen aufhalten, und wo sie für sich und ihre magern Pferde Unterhalt finden, ist mir unerklärlich. Rings konnten unsere Augen auf der Fläche und hinter den niedrigen Sandhügeln nichts entdecken; häufig aber sah man hinten am Zug plötzlich rechts und links Sand auffliegen, hörte einige Schüsse fallen, ein wüthendes Geschrei, und wenige Augenblicke darauf waren die fabelhaften Reiter der Wüste so rasch wieder verschwunden, wie sie gekommen waren, hier einen Sack entführend, dort ein Pferd mitreißend, dessen Reiter sie herunter geschossen oder geworfen hatten. Ich werde den Anblick nie vergessen, wo sie auf den kleinen Pferden dahinflogen, den Säbel zwischen den Zähnen, und im raschen Laufe sich rückwärts wendend, noch einmal aus dem langen Gewehr feuerten. Gar gern wären wir einmal mit ihnen in's Handgemenge gekommen. Davon war indessen keine Rede; sowie man die Pferde gegen sie wandte oder das Gewehr auf sie anlegte, stoben sie auseinander, wie Spreu

Viertes Kapitel.

vor dem Winde. Heute hatten wir aber doch einen kleinen Auftritt der Art.

Es mochte ungefähr drei Uhr sein, als ich mich in der Mitte des Zugs befand und sah, daß die Reiter an der Spitze und auf den Seiten plötzlich in Bewegung kamen und einige zwanzig links in's Feld hineinjagten. Ich lenkte mein Thier ebenfalls dahin und galoppirte ihnen nach. Man hatte hinter einigen hohen Hügeln ein paar Beduinen gesehen, welche ein Kameel führten. Trotz allen Zeichen, womit man ihnen bedeutete, näher zu kommen, hatten sie versucht, sich auf der entgegengesetzten Seite davon zu machen, weßhalb unsere Reiter Jagd auf sie machten. Auch die Beduinen, welche ebenfalls beritten waren, säumten nicht, ließen das Kameel zurück, welches ihnen mit seinen langsamen Schritten auf der Flucht hinderlich war, und stoben davon. Unsere Reiter, darunter auch ich, breiteten sich auf der Fläche aus; man versuchte, jenen den Paß abzuschneiden, und der erste, der ihnen nahe kam, war der Baron. Bald überholte er die Beduinen und hielt sie mit einer Schwenkung einen Augenblick auf, wodurch die nachfolgenden Reiter Zeit bekamen, sich über sie her zu werfen, sie von den Pferden zu reißen und zu binden. Das unterdeß eingefangene Kameel hatte man schon als eines von denen erkannt, die vor wenigen Tagen von den Beduinen geraubt worden. Die beiden Wüstenbanditen nahm man zwischen die Pferde und schleppte sie mit fort.

Unser heutiger Marsch war der stärkste, den wir bis jetzt gemacht. Schon war es vier Uhr und wir sollten noch eine starke Stunde von unserm Lagerplatz entfernt sein. Die Karawane hatte sich gewaltig auseinander gezogen, und nachdem unsere Menschenjagd vorbei war, ließ der Tartar-Gassi die Spitze halten, damit sich die Züge wieder sammeln könnten. Doch geschah dies heute sehr langsam, und allen Thieren war große Ermüdung durch die Hitze und den tiefen Sand anzusehen. Bei diesen Wüstenreisen ist das noch die einzige Annehmlichkeit, daß der Sand, wenn nicht gerade der Samum oder der heiße Wind weht, keinen Staub gibt, was die Qual des Durstes vielfach vermehren müßte. Wir hielten an einem Hügel und sahen die Karawane langsam vorbeiziehen; ein jämmerlicher Anblick: lauter gebeugte, schwankende Gestalten, Thiere, die sich kaum auf den Beinen halten konnten, und wenn man bemerkte, wie viele der Kameele und Pferde seit gestern schon gefallen waren, mußte dies mit Schreck für die folgenden Tage erfüllen. Gar manche, die gestern noch ritten und sich mit ihrem Gepäck geborgen glaubten, gingen heute im tiefen Sand, auf's Unsinnigste bepackt.

Es dauerte eine gute Stunde, ehe sich die ganze Karawane wieder gesammelt hatte. Da fiel mir plötzlich ein, daß ich die Frau mit dem kleinen Esel, von der ich oben sprach, nicht gesehen habe; auch der Baron hatte sie vergebens unter den langsam Ankommenden gesucht. Wir ritten einigemal so rasch wie möglich in den Reihen herum; sie war aber nirgends zu finden, und so wandten wir unsere Thiere, um eine Strecke zurückzureiten; es konnte ja der Unglücklichen erst kürzlich etwas zugestoßen sein — vor einer halben Stunde hatte man sie noch gesehen. Und so war es auch. Einige hundert Schritte hinter dem Zug fanden wir sie in einer schrecklichen Lage. Ihr Esel war gefallen und sie konnte sich nicht mehr aufrichten. Da hatte sie denn mit stiller Resignation ihre beiden Kinder aus den Körben genommen, ihnen die Schleier um die Köpfchen gewickelt und sie nebeneinander in den Sand gelegt. Sie selbst machte im Augenblick, wo wir ankamen, mit der größten Ruhe Anstalten, die uns darauf zu deuten schienen, daß auch sie sich darein ergeben habe, den glühenden Sand als ihr Todesbette zu betrachten. Sie hatte ihn etwas zusammengescharrt, um ihr Haupt darauf zu legen, und sich mit einem Tuch Mund und Nase fest verbunden. Anfangs gab sie unserem Zureden, sich zu erheben, nicht nach, bald aber ermunterte sie sich, als sie sah, mit welcher Begierde ihre beiden Kinder das Brod und die Früchte verschlangen, welche wir ihnen gaben. Wir legten die beiden Körbe, nachdem sie die Kleinen wieder hineingesteckt hatte, auf das Pferd des Barons; sie selbst setzte sich auf meinen Esel, und wir trieben, mit gespannten Pistolen hinterhergehend und nach allen Seiten scharf spähend, die beiden Thiere zu raschem Schritte an. Schon hatten wir die Karawane beinahe wieder erreicht, als einige zwanzig Reiter uns entgegensprengten, die der umsichtige Tartar-Gassi, der uns vermißt hatte, nach uns ausschickte. Wir stellten ihm die Geretteten vor, und aus Achtung für den Baron gab er eines der Kameele Ibrahim Pascha's her, auf welches die Familie geladen wurde. Sie hat auch, wie wir später hörten, Kairo glücklich erreicht.

Gegen sechs Uhr langten wir mit der Spitze auf unserm heutigen Lagerplatz an; ein kleines Thal ohne Baum und Strauch, ringsum, so weit das Auge reichte, nichts wie Sand, und über demselben der dunkelblaue Himmel. Schon früher schien dieser Platz zum Lager gedient zu haben, denn es lagen da noch mehrere gefallene Thiere, und die kleinen Anhöhen rings herum waren mit Leichen aller Art bedeckt, die man wahrscheinlich aus dem Lager dorthin geschleppt hatte. Auch fanden wir noch einige Stellen, wo Feuer gewesen war, und im Sand eine unangenehme Hinterlassenschaft unserer Vorgänger, eine ungeheure Masse kleiner Flöhe, die später hervorkamen, und uns die Nacht über entsetzlich plagten. Ueberhaupt weiß ich mich keines unangenehmeren Lagerplatzes zu erinnern als des heutigen. Der Geruch der faulen Leichen rings herum, das Schreien des Schakals, als es Abend wurde, die unendliche Oede in der ganzen Natur, das stille passive Benehmen unserer Leidensgefährten, alles dies beengte mir die Brust, und zum erstenmal stieg in mir der Gedanke recht lebendig auf, es müsse doch entsetzlich sein, hier in dieser unendlichen Leere sein Grab zu finden, ein Grab, das nie ein Freundesherz besuchen, nie eine liebende Hand schmücken kann.

Wir schlugen unser Zelt neben dem des Tartar-Gassi auf, und

bald loderte vor demselben ein mächtiges Feuer, woran unsere
Kochkünstler das Abendessen zubereiteten. Wir brachten nach dem
Abendessen früher als gewöhnlich unsere Lagerstätte in Ordnung;
denn uns Alle hatte der erste Tagmarsch in der eigentlichen Wüste
an Geist und Körper gelähmt. Ich wickelte mich in meine Decke
und versuchte zu schlafen, was mir sonst nach den ersten Minuten
gelang. Nicht so heute; ich warf mich herum und konnte nicht zur
Ruhe kommen. Von draußen herein spielte durch unsere Zeltthür
der rothe Schein des Feuers, das einer der Kameeltreiber unterhielt, während die andern, unter ihre Pelze zusammengekauert,
schliefen. Auch hatte mich nie so sehr wie heute das heisere Gebell
des Schakals gestört, die um unser Lager ihre Abendmahlzeit hielten.
Ich konnte nicht schlafen und nahm meinen Mantel und Säbel,
sowie das Buch meines lieben Freiligrath, das ich stets im Nacht-
sacke mit mir führte, und trat vor's Zelt. Da lag das Lager
ruhig vor mir und der mitleidige Schlaf hatte fast alle die armen
Menschen mit seinem wohlthätigen Schleier bedeckt und sie hinweggeführt aus dieser Einöde in ihre Heimath, in das Delta, unter
die frischen grünen Palmen am Nil. An den Feuern umher saßen
einzelne Gestalten, das Gewehr auf den Knieen, und schauten stieren
Auges in die Flammen. Doch nur gegen die Mitte des Lagers
waren Feuer angemacht, an den äußern Enden, wo die Aermeren
ruhten, war es finster und still; da schien sich nichts zu regen, und
noch weiter hinaus wurde es noch ruhiger, denn da fing das Reich
der Todten an.

Dicht vor unserer Zeltthür war eine Gruppe, bei der ich lange
sinnend verweilte. Unsere Kameeltreiber hatten ihre Thiere um das
große Feuer sich lagern lassen, und die guten Geschöpfe ruhten
wiederkäuend im Kreise; ein eigener Anblick: die Flamme bestrahlte
die Köpfe der Thiere und ihre großen glänzenden Augen, mit denen
sie wie nachdenkend in das Feuer sahen. Zu ihren Vorderfüßen,
deren einer, um sie zu fesseln, mit einem Strick in die Höhe ge-

bunden wird, lagen ihre Herren, und der, welcher das Feuer zu unterhalten hatte, lehnte sich an den Hals seines Thiers. In größerem Kreis um unsere Zelte lagen die Reiter, die dem Zug folgten, ägyptische Offiziere, Beduinen und Araber, mit dem Kopf auf dem Sattel, das Gewehr zur Seite, den Mantel über sich gezogen.

Ich setzte mich an's Feuer zu den Kameelen, und während ich dem Treiber die Flamme unterhalten half, horchte ich in die Wüste, wo sich zwischen dem Gebell der Schakals zuweilen der heisere Schrei eines Raubvogels vernehmen ließ. Ich dachte an Freiligrath. Wie wahr steht in seinen Gedichten die Scene, die ich hier vor meinen Augen sah! Seine Malereien fand ich meistens treu bis in's kleinste Detail. Ich schlug mir sein „Gesicht des Reisenden" auf und las:

Mitten in der Wüste war es, wo wir Nachts am Boden ruhten;
Meine Beduinen schliefen bei den abgezäumten Stuten.
In der Ferne lag das Mondlicht auf der Nilgebirge Jochen;
Rings im Flugsand umgekomm'ner Dromedare weiße Knochen.

Schlaflos lag ich; statt des Pfühles diente mir mein leichter Sattel,
Dem ich unterschob den Beutel mit der dürren Frucht der Dattel.
Meinen Kaftan ausgebreitet hatt' ich über Brust und Füße;
Neben mir mein bloßer Säbel, mein Gewehr und meine Spieße.

Tiefe Stille; nur zuweilen knistert das gesunk'ne Feuer;
Nur zuweilen kreischt verspätet ein vom Horst verirrter Geier;
Nur zuweilen stampft im Schlafe ein's der angebund'nen Rosse;
Nur zuweilen fährt ein Reiter träumend nach dem Wurfgeschosse.

Ja, genau so war es, alter Freund, und du bist wahrscheinlich früher schon einmal auf dieser Erde gewesen und hast als Beduine die Wüste durchzogen; da hat vielleicht der heiße Sand, der dich bedeckte, deine Gedanken mumienartig eingetrocknet, und wie du von Neuem auf die Welt kamst, sind sie frisch und lebenskräftig wieder in dir aufgetaucht. Ja, über uns stand am dunkeln Himmel der Mond und rang mit den Wachtfeuern um die Herrschaft über unser Lager. Schwach vertheidigten sich die letzteren gegen jenen gewaltigen Herrscher, der uns rings umzingelte und dem auch ich nicht verwehren konnte, daß er mich mit demselben weißen Leichentuch überzog, worunter rings auf den Höhen die Todten schliefen. Die röthlichen Flammen der Feuer spielten zuweilen schwach gegen die weißen Zeltwände und zitterten über die ruhenden Menschen hin, kurz und heftig, als wollten sie Schutz und Hülfe suchen gegen den bleichen Schein. — Er ruht auf der Nilgebirge Jochen, und wenn ich wahrscheinlich wieder lange im schönen Deutschland bin, in einer hellen Nacht, so scheint er wieder auf diese Fläche und beleuchtet nicht mehr wie heute starre, verzerrte Todtengesichter, aber — weiße Knochen.

Am andern Morgen brachen wir um fünf Uhr auf und hatten dasselbe trostlose Terrain wie gestern, doch kam es mir heute viel weniger unheimlich vor, es begann in meiner Brust bereits ein Gefühl aufzugehen, das mich in den letzten Tagen der Wüstenreise ganz beherrschte, und nachdem es mich in Kairo unter dem Gewühle der Menschen verlassen, mich stets wieder beschlich, so oft ich von einem Thurm oder den Wällen der Stadt in die Wüste hinaussah. Es war das Gefühl der Freiheit, der Unabhängigkeit. In unsern eng umstellten Verhältnissen, bei unsern tausend Bedürfnissen, wo wir, wird nur ein einziges nicht befriedigt, gleich unsere Schritte gehemmt fühlen, lernen wir leider die Unbedeutenheit des einzelnen Menschen, seine Hülflosigkeit nur zu gut kennen; wir gewöhnen uns, den Menschen nur als Rad einer großen Maschine, und noch dazu als leicht ersetzliches zu betrachten. Wie anders fühlt man in der Wüste, trotz dem, daß hier die Umgebungen so kolossal, so unermeßlich sind, und man glauben könnte, diese leeren, weiten Strecken beengen die Brust und zeigen uns, wie klein, wie so gar nichts wir seien. Dies ist nicht der Fall. Wir Europäer freilich, die wir von Bedürfnissen so viel zusammengerafft hatten, als wir bekommen konnten, vermöchten uns nicht so trotzig hinzustellen und zu sagen: ich bin mir allein genug, ich brauche euch nicht. Aber wie frei muß dem Araber das Herz schlagen, wenn er aus den engen, dumpfigen Stuben wieder hinauskommt in die Wüste, wo er allein steht, sich selbst genug, wo er sich selbst beschützt und allein für sich sorgt. Bei diesen wilden, aber freien Menschen ist keine Rede vom Kleben an der Scholle, ein Ausdruck, der mich immer beengt hat. Kameeltreiber zu sein, ist nach unsern Begriffen gewiß kein beneidenswerthes Loos; aber man biete jenen Menschen Alles, ein viel reicheres und besseres Leben, und stelle ihnen dabei die Bedingung, den Sand zu verlassen und ihre Hütte am Wasser des Nils unter Palmen aufzuschlagen: nur wenige werden ihrem Stande untreu werden. Die Ausdauer dieser Leute, ihre Munterkeit bei den größten Anstrengungen ist bewundernswürdig; wenn alle Thiere im Laufe des Tages ermatteten, so trieben diese Menschen, die doch ebenso gut den Weg machten, von Morgens bis Abends Possen, oder sie sangen, und unser Akrabut wußte, wie unser Dolmetscher sagte, sehr hübsche Märchen zu erzählen, und nicht immer aus tausend und einer Nacht oder einem andern Buche, sondern er war Poet und erfand die meisten selbst. Diese Leute, welche ihr ganzes Leben durch die Wüste ziehen, erhalten durch dieselbe von außen wenig Eindrücke und wenig Bildung, sie sind fast ganz auf ihr Inneres angewiesen. So mag es leicht kommen; daß, wenn sie in brennender Sonnenhitze den ganzen Tag gleichmäßig neben ihren Kameelen hergehen, sie sich vor Allem die Lust eines Trunkes klaren Wassers ausmalen, dazu einen schönen Springbrunnen denken, wie sie ihn irgendwo gesehen, ihn mit Orangen umgeben, und der Hintergrund eines Märchens ist fertig. Der Träumende tritt zum Brunnen, und nachdem er den brennenden Durst gelöscht, wachen im Unersättlichen tausend neue Wünsche auf: zwischen den Bäumen ein schönes Weib, dessen Besitz ihm der Zauberer oder Drache streitig macht. Welche große Rolle überhaupt die Kameeltreiber in der morgenländischen Geschichte und den Erzählungen, besonders in tausend und einer Nacht spielen, weiß jeder. So lange die Welt steht, wird man von Mohamed, dem Kameeltreiber von Medina, sprechen, und es mag wohl sein, daß die kluge erzählende Sultanin im heißen Sand der Wüste empfangen und geboren wurde.

Auf dem ganzen bisherigen Zuge schien mir der gestrige Tag der am meisten entmuthigende gewesen zu sein; vielleicht als der erste der Wüste war er von Allen als Schwelle zu den übrigen mit Schauder und Schreck betreten worden, und sie fingen heute wieder an, freier aufzuathmen, und nahmen sich die Schrecknisse, die sie in den frühern Tagen noch vor sich gesehen, jetzt, wo sie mitten darin waren, nicht mehr so zu Herzen. Dazu kam die tröstliche Betrachtung, daß wir die Höhe des Berges erstiegen hatten und nun abwärts gingen. Die Hälfte des Weges war zurückgelegt, ja mehr als die Hälfte, da wir nach zwei Tagen hoffen konnten, die äußere Grenze des Delta zu erreichen, und wenn auch Sandweg, doch zur Seite Gras und Palmen zu haben.

Von unbeschreiblicher Ausdauer war mein Maulthier, mit dem ich in diesen Tagen den Weg oft doppelt und dreifach gemacht habe. Bald war ich vorn, bald hinten im Zuge, um mir von den ernsten und komischen Auftritten so viel einzuprägen, als nur möglich. Könnte es mir doch gelingen, wenn auch mit wenigen Strichen, die verschiedenen Gruppen und einzelnen Figuren zu zeichnen, die mir auffielen, wenn ich, vorn haltend, die Karawane an mir vorbeiziehen ließ! Jedes Thier bietet ein neues, interessantes Bild. Die Kameele, die in ihrem ruhigen, gemessenen Gange eher Maschinen als lebenden Wesen zu vergleichen sind, erhalten ihre Reiter in beständiger Bewegung. Obgleich der Araber ungemeine Fertigkeit besitzt, durch die verschiedenartigsten Lagen und Stellungen dem unangenehmen Stoße dieser Thiere auszuweichen, so wackelt ihm doch fortwährend der Kopf auf dem Halse, und die Kameeltreiber sehen deßhalb mit ihren ernsten Gesichtern chinesischen Pagoden nicht unähnlich. Bald reiten die Leute auf dem Höcker, bald legen sie sich der Länge nach auf das Gepäck, und oft sitzen sie Stunden lang hinter dem Packsattel auf den untergeschlagenen Beinen. Die Kameele gingen meistens in einzelnen Zügen von zwanzig bis dreißig Stücken, eines hinter das andere gebunden, und eine solche Truppe wurde etwa von zehn Treibern begleitet, die sich längs der Reihe vertheilten und die Thiere antrieben; denn obgleich sie im Allgemeinen von selbst ihren ruhigen Gang einhalten, so gibt es doch auch unter ihnen widerspenstige und faule.

Das Kameel ist mir immer als eines der sonderbarsten Geschöpfe erschienen: die seltsame Figur, der große Kopf mit der hängenden Oberlippe und den Katzenohren, der ganze Körper wollig, wie der eines Schafes, was man jedoch nicht oft sieht, weil meist der ganze Körper geschoren ist und man nur am Höcker und an beiden Seiten, die der Packsattel bedeckt, die Wolle stehen läßt. Ein altes Märchen erzählt von der Schöpfung des Kameels: das Pferd habe sich einst gegen den Schöpfer beschwert, es sei zum ewigen Lasttragen verdammt, zu welchem Zweck ihm der Mensch einen Sattel auflege, der ihm den geraden Rücken krumm drücke und die Haut schinde; es müßte doch weit klüger sein, wenn ihm gleich der Sattel gewachsen wäre. Darauf habe Gott das Kameel mit dem Sattel oder vielmehr Buckel erschaffen, um dem Pferd zu zeigen, wie unrechtmäßig es geklagt habe, und wie sehr der gewünschte natürliche Sattel es entstellen würde. — Es ist merkwürdig, wie genau jedes Kameel die Last weiß, die es zu tragen vermag. Dieselbe ist in den heißern Strichen vier- bis fünfhundert Pfund, in den kälteren sechs- bis siebenhundert. Keines läßt sich über sein Maß beladen. Hat es dieses, so versucht es aufzustehen; bepackt man es noch weiter, so stößt es ein eigenthümliches Geheul des

Unwillens aus, das sich bis zu einem gewissen Grad verstärkt, und hört man noch nicht auf, es immer mehr zu beladen, wieder abnimmt; wenn das Thier endlich ganz schweigt, schweigt es für immer. Es bleibt am Boden liegen, und weder durch Stockschläge noch durch Zureden ist es zu vermögen, sich aufzurichten; nimmt man auch einem auf diese Art mißhandelten Thiere seine ganze Last wieder ab, es erhebt sich nicht wieder; weder Hunger noch Durst bringen es von der Stelle; es erwartet ruhig den Tod.

Wir sahen heute ein Beispiel der Art. Der Unfall begegnete den drei ägyptischen Damen, von denen ich schon früher sprach. Ihr Thier hatte an den ziemlich korpulenten Wesen mit ihrem Bettwerk und Gepäck schon genug zu tragen, und schien ermüdet. Heute nun mochte dem Eunuchen, der den Harem begleitete, das Gehen zu sauer werden; er schwang sich auf den Hals des Thiers; dieses erhob hierüber ein gewaltiges Geheul und legte sich nach wenigen Schritten zu Boden. Der Eunuch sprang ab und fing unter dem Zettergeschrei der Damen an, das Thier zu prügeln; es blieb aber ruhig liegen. Sich lange aufzuhalten und hinter dem Zuge zurückzubleiben, schien den Damen nicht räthlich; sie wären ein artiger Fang der herumschweifenden Beduinen geworden. Also stiegen sie ab, um das ermattete Thier eine Weile erleichtert laufen zu lassen. Es blieb aber liegen, und selbst als man Bettwerk und Kisten herunterwarf, war es nicht zum Aufstehen zu bringen. Man mußte es zurücklassen, und es wäre den drei fetten Grazien wahrlich schlecht gegangen, hätte sich nicht der englische Kapitän ihrer angenommen und ihnen durch den Tatar-Gassi ein anderes Kameel verschafft. Indessen waren sie genöthigt, eine Zeit lang zu Fuß zu gehen, was sie sehr zu beugen schien, und auch bei ihrer Tracht — den weiten seidenen Beinkleidern, und goldgestickten Jäckchen — die nur zum Liegen auf dem Divan bestimmt ist, sonderbar genug aussah.

Das größte Lob unter den Thieren der Karawane verdient unzweifelhaft der weit geduldigere Esel, ein Thier, das bei uns durch die ewigen Vorwürfe der Faulheit und Dummheit schwer verläumdet wird. Kein Thier trägt im Verhältniß seiner Größe so viel und unermüdlich wie der Esel. Bei unserm Zuge waren welche grausam bepackt, und sie gingen doch mit kleinen, aber emsigen Schritten vorwärts, bis sie unter ihrer Last zusammenbrachen, was bei einer großen Masse dieser armen Thiere der Fall war. Pferde von besonders edler Race befanden sich, außer den unserigen, im Zuge gar nicht: dauerhafte, starke, sogar schöne Pferde genug, doch keine ohne in die Augen springende Mängel und Fehler. Dagegen gab es unter den Reitern ausgezeichnet schöne Gestalten. So erinnere ich mich dreier Drusen — es waren Brüder — die in ihrem malerischen Costüm ein herrliches Bild gaben. Sie trugen weite, rothe, goldgestickte Beinkleider, einen farbigen seidenen Gürtel und eine blaue gestickte Jacke mit aufgeschlitzten Aermeln, die über die Schultern fielen, auf dem Kopf den weißen Turban, und waren sehr gut mit reichgeschmückten Waffen, Säbeln, langhalsigen Pistolen und langen Flinten versehen. Ihre schönen Physiognomien waren, bei vieler Gutmüthigkeit, doch trotzig und wild. Ihre Pferde, obgleich sehr schlank und mager, waren äußerst schnell und ausdauernd, und wurden von ihnen mit erstaunlicher Gewandtheit geführt. Bei den Spielen, welche die Reiter beim Beginn des Zuges trieben, zeichneten die drei sich immer aus, besonders bei einem, wo der Reiter eine große Araberlanze in die rechte Hand nimmt, das Pferd im Carriere reitet und dabei diese Waffe über dem Kopf nach allen Seiten wie eine Feder schwenkt, auf einmal die Spitze in den Sand stößt und sein Pferd um diesen Drehpunkt mit unglaublicher Geschicklichkeit bald auf die rechte, bald auf die linke Seite wendet, je nachdem er die Lanze links oder rechts in den Sand stößt.

Daß es tolle, leicht erregbare Menschen waren, hätte unser Maler beinahe zu seinem Unglück erfahren. Einer derselben näherte sich ihm und bat um eine der Perkussionspistolen, die F. im Gürtel hatte. Er reichte sie ihm bereitwillig; sie war nicht geladen. Der junge Druse betrachtete sie mit großer Aufmerksamkeit und Neugierde, untersuchte hauptsächlich den Hahn, und als er weder Stein noch Pfanne fand, bat er durch Zeichen, man möchte ihm die Manipulation des Abfeuerns zeigen. F. setzte eine Kapsel auf die Batterie, ohne sie, wie er sonst that, fest hineinzudrücken; denn die Zündhütchen waren etwas zu klein für die Pistole, und oft konnte man den Hahn drei=, viermal niederschlagen lassen, ehe es losging. So ging es auch dem Drusen; er drückte ab, und da kein Feuer erfolgte, gab er die Waffe kopfschüttelnd zurück. F. spannte jetzt nochmals, und da das Zündhütchen durch den Schlag des Hahns gehörig eingedrückt war, erfolgte die Explosion. Auf dem Gesichte des Drusen wurde ein leichter Verdruß sichtbar; er glaubte wohl, Gott weiß welche Zauberei stecke hinter dem Schloß, daß es ihm versage, oder wir Franken können allein abdrücken und halten ihn zum Besten. Doch bat er nochmals um die Pistole, und als F., wahrscheinlich um ihn zu necken, das Zündhütchen wieder nur leicht aufsetzte, wodurch es, als der Druse losdrückte, nochmals versagte, und F. es nun selbst wieder mit lächelnder Miene abbrannte, riß dem jungen Türken plötzlich die Geduld, seine Züge drückten Zorn und Verachtung aus, er warf sein Pferd zurück, riß seine Pistole aus dem Gürtel, legte auf den Maler an, und es wäre sicher ein Unglück geschehen, wenn nicht ein alter, langbärtiger Beduine mit einem äußerst schlauen Gesicht, der neben mir ritt und wahrscheinlich den Zusammenhang kannte — denn er hatte beim vergeblichen Bemühen des Drusen höhnisch gelächelt — mit einem gewaltigen Sporenstoß sich zwischen Beide geworfen und die Pistole des Drusen auf die Seite geschlagen hätte, worauf sich dieser mit wilden Blicken entfernte. Später schien er aber sein Unrecht einzusehen; er kam am andern Morgen zum Maler herangeritten und übergab ihm seine eigene geladene Pistole mit dem Bedeuten, er soll auf ihn schießen. Doch rauchten statt dessen die Beiden eine Pfeife zusammen und der Friede war wieder hergestellt.

Unser heutiges Nachtlager war, wie das gestrige, nur von Sand und todten Körpern umgeben; zur Tränkung der Thiere hatte man Gruben in den Sand gemacht, in denen sich jedoch nur ein salziges, übelschmeckendes Wasser sammelte. In der besten, das heißt der größten, stand ein riesiger Neger und schöpfte für unsere Pferde und die der Pascha's das Wasser in einem großen metallenen Gefäß, und da dieses jedesmal dem Pferde vorgehalten wurde, so kann man denken, wie lange es dauerte, bis alle getränkt waren. Auch fehlte es nicht an Zank und Streit, den aber gewöhnlich der Neger auf eigene Faust schlichtete, indem er jeden Araber und Beduinen der sich mit dem Pferde vordrängen wollte, mit seinem Gefäß auf den Kopf schlug, wobei der Getroffene nicht selten in's Wasser zu ihm hinabfiel. Dieser Neger war aber auch ein wahrer Athlet, und ich habe ihn Pferde, die ihm zu nahe kamen, zurückwerfen sehen, daß sie sich beinahe überschlugen. Wir spendeten ihm einen gelinden Bakschis von einigen Piastern, in dessen Folge er uns allen Uebrigen vorzog. Dieser Kerl war ein Angestellter bei der hiesigen Poststation.

Das Wort Poststation in der Wüste wird Jedem sonderbar vorkommen. Aber auch dies ist eine von den vielen guten und schönen Einrichtungen, die der Geist Mehemed Ali's in's Leben gerufen. Er versuchte auf alle mögliche Weise dem öden, unwirthbaren Landstrich der Wüste Einrichtungen aufzuzwängen, um den zahlreichen Karawanenzügen den Weg von Aegypten nach Syrien zu erleichtern. Nicht nur, daß er, wie ich schon früher bemerkt, längs des ganzen Weges, etwa von sechs zu acht Stunden, Brunnen anlegen ließ, die zum Theil schon fertig, zum Theil im Bau begriffen waren, unter den jetzigen Verhältnissen aber nicht vollendet werden: er hat auf dem ganzen Wege von Kairo nach Acre Poststationen anlegen lassen, die aus einem Wohnhaus für die

Tartaren und Stallungen für Kameele, Pferde und Esel bestehen. Jetzt natürlich war auch dieses Institut nicht mehr im gewöhnlichen Gange. Was konnte dem Pascha jetzt daran liegen, Menschen und Vieh aufzuopfern , und den Kaufleuten oder sonstigen Reisenden eine schnellere Verbindung mit einem Lande zu verschaffen, aus dem man ihn gejagt hatte? Ueber die Aufhebung dieser Posten wird sich wohl Niemand mehr gefreut haben, als die Angestellten selbst. Diese Menschen führten ein trostloses Leben. Wir haben welche getroffen, die seit drei Jahren ihren Bezirk nicht verlassen, kein grünes Feld, kein Wasser gesehen hatten, als das schlechte, das ihnen in Schläuchen zugeschickt wurde.

Der Tatar-Gassi, der heute Abend wieder unser Gast war, erzählte uns als Chef der Post Einiges über die Einrichtung. Man muß nicht glauben, daß es dabei auf eine ganz geregelte Anstalt abgesehen gewesen, wie bei uns, daß man etwa ohne Weiteres Briefe 2c. damit befördern konnte und dergleichen. Der Hauptzweck war, den amtlichen Weg offen zu halten; doch konnte sich jeder Privatmann leicht einen Ferman auswirken, vermöge dessen ihm für eine gewisse Summe Pferde und Kameele gestellt wurden, die auf jeder Station wechselten und womit er seine Effekten oder sich selbst befördern konnte.

Bei den Posttransporten, wo es auf Schnelligkeit ankommt, bedient man sich des Reitkameels, des Hadschins. Es ist dieselbe Species, wie das gewöhnliche Reitkameel, aber eine edlere Race und vom demselben verschieden, etwa wie das englische Rennpferd vom gemeinen Ackergaul. Ich widerlege hiemit die falsche Vorstellung Bieler, welche auch ich theilte, als wäre der Hadschin eins mit dem zweihöckerigten Dromedar. Das Reitkameel, welches ein Alter von dreißig Jahren erreicht, wird schon mit zwei Jahren zum „Rachwan" dressirt, zu jenem Paß oder angenehmen Trab, den einige persische Pferderacen von Natur haben, zu welchem Zweck man ihm einen Vorderfuß mit dem Hinterfuß derselben Seite durch einen ziemlich langen Strick verbindet, es zuerst gehen läßt, dann langsam antreibt, bis es gewöhnt ist, im Trab die beiden Beine jeder Seite zugleich aufzuheben und sie nicht wie das Pferd zu kreuzen. Die Ausdauer und Schnelligkeit dieser Thiere ist bewunderungswürdig. Sie traben gleichmäßig fort und machen mit ihren langen Beinen sehr große Schritte. Das Pferd kann sie wohl auf einen Augenblick im Carrière überholen, doch hält es keine Stunde mit ihnen aus. Ein Hadschin kann ohne große Anstrengung in einem Tage gegen fünfzehn deutsche Meilen laufen, und frißt dabei nicht mehr als ein anderes Kameel. Unser Tartar-Gaſſi hatte zu Anfang der Feindseligkeiten eine Depesche Ibrahims von Acre nach Kairo zu bringen, welche Strecke von hundertfünfzig türkischen Stunden, also, — diese zu fünf Viertel deutschen gerechnet, — gegen hundertneunzig Stunden, er, so lautete der Befehl des Pascha, bei Verlust seines Kopfes in drei Tagen zurücklegen sollte. Der Tartar-Gaſſi, der auf allen Stationen die besten Reitkameele kannte, übergab seine Depesche schon in der Hälfte des dritten Tages. Indessen soll dies Reiten wegen der starken Bewegung des Thieres sehr ermüden und die Brust angreifen. Dies ist auch natürlich; der Sattel liegt oben auf dem Höcker, so daß der Reiter die volle Kraft der Bewegung auszuhalten hat. Da der Reiter mit den Beinen nicht schließen kann, so ist der Sattel mit einer Lehne versehen, und trotz dieser Lehne und einem Bügel an der linken Seite, in welchen der Reiter, wie bei uns die Damen, einen Fuß setzt, ist es doch schwer, das gehörige Gleichgewicht zu erhalten.

Der Tartar-Gaſſi ließ uns während des Marsches ein Reitkameel besteigen. Jemand, der zum Schwindel geneigt ist, würde keinen Augenblick oben sitzen bleiben. Und doch ist es etwas Schönes um diese Reiterei. Ich habe stets mit Vergnügen die Pascha's auf ihren Hadschins daher kommen sehen. Das große Thier, das mit seinem Reiter aus weiter Entfernung im Augenblick zur Stelle

Zug durch die Wüste.

ist, und in langen Sätzen ebenso rasch vor uns verschwindet, hat etwas fabelhaft Großartiges.

Unser heutiger Marschtag war in Betreff der Hitze, der Oede, die uns rings in der Natur umgab, sowie des Elends, das in der ganzen Karawane herrschte, dem gestrigen gleich. Wir waren unser etwa zwanzig Reiter, die Nachmittags dem Zuge voraneilten, weil uns ein ortskundiger Beduine gesagt hatte, hinter jenen Sandhügeln dort liege unser heutiges Nachtquartier. Noch eine halbe Stunde, und vor unsern Augen bereiteten sich zwei große Oasen aus: Wiesen von ziemlichem Umfang, mit hohen, schönen Palmen dicht besetzt, welche der gelbe Sand scharf umgrenzte; ein eigener Anblick, den wir später im Delta öfters hatten. Das frische Grün des süßbewässerten Bodens verliert sich nicht allmählig im Sande, der es umlauert, sondern bricht plötzlich ab. Auf einer Anhöhe neben den Oasen sahen wir ein altes, verfallenes Gemäuer liegen, an dem sich, wenn uns unsere Augen nicht trügten, ein kleiner Markt aufgestellt hatte. Wir sahen Beduinen umhergehen und mit ihren langen Stöcken eine Schaafheerde zusammentreiben, die, im Gemäuer zerstreut, sich einige Grashalme aufgesucht hatte. Es hielten Weiber da mit Körben voll Eier und Säcken voll Brod, und einige Kameele, die auf ihren Knieen ruhten, trugen große Lasten von gelb glänzenden Orangen. Wir deuteten dies als ein Zeichen, daß, da uns Menschen mit Lebensmitteln entgegen kamen, das Ende der Wüste und damit die Fleischtöpfe Aegyptens in der Nähe sein müßten. Das Gemäuer war ein zerfallenes Fort, das die Franzosen unter Bonaparte auf ihrem fruchtlosen Zuge gegen Acre errichtet hatten. Wir sprengten im Carrière mit lautem Hurrah vorwärts; die, denen es hauptsächlich galt, die Araber mit den Vorräthen, schreckten sichtlich empor und griffen, hinter die alten Mauern tretend, nach ihren langen Gewehren. Doch änderte sich bald die Scene, als wir, freilig für unsinnige Preise, ihnen von ihren Lebensmitteln abkauften.

Der Tartar-Gassi hatte uns im dichtesten Palmenwalde den Platz für unsere Zelte angewiesen, da, wo die alten Stämme gleich hohen Säulen emporstiegen und stolz die zierliche Krone trugen, die zwar keinen vollkommenen Schatten gewährte, doch den Rasen mit einem fein gezackten grünen Gewölbe deckte. Es ist etwas Eigenes um die Palme; welch reizende Vorstellungen weckt im Abendländer das Wort Palme, und vollends Palmenwald! Wie ärmlich erscheinen uns dagegen unsere Wälder, wo nur der plumpe Eichbaum wächst, und die starke Buche und die schwarze traurige Tanne! Aber es geht uns mit der Palme wie mit so vielen Dingen, die uns die Ferne und die Unerreichbarkeit im Zauberlichte zeigt, daß unsere Phantasie stets bereit ist, einem Brennspiegel gleich, in stärkern Strahlen zurückzuwerfen. Wir lesen, wie schon die ältesten Völker, die Juden namentlich, Palmblätter streuten und damit den Weg der Könige und großen Männer heiligten. Welcher Märchenkranz flattert für uns um die Krone der Palme! an welchem Quell, wo Abdallah oder Said ruhten, oder wie die Helden alle heißen, stand nicht eine Palme! Mir kam dieser Baum früher immer vor, wie das sichtbare Zeichen einer neuen, geheimnißreichen Welt, eines glänzenden Zauberkreises; sein Anblick durchzuckte mein Herz, wie wenn mich in der Ouvertüre einer großen Oper die immer längern Paukenwirbel, die schneidenden Wehlaute der Hörner auf etwas Außergewöhnliches vorbereiten. Es war in der Nacht, als wir auf der Rhede von Rhodus anlangten, und ich im hellsten Mondlicht, das wir seit lange gesehen, einen Palmbaum über die grauen Mauern blicken sah. Da stand ich lang im Anblick des schlanken Orientalen versunken, und die Phantasien, welche, mit diesem Baum verknüpft, in einem Winkel meines Herzens schlummerten, rankten nach allen Seiten wild und üppig empor; gewiß sehr natürlich, denn wir lagen ja vor Rhodus. Als ich später viele tausend dieser Bäume gesehen, und unter ihnen liegend, die Sonne, die durch ihre spitzen Blätter dringt, schwer empfand, stiegen unsere deutschen Eichen- und Buchenwälder sehr in meiner Achtung. Wo die Palmen noch so dicht stehen, gewähren sie keine Kühle, und bieten dem Auge keine Abwechslung, keine Nüancen der Farbe, immer nur ein einfaches, dunkles Grün.

Indessen war uns der wenige Schatten, den uns heute die Oase darbot, nach einem mehrstündigen Ritt durch öde, baum- und strauchlose Sandflächen, sehr erwünscht. Wir suchten uns einen Platz, wo die Bäume so weit auseinander standen, daß wir je zwischen drei und vier unser Zelt aufschlagen und die Pferde bei ihnen anbinden konnten. Bald kam der ganze Zug der Karawane nach, und so viele der Wald aufnehmen konnte, lagerten sich in demselben, die übrigen um das Fort und auf der andern Seite. Die Anstalt zur Tränkung des Viehs war heute ganz gut: ein langer gemauerter Behälter, wie ich ihn schon früher beschrieben, mit einem Schöpfrade, an welches ein Kameel gespannt wird, um das Wasser in die Höhe zu winden. Mochten sich nun die ärmeren Klassen in der Karawane an die Schrecken der Wüste gewöhnt haben, oder war es das Grün der Oase, oder der Markt, auf dem sich freilich keiner etwas kaufen konnte, der ihnen aber doch Abfälle vom Tisch der Reichern gewährte: sie waren heute ungleich munterer und lebhafter, als gestern und vorgestern. Die meisten kehrten, nachdem wir eine Stunde gelagert, statt des starren Hinbrütens, worein sie die vorigen Tage versunken waren, zu ihrer alten Lebhaftigkeit zurück. Wir hatten für uns neue Brodvorräthe angekauft und das alte, fast ganz vertrocknete, so viel es sich thun ließ, unter das Volk vertheilt. Und es war rührend anzusehen, mit welcher Freudigkeit sie diese kleinen Gaben empfingen, und wie wenig dazu gehört, diese Menschen vergnügt zu machen; besonders die Schwarzen sprangen um unsere Zelte herum, tanzten und trieben allerhand Kindereien.

Unser heutiges Lager hatte aber auch etwas sehr Freundliches und wahrhaft Phantastisches, besonders als die Nacht kam und hinter den weißen Sandhügeln der Mond aufstieg. Da saßen wir in unserem Zelt, dessen Thüre wir weit zurückgeschlagen hatten, und schauten in's bunte Gewühl, das sich in der seltsamsten Beleuchtung vor unsern Augen bewegte. Die Araber hatten unter den Bäumen große Feuer angelegt, die sie mit kleinen Streichern unterhielten, welche in Menge in der Oase wuchsen. Dieses Brennmaterial, sehr dürr und trocken, hat das Eigene, daß es, auf die glühenden Kohlen gelegt, wie Stroh plötzlich zu einer haushohen Flamme aufflackert, die dann ebenso rasch wieder zusammensinkt. So schien der ganze Wald mit riesigen Irrlichtern belebt, die jetzt kaum bemerkbar glimmten, dann plötzlich emporfahrend, die umherliegenden Menschen grell beleuchteten. Und dabei der Jubel der Araber, wenn man auf die verlöschenden Kohlen, bei deren Schein man nichts mehr von ihnen sah, als ihre glänzenden Augen, mit denen sie sinnend dem Verglimmen des Feuers folgten, eine neue Ladung Gesträuch gelegt wurde, und jetzt die Flamme auf einmal emporloderte. Da erhoben sie ein wildes, lange nachhallendes Geschrei, ihr Hurrah, das uns Anfangs zuweilen erschreckte. In solchem Augenblicke sahen die Gruppen wie eine Dekoration aus, die man kunstreich geordnet und beleuchtet. Vor einem Feuer, das nicht weit von unserem Zelte brannte, stand der Neger, der uns gestern beim Wasserschöpfen so treffliche Dienste geleistet, mit seiner riesigen Figur, regungslos an eine große Palme gelehnt, ein schönes Bild, wie ich es nie gesehen. Mann und Baum schienen von Bronze, welche das aufflackernde Feuer vergoldete. Selbst die Thiere schienen an diesem Feuerwerk Gefallen zu finden; Scham, unser edler Hengst, wieherte fast den ganzen Abend vor Freude, und das kleine neugierige Fohlen, das am Abend von seinen Banden befreit wurde, tappte zuweilen zu unserem Feuer hin, um sich die Sache in der Nähe zu besehen. Der Palmenwald hatte etwas Zauberhaftes; von unten wurden die hohen Stämme durch die flackernden Feuer röthlich angestrahlt und oben versilberte das Mondlicht die Spitzen der Blätter, die der Abendwind hin und her wiegte.

Zug durch die Wüste.

Unser englischer Kapitän hatte unter den Vorräthen auf dem Markt einen Korb mit Nilfischen alsbald für sich in Beschlag genommen und von seinem Koche zubereiten lassen. Fische in der Wüste! und sie waren noch dazu sehr gut; nur gaben sie zu einer kleinen Streitigkeit zwischen dem wunderlichen Kapitän und seinem Kochkünstler Anlaß. Ersterer hatte befohlen, sie a l l e zu braten; da aber ihre Anzahl nicht unbedeutend war, hatte Husseyn einen Theil für Morgen aufheben wollen. Als wir die umfangreiche Schüssel, die man uns vorsetzte, geleert hatten und ganz gesättigt waren, fragte der Engländer, ob das alle Fische seien, und als dies der Koch verneinte, mußte er die übrigen zur Strafe auch noch zubereiten, bloß weil der Kapitän einmal gesagt hatte, sie sollten a l l e gebraten werden; denn keiner von uns rührte mehr ein Stück an.

Nachdem wir am Abend noch einen Gang durch sämmtliche Lager gemacht und alle Pferde gemustert hatten, was namentlich der Baron jeden Tag that, um unter den vielen Hunderten vielleicht etwas Ausgezeichnetes zu finden, statteten wir dem Tartar-Gassi, der neben uns lagerte, noch einen Besuch ab. Er theilte uns die nicht sehr erfreuliche Nachricht mit, es sei ihm bei der allgemeinen Ermattung sämmtlicher Menschen und Thiere nicht möglich, ferner so rasch wie bisher den Zug fortzusetzen, weßhalb er morgen nur einen kurzen Marsch von vier Stunden machen und übermorgen in Salahieh der Karawane zwei Tage Ruhe gönnen werde. Er sah unsere Bestürzung hierüber, weßhalb er uns den Vorschlag machte, wir sollten morgen mit der Karawane bis zum Lagerplatz ziehen und dann mit einigen zwanzig Reitern, die er uns mitgeben wolle, noch eine Etappe weiter machen, so daß wir morgen schon nach Salahieh kämen, wo, als auf der Grenze Aegyptens, alle Gefahr wegen der streifenden Raubbeduinen vorbei sei und wir unsern Marsch in beliebiger Schnelligkeit fortsetzen könnten, ein Vorschlag, den wir nach einiger Ueberlegung annahmen.

Viertes Kapitel.

Am nächsten Morgen brachen wir um fünf Uhr mit der Karawane auf und gelangten schon gegen eilf Uhr auf den für heute derselben bestimmten Lagerplatz, einer gewöhnlichen Poststation mit gemauertem Brunnen und Schöpfrad. Wenn uns schon früher diese gut eingerichteten Tränkungsanstalten in Erstaunen gesetzt hatten, so fanden wir auf unserm heutigen Wege etwas, das uns wirklich mit Achtung erfüllte vor dem Geiste Mehemed Ali's, der es versucht, der gewaltigen Wüste europäische Kultur aufzubringen. Es waren dieß hölzerne Thürme, die eine Telegraphenlinie zwischen Kairo und Jaffa herstellen sollten, aus rohen Planken zusammengezimmert, von ungefähr vierzig Fuß Höhe, oben mit einer Plattform versehen und in zwei Stockwerke getheilt, in welchen starke Leitern die Dienste der Treppen versahen. Natürlich waren sie alle noch unfertig und auf keinem befand sich etwas von der eigentlichen Einrichtung der Telegraphen; und ehe die türkische Regierung etwas zu ihrer Vollendung thun kann, haben die herumstreifenden Araber oder die edlen türkischen Soldaten selbst die Thürme wieder abgerissen und verbrannt, um ihren Pillau zu kochen.

Kaum waren wir angelangt, so übergab uns der Tartar-Gassi seinem Worte treu, einige Reiter, die uns als Bedeckung dienen sollten; es waren aber keine zwanzig, sondern nur acht; da er indessen, wie auch mehrere andere Offiziere, uns nochmals versicherte, es sei von hier auf dem Wege nach Kairo auch nicht mehr die geringste Gefahr zu besorgen, und wir ja zudem doch unsere fünfzehn gut Bewaffnete waren, so begnügten wir uns mit der Escorte, die aus lauter jungen kräftigen Männern bestand — auch die Drusen, von denen ich oben sprach, waren darunter — tränkten unsere Pferde und machten noch einen Besuch bei Mahmud Pascha, der, obgleich der Tartar-Gassi das Kommando hatte, die höchste Person bei der Karawane war. Dieser ließ von seinen Kameelen ein paar Flaschen Champagner herunter langen und sie uns zu einem Bügeltrunk kredenzen. Wir ließen nicht ohne ein leises schmerzliches Ge-

Zug durch die Wüste.

fühl all die guten Menschen hinter uns, die uns vom Pascha bis zum geringsten Neger, wo sie nur immer konnten, Gefälligkeiten erwiesen hatten. Trotz dem, daß Alle mit Abpacken der Thiere und Aufschlagen des Lagers beschäftigt waren, traten viele in unsern Weg und murmelten ihr Maschallah, während sie die Hände auf Stirne und Brust legten; ja einige alte Beduinenhäuptlinge, die sich schlecht verproviantirt hatten und denen der gute Baron stets von seinen Privatvorräthen mitgetheilt, faßten den Zügel seines Hengstes und legten ihm die Hand auf das Knie und an den Bügel und riefen Allah und den Propheten an, ihn ferner zu beschützen. Und dies Alles war reine Gutmüthigkeit, ohne andere Absicht; sie konnten doch nimmer daran denken, uns je wieder zu sehen, und dachten auch wohl nicht daran; wir begegneten indessen später einigen derselben in Kairo.

Ich machte vor unserm Aufbruch noch einen kleinen Tauschhandel mit einem Araber, einem Manne, der sich auf dem Marsche sehr oft zu mir gehalten und mich über dies oder jenes belehrt hatte. Ich gab ihm meinen himmelblauen Schlafrock, der sehr zierlich mit Roth ausgeschlagen war, dem man aber sehr die Stürme ansah, die er auf der Reise durchgemacht, und der Alte verehrte mir dagegen einen eisernen Pistolenladstock, der wieder einer Zange als Scheide diente, mit welcher man Kohlen auf die Pfeife zu legen pflegt. Darauf nahmen wir zärtlichen Abschied von einander, indem mich der Araber bei der Hand ergriff und dann sich vorn überbeugend, seine Stirn an die meinige legte.

Es war heute wieder eine glühende Hitze und unsere drei Herren Kameeltreiber, die sonst beständig lustig und guter Dinge waren, mochten es in ihrem Innern schwer empfinden, daß sie heute weiter marschiren mußten, als die andere Karawane; denn sie zogen schweigend neben ihren Kameelen dahin, und selbst Herr Akrabut wollte unserm Koch Giovanni, trotz dessen vielmaliger neckender Aufforderung, kein Mährchen erzählen. Als wir etwa eine halbe

Stunde vom Lagerplatz entfernt waren, bemerkten wir eine ältliche Frau, eine Aegypterin mit blauem Hemde und Schleier, die uns in einiger Entfernung folgte. Giovanni mußte auf Befehl des Barons zurück und sie fragen, warum sie die Karawane verlassen, worauf sie entgegnete: ihr Mann, ein Jüs-Baschi in der Armee Ibrahims, sei auf dem Zuge geblieben; sie habe bis gestern einen Platz auf einem Kameel bei einer Bekannten gehabt; dieses sei jedoch gestern gestürzt, und sie vertraue zu uns Franken, wir werden sie nach Kairo mitnehmen. Der Baron erlaubte dem armen Weibe, auf unser erstes Kameel zu steigen, das bis jetzt neben dem kleinen Fohlen Wasser und Kohlen getragen hatte; diese Artikel waren aber jetzt sehr zusammengeschmolzen und deßhalb Platz genug auf dem großen Thier. Das kleine Pferdchen, das anfangs die neue Nachbarschaft mit neugierigen Blicken betrachtete, schien sich bald daran zu gewöhnen; denn die Frau liebkoste es beständig und deckte ihm bei der großen Hitze ihren Schleier über den Kopf.

Wir verloren die große Karawane, mit der wir Gaza verlassen, aus dem Gesicht, und zogen, eine kleine bildend, weiter durch die Sandwüste, die aber hier schon viel von ihrem schauerlichen Charakter verloren hatte. Zur Seite des Weges erschienen hie und da kleine Gesträuche bis zu drei Fuß Höhe, und der Weg war statt des gestrigen losen Sandes heute schon so hart, daß die Kameele an den meisten Stellen mit ihren breiten Fußballen nicht mehr einsanken. Es mochte gegen drei Uhr sein, als der Baron, der mit einigen Reitern etwas voraus war, plötzlich laut ausrief: „Wasser! Wasser!" und links querfeldein gegen einen großen Teich sprengte, der sich bei der Krümmung des Weges unsern Blicken zeigte. Auch ich forcirte meinen Maulesel zu einem armseligen Galopp und hörte bald, daß es kein Trink-, sondern Salzwasser sei. Aber wenn somit auch die Hoffnung auf ein gutes Nilwasser vereitelt war, so wußten wir doch beim Anblick dieser Seen, deren sich nun auch rechts mehrere zeigten, daß wir uns dem Delta näherten; denn es mußten jene Moorwasser sein, die man auf den Karten von der Mündung des Nils aus gegen Osten weit in's Land hinein verzeichnet sieht.

Der Tartar-Gassi hatte uns freilich gesagt, wir haben von seinem Lager bis zur nächsten Poststation — sie hieß Kantra — nur noch fünf Stunden; aber es wurde Abends sieben Uhr, ehe wir sie erreichten. Sie hatte Tränkungsanstalten wie die gestrige, doch waren die Gebäude für die Postbeamten comfortabler eingerichtet, als auf allen andern, und zwischen zweien derselben stand ein großes, schönes Zelt aus dickem Segeltuch aufgeschlagen, unter dem der Chef der Post, ein dicker Aegyptier, lag, der uns sagen ließ, wir möchten unsere Zelte nicht aufschlagen, er müsse auf Verlangen den Reisenden Platz in dem seinigen geben — also eine Wüstenpassagierstube.

Etwas sehr Merkwürdiges hatte diese Station: hier befand sich zugleich eines der Kameelgestüte Mehemed Ali's. Es waren fünf oder sechs große, starke Kameelhengste da, einige zwanzig Stuten und sieben oder acht Fohlen. Diese kleinen Thiere sahen höchst sonderbar aus. Die Biegung des Kopfes, der wie der Schnabel eines Raubvogels nach unten gekrümmt ist, tritt bei ihnen viel stärker hervor, als bei den Alten, und gibt ihrem Kopfe eine gewisse Aehnlichkeit mit dem eines Habichts. Dabei trägt das Thier seinen wolligen Körper äußerst unbeholfen auf den langen Beinen und ist außerordentlich eigensinnig. So wollten die Araber, als es anfing dunkel und kühl zu werden, einige dieser Thiere, die sich draußen in die Sonne gelegt hatten, zum Aufstehen bewegen, um sie in den Stall zu treiben. Aber die kleinen Geschöpfe stießen ein Geschrei des Unwillens aus und mußten mit Gewalt aufgehoben und fortgetragen werden. Diese Thiere wohnten in einem umschlossenen Hof, an den rechts und links zwei Schuppen stießen und Alles war aus Steinen auseinander gesetzt. Die Postknechte, sowie die

Aufseher des Gestüts waren Neger und Abyssinier, und unter ihnen sehr schöne Menschen.

Wir richteten uns im großen Zelte des Postmeisters so gut wie möglich ein. Ein ziemlich starker Wind, der sich am Abend erhob, bewegte die langen Zeltwände hin und her. Es war das erstemal seit unserer Wüstenreise, daß wir wieder einmal den Luftzug bemerkten, und da das Posthaus auf einer kleinen Anhöhe lag, so strich er recht frisch und kühl bei uns vorüber und eilte zum Delta voran, um dort wahrscheinlich unsere Ankunft anzuzeigen. Der dicke Postmeister, der sich zu uns in's Zelt kauerte, war ein recht gemüthlicher Aegyptier. Er erzählte uns, er sei schon fünf Jahre auf dieser Station, ohne sie je verlassen zu haben; seine Bedürfnisse lasse er sich auf Kameelen von Kairo kommen; sogar das reine Trinkwasser mußte er sechs Stunden weit herschaffen lassen. Gerade heute hatte er wieder einen Transport bekommen; er brachte uns auf einer kleinen Schüssel einige Confituren von Kairo, die er als die vorzüglichsten ihrer Art pries; sie waren ebenso fett und unangenehm süß, wie die türkischen. Von der Politik wußte der alte Herr so gut wie gar nichts, und er verwunderte sich sehr, als wir ihm erzählten, Ibrahim Pascha habe sich durch die Engländer und eine Hand voll Türken aus dem Lande jagen lassen. Natürlich hatte er vom Zuge Ibrahims durch die Wüste gehört, und die Kolonne Achmed Pascha Meniklis war schon vor einiger Zeit hier durchgezogen. Aber das Warum hatte ihn wenig gekümmert.

Am andern Morgen brachen wir zeitiger als sonst auf, indem wir nach Salahieh, dem ersten ägyptischen Dorfe, wie man uns gesagt, zehn Stunden hatten. Der Weg besserte sich im Laufe des Tages zusehends, und gegen Mittag, wo die Sonne recht glühend auf uns schien, tauchte vor uns von Süden nach Südwesten aus dem gelben Sande ein langer grüner Streifen auf. Es waren Palmenwälder, die jedoch bald wieder verschwanden, und gegen ein Uhr hatten wir heute noch einmal und zum letzten Mal den vollen

Zug durch die Wüste.

Anblick der trostlosen Wüste um uns: rings, so weit das Auge reichte, eine glatte, hellgelbe Sandfläche, worauf die Sonne mit unbeschreiblicher Schwere lag und die Thiere und uns fast zu Boden drückte. Die Araber hatten wieder wie gewöhnlich ihre Teppiche über den Kopf gezogen und saßen zusammengekauert auf ihren Pferden, wobei sie ihre Waffen, Lanzen und Säbel nachlässig über den Sattelknopf legten. Unsere kleine Karawane hatte sich ganz auseinander gezogen, denn jeder ließ sein Thier gehen, wie es eben wollte; jeder war zu matt, um den Fuß zu einem Sporenstoß zu erheben oder auch nur den Fuß zu einem Zungenschlag aufzuthun. Der Nachtwind hatte die ganze Fläche, so weit wir sahen, scharf angehaucht und lauter kleine Wellen hineingeschnitten, so daß das Kameel an der Spitze sich jedesmal Bahn machen mußte, wie wenn man bei uns zu Hause an einem Wintermorgen der erste ist, der die über Nacht gefallene Schneedecke zertritt. Der ganze Anblick der heutigen Wüste, das matte Dahinschleichen unserer Thiere und die Glut der Sonne drückten uns Alle so darnieder, daß wir mit schweren Athemzügen nach der Gegend blickten, wo uns vorhin die Palmen erschienen und wieder verschwunden waren. Aber wir wußten, noch ehe der Abend kam, hatten wir sie erreicht, und konnten, unter ihrem Schatten geborgen, nach jenem schrecklichen Feind, der Wüste zurückblicken, der uns heute zum letztenmal in seiner ganzen fürchterlichen Gestalt erschien. Wir wußten, daß die Sonne, die uns jetzt zu versengen drohte, denselben Weg mit uns hatte und wir nach der Richtung, wo sie am Horizont verschwand, Menschen, ein Dorf, Wasser und frisches Grün finden würden.

Doch wie mußte es denen sein, die ohne Compaß oder sichern Führer vom Wege abkamen und umherirrend nicht wußten, wohin, um diesem großen, allgewaltigen Grabe zu entfliehen? Der Gedanke an ein Verirren, so nahe am Ziele unserer Reise, stieg in mir leise auf, und meine stets rege Phantasie ließ mir ein solches Unglück so möglich werden, daß ich zum Anführer unserer Beduinen,

Viertes Kapitel.

der vorne an der Spitze war, hineilte, um ihn auszufragen, ob er auch sicher wisse, wo wir uns eben befanden. Der Alte hob den Burnus, den er über das Gesicht geworfen hatte, etwas in die Höhe und sah mich so listig lächelnd an, als habe er meine Furcht errathen; dann bedeutete er mir in der lebhaften Zeichensprache, die diesem Volke eigen ist: vor uns sei das Delta, rechts das Meer, aber links — hier streckte er seinen Arm nach Osten aus, wo sich die große Wüste bis ans rothe Meer und weiter hin zieht — links sei gar nichts als Sand, und wer dort einmal hingerathen sei, könne ruhig ein Loch in den Sand machen und den Burnus über den Kopf ziehen. Dahin schaute ich und gefiel mir darin, mich immer tiefer in das Wüste, unendlich Oede zu denken, das sich da ausbreitete und unsern Fuß berührte.

Einige Minuten mochte ich so fortgeritten sein, als mir plötzlich deuchte, ich sehe am fernen Horizonte, nach der Richtung der Wüste, einen dunkeln Streifen erscheinen, in der Art, wie wir früher die Palmenwälder vor uns gesehen hatten. Was konnte das sein? Einige Schritte vor mir ritt der Baron, der ein sehr scharfes Gesicht hat und mit einem lauten Ach! plötzlich sein Pferd anhielt und es nach jener Gegend wandte. Ich rief ihm zu, was er von dem Streifen dort halte, und ob er etwas Genaueres sehe, worauf er erwiderte: dort sei auf einmal Wasser erschienen; er sehe die Wellen sich bewegen und umher große Palmen und andere Bäume, wie von starkem Winde bewegt, auf und abnicken. Ich zog am Mantel unseres Beduinenchefs, der sein Gesicht schon wieder bedeckt hatte, und zeigte, als er mich fragend ansah, nach jener Gegend. Als habe er ein Gespenst gesehen, verzog der Alte mit einem lauten Maschallah sein Gesicht und starrte in die Wüste hinein. Auch die andern Araber und unsere Kameeltreiber wurden aufmerksam und blickten mit demselben Entsetzen hinaus, und Giovanni, der Dolmetscher, näherte sich uns und rief dem Baron zu: das sei das Wüstengespenst, das die Reisenden irre führe, vom Weg ab in das

Zug durch die Wüste.

Innere der Wüste, das stets zurückweiche und nicht eher verschwinde, bis die Karawane, die ihm gefolgt, den richtigen Weg nicht wieder finden könne und verloren sei. Es war also die Fata Morgana. Der Baron sprengte darauf zu und wir folgten ihm, obgleich uns die Beduinen abzuhalten suchten, und bald konnte auch ich etwas von der sonderbaren Erscheinung erkennen. Es war, wie schon gesagt, ein weiter Wasserspiegel, an seinen Ufern wuchsen grüne frische Bäume, und doch war nichts da, als verbrannter gelber Sand. Es verursachte uns Allen ein recht unheimliches Gefühl, und doch freuten wir uns, noch am letzten Tag unserer Wüstenreise der Fata Morgana oder dem Wüstengespenst begegnet zu sein. Das Phänomen verdient in der That den Namen eines Gespenstes der Wüste, womit es die Araber bezeichnen, eines bösen Geistes, der den Wanderer vom Wege ablockt und ihm das, was sein kochendes Gehirn mit glühenden Farben ausmalt, neckend vorgaukelt. Woher kommt es, daß dieses trügerische Spiel selbst den, der es von natürlichen Ursachen ableitet, anfangs mit Bangigkeit, ich möchte sagen mit Entsetzen erfüllt? Dort, wo sich der Sand hundert Meilen weit ausdehnt, wo weder Baum noch Strauch ist, keine Spur von Wasser, dort erschienen uns auf einmal Gruppen von schlanken Bäumen, die einen stolz dahinfließenden Strom umstanden, auf dessen Wellen wir die Strahlen der Sonne spielen sahen. Freundlich grün bedeckte Hügel tauchten auf und verschwanden wieder; kleine Häuser und Burgen mit trotzigen Mauern und Wällen wurden in den Wäldern sichtbar, deren Stämme sich wie dünne Halme im Wind hin und her bogen.

So weit wir auch gegen die Erscheinung ritten, wir kamen ihr doch nicht näher. Alles schien vor uns Schritt für Schritt zurückzuweichen. Lange standen wir so und sahen dem Zauber zu, und allmälig verlor sich das Unheimliche, das im Anblick lag. Es war ein so reges Leben in dieser Scheinlandschaft, das Wasser so glänzend, die Bäume so saftig grün, so stolz und schlank, wie ich sie nie gesehen. Alles schien dort viel freundlicher, als in der wirklichen Welt, und zog uns so mächtig an, daß wir, die doch nicht der Durst vorwärts trieb, dort Wasser zu suchen, wo keines war, gerne fort und fort dem Spuk nachgejagt wären, und so wohl begreifen konnten, wie er den Verirrten, der verzweifelnd, mit brennendem Auge Wasser und menschliche Wohnungen zu sehen glaubt, an sich lockt, um ihn einsam verderben zu lassen. Langsam kehrten wir zu unsern Beduinen zurück, die nicht von der Stelle gegangen waren. Noch schauten wir oft zurück in die Wüste, wo die Erscheinung allmälig erblaßte und endlich zu einem Streifen zusammenschmolz, einem dünnen Rauche vergleichbar, der über die Fläche zieht.

Wir ritten noch eine gute Stunde durch tiefen Sand und erblickten endlich die Palmen wieder, die wir früher schon gesehen. Indessen waren wir ihnen bedeutend näher gerückt und sahen nun bald auch zu unserer Rechten den grünen Boden vom gelben Sand sich scharf abgrenzen und dichte Wälder von Palmen erscheinen. Ich sprach schon früher davon, wie plötzlich man im Delta aus dem tiefen Sand in das fruchtbare Land tritt, das sich wie die Ausläufer eines Berges bald in denselben hineinerstreckt und der Wüste einen großen Raum streitig macht, bald von dem Sande überwältigt wird und ebenso weit zurückweicht. Die ganze Grenze des Delta's wird hier von einer weiten Schlangenlinie gebildet. Jetzt traten unsere Pferde noch bis über die Fesseln in tiefen Sand und die Sonne brannte glühend auf uns; gleich darauf stießen unsere Araber und die Kameeltreiber an der Spitze ein lautes, freudiges Hurrah aus; eine angenehme Kühle kam uns entgegen, und die Pferde schnaubten und schüttelten sich munter, sobald ihr Huf den weichen Rasen betrat, dessen angenehmer Duft uns, die wir ihn so lange entbehrten, ungemein erquickte.

Wir hatten das Delta erreicht und ritten durch einen Palmenwald, in dem die Stämme dicht beisammen standen und von einer Größe waren, wie man sie bisher noch nicht gesehen. In den Zweigen trieben wilde Tauben und andere Vögel ihr lustiges Spiel; in einem Kleefeld, dessen wir zur Linken ansichtig wurden, standen bei den Wassergräben, die es durchschnitten, langbeinige weiße Reiher und wandten nur den Kopf, ohne sich durch unsern Lärm verscheuchen zu lassen. Kühe und Pferde grasten unter den Palmen und schienen verwundert unsere fremdartigen Gestalten zu betrachten. Bald kamen wir auf eine grüne Fläche hinaus, welche an der einen Seite das Dorf Salahieh, an der andern Palmenwälder und rechts ein schwacher Arm des Nil begrenzte. Wie wohl that uns das Grün der Bäume und der Glanz des langsam fließenden Wassers! Ein Wanderer, der den ganzen Tag in glühender Sonnenhitze auf der staubigen Landstraße gewandelt ist und kein Mittel gefunden, seinen glühenden Durst zu löschen, bis er Abends die Ebene verläßt und zwischen den Bergen, die er nun ersteigt, einen klaren Felsbach murmeln hört, nur ein solcher hat einen Begriff von der Freude, die uns durchströmte, als wir den Boden hinter uns hatten, der pestartige Gerüche aushaucht, die Herz und Körper matt und krank machen, und nun hier gesunde Menschen uns umstanden, Menschen, die, wenn auch in zerlumpter Tracht, uns doch munter ansahen und nicht mit dem unbeschreiblichen Blick des Elends, wie unsere Reisegefährten aus der Wüste.

Salahieh besteht, wie alle arabischen Dörfer, aus Wohnungen, die kaum den Namen Hütten verdienen. Auf vier roh aus Erde und Lehm aufgeführten Wänden liegt ein Dach von Palmenstämmen, die, farbig und leicht, durch aufgelegte Steine festgehalten werden. Da die Faulheit des Arabers die Hütte zu niedrig macht, als daß man darin stehen könnte, so vergrößern sie später den Raum, indem sie den Fußboden im Innern um einige Schuh tiefer graben. Von den öffentlichen Gebäuden, die sich allenfalls in einem solchen Dorfe befinden, ist nur das Haus, in welchem man die Steuern, das heißt Gerste, Weizen und Reiß aufbewahrt, dauerhafter und in besserem Styl gebaut. Die Moschee dagegen ist eine Halle von der Größe und Gestalt, wie bei uns eine mittelmäßige Scheune. Von der Decke hängen ein paar hölzerne Lampen an Schnüren und zwei weiße Stäbe bezeichnen die Kebellinie, die Richtung nach Mekka. Der Fußboden ist mit schlechten Matten oder alten Teppichen bedeckt, welche letztere dann gewöhnlich Vermächtnisse Verstorbener sind, die den Teppich, auf dem sie ihr ganzes Leben lang gebetet, auch noch nach ihrem Tode zu demselben Zweck gebraucht wissen wollen.

Zu unserer Verwunderung schienen wir nicht die einzigen Reisenden, die hier ihr Lager aufgeschlagen hatten. Auf der Wiese vor dem Dorf stand ein großes Zelt und daneben ein kleineres, welches durch eine Art Gang mit jenem zusammenhing. Vor dem Zelt lag einer der prächtigsten persischen Teppiche ausgebreitet, die ich je gesehen; wahrscheinlich wollte der Herr desselben noch die angenehme Kühle des Abends genießen. Einige Schwarze rückten Polster zurecht; ein anderer hatte ein großes silbernes Nargileh vor sich, das er in langen Zügen anzurauchen versuchte. Nach diesem Wahrzeichen mußte der Herr des Zeltes ein Türke oder Araber sein, und wir hatten uns nicht getäuscht. Nicht lange, so zog ein sehr gut gekleideter Diener die Vorhänge des Zeltes auseinander und ein ältlicher, aber sehr schöner und stattlicher Mann, wie die höchsten Offiziere der ägyptischen Armee gekleidet, trat heraus und ließ sich auf dem Teppich nieder. Unsere Bedienten waren keine zwanzig Schritte davon beschäftigt, die Zelte aufzuschlagen, wobei wir in unsern europäischen Costümen halfen, ein Anblick, der dem alten Herrn gewiß sehr neu war, was er jedoch als ächter Muselmann mit keiner Miene verrieth. Erst nachdem er einige Züge aus seinem Nargileh gethan und ein paar Tassen Kaffee getrunken, winkte er einem der Bedienten, die hinter ihm standen. Ich stand den Zelten des Türken am nächsten und betrachtete mit untergeschlagenen Armen die interessante Gruppe und die imposante Figur des alten Mannes, und als der Bediente gegen mich kam, stellte ich mich ihm in den Weg, um seine Botschaft abzufangen. Allein es ging mir wie dem Bastard in der Jungfrau von Orleans: „er war an einen Würdigern gesendet", und schoß an mir vorbei, auf den Baron zu, der neben dem Zelte stand. Indessen gehörte, besonders für einen Muselmann, keine prophetische Gabe dazu, den Chef unserer Karawane zu erkennen; in vielen Fällen der Art zog die große Figur und ernste Haltung des Barons die Abgeordneten gerade zu ihm hin, besonders wenn er zu Pferde saß. Ich folgte dem Bedienten und hörte, wie unser Dolmetscher Giovanni einige arabische Worte, die ihm jener sagte, ungefähr so übersetzte: „Mein Herr, der Frik Pascha Mehemed Ali's, Mustapha, vormaliger Gouverneur von Creta, bittet Gott, deinen Eingang hier zu segnen, und wünscht zu wissen, wer du seiest und welche Geschäfte dich hieher führten?" worauf ihm der Baron kurz unsere Reise beschrieb und vorzüglich heraushob, wir seien mit der ägyptischen Armee, die uns morgen oder übermorgen folgen werde, von Gaza durch die Wüste gezogen. Der Sklave zog sich zurück und wir fuhren in unsern häuslichen Beschäftigungen fort, luden die Kameele ab und fesselten die Pferde, die sich nicht weniger als wir über den Grasboden zu freuen schienen und sich darauf herumwälzten.

Bald hatte sich vor dem Zelt ein Markt gebildet, und wir kauften seit langer Zeit wieder um weniges Geld Hühner, frische Eier, Butter und Milch. Was uns aber am angenehmsten schien und auch später immer am besten schmeckte, war das Wasser des Nils, das wir, obgleich es trübe war, köstlich fanden.

Es war ein sehr schöner Abend, und die durch die Palmen und das Wasser abgekühlte Atmosphäre kam uns gegen die Hitze der Wüste wie die Luft eines schönen Frühlingsabends im Vaterland vor. Die kleinen braunen Kinder der Araber spielten um uns herum und erinnerten mich lebhaft an die Zeiten meiner Jugend, wo auch ich beim ersten Grün, das die graue Erde überzog, hinaus unter die Bäume eilte, um mich auf dem Rasen zu wälzen und freudig zu jubeln; war es doch auch hier der erste Frühlingstag nach einem schlimmen Winter, der uns freilich nicht die Erde mit Schnee überzogen, aber noch viel öder und erstorbener gezeigt hatte.

Der Pascha, der aus einer gewaltig langen Pfeife große Rauchwolken in die Luft schickte, schien unsere Pferde seiner Aufmerksamkeit zu würdigen; seine Blicke folgten allen ihren Bewegungen mit großem Interesse; ja, als das kleine, neugierige Fohlen, das wie gewöhnlich, sobald es seiner Bande entledigt war, um die Zelte zog, ihm einmal sehr nahe kam, wiegte er wohlgefällig lächelnd sein graues Haupt und versuchte es zu streicheln; aber der Wildfang entfloh ihm in lustigen Sprüngen. Ich machte einen kleinen Spaziergang durch das Dorf, und als ich zurückkam, saßen der Baron und der englische Kapitän beim Pascha, mit dem sie sich eifrig über Pferde unterhielten. Der Pascha wollte vermuthlich seinen Reichthum zeigen und ließ seinen ganzen Marstall vorreiten. Derselbe bestand aus zwei Stuten und vier Hengsten: starke, kräftige Thiere, aber von keiner eigentlichen Race; es war das Blut des Arabers, mit dem des ägyptischen Pferdes gemischt. Sie hatten einen edel geformten Kopf und eine gute Croupe, waren aber dabei so fett, wie alle Erzeugnisse des Delta. Die Sais ritten sie ohne Sattel, zuerst im Schritt, dann im Galopp, zuletzt im Carrière vorbei. Die Reiter saßen auf den dicken, glatten Pferden recht gut, doch hatten sie ihnen einen Riemen um den Hals gelegt, woran sie sich beim schnellen Pariren festhielten, was sehr klug war; denn ich bin überzeugt, daß die schweren Thiere den besten Reiter aus dem Sitz gebracht hätten.

Der Pascha schien mit Vergnügen die Lobsprüche entgegen zu nehmen, die ihm beide Herren über seine Pferde spendeten, und als sie sich beurlaubten, folgte ihnen einer der Diener Mustaphas, der uns Alle auf sieben Uhr zum Abendessen einlud. Wir fanden uns pünktlich ein, und da es schon anfing zu dunkeln, hatte der Pascha rings sein Zelt schließen lassen und Lichter in demselben angezündet. Es war von grüner doppelter Leinwand, rund und weit geräumiger, als das unsrige; an der Zeltstange, die in der Mitte stand und das spitze Dach trug, hingen des Pascha's Säbel und seine Pistolen; auf dem Boden saß der Pascha selbst, dem Zelteingang gegenüber, auf einem sehr schönen Teppich, der den ganzen Raum einnahm. Mit einer Handbewegung lud er uns zum Sitzen ein, und wir ließen uns im Kreise nieder. Stets hatten wir große Noth mit unserm Dolmetscher Giovanni, der nur Arabisch, etwas weniges Türkisch und ein Gemisch von Französisch und Italienisch sprach. Trotz dem wollte er, wenn wir bei vornehmen Türken zum Besuche waren, nicht zurückbleiben; er sah es als einen Schimpf für sich an, wenn sein Herr von andern Dolmetschern bedient wurde. Auch heute Abend stand er an der Zeltthür, um sein Amt zu versehen; es wies sich aber aus, daß der Pascha nur türkisch sprach, und so mußte uns dessen Dragoman seine Worte in's Französische übersetzen, wodurch die Unterhaltung leidlich von Statten ging. Doch kaum hatte sich, als einmal im Gespräch eine Pause eingetreten war, der Dolmetscher etwas zurückgezogen, so hatte auch Giovanni ein Auskunftsmittel gefunden, um am Gespräche Theil nehmen zu können. Als dieses wieder begann, sprach der Pascha mit seinem Diener türkisch, dieser übersetzte es unserm Giovanni in's Arabische, und dieser gab es uns in gräßlichen Brocken von Italienisch und Französisch wieder. Es dauerte lange, bis diese Uebersetzungsmaschine recht in Gang kam, und man kann sich denken, wie viel gegenseitig verloren ging, bevor es an die rechte Behörde gelangte.

Gleich bei unserm Eintritt bot man uns Kaffee und lange Pfeifen an, und ungefähr eine Stunde darauf, um acht Uhr, schien das Souper mit einem kleinen Vorspiel, bestehend aus geschälten Mandeln, geschnittenen Aepfeln, Rosinen, Datteln und getrockneten Feigen, den Anfang nehmen zu wollen. Auch wurde in kleinen

Tassen Raki oder Dattelbranntwein präsentirt. Daß weder von Tellern, noch von Messer und Gabel die Rede war, brauche ich nicht zu erwähnen. Der Tisch bestand wie immer aus einer großen, runden, kupfernen Platte, die auf einem fußhohen Untersatze auf der Erde stand. Anfangs bemühten wir uns Alle, so anständig als möglich zu sitzen, das heißt, mit untergeschlagenen Beinen oder wenigstens knieend. Es freute den alten Pascha ungemein, wenn er sah, wie wir so oft unsere Stellung wechselten, und er lachte jedesmal herzlich darüber.

Wir hatten den Tag über fast gar nichts gegessen, und da wir nun zu sechs die kleinen Schüsselchen herzhaft angriffen, waren sie bald geleert, wurden aber noch viel schneller durch die hinter uns stehenden Diener aus großen Körben wieder gefüllt. Nachdem dies mehrmals geschehen war, wurde der erste Gang mit einer zweiten Lage von Dattelbranntwein geschlossen, dann wieder Pfeifen und Kaffee gebracht, und die Unterhaltung begann von Neuem, viel lebhafter als früher, aber auch, da sie durch zwei Dolmetscher ging, viel zerrissener. Der Pascha, der auf der Brust das Nischah seiner Würde, einen großen Brillantstern, trug, wurde sehr redselig, wozu wohl der Raki das Seinige beitragen mochte, und ließ uns unter Anderem sagen, obgleich er Türke sei und unter den Befehlen Mahmuds II. Gouverneur von Creta gewesen, so sollen wir doch nicht glauben, daß er verrätherischerweise zu Mehemed Ali übergegangen; er sei, als Creta zum ägyptischen Paschalik geschlagen worden, Gouverneur geblieben und habe so den Herrn gewechselt. Bei der jetzigen Umwälzung der Dinge habe ihn Mehemed Ali behalten, ihm ein Kommando in der Armee gegeben und gegenwärtig sei er hier in Salahieh mit großen Vorräthen an Fourage und Lebensmitteln, um sie an die Kolonnen der ägyptischen Armee, die von Gaza herüberkämen, zu vertheilen.

Es war neun Uhr, als der zweite Gang des Abendessens erschien, dem wir sehr hungrig entgegen sahen. Er bestand aus ge-

schälten harten Eiern, eingemachtem Geflügel, kleinen getrockneten
Nilfischen und dergleichen mehr. Mich hatte das Sitzen auf den
untergeschlagenen Beinen und Knieen so entsetzlich müde gemacht,
daß mir in dieser Stellung ferner kein Bissen geschmeckt hätte, weßhalb ich die Dehors gröblich verletzte und mich der Länge nach auf
den Bauch hinlegte, so daß meine Füße die Zeltwand berührten und
mein Kopf in angenehmer Entfernung über den aufgetragenen
Schüsseln schwebte. Der Pascha brach bei diesem Anblick in ein
unauslöschliches Gelächter aus und ermunterte die Andern, es mir
nachzuthun, weil er ihnen wohl ansah, wie viel Gewalt sie sich an-
thaten, was sie sich auch, mit Ausnahme des Barons, nicht zwei-
mal sagen ließen. Der Baron konnte Stunden lang knieen, ohne
müde zu werden.

So wurde es zehn Uhr, und da kein neues Gericht erschien,
sondern die Bedienten die leer werdenden Schüsseln immer wieder
mit Fischen und den andern alten Speisen füllten, so besorgten wir,
das Souper möchte zu Ende sein, und dann wäre es für uns, die
wir den ganzen Tag geritten und gehungert, ausnehmend frugal
gewesen. Da wir nicht zu fürchten hatten, vom Pascha verstanden
zu werden, so äußerten wir laut unsere Besorgnisse, was zu sehr
lächerlichen Scenen Anlaß gab. Wenn ich zu dem neben mir Liegenden sagte: „ich glaube wahrhaftig, der alte Herr denkt, wir haben
genug an Eiern und getrockneten Früchten," so nickte der Pascha,
der uns aufmerksam zuhörte, lächelnd mit dem Kopf und machte
eine Bewegung mit der Hand nach Brust und Stirn, als hätten
wir ihm ein Compliment gemacht. Der einzige, der noch auf ein
solides Gericht hoffte, war der englische Kapitän; er verwarf daher
auch unsern Vorschlag, von Giovanni in unserm Zelte einen kräftigen
Reißbrei fertigen zu lassen, der uns zu Hause für die Früchte und
Eier schadlos halten sollte. Er behauptete, es müsse bald ein Haupt-
schlag geschehen, das heißt, ein Hauptgericht erscheinen, und doch
strich der alte Gouverneur von Creta seinen wallenden Bart und

Viertes Kapitel.

wischte sich mit einem gestickten Mousselintuch die Hühnerbrühe ab, die seine Finger bis zum zweiten Gelenk bedeckte. Es wurde eilf Uhr; aus Ungeduld tranken wir beständig Dattelbranntwein, der in großer Menge gereicht wurde und dessen Geist wir dann wieder durch starken Kaffee und Taback niederschlugen. Auch griffen wir, da an ein weiteres Gericht gar nicht mehr zu denken war, wieder zu den vorhin verschmähten Schüsseln mit Eiern und Früchten und leerten sie, wobei besonders unser Maler sehr traurige Betrachtungen anstellte. Nun erschienen zwei Diener und trugen die kupferne Tischplatte hinaus. Jetzt glaubte selbst der Kapitän, daß Alles vorbei sei, und Baron T. fing schon an, unserm Dolmetscher eine Danksagung für das treffliche Souper in den Mund zu legen, als sich die Zeltthüre weit von einander that und die Tischplatte wieder erschien, beladen mit einem gebratenen Lamm, das den angenehmsten Duft verbreitete. Nie ist ein Osterlamm mit mehr Ehrerbietung empfangen worden; es war rührend anzusehen, wie sich alle Gesichter ringsum aufklärten, was auch der Pascha zu bemerken schien und freundlich dazu lächelte. Jetzt erschien ein Diener, den wir bisher nicht gesehen, und Giovanni sagte uns, es sei der Koch, der das Lamm zerlegen und mit eigenen Augen sehen wolle, wie das Gericht, an dem er seine ganze Kunst erschöpft, den Gästen schmecke. Das Tranchiren ging sehr einfach von statten: er streifte seine Hemdärmel bis zum Ellbogen in die Höhe, nahm dann von den Rippen zu beiden Seiten des Thieres, so viel er fassen konnte, und riß sie von einander, so den Bauch öffnend, worin ein wahrer Schatz vergraben lag, ein süßer Pillau, mit Kastanien und Rosinen gewürzt. Darauf riß er mit unglaublicher Geschicklichkeit von den Schenkeln, dem Rücken und dem Halse des Thieres Stücke Fleisch ab, die er vor uns hinlegte, sowie auch große Haufen des Pillau, den er mit den Händen aus dem Bauche des Thiers schaufelte.

Und wir erhoben die Hände zum lecker bereiteten Mahle,

griffen herzhaft zu, und nicht eher wurde wieder ein Wort gesprochen, bis der größte Theil des Lammes vertilgt war. Den Rest nahm der Koch wieder hinaus und gab es draußen den Bedienten. Vom Pillau, den der Pascha vor sich hatte, drehte er am Ende der Mahlzeit zwei große Kugeln, die er dem Baron und dem Kapitän, als den höchsten in der Gesellschaft, eigenhändig in den Mund steckte. Freilich eine große Ehre, um die wir sie aber nicht sehr beneideten. Darauf kamen noch kleine Schüsselchen mit Confituren und süßen Sachen, denen ich aber im Orient nie Geschmack abgewinnen konnte; sie sind meistens sehr fett und widerlich süß.

Der letzte Akt des Soupers hatte uns Alle in heitere Stimmung versetzt, und wir thaten dem Pascha den Gefallen, recht viel von seinem Raki zu trinken, den er uns oft mit eigener Hand credenzte. Es war ungefähr ein Uhr geworden, als wir aufstanden und uns mit vielen Danksagungen von dem alten Herrn beurlaubten, der uns mit seinen besten Segenswünschen entließ.

Es war das herrlichste Wetter, als wir uns am andern Tage sehr früh erhoben. Die Sonne vergoldete die Stämme der Palmen, und ihr Strahl bildete aus den Thautropfen, die an den Gräsern hingen, Tausende von Diamanten, ein Anblick, um so freundlicher für uns, als wir ihn so lange nicht genossen hatten. Rasch wurden unsere Kameele beladen und wir waren in kurzer Zeit zum Aufbruch fertig. Als wir eben abreiten wollten, ließ uns der freundliche Pascha zu einer Tasse Kaffee einladen. Wir sagten dem guten alten Manne ein herzliches Lebewohl, und nachdem ihm der Baron noch das Vergnügen gemacht hatte, ihm auf seinem Fuchshengste zu zeigen, wie ein deutscher Reiter zu Pferde sitze und es in der Gewalt habe, zogen wir lachend und singend unseres Weges.

Anfänglich lief unser Pfad einen Damm am Nil entlang, und außer den Palmen, den einzigen Bäumen, die wir bisher gesehen, erschienen hie und da einzelne Platanen, Cedern, auch einige Maulbeerbäume in Gruppen beisammen; auf ihren Zweigen wiegten sich zahllose wilde Tauben und eine Art Wiedehopf, etwas kleiner als die unsrigen, aber von schönem glänzendem braunem Gefieder. Wir schossen viele dieser Vögel, die dann gleich aus freier Hand gerupft und an den Sattelknopf gehängt wurden, um Abends eine feine Schüssel zu bilden. Für uns, die wir aus dem öden Syrien kamen, war es sehr erfreulich, zu sehen, wie hier jeder Fußbreit Landes auf's Sorgfältigste benutzt wird. Alle Felder sind durch Wassergräben im Vierecke von ungefähr sechs Fuß getheilt. Ein Schöpfrad, das in einem runden, gemauerten Brunnen durch Thiere, oder bei kleineren auch durch Menschenhände getrieben wird, füllt diese Gräben, welche so dem ganzen Felde frisches Wasser mittheilen. Dergleichen Schöpfräder hat Mehemed Ali, wie man sagt, im ganzen Delta nicht weniger als fünfmalhunderttausend auf seine Kosten bauen lassen. Das schöne, gleichmäßig angebaute Land ringsum gleicht mit seinen gesund aussehenden Arbeitern dem großen Garten eines reichen Herrn, und leider ist es im größten Theil von Aegypten wirklich so. Der Fellah säet und erntet für die Regierung, der er nicht etwa nur einen Theil seines sauer Erworbenen abgibt: die unmäßigen Steuern lassen ihm von seinem Verdienst nur eine Kleinigkeit übrig; ein Verhältniß, das indessen von dem Aegypter nicht so schwer empfunden wird, wie es uns beim ersten Anblick erscheint, und wie es den allgemeinen Menschenrechten nach wirklich ist. Der Fellah kann ja kein Eigenthum für seine Kinder sammeln, denn das Grundstück, auf dem er säet, das Haus, in dem er wohnt, und das Schöpfrad, das ihm sein Wasser liefert, gehören der Regierung; ja sogar die Palmbäume, die das Delta umgrenzen, sind größtentheils Eigenthum des Pascha; der Bauer bekommt für die Pflege und Wartung der Bäume nur einen kleinen Theil der Früchte. Es sei ferne von mir, die Administration und das Steuerwesen Mehemed Ali's, die schon von so vielen besser Unterrichteten besprochen worden sind, hier auseinander setzen, oder sie gar vertheidigen zu wollen. Aber das große Geschrei über die schreckliche Unterdrückung und das Elend des ägyptischen Bauern haben wir durchaus nicht gerechtfertigt gefunden. Es ist wahr, das Gesetz steht mit der Peitsche hinter ihm und zwingt ihn zu immerwährender Arbeit, dafür hat aber auch der Fellah zu leben, und man braucht in einem ägyptischen Dorfe nicht, wie in der Türkei in Dörfern, ja in Städten, wie Schumla, lange nach einigen Lebensmitteln herumzuschicken. Sobald wir uns im Delta einem Dorfe näherten, war augenblicklich ein kleiner Markt um uns versammelt und wir kauften zu den billigsten Preisen Hühner, Eier, Butter, Milch, oder was wir sonst bedurften. Die Wohnungen der Fellahs sind freilich nicht glänzend, aber es war uns noch in frischem Andenken, was wir auf der Landreise durch die Türkei gesehen, und gegen die Hütten von Giorgewo sind die Häuser der Fellahs recht wohnlich.

Nach einigen Stunden verließen wir den Damm und wandten uns durch den Palmenwald, der Grenze des Delta, wieder in die Wüste, und um nicht allen Krümmungen, die, wie schon gesagt, hier das angebaute Land bildet, folgen zu müssen, ritten wir einen Sandweg gerade aus. Uns zur Seite zogen sich die Palmen in einem Bogen zurück, dessen Ende wie ein Vorgebirg wieder in den Weg hinein trat. Nach einigen Stunden hatten wir es erreicht, und ruhten in seinem Schatten einige Zeit aus, um dann wieder auf eine neue Walddecke, die vor uns auftauchte, loszurücken. Nach diesen Etapen, wenn ich es so nennen darf, die, da die Palmenwälder gegen den Sand ziemlich regelmäßige Bogen bilden, fast gleichweit von einander entfernt sind, berechneten unsere Beduinen den Weg, und wenn wir sie fragten, wie lange wir noch zu marschiren haben, so hieß es: wir haben bis zum Nachtquartier noch so und so viel mal Schatten.

Wir waren noch ein paar Stunden von dem Dorfe Abu Hamud, das wir heute erreichen wollten, als die Sonne sank und die Palmen lange Schatten in unsern Weg warfen. Die Hitze, die den Tag über ziemlich stark gewesen war, ließ nach, und wir hatten noch einen köstlichen Abend. Da der Weg ziemlich hart, auch stellenweise mit Rasen bedeckt war, so stiegen wir ab und ließen die ermüdeten Thiere am Zügel nachlaufen, während wir unsere Phantasien und Pläne, die wir in Betreff Kairo's gefaßt hatten, einander mittheilten. Mit welchen Farben malten wir uns die Herrlichkeiten der alten Kalifenstadt aus! wie ehrerbietig wollten wir dem Rauschen des Nilstromes horchen, ob er uns nicht vielleicht etwas von den vergangenen Zeiten erzähle! Neben diesen poetischen Gedanken stiegen auch recht prosaische auf; so wenn wir uns die Eleganz des englischen Gasthofs, den wir beehren wollten, vergegenwärtigten. Wir waren diesen Abend Alle recht froh gestimmt und schickten manchen Gruß nach der Heimath. Das Herz ist an einem schönen Abend stets geneigter, angenehme Eindrücke, besonders Schönheiten der Natur aufzunehmen und zu warmen Gefühlen zu verarbeiten, die es lebendiger schlagen, das Blut rascher kreisen machen. Wir sahen fast ängstlich links, wo die Wüste ihre Hand nach uns ausstreckte, auf den gelben Sand, in dem die letzten Strahlen der Sonne, wie auf einem Wasserspiegel, einen goldenen Weg zeichneten. Rechts sahen wir die Stämme der Palmen von demselben Lichte gelb angestrahlt, und unter ihnen blickte hie und da ein kleines Hüttchen heraus, vor dem dunkelfarbige Kinder spielten. Hier führte unser Weg dicht bei einem Brunnen vorbei, wo junge Araberinnen ihre Gefäße füllten, oder die vollen Krüge mit unbeschreiblicher Zierlichkeit auf dem Kopfe trugen, und dabei lachten und schäkerten. Auch gaben sie uns bereitwillig von ihrem Wasser und schöpften gerne für unsere Kameele und Pferde eine Rinne voll. Wir fühlten uns lebhaft in eine uralte Zeit versetzt, denn hier hat sich in Costüm und Sitten wenig geändert, und Rebekka muß wie jene Araberin ausgesehen haben, die uns freundlich lachend nach der Reihe ihren Krug bot.

Vor uns hatten wir eine kleine Anhöhe, hinter welcher unser

Nachtquartier lag. Herr Akrabut, der Märchenerzähler, war der
Erste, der mit seinem Kameel oben war, und blieb dort halten, ein
langes, freudiges Geschrei ausstoßend. Wir eilten zu ihm und
sahen durch eine Lichtung im Palmenwald ein großes Stück des
Delta vor uns liegen und an zwei Stelle den Nil. Dies sah ich,
aber der Baron, der ein sehr scharfes Auge hat, rief uns zu, nach
den Gläsern zu greifen und nach den Höhen zu sehen, die wir am
fernen Horizont bemerkten. Mir schien es anfänglich eine Hügel-
reihe; doch als ich genauer hinsah, waren es die Pyramiden von
Ghize.

Ich weiß nicht, ich glaubte, mich müsse ein eigenes gewaltiges
Gefühl beim Anblick dieser Steinmassen durchzucken, die uns so
fern sind, und doch seit der frühesten Jugend schon bekannt. Als
ich noch ein kleiner Knabe war, wußte ich schon, daß es im Lande
Aegypten ungeheure Pyramiden gebe, und wie sie ungefähr aussehen.
Von da an hielt ich sie im Herzen fest und ließ sie mit meinem
Begriff wachsen. — Jetzt standen sie vor mir, und — wie der Mensch
ist — nicht der stolze Gedanke, so weit hinaus gekommen zu sein
in die Welt und diese Pyramiden zu schauen, bald zu berühren
diese Steine, an denen der Staub von Jahrtausenden klebt und an
denen eine ungeheure Geschichte spurlos vorübergestrichen, ließ mein
Herz stärker schlagen, sondern als wäre es ängstlich, einen kleinen
Gedanken bei diesen gewaltigen Zeichen einer großen Zeit zu fassen,
fuhr es in sich zurück und schwärmte beim Anblick der Pyramiden
von Kindheit und Liebe, so daß ich endlich wie aus dem Schlafe
erstaunt auffuhr und meinen Gefährten nacheilte, die schon weit
voraus waren.

Wir hatten noch eine halbe Stunde zum Eingange des Dorfes,
wo wir übernachten wollten. Bei demselben, etwas vom Wege ab,
lag versteckt unter hochstämmigen Palmen, dichten Platanen und
Akazien, recht still und heimlich, das Grab eines türkischen Heiligen,
aus einem kleinen Gebäude mit einer Kuppel bestehend. Wir pas-

sirten eine steinerne Brücke, die über einen Arm des Nils führt, und schlugen unser Zelt auf einem Rasenplatz vor dem Dorf Abu Hamad auf, welches uns noch bei Weitem erbärmlicher schien, als Salahieh. Von einer Menge neugieriger Weiber, Kinder und Männer umringt, packten wir ab und richteten uns in unsern Zelten ein, wobei das Volk alle Gegenstände, die zum Vorschein kamen, aufmerksam betrachtete. Man mußte die Augen überall haben, damit die Sachen wieder in unsere Hände kamen. Wie im ganzen Orient, waren auch hier für die Männer die Percussionsschlösser an unsern Gewehren ein Gegenstand der größten Verwunderung; sie konnten nie begreifen, wie das kleine kupferne Zündhütchen im Stande sein sollte, dem Pulver Feuer mitzutheilen. Die Weiber hingegen lachten über unsere blechernen Kochgeschirre und Casserole, sowie über unsere Leuchter und die Wachskerzen, die darin staken, eine Sache, die ihnen sehr wunderbar vorkam, besonders als wir sie anzündeten.

Beim Einreiten in's Dorf hatten wir auf den umliegenden Feldern große Schaaren von weißen Vögeln entdeckt, die Reihern glichen. Schon oft hatten wir einzelne bei Acre und Jaffa gesehen und waren ihnen, so viel es uns Zeit und Weg erlaubte, Stunden lang nachgestrichen, ohne zum Schuß kommen zu können. Heute nun war die Gelegenheit zu schön, mit diesen Thieren nähere Bekanntschaft zu machen, um sie unbenutzt vorbei gehen zu lassen. Der Maler und ich nahmen unsere Flinten und gingen aus dem Dorfe, um uns hinter einigen Hecken her an einen Platz zu schleichen, wo die Vögel auf einem sumpfigen Reißfelde gravitätisch auf und ab spazirten. Doch ehe wir nahe genug kamen, flog neben uns eine Schaar wilder Tauben auf, und wir konnten unmöglich unterlassen, unsere Gewehre auf sie abzufeueru, was auch mehrere zu Boden brachte. Das Knallen hatte aber die Reiher aufgeschreckt und sie zogen mit schwerem Flügelschlag einige Felder weiter. Wir folgten rasch, und obgleich wir, hinter Schöpfrädern und Brunnen fortschleichend, thuen oft sehr nahe kamen und auf sie schossen, konnten wir doch keinen einzigen erreichen. Die Thiere schienen unserer zu spotten und hoben sich nach jedem Schuß unversehrt in die Luft, ohne auch nur eine Feder zurückzulassen.

So jagten wir sie um das ganze Dorf herum, bis in die Nähe des oben genannten Grabmals, wo der ganze Schwarm erst eine Zeit lang in der Luft kreiste und sich dann mit einemmal auf die Bäume niederließ, die davon ganz weiß, wie mit Schnee bedeckt, aussahen. So still es vorhin um das Grabmal gewesen war, so lärmend wurde es jetzt; denn außer den Reihern, die sich schreiend um die Plätze auf den Aesten zu zanken schienen, hatten sich hier wilde Tauben, Wiedehöpfe und andere Vögel zahlreich eingefunden, wahrscheinlich um an diesem Orte, der den Arabern heilig ist, ungestört ihre Nachtruhe zu halten. Wir traten an das Gemäuer, das, ein paar Fuß hoch, das Grab und den Garten umgab, und sahen wie die Vögel, die früher so scheu vor uns geflohen waren, jetzt in der schönsten Schußweite es sich vor unsern Augen bequem machten und uns vertrauensvoll ganz nahe kommen ließen. Es wurde uns wirklich schwer, dieses Vertrauen zu respektiren und nicht unter sie zu schießen; doch würde auf einen Schuß in die dicht gedrängten Haufen eine ganze Masse gestürzt sein, und wir wünschten nur ein einziges Exemplar zu haben, um es unserem Doktor heimzubringen, und wilde Tauben für die Küche hatten wir bereits in Menge. Schon wollten wir uns, da es stark dämmerte, nach den Zelten zurückbegeben, als noch ein großer Reiher, der sich wahrscheinlich verspätet hatte, im schweren Flug über uns hinschwebte. Der Maler gab Feuer, das Thier stürzte herab und in demselben Augenblicke hob sich der ganze Schwarm, der sich auf den Bäumen gelagert hatte, und flog mit lautem Geschrei über unsern Köpfen weg. Wir aber machten uns mit unserer Beute davon; denn die Schüsse und der Lärm der Vögel hatten mehrere Dorfbewohner

herbeigezogen, die über unsere Jagd an ihrem geheiligten Orte un-
willig schienen.

Wir hatten heute einen ganz ähnlichen Weg, wie gestern. Nachmittags gegen drei Uhr sahen wir vor uns ein kleines Dorf liegen,
das uns wunderlich vorkam. Jedes der niedrigen Häuser schien, was
wir sonst nie gesehen hatten, auf der Terrasse eine Menge Schornsteine zu haben, die von der Höhe wie das Haus selbst, aber mit
einem kleinen Kuppeldach bedeckt waren und nach allen Seiten kleine
Löcher hatten. Als wir näher kamen, wurde unsere Jagdlust rege,
denn das ganze Feld und selbst die Straße war mit zahllosen Schaaren
von Tauben bedeckt, die so zahm waren, daß sie unter die Hufe unserer Pferde liefen. Schon wollten wir einige Schüsse unter sie thun,
als der Chef unserer Beduinen uns davon abhielt: es seien keine
wilden Tauben, sondern zahme, die in den von uns für Schornsteine
gehaltenen Aufsätzen der Häuser nisteten und täglich in großer Anzahl
nach Kairo geliefert würden.

So näherten wir uns denn rasch der Hauptstadt und hatten
schon den Umkreis erreicht, in dem sie ihre gierigen Fänge ausstreckt,
um Nahrung für sich herbeizuschleppen. Auch kamen wir Nachmittags
an ein großes Gebäude, von mehreren kleinen umgeben, wie man uns
sagte, eine Anstalt zur Erziehung der Kinder ägyptischer Soldaten.
Da jeder dieser Vaterlandsvertheidiger sich verheirathen darf, so ist
es nicht mehr als billig, daß der Staat auch für die hieraus ent-
stehende Generation sorgt; denn das Weib des ägyptischen Soldaten
begleitet den Mann in's Feld, um ihn zu bedienen; sie putzt seine
Waffen und Uniformsstücke, sorgt in den meisten Fällen für die
Unterhaltung und Wartung des Pferdes und bereitet ihrem Gemahl
das Brod, indem sie das Korn oder den Reiß, den der ägyptische
Soldat empfängt, auf einer kleinen Handmühle mahlt und runde,
dünne Kuchen daraus backt; eine Masse von Geschäften, die sie, wenn
ihr obendrein auch noch die Last auflage, ihre Kinder um sich zu
haben, deren in den meisten Fällen nicht wenige sind, völlig erdrücken

würde. Deßhalb können sie die Knaben, wenn sie das dritte Jahr erreicht haben und gesund und stark sind, an jene Erziehungshäuser abliefern, die dann nach Landesart für sie sorgen; d. h. die Kinder lernen etwas im Koran lesen und werden dabei frühzeitig, da sie Soldaten werden sollen, zu allen möglichen Waffenübungen angehalten.

Die Gebäulichkeiten dieser Erziehungsanstalt waren ziemlich geräumig und aus Steinen aufgeführt; es schien aber, als würden sie nicht sonderlich unterhalten. Wir hatten nicht Zeit, das Innere zu besehen, doch ließen wir uns später in Kairo darüber unterrichten und hörten, daß die Einrichtung sehr einfach sei. Das Ganze besteht außer kleinen Zimmern, worin die Zöglinge am Boden auf Strohteppichen schlafen, und einem gemeinschaftlichen Saale, wo man sie im Lesen unterrichtet, nur aus einem großen Hof zum Spielen und einem Garten, oder vielmehr einem Stück Feld, wo sie im Bebauen und Bewässern der Aecker unterwiesen werden. So gut und menschlich vielleicht der Zweck einer solchen Anstalt sein mag, und so sehr sie dem ägyptischen Soldaten bei der uns sehr mißlich erscheinenden Erlaubniß, sich verheirathen zu dürfen, seine Lasten erleichtert, so schlimm wirkt das Zusammenwohnen dieser Kinder, die in den meisten Fällen schon zuvor verdorben sind, auf ihre Sittlichkeit.

Es war bereits Abend geworden, als wir unser letztes Nachtquartier vor Kairo erreichten, worüber wir Europäer uns nicht wenig freuten. Aber unsere Beduinen und Kameeltreiber wären, als wir die Wüste einmal hinter uns hatten, mit uns, glaube ich, durch das Delta bis nach Oberägypten gezogen; so gut, wie sie und ihre Thiere es bei uns hatten, bekamen sie es schwerlich so bald wieder. Besonders gefielen ihnen die ungeheuren Portionen Pillau, die Giovanni täglich für sie zubereitete, und die sie in Ermanglung einer großen Schüssel aus den kleinen Gefäßen, die er einigemal für sie füllte, auf einen zusammengefalteten Burnus schaufelten und von diesem mit den Händen zum Munde führten. Auch verschmähten sie, ihrem Gesetz zum Trotz, die Ueberreste eines schlechten rothen Weins nicht, den wir zuweilen in den ägyptischen Dörfern fanden und ihnen zukommen ließen.

Die Einwohner des Dörfchens, bei dem wir lagerten, drängten uns mit den mannigfaltigen Artikeln, die sie zu Verkauf brachten, so sehr, daß wir unsere Leute um die Zelte stellen mußten, um sie einigermaßen abzuhalten. Da viele mit denselben Artikeln kamen, so fiel uns oft die Wahl schwer; denn obgleich eifrige Concurrenten, überboten sie sich doch nicht, wie bei uns, im Herabsetzen der Preise, sondern hielten sie in einer verdrießlichen Uebereinstimmung auf derselben Höhe, weßhalb sich unser Kapitän, der meistens die Einkäufe besorgte, damit half, daß er nur von den hübschesten jungen Weibern und Mädchen etwas nahm, worüber die Alten ein gewaltiges Geschrei erhoben. Es gab ein solches Gezänke, ja am Ende ein Handgemenge, daß wir vor lauter Lachen mit unserem Geschäfte inne halten mußten. Nichts possierlicher, als der Eifer, ich möchte sagen die Wuth, mit der die Weiber, schwer bepackt, herbeirannten, um ihre Artikel durch Anpreisungen und Liebkosungen an den Mann zu bringen. So kamen welche, die auf dem Kopf ein Körbchen mit Butter und Eiern, unter einem Arm einige Hühner, in der andern Hand ein Gefäß mit Milch trugen, und trotz dem Drängen und gegenseitigen Stoßen diese Sachen so geschickt zu balanciren wußten, daß sie nichts davon verschütteten und zerbrachen. Ein paar kleine schmutzige Kinder hielten sich meistens am blauen Hemd ihrer Mutter fest, und da sie aus Angst vor den Franken nicht wagten, dieses Asyl zu verlassen, so wurden sie beim Vordringen mit fortgerissen und beim Zurückstoßen nicht selten unsanft auf den Boden gesetzt, und ihr Gekreisch mischte sich harmonisch mit dem Geschrei der Weiber. Endlich hatten wir glücklich unsern Bedarf an Lebensmitteln beisammen; es war wenig, hatten wir ja morgen nicht mehr nöthig, unsern Pillau und unsere Hühner selbst zu kochen. Wir zogen uns in's Zelt zurück, um dem Schwarm zu entgehen, mit dem wir aus verschiedenen Gründen nicht zu sehr in Berührung kommen mochten.

Wir berathschlagten über den Küchenzettel. Heute, am letzten Tage unserer Wüstenreise, wollten wir ein übriges thun, besonders den noch vorräthigen Zucker, den wir morgen nicht mehr brauchten, gehörig anbringen. Zu dem Ende schlug der Baron einen süßen Reiß vor, was einstimmig angenommen wurde. Dann waren wilde Tauben da, die wir am Morgen geschossen, Hühner, Eier und ein saftiges Stück „Mouton", eine Lieblingsspeise des Engländers, der aber trotz dieser Auswahl von Speisen noch einen Pillau mit Hammelfett wünschte und dessen Anfertigung neben den verschiedenen andern Artikeln seinem Koch auftrug, was bald zu einem lächerlichen Streit zwischen Beiden Veranlassung gab. Wir sahen während des Speisens dem Kapitän an, daß er mit Verlangen auf seinen Pillau wartete; doch kam er immer nicht, und Hussein wollte schon das Tischzeug abräumen, als sich der Engländer nach seinem Lieblings-gericht erkundigte, und zu seinem nicht geringen Aerger erfuhr, unser Giovanni habe heute die Küche besorgt und keinen Pillau kochen wollen, weil er geglaubt, wir haben an den andern Gerichten genug. Ruhig ließ der Engländer Teller und Bestecke fortbringen, und erst nachdem der Kaffee getrunken und eine lange Pfeife ange-steckt, citirte er seinen Koch und sagte ihm im gelassensten Tone: „Bessewenk, warum hast du keinen Pillau gekocht?" Der Koch stotterte die Weigerung Giovanni's her, und der Kapitän fuhr fort: „So mach jetzt den Pillau." Wir konnten uns kaum des Lachens enthalten, aber der Kapitän meinte, er kenne diese Menschen; man müsse sie das buchstäblich erfüllen lassen, was ihnen befohlen worden, und er hatte allerdings Recht. Wir machten uns mit Raki, den wir im Dorf gekauft, noch einen Punsch zurecht und legten uns dann zum Schlafen nieder. Ich mochte etwa eine Stunde geruht haben, als ich durch ein gelindes Tellergeklapper erwachte. Schlaf=

trunken öffnete ich die Augen und glaubte, als ich sah, daß Hussein den Tisch deckte, wobei ihm der Kapitän aufmerksam zusah, es müsse bereits Morgen sein; doch ein Blick auf die Uhr belehrte mich, daß es ein Uhr in der Nacht war. Auch die andern Reisegefährten erwachten, man fragte den Engländer, ob er noch einmal speisen wolle; dieser entgegnete ruhig, Hussein werde gleich den vergessenen Pillau bringen. Er erschien wirklich mit einer bedeutenden Schüssel voll, und der Kapitän lud uns dazu ein. Wir versicherten ihm lachend, der Schlaf sei uns viel lieber als sein Pillau, worauf er sich allein an die Schüssel legte, einen Löffel voll genoß und dann Hussein befahl, die ganze Bescheerung wieder fortzunehmen. Auf diese Art erzog der Mann seine Leute; er hatte im langen Umgang mit diesen Menschen gelernt, daß sie durchaus nicht wie europäische Bediente zu behandeln seien; ein Verweis rührte sie nicht im Geringsten. Allerdings mißhandelte er sie zuweilen, aber sie flogen auf einen Wink von ihm zu seinen Diensten herbei. Mit unsern Leuten war es ganz anders, besonders mit Giovanni. Der gute Baron behandelte ihn freundlich, verlangte wenig von ihm und ertheilte ihm, selbst wenn er sehr nachläßig war, nur einen gelinden Verweis. Dafür that dieser Herr auch meist, was er wollte, und wenn er es auch nicht wagte, sich offen gegen den Baron zu empören, so verrichtete er doch seine Geschäfte, wenn er schlecht gelaunt war, mit dem größten Widerwillen, und uns behandelte er nicht selten sehr nachläßig. Ich habe nie einen Menschen gesehen, der seinem Herrn gegenüber eine unverschämtere Stellung annehmen konnte. Oft, wenn ihm der Baron einen Befehl ertheilte, verschränkte er die Arme, stellte sich trotzig hin und fragte in seiner lingua franca: „Qui voulete?" War dieser Mensch aber bei guter Laune, so hatten wir an ihm den besten, gewandtesten Diener, den man sich denken kann, und es gab nichts, was Giovanni nicht ausgeführt hätte. Er war sehr muthig, ich glaube auch ehrlich, ließ sich im Handel von seinen Landsleuten nicht betrügen und kochte sehr gut. Indessen rathe ich jedem Reisenden, bei der Annahme eines solchen Dolmetschers, den er unter den Eingeborenen wählen muß, sehr vorsichtig zu Werke zu gehen. Das beste ist, wenn man die Route macht, seinen Dragoman von Konstantinopel mitzunehmen, wo es deren gibt, die durch ihre Solidität und Brauchbarkeit bekannt sind und zuweilen von der Pforte zu kleinen Geschäften benutzt werden, es aber vorziehen, Reisende zu begleiten. Ein solcher kann sich leicht einen Ferman verschaffen, der ihm in den Ländern, die dem Sultan untergeben sind, dasselbe Ansehen gibt, dessen die Tartaren oder Begleiter der türkischen Post im Innern des Reichs genießen. So kostspielig ein solcher Diener ist, so hätten wir doch einen genommen, aber wegen der Botschaften, die stets zwischen Mehemed Ali und der Pforte gewechselt wurden, war im Augenblick kein einziger in Konstantinopel zu haben. Unser Giovanni war in Smyrna gedungen worden, wo er zur Zeit in einem französischen Gasthof den Lohnbedienten machte. Ich glaube, der Wirth empfahl ihn deßhalb so dringend, um seiner los zu werden. Er reiste auch gleich stehenden Fußes mit, ohne seine vielen Kleider mitzunehmen, die er sich nach Beirut nachkommen lassen wollte. Doch haben wir auf der ganzen Tour von der Equipage keinen Faden zu Gesicht bekommen.

Der Engländer hatte wegen der Bosheit dieses Burschen schon oft seinen Aerger an den Tag gelegt, und wir sahen ihm an, wie gern er einmal mit ihm angebunden hätte; doch nahm sich Giovanni lange in Acht, mit dem Kapitän in Berührung zu kommen, bis er eines Morgens, als ihm die Kameeltreiber zu langsam aufpackten, von seinem Pferde sprang und jedem einen Hieb mit dem Kantschuh versetzte. Da gab der Kapitän seine Pfeife ganz ruhig an Hussein, machte seine Reitpeitsche los und prügelte unsern Dragoman mit den Worten durch: „Wie kannst du, Schuft, meine Leute schlagen?" Dies that für lange Zeit gut, und er war die Folgsamkeit selbst; in der Folge durfte der Kapitän nur mit den

Augen winken, und Giovanni kam herbei, sich nach seinen Befehlen zu erkundigen.

Wir schliefen die Nacht unruhiger als je; außer verschiedenen kleinen Thieren, die uns sehr belästigten und die der Verkehr mit den Arabern uns zugeführt, störte uns auch der freudige Gedanke, morgen in Kairo einzurücken. Beim ersten Schein des Tages waren wir munter und putzten uns so gut wie möglich heraus, um wenigstens in ziemlichem Anstand unsern Einzug in der Hauptstadt zu halten. Doch konnten wir die Eindrücke der Wüstenreise unmöglich vertilgen, und wir sahen einer Bande fahrender Abenteurer nicht unähnlich. An der Spitze des Zugs gingen die Kameele; auf dem ersten hing das Fohlen, jetzt wieder allein, denn die ägyptische Dame, die uns gefolgt war, ließ der Baron heute absteigen, weil er nicht Lust hatte, mit einem Stück Harem anzukommen. Die Last unserer beiden Packkameele hatte sich auch sehr vermindert, da unsere Vorräthe geschmolzen waren. Auf dem vierten und fünften saßen der Maler und der Doktor in europäischen Röcken, das Fez auf dem Kopfe und um dasselbe ein Tuch turbanartig gewunden, ihre Gewehre auf dem Rücken und aus langen Pfeifen rauchend. Auf dem sechsten ritt Friedrich, der Reitknecht, der wohl am sonderbarsten costümirt war und den Arabern häufig Stoff zum Lachen gab. In seinem Anzug waren Orient und Occident drollig vermischt. Auf eine weite graue türkische Hose hatte er braune Kamaschen geknöpft, die etwas defekt geworden waren und die rothen Pantoffeln an dem Fuße sehen ließen; über einer rothgewürfelten französischen Weste mit langen Schößen, die den halben Oberschenkel bedeckten, trug er einen weißen englischen Rock, der ihm im Stehen bis an die Füße reichte; um den Hals hatte er einen alten Shawl, mit dem er kokettirte und ihn stets mit einer ungeheuren Schleife aufband. Das siebente Kameel war das meinige, auf dem aber Husseln saß, der mir zu Anfang unserer Wüstenreise seinen Maulesel abgetreten hatte. Der Baron, welcher den gekauften arabischen

Fuchshengst ritt, ein unermüdliches Thier, dessen Adel und Ausdauer man bei den härtesten Touren durch den tiefen Sand nicht genug bewundern konnte, trug einen blauen Ueberrock, einen rothen Shawl um den Leib, woran ein kleiner persischer Dolch in einer schön gearbeiteten silbernen Scheide hing, und hatte um den Kopf ein roth und gelbes Tuch gewickelt, wie es die Beduinen tragen. Der Kapitän hatte, wie er selbst in der größten Hitze that, seinen seinen arabischen Mantel umgehängt, dessen Gewebe aus Kameelhaaren sehr dünn war und auf dessen schwarzem Grund sich die Gold- und Silberstickereien prächtig ausnahmen; er trug die Dienstmütze der englischen Armee. Mein Maulesel — ich habe von seinen glänzenden Eigenschaften schon früher gesprochen — hatte trotz aller Strapazen nichts von seinen Fehlern und seinem Fleische verloren. Mein Anzug dagegen war äußerst defekt geworden, und da meinem Rocke schon längst die meisten Knöpfe fehlten, so war mir der Riemen eines breiten persischen Schwertes, das ich um meine Lenden gegürtet hatte, als Halt des Gewandes viel nützlicher als die Waffe selbst. Unsere sämmtlichen Kleider waren von Sonne und Sand arg mitgenommen, und von unserer Wäsche mag ich gar nicht reden.

Wir rückten mit starken Schritten Kairo näher und betraten mit Ehrfurcht diesen Boden, der, einem großen Kirchhofe gleich, allmälig wieder herausgibt, was ihm vor Jahrtausenden anvertraut worden, und auf welchem nach langer Zeit der Erschlaffung ein neuer Zauberer erschienen. Man staunt, wenn man sieht, was Mehemed Ali in diesem Land und mit seinen Mitteln hervorgebracht. Neben der armseligen Hütte des Fellah erheben sich großartige Steingebäude, Schulen, Kanonengießereien, Gewehrfabriken, und wohleingerichtete Gestüte: aber je mehr diese Anstalten, unter denen die schon erwähnte Telegraphenlinie durch die Wüste gewiß nicht die unbedeutendste ist, von dem Geiste dieses Mannes zeugen, um so mehr bedauert der ruhige Beobachter, daß er als Zauberer auftrat, der Alles mit einem Schlage erstehen ließ, und nicht als ruhig schaffender Geist, der erst die Wurzel festen Grund fassen läßt, ehe er den stolzen Baum aufrichtet. Mir ist Aegypten vorgekommen wie ein wilder Mensch, dem man die elegantesten Kleider anzieht und ihn zu einer Partie Boston setzt, wo er es mit geübten Spielern aufnehmen soll, er, der kaum weiß, was Karten sind.

Wenn man Kairo zurückt, besonders von der Seite, wo wir herkamen, so glaubt man, von der Straße abgesehen, die einige Stunden vor der Stadt wieder in tiefem Sand dahinzieht, man nähere sich einer der großen Städte Europa's. Wir waren heute Morgen kaum einige Stunden geritten, so kamen wir an ein großes steinernes Gebäude, weiß angestrichen, auf's Beste erhalten und mit Gärten umgeben. Es war eine der höheren Militärschulen des Pascha, wo die Söhne der Generale, Beamten und selbst der Soldaten, wenn man Talent an ihnen entdeckt, zu Offizieren gebildet werden. Gegen Mittag zogen wir durch ein größeres Dorf, wo wir an vielen Gebäuden sehr schöne Ueberreste altarabischer Baukunst entdeckten, und kaum hatten wir es verlassen, so sahen wir weit vor uns zwischen weißen Gebäuden, Palm- und Akaziengruppen am äußersten Horizont gelbe Spitzen auftauchen — Kairo, so erklärte unser Beduinenchef mit lautem Geschrei.

Der Himmel, der bei unserem Auszug am Morgen ganz blau gewesen war, hatte sich ganz sonderbar verändert, wie wir es nie gesehen. Am Horizont nach Südwesten färbte er sich zuerst hellgelb, wie wenn dort große Staubwolken aufstiegen, und überzog sich nach und nach ganz mit einer dunkelgelben Farbe, wie man es wohl bei uns bei sehr starken Gewittern sieht. Dabei wehte uns ein heftiger Südwind mit erschlaffender Hitze an und führte uns einen feinen Sand entgegen, vor dem man kaum die Augen offen lassen konnte. Es war der Samum, der um diese Zeit anfängt, den Karawanen verderblich zu werden. Hinter dem Dorfe, von dem ich eben sprach, mußten wir unser Gesicht mit einem Tuch verhängen, um nicht zu erblinden. Der Sand, den dieser Wind mit sich führt, ist so fein und fällt mit solcher Gewalt auf Menschen und Thiere, daß er durch alle Bedeckungen und Kleidungsstücke hindurchdringt; obgleich wir unsere Ueberröcke so fest wie möglich zugeknöpft hatten, fand er seinen Weg hindurch und bedeckte den ganzen Körper. In Kairo, wo wir noch einige Tage Samum hatten, sahen wir, wie der feine scharfe Staub durch die fest verschlossenen Fenster drang und alle Möbeln bedeckte. — Neben Hitze und Wassermangel ist dieser Wind in den großen Wüsten der schlimmste Feind der Karawanen. In den Monaten Mai, Juni, Juli und August dauert er oft mehrere Monate hinter einander und bedeckt bald den Reisenden mit jenem feinen Staub wie uns, bald aber wirbelt er mächtige Sandhügel auf und begräbt ganze Karawanen. Schon der heiße Hauch dieses Windes erschlafft und entnervt Menschen und Thiere. Unsere Kameele und Pferde schlossen die Augen und drangen mit Mühe vorwärts, und mein Maulesel wandte sich nicht selten um, um dem Sturme zu entgehen. Dabei fuhr der Sand mit solchem Gesause bei uns vorbei, daß es nicht möglich war, sein eigenes Wort zu verstehen.

Bald kamen wir zu Gebüschen von Palmen, Platanen und Akazien, und von Zeit zu Zeit an großen öffentlichen Bauten vorbei, die uns Schutz gewährten. Die kleinen Felder der Fellahs mit ihren Schöpfrädern und armseligen Hütten hörten allmälig auf, und dagegen erschienen ziemlich gut angelegte Gärten und weiße reinliche Villen vornehmer Aegypter oder auch Europäer. Jetzt zogen wir bei einem mächtigen Kornhaus vorbei, das mit starken Mauern umgeben war. Es hatte nur Luftlöcher auf der Nordseite, und dorthin waren auch alle Dachluken gerichtet, um die kalten Winde einzulassen und die heißen abzuhalten. Rechts, etwas weiter vom Wege ab, standen die Gebäude eines der kleineren Gestüte Mehemed Ali's, in dem mehrere Schuh hohen Klee, der sie umgab, fast versteckt. Im Felde waren die Pferde ange-

bunden, wo sie in dieser Jahreszeit Tag und Nacht bleiben und
den Klee, reihenweise langsam vordringend, abfressen. Andere
Gebäude an der Straße bezeichnete der Beduinenchef als eine Land-
wirthschaft Ibrahim Pascha's. Der Weg führte durch die großen
Gärten, wo er versucht, Olivenbäume zu ziehen, die aber, wie in
ganz Aegypten, auch hier nicht fortkommen wollen. Der Weg durch
diese Anlagen war sehr angenehm; er bildete eine Allee von prächtigen
Platanen, so gerade gepflanzt und gut gehalten, wie man sie bei uns
in einem gut angelegten Garten nur sehen kann. Noch eine Stunde,
und Kairo, mit seinen zahlreichen Moscheen und Kuppeln, lag vor
uns, ein großartiges Panorama. Rechts sah man über Palmbäumen
hinweg die Spitzen der Pyramiden; vor den Mauern Kairo's lag die
Stadt der Gräber und einzelne Moscheen, in denen die Kalifen begraben sind; dahinter erhob sich die Citadelle mit ihren großen Werken, und links über der Stadt ragte der Mokkatam empor, mit kleineren Forts und Pulvermagazinen, von denen man die schönste Aussicht
über das Land genießt.

Wir hatten noch einen harten Kampf mit Sand und Samum
zu bestehen, ehe wir in die Nähe der Stadt kamen und uns die
umgebenden Höhen gegen den Sturm schützten. Unsere Karawane
hatte sich ansehnlich vergrößert; die Landleute, die nach der Stadt
gingen, um ihre Produkte zu verkaufen, gesellten sich zu uns und
hielten sich dicht hinter den Kameelen und Pferden, um so von dem
fliegenden Sand weniger zu leiden. Jetzt unterschieden wir vor
den Mauern der Stadt eine kleinere Stadt aus grünen Zelten; es
waren die Kolonnen der Armee, die von Damaskus herübergekom-
men waren und dort lagerten. Bald waren wir mitten unter ihnen;
die Soldaten kamen schaarenweise aus ihren Zelten hervor, theils
aus Neugierde, theils um etwas von ihren Kameraden zu erfahren,
die noch zurück waren. Auch mehrere Offiziere, die einen Artillerie-
park im Lager besichtigten, kamen im Galopp herbei. An ihrer
Spitze ritt ein ziemlich wohlbeleibter Mann mit schwarzem Haar

und Bart und ausdrucksvollem Gesicht, den seine Kleidung und Waffe als einen höhern Offizier bezeichneten. Er wandte sich an den Baron und wir wunderten uns nicht wenig, als er sich im besten Französisch nach der zurückgebliebenen Armee erkundigte. Nachdem er die gewünschte Auskunft erhalten, sagte er, er hoffe uns wieder zu sehen, und sprengte durch die Reihen der Soldaten, die ihm ehrerbietig Platz machten, nach dem Lager zurück. Es war, wie wir später hörten, Soliman Pascha.

So hatten wir denn die Wüstenreise hinter uns, und mit einem Gemisch von Freude, Staunen und Neugierde ritten wir in die belebten Straßen Kairo's ein. Tausend fremde Eindrücke stürmten auf uns ein, die Sinne verwirrend, und das Gedränge der Menschen aller Farben, der Kameele, Pferde, Esel, und die prächtigen Moscheen und stattlichen Häuser schwammen noch in einem wunderlichen, unklaren Gemisch vor unsern Augen, als wir in dem Hofe des Hotels einritten, wo wir vom Wirth in englischer, von einem Kellner in französischer und von einem Hufschmiede, der gerade im Hause zu thun hatte, — es war ein Schwabe, — in deutscher Sprache angeredet und herzlich begrüßt wurden.

Fünftes Kapitel.

Aufenthalt in Aegypten.

Kairo. — Die Stadt. — Dr. Pruner und Fischer. — Reitesel — Der Sklavenmarkt. — Das Irrenhaus. — Der Nil. — Die Insel Roda. — Die Pferde im Klee. — Schubra. — Aegyptische Brutöfen. — Die Citadelle. — Die Stadt der Gräber. — Die Pyramiden. — Arabische Tänzerinnen. — Abreise von Kairo. — Meine Krankheit. — Die Nilfahrt. — Alexandrien. — Audienz bei Mehemed Ali.

Nie in meinem Leben ist mir der Anblick der europäischen Luxusgegenstände, mit denen wir unsere Häuser einrichten und wohnlicher machen, so angenehm erschienen, als hier, wo wir nach der Reise durch die Wüste auf einmal in das schön eingerichtete Hôtel traten. Dort fast gar nichts, hier Alles. Wahrhaftig, ich muß gestehen, daß es mir erging, wie Jemand, der zum ersten Mal diese schönen Möbel, Betten, Teppiche und Divans sieht, und es war mir ein eigenes Gefühl, mich einmal wieder auf eine Erhöhung setzen zu können und nicht, wie in den letzten vier Wochen, fast immer am Boden kauern zu müssen. Besonders der Gedanke an ein Ding, was Bett heißt, war uns sehr fabelhaft geworden; denn die einzige Nacht, die wir auf dem Carmel in einem solchen geschlafen hatten, war durch das Vorhergehende und Nachfolgende fast verwischt worden, und schwebte nur noch als ein schöner Traum vor uns. Hier im Great-Western-Hôtel war doch wirklich Alles auf's Beste eingerichtet, und man hätte es füglich in eine unserer ersten Hauptstädte versetzen können; denn außer den Divans, die übrigens sehr praktisch sind, außer dem Oberkellner, einem sehr schönen Neger, und dem Anblick des Hofes, wo Kameele um ihr

Futter lagen und braune Beduinen, in ihre weiße Mäntel gehüllt, sich mit ihren langen Pfeifen beschäftigten, war hier nichts Orientalisches zu sehen. Das Innere des großen Hauses, das früher einem reichen Türken gehört hatte, war ganz auf unsere Art eingerichtet worden, hatte schöne Treppen, einen großen Speisesaal, ein kleineres Theezimmer und eine Menge anderer sehr gut eingerichteter Cabinete für die Fremden. Letztere waren mit Spiegeln, Stühlen, Waschtischen, kurz allem Möglichen versehen, was man nur bei uns findet. Um die eisernen Bettladen waren Vorhänge von dichtem grünem Gaze, die man fest verschließen konnte, um die Mücken abzuhalten.

Unser erstes Geschäft war, daß wir uns aller Kleider entledigten und sie bis zu ihrer Reinigung in ein leeres Gemach werfen ließen, denn außer dem Wüstenstaub hatten wir aus den Lagern unserer Kameraden noch viel Anderes mitgebracht, von dem sich Einiges in anständiger Gesellschaft nicht nennen läßt. Unsere Pferde waren in einem guten Stall untergebracht, und alle drei bedurften sehr der Pflege, besonders die Stute und das Fohlen, die auf dem Marsche sehr gelitten hatten. Es wurde von allen Leuten, denen wir unsere Fahrt mit diesen Thieren erzählten, als ein Wunder angesehen, daß das kleine Pferdchen überhaupt noch am Leben sei; denn es hatte die ersten vierzehn Tage seines Lebens noch mehr Entbehrungen und Mühseligkeiten auszustehen gehabt, als wir. Unser heutiges Diner an einem auf's Schönste besetzten Tische kam uns anfänglich ziemlich ungewohnt und unbequem vor, und wir fühlten Alle, daß die Manier der Orientalen, bei ihren Mahlzeiten halb zu liegen, gegen unsere Stühle doch so übel nicht sei; denn ich versichere, daß wir auf unsern Stühlen Alle müde wurden und wir uns nach der Mahlzeit gleich auf die Divans streckten, um auszuruhen. Da wir erst Nachmittags angekommen waren, so gab es mit dem Abladen der Effekten und dem Abfertigen unserer Kameeltreiber, sowie mit andern kleinen Geschäften so viel zu thun, daß der ganze Nachmittag damit hinging. Unsere Führer durch die Wüste, vor Allen der Herr Akrabut, bedauerten sehr, nun wieder allein fortziehen zu müssen, und sie sagten uns ohne Hehl, daß sie sobald nicht wieder Reisende zu geleiten hätten, mit denen sie sich in jeder Hinsicht so gut ständen, als sie bei uns gethan.

Am folgenden Morgen begannen wir bald unsere Touren durch die Stadt. Unser erster Besuch war zu einem Landsmann, einem deutschen Arzte, der sich schon seit mehreren Jahren hier in Kairo aufhält und dessen Güte, Freundlichkeit und Gefälligkeit, sowohl der Herzog Paul von Württemberg, als auch Herr von Schubert nicht genug zu rühmen wußten. Obgleich wir keine Empfehlungsbriefe an ihn hatten, nahm uns doch Dr. Pruner mit einer Liebe und Herzlichkeit auf, die besonders in einem fremden Lande so wohlthut. Mit Aufopferung seiner kostbaren Zeit zeigte und beschrieb er uns viel von den Merkwürdigkeiten Kairo's und außer mehreren Stunden, die er uns täglich widmete, brachten wir fast jeden Abend bei ihm zu, wo wir an einem andern deutschen Arzt, Dr. Fischer, eine eben so lehrreiche als angenehme Bekanntschaft machten. Beide Männer sind aus Baiern gebürtig, haben in Deutschland ihre Studien gemacht und sind nach Kairo gegangen, um neben den hier herrschenden Krankheiten orientalische Sprachen zu studiren.

Was bei den meisten orientalischen Städten den Reisenden, der sie betritt, so angenehm berührt, ist der Contrast des Innern mit dem Aeußern der Stadt, und wovon Kairo eine rühmliche Ausnahme macht. Den Ausspruch vieler Reisenden, daß Kairo das Paris des Morgenlandes sei, mußten auch wir bestätigen; denn ein solches Leben und Treiben auf den Straßen, wie hier, verbunden mit der Reinlichkeit derselben, mit dem Anblick der mannigfaltigsten Völkerstämme, den Bazars, wo zwischen den Gewölben mit Erzeugnissen des Orients Buden mit europäischen Fabrikaten, und

Deutschen, Franzosen oder Engländern gehörend, sich befinden, trifft man sonst nirgend. Obgleich die Straßen ungepflastert sind, so findet man auf ihnen weder Staub noch Schmutz; ersteren nicht, weil der lehmige Boden fest zusammengetreten ist und letzterer kann nicht entstehen, weil es hier in Kairo höchst selten regnet, früher kaum drei bis vier Mal im Jahre, jetzt aber, seit Ibrahim Pascha vor der Stadt große Anpflanzungen von Bäumen namentlich von Akazien anlegen ließ, hat man die Bemerkung gemacht, daß es hier um Kairo viel öfter regne, als sonst.

Die Häuser der Stadt sind auf dieselbe Art wie die von Konstantinopel gebaut, nur daß die hiesigen viel höher und meistens aus Steinen aufgeführt sind; doch haben sie hier, so wie dort, nur kleine schmale Thüren und unregelmäßige Fenster, die nicht nur bald klein, bald groß sind, sondern auch ohne alle Symmetrie am Hause angebracht. Alle sind mit oft sehr künstlich geschnitzten Gittern versehen und viele haben obendrein noch bunte Glasfenster, so daß in den Gemächern auch beim hellen Sonnenschein ein mystisches Halbdunkel herrscht. Die gelbe Farbe des gewöhnlichen Bausteins würde den Straßen etwas Düsteres geben, wenn nicht der fast immer heitere Himmel und die helle Sonne oft zu freundlich hineinschauten. Doch macht bei der beständigen Hitze, die in einigen Monaten fürchterlich wird, das Dunkle einzelner enger Straßen keinen unangenehmen Eindruck, und man wandelt in dem Schatten der hohen Häuser behaglich wie in einer Laube herum. In einigen Quartieren sind an den Dächern der Häuser große Matten und Tücher quer über die Straßen gespannt, welche dieselben freilich etwas dunkel machen, aber das Bild einer Laube, was ich vorhin erwähnte, noch mehr recht= fertigen. Der Schatten und die Kühle, die fast beständig hier herr= schen, thut dem Wanderer, der von draußen herein kommt, ungemein wohl.

Das Leben und Treiben auf den Gassen und in den Bazars

ist hier ebenso mannigfaltig, wie das in Stambul und Damaskus; nur sieht man hier nicht, wie in ersterer Stadt, den fatalen blauen Ueberrock der Beamten und Militärs, sondern Mehemed Ali hat seinen Leuten vernünftiger Weise die zum Klima besser passende Nationaltracht gelassen. Die Soldaten haben ihre weiten Hosen behalten, die vom Knie abwärts enge sind, und ebenso die kurzen Jacken, und er hat ihnen nur das Feß und andere Waffen gegeben. Der Beduinen, die mit ihren großen Kameelzügen oft die ganze Straße versperren, sieht man hier fast mehrere, als in Damaskus, sowie einem beinahe auf jedem Schritt schwarze Nubier und kupferfarbige Abyssinier begegnen. Was hier das Auge des Europäers vielfach auf sich zieht, ist der Contrast des Orients und Occidents, der sich wohl nirgends näher und schroffer gegenüber steht. In den Vorstädten erregt es ein eigenes Gefühl, neben der Lehmhütte des Fellahs, die halb in den Boden gegraben ist, ein großes stattliches Gebäude zu erblicken, das ganz auf europäische Art gebaut, mit regelmäßigen Fenstern, weiß angestrichen ist und eine Geschützgießerei des Pascha enthält. Längs dem Portal, das ganz wie bei uns mit Thorflügeln versehen ist, und vor dem ein paar alte Kanonen als Ecksteine eingerammt sind, zieht eine lange Reihe Kameele vorbei, mit Erzeugnissen des Südens beladen, von Negern geführt und von Beduinen als Schutzwache umgeben, und ebenso ist es, wenn man in den englischen Parkanlagen des Pascha auf der Insel Roda herumwandelt und sendet den Blick über die mit grünem Strauchwerk eingefaßten Schlangenlinien hinweg auf den Nil, hin zu den Pyramiden oder auf die uralten Grabeskirchen der Mamelukenkönige. Mehemed Ali's Geist hat hier in kurzer Zeit viel hervorgerufen, doch mir erscheint das ganze Aegypten nur wie ein großes Treibhaus. Während wir in den unsrigen durch künstliche Wärme Produkte des Südens ziehen wollen, will der Vicekönig durch die Wärme seines Geistes Einrichtungen des Nordens nachahmen, um Früchte von ihnen zu ziehen; doch wird der rohe unbearbeitete

Boden Aegyptens den Werken Mehemed Ali's nicht gestatten, Wurzel zu fassen und sie werden unter einem neuen Herrscher dahin welken.

Wie in Konstantinopel die Kaik's die Fiaker der Stadt genannt werden können, so sind es hier die Reitesel, die an allen Straßenecken in großen Schaaren halten; ein Thier so voll Vorzügen und Tugenden, wie die einzelnen Exemplare dieser Gattung, die man bei uns sieht, voll Fehler und Laster. Schon das Aeußere des ägyptischen Esels zeigt eine gute Herkunft; er ist klein, aber äußerst lebendig und sein Haar ist so seidenartig und glatt, wie das des schönsten Pferdes. Jeder ist mit einem gepolsterten Sattel, der zwei Bügel hat, sowie mit einem gewöhnlichen Zaumzeuge versehen. In der Nähe der Gasthöfe, besonders des unsrigen, hielten sich immer eine Menge Eseltreiber mit ihren Thieren auf, und kaum hatten wir das Hôtel verlassen, um einen Gang in die Stadt zu machen, so waren wir augenblicklich so umringt, daß wir im wahren Sinn des Worts nicht von der Stelle konnten, und oft, wenn wir auch gar nicht daran gedacht hatten, einen Esel nahmen, um nur fort zu kommen. Doch kostete es keine kleine Mühe, bis man in den Besitz eines solchen Thieres gelangt, indem die Zudringlichkeit der hiesigen Eseltreiber noch viel ärger ist, als die der Stambuler Pferdevermiether. Man wird gestoßen und gedrückt, und sowie man einen Esel am Zaum fassen will, wird er einem nicht selten vor der Nase fortgeschoben und man muß einen andern besteigen. Sitzt man aber auf diese Weise erst hoch zu Esel, so findet man, daß es eine sehr angenehme Art ist, sich durch das Gedränge auf den Straßen fortzubewegen. Das kleine Thier setzt sich sogleich in einen Trab, für den ich gar keine Benennung weiß; man sitzt weich, wie in einem Sessel, und die kleinen Beine des Thiers trippeln so schnell vorwärts, daß man rasch von der Stelle kommt. Neben jedem Esel läuft der Sais, der durch sein immerwährendes Geschrei die Leute aufmerksam macht und zum Ausweichen bewegt. Wenn man oft in dem Gedränge von Menschen, Kameelen, Pferden und Eseln keinen Ausweg sieht, so trabt der Esel doch lustig zu und findet immer ein Loch, durch welches er hindurch schlüpft. Daß es hiebei nicht ohne Stöße abgeht, kann man sich leicht denken; denn obgleich der Sais beständig schreit: Jemilak, Schimilak — weichet zur Rechten, zur Linken! oder einem, den man in Gefahr ist zu überreiten, zuruft: Rikle Gembek, was so viel heißen will: nimm deinen Rücken, dein Bein in Acht, so ist es doch oft nicht möglich, sogleich auf dies Geschrei bei Seite zu reiten und man carambolirt sehr unsanft mit andern Reitern.

Als wir so zum ersten Mal durch die Straßen Kairo's galoppirten, brach jeder über die komische Figur, die der Andere auf dem Esel machte, in lautes Gelächter aus, besonders unser Baron und der Maler, als die größten, sahen am sonderbarsten aus, da beide, wenn sie aus den Bügeln traten, ohne Beschwerde mit ihren Füßen hätten die Erde berühren können. An den Ecken der Straßen, wo sie scharf und ebenso rasch herumliefen, wunderte ich mich immer, daß nicht einmal eines von diesen Thieren hinstürzte, und doch ist uns dies nie passirt; selbst nicht, wenn wir an der Ecke einen andern Zug Esel trafen und wir im Galopp gegenseitig ausweichen mußten.

Man sieht hier in Kairo wenig Pferde auf den Straßen, sondern fast alle Stände bedienen sich der Esel. Selbst Said Bey, der Sohn des Vicekönigs und Soliman Pascha begegneten uns nicht selten auf Maulefeln. Die Damen der vornehmen Klasse, die auch zu Esel in den Straßen paradiren, sind dabei seltsam vermummt. Vor dem Gesicht hängt ein dunkles Stück Tafft oder Kattun, in das ein paar Löcher für die Augen geschnitten sind, und der ganze Körper ist in ein großes Stück Seidenzeug oder dunkeln Kattun gehüllt, den sie vorn mit beiden Händen zusammenhalten, aber dabei die Arme so viel wie möglich absperren, damit ihre Figur recht breit aussieht, was ihnen nobel erscheint. So eine

Reihe Weiber hinter einander sieht durch die schwarze Farbe ihrer Gewänder wie ein Leichenzug aus. Die Frauen der ärmeren Klasse und der Fellahs, die natürlich zu Fuß gehen, haben eine so einfache Kleidung, daß sie bei wenig kräftigerem und schönerem Körperbau, als man gewöhnlich bei dieser Klasse sieht, dem Auge unangenehm sein müßten. Ihr ganzer Anzug besteht nämlich aus einem baumwollenen Hemde, meist von dunkelblauer Farbe mit kurzen Aermeln, das sich überall dem Körper anschmiegt, und die meistens vollen und runden Formen leicht erkennen läßt. Der Lohnbediente unseres Gasthofes, Namens Mechmed, ein noch ziemlich junger Mensch in dem schönen malerischen Mameluken-Costüm, weiter rother Hose, weißem Unterkleid und darüber eine rothe Jacke, Alles mit Goldschnüren besetzt, ritt die ersten Tage mit uns in Kairo herum und führte uns gleich auf den Sklavenmarkt, der, wie er nicht mit Unrecht meinte, uns sehr interessiren würde. In Konstantinopel hatten wir von dieser Anstalt wenig oder gar nichts gesehen, da man dort in diesem Punkte dem Franken keine Rechte zugesteht. Hier aber in Kairo ist es anders, und es verbietet dem Europäer kein Gesetz, auf dem Sklavenmarkt zu sehen, was er will; nur hängt es natürlich von dem guten Willen des Sklavenhändlers selbst ab, ob er ihm seine schönste Waare zeigen will.

Durch einen langen dunklen Thorweg tritt man auf einen geräumigen Hof, der rings mit Gebäuden umgeben ist. Links beim Eingange bestand das Gebäude aus einer offenen Gallerie, zu der man auf einer Treppe hinauf stieg; auf der andern Seite waren kleine Gemächer, in denen sich die schöneren Sklavinnen befanden und an den halbgeöffneten Thüren dieser Kammern standen die Sklavenhändler, meistens wild aussehende Gestalten, als Wache. Auf dem Hofe saßen die schwarzen Sklaven und Sklavinnen, von einander abgesondert, auf Matten, und die unglücklichen Geschöpfe müssen hier die Kühle der Nacht und des Morgens, sowie der Hitze des Tages ausgesetzt sitzen bleiben, bis sie verkauft sind. Die ganze

Kleidung der Neger besteht aus einem grauen Stücke Packtuch, das sie um die Hüften geschlagen haben, ebenso die der Negerinnen, nur ist das Stück Zeug bei letzteren so groß, daß sie auch noch einen Theil der Brust damit bedecken können. So sitzen sie und warten, bis ein Käufer eintritt, der sich das, was er braucht, oberflächlich heraussucht, dann aus der Reihe der andern hervortreten läßt und wie man eine Waare untersucht, von allen Seiten genau betrachtet. Der Anblick dieser armen Menschen ist wirklich schrecklich und empörend. Ich habe gesehen, wie zwei junge Negerinnen — einer der Sklavenhändler sagte mir, es seien Schwestern — gewaltsam von einander getrennt wurden. Die eine war eine schöne volle Gestalt, die andere etwas schmächtiger, beide saßen auf der Matte und hatten sich mit ihren Armen umfaßt. Den Wink eines vornehmen Aegypters, der die schönere kaufen wollte, ließ sie, als habe sie ihr Schicksal, von der Schwester getrennt zu werden, geahnet, lange unbeachtet, bis sie der Sklavenhändler mit einem Stoße zum Aufstehen zwang. Sie wurde besehen und gekauft, worauf sich das arme Geschöpf weigerte, ihre Schwester zu verlassen, die sie gewaltsam festhielt. Es war eine empörende Scene. Man trennte sie mit Gewalt, und da sich das kräftige Mädchen heftig vertheidigte, wurde sie von zwei andern Sklaven erfaßt und unter lautem Schreien und Weinen fortgetragen.

So etwas ereignet sich häufig, so daß sich der Orientale nicht mehr darum kümmert.

Um Eintritt in die kleinen Kämmerchen, in welchen die weißen Sklavinnen und Abyssinierinnen, überhaupt die schöneren, aufbewahrt werden, zu erhalten, mußten wir nach dem Rath unseres Mechmed öfters hingehen und anfänglich nur mit den zur Wache vor der Thür stehenden Arabern sprechen, ihnen Tabak oder ein kleines Trinkgeld geben und sie von selbst davon anfangen lassen, ob wir nicht ihre Sklavinnen sehen wollten. An einem dieser Wächter, der eine Art Rang unter den andern zu behaupten schien — er trug einen grünen Turban — machten wir uns nun, gaben ihm Tabak und gewannen seine Neigung besonders durch einige Cigarren, die wir ihm spendeten. Auch nahmen wir ihn mit in ein nahe liegendes Kaffeehaus und hatten durch diese kleine Höflichkeit sein Herz bald so eingenommen, daß er uns selbst in die kleinen Zimmerchen der besseren Sklavinnen führte. Doch war gerade nicht sehr viel Schönes da; nur in einem einzigen Gemach befanden sich neben drei Abyssinierinnen, die eben nicht übel aussahen, eine Griechin und eine Mulattin, von denen die erstere noch ziemlich hübsch war. Sie waren, sowie die Mulattin, ungefähr in demselben Costüm gekleidet, wie die arabischen Tänzerinnen, hatten aber, wie alle Weiber, ein großes Stück Tafft als Mantille um sich geschlagen, das sie aber auf unsern Wunsch fallen ließen und es überhaupt gerne sahen, daß wir ihre schönen Gestalten bewunderten. Die Mulattin war selbst eine Art Tänzerin und machte mit ihrem Körper ziemlich graziöse Wendungen und Biegungen. Natürlich waren hier die Gesichter unverschleiert, was für uns das Interessanteste war. Die Haare hatten sie lang den Rücken hinabhängen und kleine Gold- und Silbermünzen darein geflochten. Der Preis einer solchen weißen Sklavin ist zwischen zwei-, drei-, auch sechs- bis achthundert Gulden. Ausgezeichnet schöne Mädchen werden natürlich mit ganz andern Preisen bezahlt. Eine Negerin kommt nicht so theuer; sie wird mit sechszig bis dreihundert Gulden bezahlt. Die fünf Sklavinnen, die wir auf unsern Spaziergängen öfters besuchten, hielten es nicht unter ihrer Würde, uns um allerhand kleine Dinge zu bitten, die wir bei uns hatten. So gefielen ihnen hauptsächlich unsere Handschuhe, die wir ihnen schenkten und sie dadurch sehr glücklich machten.

Auf der andern Seite des Hofes, wo sich die Gallerien befanden, waren die kleinen Negerknaben zu sehen, die zum Kauf ausgestellt waren. Sie waren ebenso wenig bekleidet, wie die Schwarzen im Hofe, und da ihnen dies bei der wechselnden Temperatur, sowie bei ihrer schlechten Kost — die schwarzen Sklaven nämlich bekommen nichts als Brod und Zwiebel — sehr unangenehm vorkommen mußten, so thaten jedes dieser armen Kinder in seiner Unschuld Alles, um den Blick des Käufers auf sich zu ziehen. Einige sprangen und tanzten, Andere schnitten allerlei lächerliche Grimassen oder hüpften wie die Affen herum, wieder Andere saßen sehr gravitätisch da und grüßten uns so ehrerbietig wie möglich. Diese Kinder von acht bis vierzehn Jahren waren nach ihren Eigenschaften oder dem, was sie allenfalls gelernt hatten, in verschiedene Abtheilungen gesondert. An einer Seite saßen die, welche nichts konnten und erst bei ihrem Herrn etwas lernen mußten, dort welche, die die schwere Kunst verstanden, eine Pfeife zu stopfen oder ähnliche Kleinigkeiten zu verrichten, und abgesondert von diesen saßen die Unglücklichsten von allen, Unglückliche, denen eine barbarische Sitte Alles genommen, was ihnen die Natur gab, und sie dadurch unter das Vieh herabdrückte. Doch werden diese künftigen Haremswächter am meisten gesucht und am besten bezahlt.

Einer eigenthümlichen Sitte gemäß sind nicht alle Sklavinnen, die man auf dem Markt zum Verkauf ausgestellt sieht, wirklich zu haben, sondern unter den weißen Sklavinnen befinden sich auch welche, die zur Strafe hieher geschickt wurden, indem bei schweren Vergehungen im Harem, als: Streitigkeiten unter sich oder mit den Eunuchen, der Herr des Hauses das Recht hat, seiner Sklavin ihre schönen Kleider auszuziehen und sie auf dem Markt zum Verkauf auszustellen. Der Sklavenhändler bekommt natürlich die Weisung, sie nicht fortzugeben, sondern sie muß hier nur auf kürzere oder längere Zeit unter den Andern sitzen, wo sie in beständiger Angst schwebt, welchen Herrn sie nun bekommen wird; denn ihr ist es nicht bekannt, daß sie nur zum Schein hier dem Verkauf ausgestellt ist.

Eine andere Anstalt, die nicht weit vom Sklavenmarkte liegt und das Elend der Menschen noch viel schauderhafter zeigt, ist das Irrenhaus. Die Gemächer, in welchen sich die Wahnsinnigen be-

finden, liegen ebenfalls um einen großen Hof, auf welchen auch die
Fensteröffnungen gehen. Da letztere sehr groß sind und mit starken
Eisenstäben versehen, woran die Unglücklichen liegen und sich gegenseitig anstarren, so glaubt man bei dem immerwährenden Geheul
und Zähneknirschen, das man hier hört, sich in einer Menagerie
bei wilden Thieren zu befinden. Ich habe nie einen schrecklicheren
Anblick gehabt, als die verzerrten Physiognomien dieser Menschen
mit langem, struppigtem Haupt- und Barthaar, wenn sie an ihre
Gitter stürzten und uns mit ihren rollenden, roth unterlaufenen Augen
anstierten. — Doch genug von diesen Scenen!

Wir besteigen unsere Esel wieder und reiten durch die belebten
Straßen Kairo's, um sie ein wenig zu durchkreuzen und einige
schöne Gebäude anzusehen. Das Merkwürdigste hier für Kairo ist
der neue Palast Ibrahim Pascha's, ganz auf europäische Art gebaut und mit heller, freundlicher Farbe angestrichen. Hohe Bogenfenster mit den schönsten Spiegelscheiben gehen auf einen freien
Platz, eine Art Boulevard, der mit Akazien bepflanzt, auch mit
einigen andern europäisch gebauten Häusern umgeben ist, und auf
dem man glaubt, sich mitten in einer unserer größten Städte Europa's zu befinden. Von hier ritten wir wieder zurück durch die
Straßen und sahen das Gebäude und den Garten, auf dessen Terrasse General Kleber erstochen wurde. Durch das Thor von Boulak
kamen wir jetzt auf einen schönen Weg hinaus, der rechts und links
von den schönsten Gartenanlagen umgeben, nach Fostat oder Alt-
Kairo, an den Nil führt. Wenn uns nicht der Kalender sagte, daß
wir im Monat Februar wären, so könnte man glauben, wir hätten
wenigstens schon Ende Mai, denn so üppig und schön blühte und
grünte Alles um uns her. Der Klee steht fast mannshoch und die
Felder sind mit den schönsten Gemüsen unserer Sommermonate bedeckt. So gewährt die Gegend von Kairo einen angenehmen Anblick. In dem Klee stehen große Schaaren von Pferden und fressen
ihn ab, dort arbeiten die Schöpfräder mit Ochsen getrieben und

führen das Wasser des Nils aus den größeren Gräben und Teichen, worin es noch von der Ueberschwemmung her steht, durch die kleinen Kanäle über die Felder hinweg. Bald erreichen wir Alt-Kairo mit seinen einzeln abgesperrten Quartieren und der mittelalterlich saracenischen Bauart, treten im Vorbeigehen in den Hof der Moschee Amru's, eines Generals des Omar, deren Halle von hundertvierzig Säulen getragen wird. In der Mitte erhebt sich neben einer schönen Palme ein Brunnen, wo vormals das Zelt Amru's gestanden haben soll, welches der Sage nach Ursache wurde, daß man Alt-Kairo erbaute. Auf dem Zelt des Generals nämlich ließ sich eine Turteltaube häuslich nieder, weßhalb Amru, aus Schonung für das Thier, sein Zelt nicht abbrechen ließ und um dasselbe baute sich später Alt-Kairo an, woher auch noch sein heutiger Name Fostat kommen soll, der das Zelt eines Nomaden bedeutet.

Von hier erreichten wir bald den Nil, den schönen alten Strom, die eigentliche Gottheit Aegyptens. Ohne an die Segnungen zu denken, welche dieser Fluß jährlich über das Land ausgießt, erfreut sein äußerer Anblick schon das Auge und es gibt in Europa keinen Fluß, dessen Wassermasse mit der des Nils zu vergleichen wäre. Schon bei Luxor hat seine Breite dreizehnhundert Fuß und sie steigt bei Montfalont und Syout auf zweitausend achthundert und später in der tieferen Ebene, wo keine Gebirge die Ausbreitung des Stromes hemmen, im Januar bei mittlerem Wasserstand, sogar auf zweitausend achthundert und fünfzig Pariser Fuß. Aber wenn man erst recht einsehen will, was Aegypten Alles dem Nil verdankt, so muß man nur das Land betrachten, wenn es vor der Stromschwelle, fast ohne alle Quellen, von der Sonne verbrannt und zerrissen wird. Um Ostern und Pfingsten wehen die heißen, aus Süden kommenden Chamsimwinde und unter ihrem Hauche liegt das Land wie ein in Fieberglut aufgelöster Kranker. Alles Grün auf der Erde ist verbrannt und die Landschaft, bei dem geringsten Windhauch in Staub eingehüllt, gewährt einen traurigen Anblick; nur

Aufenthalt in Aegypten.

der Palmbaum behält seine grünen Blätter, die aber auch, von der Hitze ermattet, flach herunter hängen. So dauert dieser Zustand der gänzlichen Trockenheit, wo auch die Pest und andere Seuchen gewöhnlich heftig grassiren, bis zum 17ten Juni, der Nacht des Tropfens, Leyet en Nucktah, jene unbegreifliche wunderbare Nacht, in welcher — und das wissen die ägyptischen Astrologen fast bis auf die Minute auszurechnen — der himmlische Tropfen in den Nil fällt, der, wie der Sauerteig das Brod, die Fluthen zur Gährung bringt und nach und nach überschwellen läßt.

In dieser Nacht ist Alles lauter Freude und Entzücken; man tanzt und jubelt und freut sich auf's Neue des Lebens, wie aus einer harten Gefangenschaft erlöst, und fast alle Leute bringen diese Nacht auf den platten Dächern ihrer Wohnung zu. Hier wird gegessen und getrunken und allerhand Sachen getrieben, um die Zukunft dieses neuen Erntejahrs zu erforschen. So legt man Brodteig hin, der, anschwellend, Glück und Fruchtbarkeit verkündet, im Gegentheil aber ein böses Omen ist. Auch macht man aus dem Nilschlamm Kugeln, die mit Nilwasser übergossen werden, und deren schnelleres oder langsameres Zerrinnen auch etwas bedeutet.

Nach dieser Nacht des Tropfens hören, nach dem Glauben der Aegyptier, alle Krankheiten auf, ansteckend und tödtlich zu sein, und alle Kranken, selbst die von der Pest befallenen, verlassen ihre Häuser und treten wieder in Berührung mit den übrigen Menschen. Von diesem Zeitpunkt an beginnt aber auch wirklich durch die ganze Natur ein neues Leben zu pulsiren. Das Steigen des Nils, das anfangs sehr langsam vor sich geht, aber immer rascher und stärker wird, und zu Anfang Juli schon recht bemerkbar ist, wird täglich durch besonders hiezu angestellte Ausrufer den Leuten nach dem Maße des Nilmessers auf der Insel Roda verkündet. Dieser Ausrufer geht mit einem Knaben durch die Straßen, und nachdem Beide ein Wechselgespräch mit einander gehalten haben, in welchem sie die Gottheit preisen, die fließendes Wasser gab und den Nil übertreten ließ, verkündet der Munnadi en Nil, d. h. der Ausrufer des Nils, wie hoch das Wasser gestiegen sei, wobei er aber oft, um den Leuten eine Freude zu machen oder ein höheres Trinkgeld zu bekommen, gewaltig lügt. Das Steigen und Fallen des Nils ist der eigentliche Kalender der ägyptischen Bauern, denn nach der Höhe des Wasserstandes säen sie ihr Getreide. So wird schon im August die Moorhirse, sowie einige andere Gewächse gesäet, deren bald nachher aufsprossendes Grün am besten unter der Decke des später anströmenden Wassers fortkommt. Im Monat September erreicht das Wasser des Nils seinen höchsten Stand. Das untere flachere Nilthal sieht schon wie ein See aus und längs des ganzen Stroms, von Oberägypten an bis in's Delta, beginnen Freudenfeste aller Art. Die frischen Nordwinde, die nun wehen, stellen die Communication zwischen Oberägypten, die der heiße Südwind abgebrochen hat, wieder her, und eine Menge von Booten mit großen dreieckigten Segeln fährt, von diesem Winde getrieben, rasch nach Oberägypten. Für Kairo bereitet sich an diesem Tag ein besonderes Fest vor, d. i. die Durchstechung des Dammes bei Alt-Kairo, was mit großen Feierlichkeiten vor sich geht. Schon Tags vorher läuft der Munnadi mit seinem Knaben festlich geputzt durch die Straßen und verkündet in einer blumenreichen Redeart, daß das Wasser den höchsten Stand erreicht habe. So beginnt z. B. der Munnadi: „Gott ist Gott. Er breitete den Erdkreis aus und sein Ruhm sei hochgepriesen!" worauf der Knabe antwortet: „Ja, und gab fließende Wasser, durch welche die Gefilde grün werden," und das geht so fort. Am Ende preist er noch den Freigebigen, der ihm ein gutes Trinkgeld geben wird, und bittet Gott, ihn nicht vor die Thüre des Geizigen zu führen, „der," so sind ungefähr seine Worte, „das Wasser im Kruge mißt, oder die Brode noch im Teige zählt, oder die Katzen zur Essenszeit hinausschließt und die Hunde von seiner Mauer hinwegtreibt." Dagegen ermahnt er auch alle, sich bestens zu schmücken, um die großen Festlichkeiten bei Durchstechung des Dammes nicht zu versäumen. „Seht nur!" ruft er, „wie sich die Welt geschmückt hat — die Damen haben sich geputzt — der Junggeselle sieht sich nach der Gesellin um — der Jungfrau bereitet man den Brautschatz." In Alt-Kairo geht es sehr lustig her. Hier sind in der Nähe des großen Dammes Zelte aller Art aufgeschlagen und Gaukler, Tänzer treiben überall ihr Wesen. In großen Buden sind Kaffeehäuser und Scherbetbereiter, und es geht da zu, wie auf einem großen Jahrmarkte bei uns. In dem noch trockenen Kanal ist die Arusch oder Braut des Nils aufgestellt, das Andenken an eine alte barbarische Sitte, nach welcher jährlich dem überschwellenden Flusse eine Jungfrau geopfert wurde. Die jetzige Nilbraut aber ist nur eine aus Lehm und Nilschlamm zusammengesetzte Figur, die an der Stelle sitzt, wo der Damm durchstochen wird, und ruhig ihr Schicksal erwartet. Um sie herum tanzt und jubelt das jüngere Volk bei Musik und Feuerwerk, das die Nacht vor dem festlichen Tage abgebrannt wird, bis zum nächsten Morgen, wo bei den ersten Strahlen der aufgehenden Sonne von der Citadelle der Donner der Kanonen erschallt, und unter dem ungeheuren Jauchzen der Menge in Gegenwart der hohen Behörden der Damm durchstochen wird. Ganze Schaaren Kinder stehen entkleidet in dem trockenen Kanal und erwarten das strömende Wasser, indem sie zuerst herumwatend einander hinwerfen, allerlei Balgereien treiben und die arme Nilbraut necken, die schon von den ersten Fluthen des Wassers aufgelöst wird und in Nichts zerrinnt. Endlich, wenn das Wasser höher und höher steigt, läuft das lustige Volk entweder an's Ufer oder umschwimmt schreiend das geschmückte Schiff Akabah, das ebenfalls von den Wellen flott gemacht wurde und auf dem strömenden Wasser unter lärmender Musik dahin fährt. Das Wasser fließt nun durch den großen Kanal in die kleineren und dann in die Gräben der Felder, und in kurzer Zeit ist alles Grün um Kairo mit Wasser bedeckt. In den letzten Tagen des Monats September fängt das Wasser schon allmälig an wieder zu sinken. Die höher liegenden

Felder treten hervor. Gegen Ende Dezember sieht man fast noch überall kleine Seen und Teiche, die allmälig verschwinden und gegen Anfangs März fließt der Strom wieder ruhig in seinem alten Bette dahin.

Von Alt-Kairo aus besuchten wir die Insel Roda, wo sich der uralte Nilmesser befindet und wo Ibrahim Pascha in neuerer Zeit einen botanischen Garten angelegt hat. Ersterer ist einer großen Cisterne ähnlich, deren aus Quadersteinen aufgeführte Wände mit Bildhauerarbeiten verziert sind. Da das Bauwerk oben offen ist, so sieht man unter den Wasserspiegel, in dessen Mitte sich eine achteckige Säule erhebt, worauf Namen und Zeichen eingegraben sind, nach denen man weiß, wie hoch das Wasser steht. Doch sind an dieser Säule keine Maße angegeben, sondern nur die Namen der verschiedenen Höhen des Nilufers, sowie der Dörfer, die das Wasser in der Wirklichkeit dann erreicht, wenn der Spiegel desselben in dem Nilmesser bis zu dem betreffenden Namen gestiegen ist. An drei Mauern dieses Behälters finden sich Nischen und an der vierten eine Treppe, auf welcher man zu dem Wasser hinabsteigen kann. Oben um den Rand sind Koransprüche mit sehr zierlicher Schrift in den Stein gehauen.

Der Garten des Pascha ist, wie ich schon früher bemerkte, halb auf englische Art angelegt und soll schon jetzt einen ziemlichen Reichthum von verschiedenen Gewächsen enthalten. Gegen Alt-Kairo bestehen die Ufer der Insel aus schönen massiven Mauern, die den Garten umgrenzen, und sind mit bequemen Treppen versehen, um vom Boote aus bequem in den Garten steigen zu können. Die Einfassungen verschiedener Partieen dieser Anlagen bestehen aus Gittern, die sehr künstlich aus Rohr geflochten sind. Bei unserem Klima und seinem immerwährenden Regen würden diese Gitter halb verfaulen, aber hier halten sie, wie uns der jetzige Gärtner, ein Franzose, versicherte, viele Jahre. An einem Theil des Gartens befinden sich große Boskets von Palmen, Sycomoren, Feigen und

Orangen und zwischen diesen Bäumen hat der Pascha ein Gartenhaus gebaut, das auf der einen Seite einen Saal, auf der andern aber eine Grotte hat, die mit den schönsten Muscheln und Korallen aus dem rothem Meere verziert ist. Es gewährte uns ein wahrhaftes Vergnügen auf den grün angestrichenen Bänken dieses Gartens zu sitzen, dessen Einrichtung uns so ganz an die Heimath erinnern würde, wenn sich nicht neben uns schlanke Palmen erhöben und man nicht auf dem andern Ufer die Pyramiden in majestätischer Reihe sähe. — —

Obgleich wir schon eine ganze Pferdefamilie beisammen hatten, war es doch das erste Geschäft unseres Barons, Erkundigungen nach guten Pferden selbst einzuziehen, oder durch Leute, die sich hiezu gleich anboten, einziehen zu lassen. Zu Letzteren gehörte in erster Reihe der Schwabe, von dem ich bei unserer Ankunft in Kairo sprach; er war Thierarzt und kannte die Pferde der Stadt so ziemlich. Hauptsächlich war es ein brauner Hengst, den der Baron suchte, doch wollte er nur ein Pferd von der edelsten Race, die hier eben so selten sind, wie bei uns. An Leuten, die ihre Thiere präsentirten, fehlte es auch hier, wie überall, nicht; oft wurden solche als das Schönste, was man sehen könne, angekündigt, und wenn man sich nun die Mühe gab, sie zu besehen, waren es die erbärmlichsten Pferde. So erinnere ich mich unter Anderem, daß der Lohnbediente Mechmed eines Morgens uns schon um fünf Uhr aus dem Schlafe weckte, um einen Arnautenschech zu melden, der, wenn es dem Baron genehm sei, einen prachtvollen braunen Hengst vorführen wolle. Sein Wunsch wurde ihm natürlich gewährt. Der Baron zog sich nach einiger Zeit an und ging hinunter. Doch kam er bald darauf wieder zurück und erzählte mir mit lautem Lachen: der prachtvolle braune Hengst sei ein ganz miserabler Fuchswallach gewesen, für den der Arnaut noch obendrein eine unmäßige Summe gefordert habe. So ging es zuweilen den ganzen Tag fort und der Baron konnte kaum die Zeit auftreiben, um alle die Pferde anzusehen, die ihm vorgeführt wurden. Es war überhaupt jetzt nicht die geeignete Zeit, um die Pferde der reichen Pascha's und Kaufleute, worunter doch am ersten etwas Vorzügliches zu finden war, anzusehen; denn in diesen Monaten waren die Pferde nicht mehr in der Stadt, sondern man hatte sie, nach ägyptischem Ausdrucke, in den Persim gethan.

Wenn nämlich, wie jetzt, der Klee recht hoch steht, schickt der vornehme Aegypter seinen ganzen Marstall auf's Land, entweder in seine eigenen Kleefelder oder in andere, die er zu diesem Zwecke miethet. Hier werden die Pferde, reihenweise an einem Hinterfuße gefesselt, auf das Kleefeld gebracht, wo sie so viel fressen können, wie ihnen beliebt oder so viel sie den Tag erreichen können. Am folgenden Morgen rückt man mit ihnen vorwärts und so immer weiter, bis das ganze Kleefeld abgefressen ist. Die Sais wohnen unter einem Zelt dabei, um die Pferde beaufsichtigen zu können. So sieht es in dieser Jahreszeit um Kairo aus, als haben lauter Nomadenstämme hier ihren Waldeplatz erwählt. Doch wird dadurch das Besichtigen der Pferde äußerst erschwert, da man oft Stunden lang zu reiten hat, um von einem Persim zum andern zu gelangen.

Die Gestüte Mehemed Ali's, die um Schubra, dem Sommerlandsitz des Pascha's, auf den Kleefeldern sich befanden, mußten natürlich auch angesehen werden, weßhalb wir an einem schönen Morgen auf Reiteseln dahin aufbrachen. Längs dem Ufer des Nils ritten wir auf einer sehr schönen Straße, die mit einer Reihe dicht belaubter Akazien besetzt war, nach dem Landsitze des Pascha. Er besteht aus einer großen Gartenanlage mit Wohnhäusern des Pascha und aus mehreren Höfen, die umher liegen. Auf einem derselben befindet sich ein Elephant, den wir im Vorbeigehen ansahen. Das große, sehr starke Thier befand sich auf dem Hofe und war mit einer schweren Kette, die es um den Hinterfuß hatte, an eine Sycomore befestigt. Ein Junge, der höchstens acht oder neun Jahre alt war, spielte mit ihm. Es war komisch anzusehen, wie

Aufenthalt in Aegypten.

der kleine Kerl an dem Rüssel, den er wie einen Baum mit Händen und Füßen umklammerte, auf die langen Stoßzähne kletterte, von da die Ohren ergriff und seine Beine an den Kopf stemmend, auf denselben gelangte. Das riesenhafte Thier ließ Alles geduldig mit sich vornehmen, kniete auf das Geschrei seines kleinen Wärters nieder, stand wieder auf und am Ende nahm es den Knaben mit seinem Rüssel vom Kopfe herunter und setzte ihn sanft auf die Erde.

Wir verließen den Hof wieder und erreichten bald darauf Schubra, wo uns der Eintritt in die Gärten ohne viele Schwierigkeiten erlaubt wurde. Diese sind in gemischtem Geschmack, bald italienisch, bald englisch, bald orientalisch angelegt, gewähren aber im Ganzen einen sehr schönen Anblick. Das Wohnhaus des Pascha ist auf Terrassen gebaut, die mit hohen, schlanken Gängen von Rebenlaub bedeckt sind. Eben solche gewölbte Lauben führen fast durch den ganzen Garten und selbst die Beete haben je nach ihren Figuren solche Laubbögen über sich. Der interessanteste Theil des ganzen Gartens ist der neue Pavillon des Pascha, der in einem Gebüsche von Palmen, Orangen, Feigen, Sycomoren, Platanen und noch andern dicht belaubten Bäumen versteckt liegt.

Das Gebäude, fast ganz aus Stein aufgeführt, ist von sehr beträchtlicher Länge und Breite. Seine vier Seiten gleichen durch die vielen hohen Bogenfenster langen Gallerien. An den vier Ecken des ganzen Gebäudes befinden sich andere Pavillons, die auf dieselbe Art vorspringen, wie die Bastionen bei den Festungswerken. Auf breiten Marmortreppen gelangt man an die Thore des Gebäudes, deren sich auf allen vier Seiten befinden, und bleibt beim Anblick des Hofes überrascht stehen, so sinnreich und prachtvoll ist die Construction desselben erdacht und ausgeführt. Das Innere des ganzen Gebäudes bildet nämlich ein ungeheures Marmorbecken, das von den vier Seiten des Gebäudes, welche Bogengänge bilden, die nach Innen von schlanken Säulen getragen werden, umgeben ist.

Auf allen Seiten sind große Röhren angebracht, die geöffnet werden können und aus denen sich dann der Hof in kurzer Zeit mit Wasser füllt. In der Mitte desselben ist ebenfalls aus schönem Marmor eine Art Insel aufgeführt, die mit Orangenbäumen besetzt ist und auf der sich, wie überall an den Ufern dieses künstlichen Sees, Ruheplätze befinden. Dieser Pavillon ist zu großen, glänzenden Abendgesellschaften bestimmt, und dann muß der Anblick des Hofes wirklich zauberhaft sein. Das Ganze war in dem Augenblick, wo wir es besahen, noch nicht fertig, und man legte eben die letzte Hand an die Einrichtung und die Röhren, um das Gebäude mit Gas beleuchten zu können. An den vier Ecken des Hofes sind kolossale aus Stein gehauene Löwen, die immerfort Wasser in das Becken speien, und noch mehrere andere dergleichen Fontänen, und bei jeder derselben sind Gaslampen angebracht, deren Flamme unter dem Wasserstrahl brennen soll, was einen ungemein schönen Anblick gewähren muß. Die Eckpavillons sind halb europäisch, halb orientalisch eingerichtet, mit Divan und Teppich, Spiegel und Kronleuchter.

An einer andern Stelle des Gartens zeigte man uns ein Plätzchen, das sehr gemüthlich war, wo nämlich der Pascha, wenn er sich in Schubra aufhält, gewöhnlich sein Morgen- und Abendgebet verrichtet. Es ist ein kleines Rondel mit dicken Hecken umgeben und auf seiner Mitte befindet sich ein Divan aus Rasen und Moos mit einem Geländer aus zusammengewachsenen Baumstämmen. Die Richtung nach Mekka wird hier durch eine Sycomore bezeichnet, die, wie man sagt, vor dem väterlichen Hause des Vicekönigs gestanden haben soll und die er zum Andenken hieher verpflanzen ließ.

Wir bestiegen unsere Esel wieder und trabten um Schubra herum nach einigen großen Gebäuden, die mitten in den Feldern liegen und wo sich die Gestüte Mehemed Ali's befinden. Die weitläufigen Gebäude schienen mir ziemlich gut eingerichtet. Sie umschlossen mehrere hintereinanderliegende Höfe, auf denen sich eine große Anzahl kleiner Fohlen herumtrieb. Die Sallungen sind anders und wie es mir schien, zweckmäßiger eingerichtet, als die unsrigen, und sie haben statt e i n e r Stallgasse, wie bei uns, deren drei, indem nämlich an dem mittleren Gange die Pferde auf beiden Seiten stehen, mit den Köpfen gegeneinander gekehrt, und an jeder der beiden Wände des Stalles ist gleichfalls eine Gasse frei gelassen, so daß man auch hinter den Pferden her gehen kann.

Auf den Feldern, die zum Gestüte gehören, waren die Hengste und Stuten von einander abgesondert, auf dieselbe Art in dem Klee angebunden, wie ich es schon früher beschrieb. Wir ritten zu ihnen hinaus und wunderten uns sehr, so wenig oder fast gar nichts vollkommen Edles unter diesen Thieren zu finden. Von den Stuten war keine einzige da, die der Mühe werth gewesen wäre, daß man sie mit nach Europa genommen hätte; unter den Hengsten dagegen befanden sich wohl einige sehr starke und edle Thiere, aber diese waren in den früheren Kriegen mit den Mechabiten erbeutet worden und schon in einem Alter von achtzehn bis zwanzig Jahren, deßhalb für uns nicht zu brauchen.

Auf dem Rückwege nach Kairo führte uns Mechmed in eines jener Häuser, in dem sich die merkwürdigen Brütöfen befanden, in welcher die Aegyptier schon seit uralter Zeit die Hühner durch künstliche Wärme fabrikmäßig aus den Eiern hervorlocken; eine Erfindung, die selbst einen Engländer befriedigt haben würde. Die Hitze in den Gängen zu diesen Oefen war ziemlich stark und die ganze Einrichtung so eng und winklich, daß ich nur mit vieler Mühe mit unserem Mechmed hinein kriechen konnte, um wenigstens einen kleinen Begriff von dieser Anstalt zu bekommen. Zu beiden Seiten eines engen Ganges befinden sich kleine Kammern und über jeder derselben ein runder gewölbter Ofen. Der Boden dieser beiden Kammern ist mit feinem Stroh oder Binsen bedeckt, auf welche, nachdem der Ofen mit Mistkuchen geheizt worden ist, die Eier reihenweise neben einander gelegt werden. Doch wird anfänglich nur die Hälfte dieser Oefen geheizt, unter denen die Eier bis zum eilften Tag liegen bleiben; dann läßt man das Feuer oben ausgehen und bringt die Eier aus der Kammer auf die Backsteine des Ofens selbst, die von der Heizung der vorigen Tage noch eine ziemliche Wärme behalten. Jetzt wird auch die andere Hälfte der Kammern geheizt und ebenfalls mit Eiern belegt. Da die Oefen mit einander in Verbindung stehen, so erhalten die, in welchen das Feuer jetzt ausgegangen ist, von den andern noch immer so viel Wärme, als die kleinen Hühner zum Auskriechen bedürfen, was ebenso wie unter der Henne am zwanzigsten oder einundzwanzigsten Tage geschieht. Von hundert Eiern kriechen gewöhnlich sechzig bis siebzig Küchlein aus, und da dem Bauer für zwei Eier, die er gebracht, eines dieser Thierchen gegeben wird, so hat der Staat an den übrig bleibenden noch einen ziemlichen Nutzen, wenn man bedenkt, das in Unter- und Oberägypten jährlich sechzehn bis siebzehn Millionen dieser Hühner ausgebrütet werden.

Unser Rückweg nach Kairo auf der guten Straße neben dem Nil war heute in den spätern Nachmittagsstunden reizend und schön. Das Wasser, von den letzten Strahlen der Sonne vergoldet, floß zwischen seinen üppigen grünen Ufern so still und ruhig dahin, und auf ihm schwammen die kleineren Boote, mit Frucht oder verschiedenem Grün beladen, das, hoch aufgethürmt, dem Boot mit einer schwimmenden grünen Insel viele Aehnlichkeit gibt. Ohne diese Fahrzeuge mit ihren kurzen Masten, an denen sich aber eine ungeheuer lange Segelstange befindet, kann man sich den Nil gar nicht denken. Wo man im Hintergrunde die Pyramiden sieht, dürfen diese seltsamen Segelstangen auch nicht fehlen. Die Fellahs, die ihre Geschäfte in Kairo besorgt hatten, kamen einzeln und in Schaaren zurück; die Weiber trugen Krüge und Körbe auf der Achsel und auf der Schulter, was bei der Geschicklichkeit, mit der sie diese Sachen zu balanciren wissen, sehr artig aussieht. Diese

Weiber der ärmeren Klasse haben, wie ich schon früher bei Gaza bemerkte, etwas sehr Graziöses, ja Elegantes in ihren Bewegungen, besonders wenn sie mit ihren hohen Krügen über Gräben und Hecken daher springen. Bei solchen Gelegenheiten habe ich sie oft gesehen, wo sie ohne Zuthat das schönste Bild abgegeben hätten. So begegneten uns noch heute Abend dicht vor Kairo zwei junge Weiber in eifrigem Gespräch und sehr raschem Gange und eine trug einen flachen Korb auf dem Kopfe; dicht vor uns sprangen sie die Straße hinab und schlugen einen Feldweg ein, der tiefer lag, wodurch wir in den Korb sehen konnten. Statt Früchte oder sonst etwas, das wir darin vermuthet hätten, war der Boden mit etwas Klee bedeckt, auf dem ein kleines nacktes Kind von einigen Monaten lag, das sich mit beiden Händen am Rand festhielt und vergnügt in die Welt sah.

Bei den Thoren der Stadt verließen wir unsere Esel, um noch einen Gang auf die Akropolis oder die Citadelle der Stadt zu machen, welche an einem Abhange des majestätischen Mokkatams liegt. Dieser alte Bau, von Sultan Saladin gegründet, hat schon viele Veränderungen erlitten und Ströme von Blut fließen sehen. Auf einem breiten gepflasterten Wege steigt man hinan und kommt oben zum großen Burgthor, vor dem sich links die Menagerie des Pascha befindet. Wir konnten sie nicht sehen, da der Wärter abwesend war.

Von den älteren Bauwerken hier oben sieht man nur noch einige Ruinen von dem Palaste Saladin's; sonst ist Alles, was an die Sarazenen erinnern könnte, bei der Umwandlung der Citadelle in eine moderne Festung nach europäischer Art gänzlich verschwunden. Von neueren Gebäuden ist hier oben die Residenz Mehemed Ali's, sowie die Sitzungssäle für den obersten Gerichtshof und für den Oberrichter oder Kadi der Stadt. Jetzt läßt der Vicekönig aus prächtigem Alabaster, der in der Umgegend gefunden wird, eine neue Moschee bauen, zu welcher auch die noch übrigen Granitsäulen vom Palaste Saladin's verwendet werden. Mechmed führte uns an eine Stelle der Festungswerke, wo die Mauern, dann der Felsen des Berges über hundert Fuß tief senkrecht hinabgehen und erzählte uns, daß, als Mehemed Ali die Mameluken hieher gelockt und den größten Theil niedergemacht, hier an dieser Stelle ein alter Schech mit seinem Pferde hinabgesprungen und glücklich entkommen sei. Das Schönste, was wir auf dieser Stelle genossen, ist die ungeheure Aussicht, die man rings herum hat. Wie immer sind es auch die Pyramiden, die zuerst den Blick auf sich ziehen und die man hier an den Ufern des mächtigen Stromes in West und Südwest in ihrer ganzen Ausdehnung vor Augen hat. Dort sieht man die drei großen Pyramiden von Ghizeh mit den sechs kleineren, die daneben stehen; dann weiter gen Süden die Gruppe der Pyramiden von Abusir und endlich ganz in der Ferne die Pyramiden von Sakkarah sich scharf am Horizont abzeichnen. Vor uns am Fuße jener ersten Pyramiden, die mitten in dem gelben Sande stehen, der sich hinter ihnen tausende von Meilen weit ausdehnt, liegt das Dörfchen Ghizeh, dessen saftig grüne Felder von jenem verbrannten Gelb scharf abstechen. Sie werden von den Fluthen des Nils bespült, der, ein mächtiger Zauberer, zu beiden Seiten grüne Felder und schlanke Dattelpalmen in dichten Reihen hervorruft. Jenseits des Stromes liegt Fostat und zu unsern Füßen im weiten Kreis die ägyptische Hauptstadt Kairo, ihrem Namen nach die Siegreiche, aber nach einer andern Bedeutung des Worts auch die Geplagte und oft Beunruhigte. Gegen Nordost sieht man gleich vor den Mauern der Stadt den großen Kirchhof von Bab en Nusr, der aber nicht, wie gewöhnlich, nur Grabsteine hat, sondern sich durch die Masse seiner thurmartig gewölbten Familienbegräbnisse auszeichnet. An ihn stößt ein anderes noch weit prächtigeres Todtenfeld, die Gräberstadt der Mamelukenkönige, und man kann diesen Grüften mit Recht den Namen einer Todten- oder Gräberstadt geben. Auf einer Länge von fast einer Stunde Wegs steht man dort große stattliche Gebäude mit gewölbten Kuppeln, hohen Minarets, die mit der schönsten Bildhauerarbeit bedeckt sind, in denen Niemand wohnt und in denen jene Herrscher beigesetzt wurden, nachdem ihnen der Tod den Säbel entwunden. Man hätte zu diesen Wohnungen der Todten nicht leicht einen ruhigeren, stilleren Platz wählen können. Er liegt an einem Abhange des Mokkatamberges, Sand im Sande, aus dem sich die Gebäude selbst, meistens aus graugelben Steinen erbaut, von gleicher, oder, trauriger Farbe erheben. Hinter ihnen beginnt die syrische Wüste, durch die wir hergezogen, eine weite Fläche, auf der man von hier aus kleine Oasen sieht, einzelne Palmgruppen und dazwischen die weißen Gebäude, ebenfalls nur mit dürftigem Grün umgeben, an denen wir vor einigen Tagen vorübergezogen.

Die Residenz des Pascha's, aus vielen größeren und kleineren Sälen bestehend, ist theilweise ganz orientalisch, theils halb europäisch eingerichtet. In den großen Gerichts- und Audienzsälen sieht man nur Divans und Teppiche, in den Privatgemächern des Vicekönigs dagegen hat man mit Spiegeln, Kronleuchtern, Teppichen 2c., einen wahren Luxus getrieben. Das Schlafgemach des Pascha's ist klein, mit einem sehr dicken persischen Teppich bedeckt und in der Mitte desselben ist auf diesem das Lager, aus einigen dicken Matratzen bestehend, über die feine Decken gebreitet sind, auf welchen wieder eine Menge kleiner Kissen liegen. An den vier Ecken dieses Lagers erheben sich schlanke, vergoldete Säulen, die einen gewölbten Baldachin unterstützen, von dem nach allen Seiten feine Seidenflore herabhängen, um den Schlafenden vor den zudringlichen Mücken zu bewahren, die ebenso wenig den Herrscher wie den Fellah verschonen.

Neben diesem Schlafgemach war ein anderes Zimmerchen mit kleinen Divans, einem Tisch, Fauteuils und einem prächtigen französischen Kamin aus weißem Marmor. Sehr schön eingerichtet waren die Badgemächer, die aus drei hintereinander liegenden Zimmerchen bestehen, von denen die Wände, Fußboden und Decke der beiden letzteren aus sehr schön gesprenkeltem, glänzend polirtem Alabaster bestehen. Die Einrichtung zum Baden selbst bestand, wie bei uns, aus einer großen Wanne; doch war eine Vorrichtung da, um das letzte Kabinet nach türkischer Art mit Wasserdämpfen füllen zu können.

Das älteste Gebäude auf der Citadelle ist der sogenannte Josephs-brunnen, der nach Einigen vom Sohne Jakobs seinen Namen haben soll, nach Andern aber vom Sultan Saladin, der ebenfalls den Namen Jussuff — Joseph hatte. So viel ist gewiß, daß der Kalif, der vielleicht hier die Ueberreste der alten Bauwerke gefunden haben mag, ihn erweitern und vom Sande der Wüste reinigen ließ. Dieser Brunnen ist eine trichterartige Schlucht in den Felsen, deren unterste Tiefe bei zweihundert und fünfzig Fuß betragen soll. Da es unten nichts anderes zu sehen gab, als gewöhnliches Nilwasser, so stiegen wir nicht hinab.

Wir hatten heute eine lange Tour gemacht und beeilten uns deßhalb, nach unserem Hôtel zurückzukommen, wo die Fleischtöpfe Aegyptens auf uns warteten. Etwas Anderes, was wir bei unserer Zurückkunft fanden und was uns noch mehr erfreute, als das wirklich gute Diner, war unser lieber Fürst Aslan, der heute von Damiette, wohin er von Gaza mit dem Dampfschiffe Ibrahim Pascha's gegangen war, hier ankam. Er wollte sich eine Zeit lang in Kairo aufhalten, und wußte noch nicht, wo er von hier aus seinen Stab hinsetzen würde. Wir hatten zum Diner unsere Freunde Pruner und Fischer eingeladen und unterhielten uns mit ihnen und dem Fürsten von unsern Abenteuern auf der Wüstenreise, als plötzlich der Chef unserer Karawane, der Tartar-Gasst, in den Saal trat, der uns aufgesucht hatte, und wir verlebten alle zusammen einen fröh-lichen, aber etwas theuren Abend; denn den vaterländischen Wein, den wir tranken, es war Hochheimer, ließ sich unser englischer Wirth mit fünfzehn Gulden die Flasche bezahlen.

Aufenthalt in Aegypten.

Wenn ich jetzt in der Heimath von einem Besuch der ägyptischen Pyramiden, jener uralten Bauwerke, erzähle, so liegt mir das wieder ebenso fern und hinter Traumschleiern verborgen, und ich könnte in Versuchung kommen, jene Zeit, wo wir uns einen Esel satteln ließen, um jene Weltwunder, die dicht vor unsern Augen lagen, zu besuchen, für eine fabelhafte zu halten, wenn nicht zuweilen dieser ganze merkwürdige Tag und das Bild dieser kolossalen Steinhaufen, von lebhafter Erinnerung beleuchtet, hell und klar vor mein Inneres träte. Unser Mechmed hatte schon den Tag vorher für dauerhafte, starke Esel gesorgt, von denen wir jeder einen bestiegen, und der übrigbleibende mit Eßwaaren beladen wurde, da wir erst am Abend zurückkommen konnten. Wir waren mit dem englischen Kapitän nnd Mechmed zu sechs. In Alt-Kairo, wo wir uns mit den Thieren mittelst einer Barke über den Strom mußten setzen lassen, gab es bei dieser Gelegenheit eine lustige Scene; denn um die Esel in das Boot zu bringen, mußte man zur Gewalt seine Zuflucht nehmen, wobei es denn äußerst komisch aussah, wenn so ein Thier, von zwei Mann am Kopf und Schweif gehalten, in das Fahrzeug geschleppt wurde. Auf dem andern Ufer des Nils ritten wir eine Zeit lang unter zahlreichen Palmen dahin und erreichten in Kurzem das Dorf Ghizeh, wo sich die größten Brütöfen befinden, denn hier allein werden jährlich an hundert und dreißigtausend Eier ausgebrütet. Bei diesem Dorfe und schon früher auf den Feldern hatte sich unsere Gesellschaft mit jedem Schritte vermehrt; denn alle Fellahs, die uns erblickten, verließen ihre Arbeit und liefen uns nach. Einige boten kleine aus Ton gebrannte Mumien zum Verkauf an, Andere eben solche Käfer, Ohrgehänge, kleine Figürchen, die man in Mumien gefunden; aber die meisten wollten uns begleiten, um uns beim Ersteigen der Pyramiden oder beim Hineinklettern in's Innere hilfreiche Hand zu leisten. Bald hatten wir aber, besonders von diesen Letzteren, so viele um uns, daß auf jeden von uns, Mechmed eingerechnet, wenigstens zehn gekommen wären, weßhalb dieser, da sich der Haufen noch immer mehrte und uns mit lautem Geschrei umschwärmte, einschritt und einen Theil fortzujagen suchte. Doch dies war nicht so leicht geschehen, obgleich unser Kapitän dabei aus allen Kräften half. Wenn das Volk auch vor dem hochgeschwungenen Stocke Mechmeds einen Augenblick zurückwich, so waren sie doch gleich wieder in der Nähe und die Bemühungen des Kapitäns, sie fortzujagen, waren wirklich lächerlich. Er ritt sein eigenes Pferd und verfolgte damit zuweilen die Einzelnen, die sich zu nahe an uns gedrängt, über Klee- und Fruchtfelder hinweg, ohne jedoch einen mit der geschwungenen Peitsche zu treffen; denn obgleich sich das Pferd sehr schnell wandte, so waren doch die Fellahs viel geschwinder und fingen an, ihn weidlich zu necken.

Bald hatten wir die Pyramiden vor uns liegen, und was ich schon früher einmal bemerkte, daß sie aus einiger Entfernung dem Auge nicht so kolossal erscheinen, mag wohl daher kommen, daß jede ihrer Seiten ein regelmäßiges Dreieck bildet. Ein Arm des Nils trennte uns noch von ihnen. Da keine Brücke über ihn führte, so mußten wir ihn auf den Eseln durchwaten; doch war das Wasser schon so klein, daß wir ohne viele Mühe hindurchkamen. Nur gewährten uns einige Weiber, die vor uns wateten, einen lächerlichen Anblick; diese, um ihr blaues Hemd nicht naß zu machen, hoben es in die Höhe und waren schon fast in der Mitte des Wassers, als sie uns am Ufer ansichtig wurden. Sie erhuben ein lautes Geschrei und wir sahen ihnen an, daß sie lange schwankten, was schlimmer sei, ihre Kleider naß zu machen oder unsern Blicken ausgesetzt zu bleiben; doch mußte ihnen das erste als das größte Uebel erscheinen, denn sie blieben in ihrer früheren Position und erreichten das jenseitige Ufer glücklich mit Ausnahme einer einzigen, die beim Hinaufspringen auf das Gesicht fiel.

Das jenseitige Ufer war sehr schmal von Grün eingefaßt, auf dem sich noch einige Palmen erhoben; dann fing die Sandregion an, in welcher auch die Pyramiden stehen, graugelb wie der Boden. Je näher man nun diesen Kolossen kommt, je riesenhafter dehnen sich die Formen nach allen Seiten aus, und als wir um den Fuß der größten Pyramide, der des Cheops, herumritten und an den Steinmassen emporsahen, kamen sie mir nicht mehr wie ein Gebäude vor, sondern wie ein Gebirge, dem die Natur eine regelmäßige Form gegeben. Man muß aber auch bedenken, daß die Basis dieser Pyramide einen viereckigen Platz bildet, wie wir selbst in unsern größten Städten fast keinen größeren haben. Jede ihrer Seiten mißt dreihundert Schritte und die ganze Fläche umfaßt fünfmalhundert fünfzigtausend Pariser Quadratfuß. Jetzt, wo sich durch die Winde der Wüste an allen Seiten große Sandhaufen um den Fuß der Pyramide gehäuft, haben ihre Seiten unten nur noch siebenhundert sechzehn Pariser Fuß; doch braucht man noch immer eine gute Viertelstunde Zeit, um das ganze Gebäude zu umgehen. Die Höhe der Pyramide des Cheops beträgt nach den neuesten Messungen vierhundert sechzig Pariser Fuß.

Ueber dem Eingang bieten herabgefallene Baustücke eine ziemliche Fläche dar, auf welche wir uns setzten, um unser Frühstück zu verzehren. Mechmed war beschäftigt, die Beduinen, die uns in's Innere sowie auf die Pyramide hinauf begleiten sollten, auszusuchen, was unter einem unerhörten Schreien und Lärmen vor sich ging. Die Ausgewählten machten einen fürchterlichen Skandal, indem sie zu uns heraufschrieen, daß sie auf alle Fälle die besten und stärksten seien und Mechmed mit vieler Umsicht gewählt habe. Die Andern dagegen schimpften auf ihn und prophezeiten uns nichts Gutes, wenn wir uns solchen schwachen Kerls anvertrauen wollten.

Der Kapitän, der es nicht lassen konnte, die Leute auf alle erdenkliche Art zu necken, fing auch hier wieder sein Spiel an. Mechmed hatte die Leute, die er für uns ausgesucht, zu unsern Füßen an den Eingang der Pyramide gestellt, und die Andern umgaben diese in einem weiten Kreise; auch hatten sich eine Masse Weiber eingefunden, die auf den Steinen umherkauerten und uns bald Wasserkrüge zum Trinken anboten, bald aus ihren Schleiern kleine Figürchen und Münzen hervorwickelten, die wir ihnen abkaufen sollten. Anfangs amüsirte sich der Kapitän damit, daß er die Ueberreste unseres Frühstücks unter das Volk vertheilte, wobei er hauptsächlich gegen die „Damen" galant war und ihnen die besten Brocken an den Kopf warf. Doch als er so alle Eßwaaren verschleudert hatte, begann er den unter uns stehenden Fellahs Sand auf die Köpfe zu scharren, worüber diese ein lautes Geschrei erhoben, was ihn aber so amüsirte, daß er, glaube ich, dieses Spiel lieber den ganzen Tag fortgesetzt hätte, als die Pyramiden zu besteigen.

Mechmed traf jetzt die Anstalten, das Innere der Pyramiden zu besehen, wozu er die mitgenommenen Lichter anzündete und unter den Fellahs vertheilte. Außer diesen wurden jedem von uns zwei dieser Leute zugetheilt, von denen der eine vorausging und der andere nachfolgte, um uns so eingeschlossen vor dem Fallen auf dem glattgeschliffenen Granitboden zu verwahren.

In das Innere der Pyramide führt ein Gang, der so hoch und schmal ist, daß man sich eben darin fortbewegen kann. Seine vier Wände bestehen aus dicht an einander gefügten Granitstücken, die geglättet sind, und da obendrein dieser Gang in einem Winkel von siebenundzwanzig Grad abwärts führt, so kann man sich leicht denken, daß es nöthig ist, sich vor dem Ausglitschen zu bewahren. Außer den dichten Staubwolken, die unsere Fußtritte in dem Gebäude aufwühlten und dem Willkommen, den uns einige große Fledermäuse spendeten, indem sie um unsere Köpfe flogen, machte eine Hitze von 23° Reaumur, welche als die mittlere Temperatur des Landes beständig in diesem Gebäude herrscht, das Hineinkriechen äußerst beschwerlich und unangenehm. Auf diese Art führt der Gang hundert Schritte abwärts, und man muß alsdann unter demselben Winkel an der andern Seite wieder aufwärts steigen, um in die oberen Gemächer zu gelangen. Doch ist dies letztere noch bei Weitem beschwerlicher und wirklich gefährlich; denn der Boden dieses aufwärts steigenden Ganges ist horizontal und an seinen Wänden finden sich kleine Vorsprünge, auf welche man die Füße stellt und so mit gespreizten Beinen aufwärts gelangt. Auch hier hat man vor und hinter sich einen der Fellah, was sehr nöthig ist, da dieser Vorsprung aus Granit besteht und ebenfalls geglättet ist. So krochen wir gebückt einer hinter dem andern her, von Staub und Hitze belästigt und fast ganz im Dunkeln; denn unsere armseligen Wachskerzen erhellten den Raum nur spärlich, auch war ein Theil der Fellahs, welcher sie trug, voraus in das obere Gemach geeilt. Plötzlich hörten wir von dort einen tiefen Ton erschallen, dumpf und zitternd, gleich dem einer großen zersprungenen Glocke, der sich mit voller Gewalt durch die Gänge des ungeheuren Gebäudes fortpflanzte. Es waren unsere Fellahs, die mit einem Stein gegen die Wände des Sarkophages schlugen, der hier oben steht. Jetzt erreichten auch wir das obere Gemach, die Kammer des Königs genannt. Seine Wände, Decke und Fußboden bestehen aus geschliffenem Granit, auf welchem die Besucher der Pyramide mit Kohle und Kreide ihre Namen und Bemerkungen geschrieben. Der leere Sarkophag, von dem ich oben sprach, besteht auch aus geschliffenem Granit, ist sieben Fuß lang und drei Fuß breit und hoch. Wenn man die kleine Thüröffnung sieht, die kaum so breit ist, wie dieser Sarg, so kommt man auf die Vermuthung, daß dieser Stein ebenso wie die Gänge und Kammern während dem Bau der Pyramide aufgestellt wurde und sich der obere Theil allmälig darüber erhob. Auf die ersten Besucher dieser Grabeskammer wird es einen freudigen Eindruck gemacht haben, beim Oeffnen des in dem Sarkophag befindlichen Mumienbildes eine Mumie zu finden, mit einem goldenen, von Edelsteinen glänzenden Brustharnisch, der mit unbekannten Charakteren beschrieben war. Jetzt ist der Sarkophag natürlich leer.

Fünftes Kapitel.

Wir stiegen wieder abwärts und besuchten die Kammer der Königin, die am Ende des horizontalen Ganges liegt, von dem ich oben sprach. Sie enthält weiter nicht viel Merkwürdiges und man sieht dort nur vier nackte glatte Wände. Unterhalb dieser Kammer und oberhalb der des Königs hat man vor noch nicht langer Zeit andere Gemächer entdeckt, zu welchen schachtartige Oeffnungen führen, die man vermittelst Querhölzer, die wie Leitersprossen übereinander stehen, erreichen kann. Da diese Sache jedoch, wie uns Mechmed versicherte, ziemlich gefährlich und dagegen wenig lohnend ist, indem man in diesen beiden Gemächern auch weiter nichts sieht, als die nackten Wände, so unterließen wir diese Partie und krochen durch den Gang, zu welchem wir hereingekommen, wieder an die freie Luft, die uns nach der dumpfen heißen Atmosphäre, die drinnen herrscht, angenehm und erfrischend war.

Wir setzten uns an den Fuß der Pyramide hin, um von den überstandenen Mühseligkeiten auszuruhen, und ließen dabei unsern Blick auf dem ungeheuern Bau umhergleiten. Wenn man die kolossalen und doch so regelmäßigen Formen der Pyramide eine Zeit lang genau betrachtet hat, so wird die riesenhafte Größe dieser Bauwerke dem Auge erst recht klar, und man muß in Erstaunen gerathen über die damalige Zeit, der es möglich war, solch' ein Werk aufzuführen; denn außer dem Aufbauen der Pyramide selbst, wie das Anfertigen und Herbeischaffen des Materials, war das Errichten der schiefen Fläche, die mit dem Bau wuchs und auf welcher die Steine bequemer hinaufgeschafft wurden, eine ebenso große Arbeit. Nach Herodot brauchten hunderttausend Menschen zehn Jahre Zeit, um die Steine aus dem arabischen Gebirg heranzuschleppen, und dann wieder zwanzig Jahre, um die Pyramide selbst aufzurichten. Früher, als das Aeußere derselben noch mit geglätteten Granitplatten belegt war, fand sich auf einer derselben eine Rechnung eingehauen, woraus man ersah, daß die ganze Beköstigung der Arbeitsleute an der großen Pyramide nur für Zwiebel, Rettig und

Knoblauch an fünfmalhunderttausend Gulden gekostet hat. Danach kommt freilich auf jeden jährlich ein Gulden fünf Kreuzer und also in fünf Tagen ein Kreuzer, woraus man gewöhnlich die außerordentliche Wohlfeilheit in jenen Zeiten zu belegen sucht; doch scheint es mir viel eher, als habe man mit jener Rechnung die ungeheure Summe anzeigen wollen, die das Ganze gekostet, wenn man schon für diese Kleinigkeiten so viel ausgab; denn Herodot fährt, nachdem er Obiges erzählt, fort: „und wenn sich dieses so verhält, wie viel muß nicht sonst noch aufgewendet worden sein für Eisen zum Arbeitszeug und für Speise und Kleidung der Arbeiter!" Es ist mir unbegreiflich, wie man schon so viel hat schreiben und sprechen können und Vermuthungen aufstellen über den Zweck, den die ägyptischen Könige bei Erbauung der Pyramiden vor Augen gehabt. Wer die alte Geschichte dieses Landes und das Land selbst kennt, wo man auf jedem Schritte die fast abgöttische Verehrung findet, welche die Aegypter mit ihren Todten trieben, und wie sie Allen, bis zu den Leichnamen der Thiere hinab, die sie verehrten oder fürchteten, nach Kräften und Vermögen Grabgewölbe oder Denkmale erbauten, der wird, wenn er das Innere der Pyramiden kennt, nicht daran zweifeln, daß es gewiß weit eher Grabgewölbe sind, die sich die Eitelkeit der Könige erbaute, als Deckel von ungeheuern Cisternen oder gar natürliche Formationen der Kalksteingebirge, was auch schon behauptet wurde. Das Ersteigen der Pyramiden, zu dem wir nun schritten, ging mit viel weniger Schwierigkeiten vor sich, als das Hineinkriechen in dieselben. Man klettert an einer der Ecken hinauf und wir hatten, um den Sonnenstrahlen auszuweichen, die nördliche gewählt. Obgleich aus der Entfernung die Seiten dieser Gebäude ganz glatt aussahen, so bilden doch die aufeinander gethürmten Steine fast regelmäßige Staffeln von zwei bis drei Fuß Höhe und eben solcher Breite, über welche man, wie auf einer Treppe, zum Gipfel der Pyramide hinansteigt. Zu den Fellahs, die uns in das Innere derselben begleitet, hatten sich unter allerhand Vorwänden noch eine Menge anderer gesellt, die sich weder durch die drohende Miene unseres Mechmeds, noch durch die Reitpeitsche unseres Kapitäns hinwegtreiben ließen. Unter den vielen Weibern und Mädchen, die uns mit ihren Wasserkrügen umstanden, waren mehrere von hübscher Figur und frischem Gesicht. Einer derselben, sie hieß Miriam, kaufte ich einige der kleinen aus Thon gebrannten Mumien ab und sagte ihr durch Pantomimen etwas Schönes, worauf sich meine Begleitung, die schon aus drei Fellahs bestand, sogleich noch um einen vermehrte, der mir, als ich ihn wegweisen wollte, mit ziemlich begreiflichen Geberden sagte, er sei ja der Bruder des Mädchens, das ich so eben angesprochen.

Jetzt fingen wir an hinaufzuklettern, was durch die Unterstützung der Fellahs, jeder von uns hatte wenigstens drei, sehr rasch von Statten ging. Zwei hatten meine Arme erfaßt, sprangen eine Staffel hinan und zogen mich so mit lautem Geschrei hinauf, wobei die Andern nachschoben. Ich machte ihnen verständlich, daß ich gern zuerst oben sein möchte und versprach ihnen dafür eine Kleinigkeit mehr. Das wirkte und ich hatte vor allen Andern den Gipfel erreicht. Dieser bildete eine breite Platte, worauf man bequem ein kleines Haus bauen könnte; doch liegen einige große Steinblöcke hier herum, hinter welche ich mich setzte, um mich vor dem Wind, der hier oben etwas stark wehte, zu schützen. Bald kamen auch die Andern nach und der Kapitän, der keinen Fellah mit sich genommen hatte, war der Letzte. Außer den Beduinen, die Mechmed zu unserer Führung angenommen hatte, war eine gewiß noch eben so große Anzahl für ihre eigene Rechnung mit hinauf gesprungen, so daß wir mit einem großen Gefolge hier oben anlangten. Sogar von den Weibern kletterten viele, flink wie die Gemsen, zwischen den Männern mit hinauf, was bei der Geschicklichkeit, mit der sie dabei ihren Wasserkrug zu halten wußten, nicht übel aussah. Sie setzten sich dieser Strapaze nur deßwegen aus, um vielleicht für einen Trunk, den wir oben aus ihren Krügen thun würden, einige Para zu bekommen. Die Aussicht hier oben ist sehr schön, doch ist das Gefühl, die Pyramiden bestiegen zu haben, belohnender, als der Anblick des flachen Landes mit dem Nil, der sich wie ein silbernes, grün eingefaßtes Band durch den gelben Sand hinzieht.

Auf der einen Seite haftet der Blick an Kairo, und auf der andern Seite irrt er in der großen lybischen Wüste herum, in die man von hier aus ziemlich weit hineinsieht. Neben uns lag die Pyramide des Cephren, die an vierhundert Fuß hoch ist, sowie die des Mykerinus, die noch um ein Bedeutendes kleiner ist, als jene, aber vor Alters die prächtigste gewesen sein soll; denn ihr Ueberzug bestand aus geschliffenem Porphyr, Sienit und Granit. Bis jetzt hat man in ihr Inneres noch keinen Weg gefunden. Auf einem der Blöcke, von weichem Kalkstein, die hier oben lagen, schnitten wir mit dem Messer unsere Namen ein. Das Hinabsteigen ging noch rascher vorwärts, als das Hinaufklettern, und ich muß gestehen, daß die Fellahs für das Wenige, was sie verdienten, sich große Mühe gaben. Ich zählte bei dem Herabspringen zweihundert und sechs dieser Lagen von Werkstücken oder Staffeln.

Nach einigen Streitigkeiten, die wir unten noch mit unsern Begleitern hatten, indem sie unter allerlei Vorwänden außer ihrer vorher bestimmten Bezahlung noch etwas verlangten, gingen wir um die Pyramide herum, wo auf der andern Seite, bei dem bekannten ungeheuren Bilde der Sphinx, unsere Eseltreiber mit den Thieren waren. So kolossal diese Figur ist, so steht sie doch neben den Pyramiden kleinlich, fast unscheinbar da. Nach Wilkensons chronologischen Tafeln ist dies Werk, das jüngste von allen, von Thotmes IV. aus der Masse eines hier stehenden Felsen ausgehauen worden. Dies Denkmal ist schon häufig beschrieben worden, doch leidet das Bild durch die Barbarei mancher Besucher und den Sand.

Besonders das Angesicht ist sehr verstümmelt, die Nase fehlt ihm ganz und der Kopfschmuck, der wahrscheinlich von Metall und eingefugt war, ist völlig verschwunden. Von dem Altar und der Tafel, welche man zwischen den vordern Löwenfüßen wieder aufgefunden hat, sieht man nichts mehr; denn der Sand der Wüste häuft sich um die Sphinx immer tiefer an. Am Fuße der Pyramiden sind viele Grabkammern in den Felsen gehauen, aus denen man die Mumien weggeführt. In einer derselben setzten wir uns hin und tranken die letzte Flasche unseres mitgenommenen Cyperweins dem Andenken der Todten, die hier nach mehrtausendjähriger Ruhe ihren Gräbern entrissen worden waren, und uns in ihren kühlen Wohnungen einen Platz zum Ausruhen gönnten.

Vor ungefähr zehn Jahren war noch in Kairo unter der Regierung des alten Mehemed eine gar schöne, lustige Zeit. Die Kultur hatte noch keine Polizei dort eingeführt, und die Leute konnten in ihren vier Pfählen so ziemlich thun, wozu sie Lust hatten. Oeffentliche Tänzerinnen, Sängerinnen, Alles dergleichen war privilegirt. Es wurden Karten in ungeheurer Menge gelöst, und es war dies eine ungeheure Finanzspekulation des Pascha. Es muß damals in der alten Kalifenstadt ein Leben gewesen sein, als ob sich das Paradies zur Erde herabgelassen und die Langeweile in den Himmel gezogen wäre. Dies dauerte aber nicht lange; denn da diese Betreiber der schönen Künste allmälig zu laut wurden, mischten sich die Consuln der fremden Mächte hinein, und der Pascha, vielleicht selbst geärgert durch das Unwesen, das er hervorgerufen, befahl von heute auf morgen: alle ausgegebenen Erlaubnißscheine sind erloschen, und wer trotzdem sein Geschäft forttreibt, wird exemplarisch bestraft. Und wirklich, die Bestrafungen wurden ganz originell ausgeführt; die Regierung ließ am folgenden Tag Alles, was sich durch den Empfang einer Karte als Tänzerin, Sängerin 2c. selbst angezeigt hatte, und noch in Kairo oder dessen Umgebung zu finden war, aufgreifen, nach Oberägypten abführen und dort mit Soldaten verheirathen, aus welcher glücklichen Verbindung wohl ein neues Heroengeschlecht seinen Ursprung nehmen wird.

Wer nur, wie wir, die schönen Araberinnen kennt, wer so oft gesehen, wie sie die geringfügigsten Dinge mit einer gewissen Grazie und Leichtigkeit ausführten, wer so viel gehört hat von den reizenden Tänzen dieser Houris, der kann sich denken, wie leid es uns that, einem solchen Ballet nicht beiwohnen zu können. Daß sich viele dieser Tänzerinnen noch heimlich in Kairo aufhielten, wußte jeder; es hielt aber bei der wachsamen Polizei sehr schwer, sie, besonders vor den Augen der Christen, zum Tanzen zu bewegen. Ein deutscher Bekannter jedoch, den wir dort trafen und der so ziemlich eingebürgert war, forschte einige Zeit herum, und kam endlich eines Abends, uns anzuzeigen, daß er mit Hülfe einiger ägyptischen Bekannten des andern Tags eine Unterhaltung der Art zu arrangiren suchen werde.

Am folgenden Morgen holte er uns in Begleitung eines andern Deutschen ab, der sich uns als der Mann präsentirte, welcher uns den Genuß einer ächt levantinischen Abendunterhaltung, von den Arabern, wie alle gesellschaftlichen Vergnügungen, Phantasie genannt, bereitet habe. Dies war indessen nur auf die vielfachen Verwendungen seiner Frau, einer Kophtin, möglich geworden. Unser neuer Bekannter hatte diese würdige Dame auf die unter jener Christensekte gewöhnliche Weise, nämlich nur auf beliebige Zeit, zum Weibe genommen, wofür er ihren Eltern, da sie sich weder durch Schönheit noch Jugendfrische gerade auszeichnete, die mäßige Summe von zehn Thalern beim Empfange und ebensoviel bei der Zurückerstattung, ob mit oder ohne Kindern, zu entrichten hatte. Während der Ehe mußte er sie gehörig nähren, kleiden und sonst gut behandeln, was von ihr durch Treue, Liebe und thätigste Besorgung des Hauswesens nach ihrem Vermögen dem theuern Herrn und Gatten vergolten wurde. Dieses musterhafte Wesen hatte uns durch wirksame Empfehlungen den Eintritt in den Harem des armenischen Münzdirektors, der ein entlegenes Quartier der Stadt bewohnte, verschafft.

Das Haus hatte alle für den Zweck erforderlichen Eigenschaften. Es lag so weit von der Stadt ab, daß man die schreienden Töne der Violinen nicht hören konnte; auch war es mit hohen Mauern umgeben, welche keine neugierigen unbefugten Blicke hineinließen. Wir traten in ein Zimmer, recht hübsch nach orientalischem Geschmacke eingerichtet, in welchem sich bereits etwa zwanzig Personen befanden, und wurden vom Hausherrn, nachdem wir uns neben ihm niedergelassen, nach den hergebrachten Formeln freundlichst bewillkommt. Drei Seiten des Zimmers waren mit dem unentbehrlichen Divan besetzt, worauf des Armeniers Familie und einige seiner Bekannten lagen und saßen. Die Zahl der Damen mochte etwas weniger als die Hälfte der ganzen Versammlung betragen. Auf der Seite des Zimmers, wo kein Divan war, saßen am Boden drei arabische Musiker mit Tambourin und Violinen aus Kokusnußschaalen, mit zwei Saiten bespannt, die sie mit ziemlicher Fertigkeit spielten und dann und wann mit Gesang begleiteten. Von der Decke hingen ein paar Leuchter und der Fußboden war mit hübschen Teppichen belegt.

Sobald wir nach allen Seiten, durch Auflegen der Hände auf das Herz und dann auf den Kopf, gegrüßt, wurden uns von den Frauen Pfeifen und Kaffee gereicht, sowie auch bald von der einen bald von der andern Branntwein in kleinen Gläsern, der in unglaublicher Menge getrunken wurde. Dazwischen mußten wir Mandeln und Oliven essen, welche letztere man mit den Fingern aus der Brühe holen mußte, und hinterher kam stets ein goldgesticktes Tuch, um die Hände zu reinigen. Dies ging den ganzen Abend mit kurzen

Pausen so fort, und die Höflichkeit verlangte, so wenig als möglich abzuschlagen.

Die weibliche Gesellschaft, die wir heute zum erstenmal in ziemlicher Freiheit und Natürlichkeit sahen, trug reiche orientalische Kleidung, weite seidene Beinkleider, gold- und silberdurchwirkte Jäckchen und Cachemirshawls als Gürtel. Einige hatten das Haar gescheitelt und das auf den Rücken lang hinabwallende mit seidenen Schnüren, an denen Gold- und Silbermünzen hingen, durchflochten. Die bemerkenswertheste der Damen war die jüngste Tochter des Hauses, ein jugendfrohes Mädchen von vierzehn Jahren, Bamba mit Namen, aus deren einnehmenden Zügen noch Frische und Sanftmuth sprachen. Eine andere interessante Figur war die Schwiegertochter, ein junges Weib von ungefähr zwanzig Jahren, die sich durch sehr schönen Wuchs, anständiges Benehmen und edle Gesichtszüge auszeichnete. Was mich an ihr besonders anzog, war eine tiefe Melancholie, die auf ihrem ganzen Wesen lag, ein Zug, den man bei den Orientalen so selten findet. Endlich muß ich noch einer hübschen, aber sehr beleibten Frau von gleichem Alter erwähnen, welche eine Art von schwarzseidenem Schleier, den sie über dem Kopf trug, nur dazu zu benützen schien, um den Schnee eines sehr stark entblößten Busens von seltener Fülle, durch periodisches, nur einen Augenblick dauerndes Bedecken desto mehr hervorzuheben. Sie blieb so kokettirend fast den ganzen Abend am nämlichen Platze sitzen und rauchte mitunter eine Pfeife. Die Physiognomien der ältern Frauen waren sehr uninteressant und trugen den Stempel gewöhnlicher Leidenschaften und eine Schlaffheit in den Zügen, welche durch die bei den Türkinnen fast immer herunterhängende Unterlippe noch stärker markirt wird.

Von den Männern möchte ich nicht viel sagen. Unser Wirth war ein wohlbeleibter Armenier, der uns alle ihm zu Gebot stehende Aufmerksamkeit erwies, und unter den übrigen habe ich auch kein ausgezeichnetes Gesicht bemerkt. Bamba hatte sich neben mich gesetzt und

suchte mich durch allerhand kleine Aufmerksamkeiten zu unterhalten.
Bald klopfte sie in ihre Händchen und verlangte vom eintretenden
Schwarzen, er solle mir Nohr (Feuer) bringen, indem sie glaubte,
meine Pfeife sei ausgegangen, bald bot sie mir ein Krystallgläschen
voll Dattelbranntwein, und da sie zu hübsch war, um ihr etwas abzuschlagen, so nahm ich, was sie mir reichte.

Plötzlich ging die Musik, welche uns bisher nur mit verschieden-
artigen Phantasien und arabischen Melodien beglückt hatte, in takt-
gerechte tanzbare Weisen über. Die Thür öffnete sich, und zwei
arabische Tänzerinnen traten herein. Es waren junge Mädchen zwischen sechszehn bis zwanzig Jahren, von ungemein schönem und
schlankem Körperbau. Sie trugen weite, weiß seidene, mit Gold gestickte Beinkleider, welche jedoch nicht unten zusammengeschnürt waren,
sondern frei um die kleinen Füßchen hingen, die ohne Strümpfe
nur mit einem rosaseidenen Schuh bekleidet waren. Den Ober-
körper bedeckte eine Art Weste oder Mieder, das sehr tief ausge-
schnitten war, von gelber Seide, auf der Brust mit goldenen Troddeln
besetzt. Die beiden Kleidungsstücke wurden durch einen rosaseidenen
Gürtel, der sehr knapp um die Hüften gelegt war, zusammengehalten.
Ihre Jäckchen, von rother Seide mit Silberstickerei, hatten weite
weiße Aermel, welche bis über die Finger herabfielen; doch waren sie
nicht um die Hand befestigt, sondern flatterten bei jeder Bewegung
zurück und zeigten die wohlgeformten Arme, an welchen goldene und
silberne Spangen glänzten. Ihre nicht sehr dunkeln Gesichter hatten
etwas Edles; besonders die scharf geschnittenen zierlichen Braunen über
den glühenden Augen, sowie der fein gespaltene Mund waren voll
Lieblichkeit und Anmuth.

Der Tanz begann, und Anfangs waren ihre Bewegungen, die
sie nur mit dem Oberleib und den Armen ausführten, abgemessen
und ruhig, bald aber wurden sie lebhafter und je länger je leiden-
schaftlicher. Ihre Augen flammten; ihre Brust hob sich zum
Athmen hoch empor und ihr Körper nahm die mannigfachsten

Stellungen und Biegungen an. Sie drehten sich schlangenartig mit einer Gewandtheit und einem Anstand um einander, wie ich es nie gesehen. Jetzt sanken ihre Arme herunter und der ganze Körper schien ermattet zusammen zu fallen; dann glaubte man zu sehen, wie sich ein neuer Gedanke in ihnen entwickelte und sich durch die leidenschaftlichsten Bewegungen auszudrücken suchte. Dazu spielte die Musik unermüdet fort, und je einfacher ihre Weisen waren, um so mehr traten aus diesem einfarbigen Hintergrund die glühenden Mädchen hervor. Wie die Spanierinnen ihre Castagnetten, so trugen sie an dem Daumen jeder Hand eine kleine silberne Glocke, mit welcher sie durch Anschlagen der Finger die Musik begleiteten. Je vollendeter in ihrer Art diese Tänze ausfielen, je größer war das Beifallrufen der versammelten levantinischen Gesellschaft, besonders des weiblichen Theils derselben. Nur Bamba legte sich zuweilen in den Divan zurück und sah mich lächelnd mit einem seltsam forschenden Blicke an.

Nach einer Pause begann der zweite Tanz, dessen Touren eine Idee ausdrückten und also einigermaßen zu beschreiben sind. Eine der Tänzerinnen nahm ein kleines, mit Rosenwasser gefülltes Gläschen zwischen die Zähne, mit welchem sie, ohne einen Tropfen zu verschütten, die raschesten, schwierigsten Bewegungen ausführte. Sie wiederholte beinahe ganz den frühern Tanz, und es war gewiß keine Kleinigkeit, dabei beständig das Gläschen so zu halten, daß sein Inhalt nicht herausfloß. Endlich trat sie vor einen der männlichen Gäste und faßte ihn mit beiden Armen um die Mitte des Leibes, wobei sie den Oberleib zurückbog und ihre Bewegungen ohne Unterbrechung fortzog; zuletzt beugte sie sich über ihn; goß langsam das Rosenwasser über seine Kleider, ließ das Gläschen fallen und sprang, nachdem sie ihn auf die Lippen geküßt hatte, in die Mitte des Zimmers zurück.

Jetzt trat die zweite auf, machte zuerst wieder einen unbeschreiblichen Pas, bückte sich immer tiefer, und je näher sie dem Boden kam, je ruhiger, ich möchte fast sagen, absterbender, wurden ihre Bewegungen. Plötzlich sank sie ganz auf den Teppich nieder und blieb da in einer malerischen Stellung regungslos, worauf die andere hinzusprang, sie um die Mitte des Leibes faßte, und es versuchte, sie durch die zärtlichsten Liebkosungen in's Leben zurückzurufen, wobei ihre Gesichtszüge Schmerz und Verzweiflung mit ergreifender Wahrheit ausdrückten. Allmählig belebte sich die scheinbar Ohnmächtige wieder, erhob sich zuerst langsam mit sichtbarer Ermattung, aber von Augenblick zu Augenblick wurden ihre Bewegungen stärker, bis endlich beide den Tanz, als wollten sie ihre Freude ausdrücken, mit noch größerer Glut als früher beendigten, was von der Gesellschaft durch ein vielfaches „Maschallah" (Gott ist groß) belohnt wurde.

In einer andern Tour näherte sich eine der Tänzerinnen einem auf dem Divan sitzenden alten Kophten und machte ihm pantomimisch eine Liebeserklärung, die er jedoch zu verschmähen schien, worauf sie alle Künste der Verführung anwandte, um sich den Widerspenstigen geneigt zu machen. Sie umkreiste ihn mit flehenden Mienen, beugte den Kopf beinahe auf seinen Schoos und sah ihn von unten herauf an, wobei sie zuweilen die Augen schloß, die Lippen öffnete und bei einem unbeschreiblichen Lächeln die schneeweißen Zähne sehen ließ, bis sie ihn am Ende wirklich erweicht hatte, und er die Bittende vom Boden aufhob. Zuweilen wurden ihnen von den Männern Goldstücke auf die Wangen und zwischen die Lippen gelegt, und in den Zwischenpausen spielten sie auf ihren Tambourins, womit sie einen traurigen eintönigen Gesang begleiteten.

Auch das Publikum war nicht ganz müßig; hie und da sprang eine von den Damen vom Divan auf und mischte sich in den Tanz; wir sogar mußten einmal daran Theil nehmen. Später führte die ganze Gesellschaft eine Pantomime oder auch nur ein Tableau auf, indem die Männer mit den Tänzerinnen auf dem Teppich dabei

Stellungen annahmen, die nach europäischen Begriffen eben nicht alle
anständig waren. Andere bildeten auf dem Divan mit den Frauen
die malerischsten, phantastischsten Gruppen, welche in guter Ordnung
und, wie es mir schien, nach einer Verabredung sehr häufig wechselten.
Unser deutscher Freund sagte uns später, es seien Scenen aus
arabischen Märchen, und bei jedem dieser Bilder recitirte ein alter
Kophte, unter Begleitung der Musik, Stellen daraus, um sie ver-
ständlicher zu machen.

Endlich wurden wieder Pfeifen und Kaffee gebracht, und der
Deutsche erzählte uns noch Einiges vom orientalischen Familienleben, woraus wir ersahen, daß dasselbe fast ganz materiell ist.
Unter Anderem rechnete er uns vor, was die reiche Weste und der
Shawl seiner Frau koste, und konnte uns nicht genug rühmen,
wie vortheilhaft es für uns wäre, für einige Zeit eine Heirath
mit einer Kophtin zu schließen, wie er gethan. Mir schlug er dazu
die kleine Bamba vor, und das arme Mädchen zeigte sich gar nicht
abgeneigt dazu. Der Mann verstand es, recht artige Luftschlösser
zu bauen.

So war es zwei Uhr geworden. Wir beurlaubten uns bei
unserem freundlichen Wirthe, der uns heute einen interessanten
Blick in das Leben der Orientalen hatte thun lassen, wie es selten
einem Reisenden vergönnt ist. Als wir aus dem Hause traten, stand
der Mond über Kairo. Die sonst so lebendige Stadt war wie aus-
gestorben und als wir durch die gelben Gräber der Kalifen, die mit
ihren Minarets und Kuppeln eine kleine Vorstadt bilden, dem Thore
zuschritten, das zunächst unserer Wohnung lag, hörten wir nichts,
als das Geheul der Schakals aus der Wüste von Suez, welche,
vom Mondlicht beleuchtet, sich unermeßlich vor uns ausdehnte. Die
Nacht war schön; wir warfen noch einen Blick zurück auf das Haus
des Armeniers, dessen vergitterte Fenster noch erhellt waren. Keiner
sprach ein Wort. Dort die eben genossene wilde Abendunterhaltung,

hier der Nil und die Pyramiden in ihrer ruhigen Größe — welch ein Contrast!

Auf unserer ganzen Reise bei allen Mühseligkeiten und Strapazen, die wir ausgestanden, war ich, Gott sei Dank! beständig sehr wohl gewesen, ja, was wirklich auffallend war, selbst auf dem Meer, wo sich doch fast jeder dem mächtigen Element beugen und ihm durch die Seekrankheit seinen Tribut entrichten muß, konnte ich in voller Gesundheit all' das Schöne genießen, was uns umgab. Da aber alle unserer Gesellschaft mehr oder minder von dem Klima gelitten hatten und krank gewesen waren, Doktor B. und Maler F. während unseres Aufenthalts in Beirut, der Baron zwischen dem Libanon und Antilibanon, so wunderte ich mich gar nicht, daß ich hier in Kairo, als wir uns gerade auf der Citadelle befanden, um noch einmal die schöne Aussicht zu genießen, von einem plötzlichen Unwohlsein befallen wurde, das ich den ersten und zweiten Tag gar nicht achtete, sondern mit den Freunden die gewöhnlichen Spaziergänge machte. Selbst unser lieber Freund Dr. Pruner, den wir nach wie vor jeden Abend besuchten, meinte anfänglich, ich hätte mir nur eine kleine Erkältung zugezogen; doch wurde ich den dritten Tag plötzlich so krank, daß ich mich zu Bette legen mußte, und da ich bis zu unserer Abreise von Kairo nicht wieder aufstand, nahmen für mich die Herrlichkeiten Aegyptens ein schnelles und trauriges Ende. Ich dachte anfänglich wohl an die Pest, die in Kairo wieder einmal ausgebrochen war, und das war das Einzige, was mich beunruhigte; doch zeigte sich meine Krankheit bald ganz anderer Art: es war ein Ruhranfall, der aber so heftig war, und sich überhaupt in diesem Klima so gefährlich äußert, daß, wie mir nachher unser Doktor sagte, er während ein paar Tagen für meine Wiederherstellung nicht viel Hoffnung gehabt hatte. So angenehm mir Anfangs der Aufenthalt in Kairo gewesen, so war er mir doch jetzt etwas verleidet, und da Dr. Pruner obendrein gesagt hatte, sobald ich mich in der reinen frischen Luft des Nils befände, würde die Krankheit fast von selbst aufhören, so kann man denken, daß ich mich sehr nach der Abreise sehnte, die auch unser guter Baron um meinetwillen sehr beschleunigte. Es wurde eine Barke gemiethet, mit den nöthigen Rudern und Lebensmitteln für einige Tage versehen, die uns auf dem Strome in drei Tagen nach Adseh, wo der große Mammuthkanal beginnt, bringen sollte. Am 15. März des Morgens wurden unsere beiden Pferde mit dem Fohlen, das sich von den Strapazen der Wüstenreise sehr erholt und wieder ganz munter war, auf dem Fahrzeuge eingeschifft. Der Baron hatte bei einem deutschen Schreiner in Kairo für jedes der Pferde einen Kasten machen lassen, wovon der für die Stute so breit war, daß das Fohlen ebenfalls Platz darin hatte; er mußte dafür aber die ungeheure Summe von vierundsechzig spanischen Thalern bezahlen. Die Freunde packten mir meine Sachen zusammen und ich erhob mich Nachmittags wieder zum ersten Mal aus dem Bette, um einen Esel zu besteigen und mit den andern nach Bulak zu reiten, wo unsere Barke lag.

Anfänglich konnte ich mich kaum auf dem Sattel erhalten, doch als ich der frischen Luft wieder etwas gewohnt war und aus der Stadt hinaus in die Felder kam, wo der frische Duft des Klees und die Wohlgerüche der Orangen- und Citronenbäume auf mich einströmten, wurde mir allmälig wohler. Die Bemerkung, die schon so oft gemacht worden ist, daß nichts so sehr eine Erinnerung aufzufrischen vermag, als der Sinn des Geruchs, kann ich besonders im Andenken an diesen Tag bestätigen, denn wenn im Allgemeinen kein Bild, keine Beschreibung der Gegenden, wo wir waren, dieselben zu vergegenwärtigen im Stande ist, wie der Geruch einer Blüthe, den wir auch da genossen, oder auch nur der Rauch des Tabaks, den wir aus jenen Ländern mitbrachten, so taucht mir doch von all' diesen Erinnerungen keine lebendiger auf, als der Tag unserer Abreise aus Kairo, wo ich seit mehreren Tagen wieder zum ersten Mal aus dem dumpfen Krankenzimmer in die frische Luft trat, wenn ich heute bei einem Kleefeld vorübergehe oder der süße Duft der Orangenblüthe mich anweht.

Unsere Barke war eine der größten, die auf dem Nil fahren, um Passagiere oder Güter nach Alexandrien zu bringen. Vorn standen die Kasten mit den Pferden und an der Spitze des Fahrzeugs war der Kochherd für unsere Ruderer, sowie die Plätze, wo sie abwechselnd schliefen und ausruhten. Hinten befand sich auf dem Fahrzeug ein Kajütchäuschen, das aus zwei Zimmern bestand, einem größern und einem kleinern; das erstere nahmen die Reisegefährten in Beschlag und in dem hintersten quartierte ich mich ein, bildete aus meinem Pelz und meinem Teppich ein Lager, worauf ich mich sogleich hinstreckte, denn der Ritt von Kairo hieher hatte mich doch etwas angegriffen.

Unsere guten Bekannten aus Kairo, die Doktoren Pruner und Fischer, sowie unsere Reisegefährten durch Syrien und die Wüste, der Fürst Aslan und der Kapitän E., die beide noch in Kairo bleiben wollten, begleiteten uns an Bord und nahmen herzlichen Abschied von uns. Die beiden ersten, unsere Landsleute, verließen uns mit herzlichem Händedruck, wobei wir gegenseitig die Hoffnung aussprachen, uns später einmal im Vaterland wieder zu sehen. Auch der englische Kapitän, der schon mehrere Jahre in Bombay stationirt war, sprach seine Hoffnung aus, bald wieder nach England zurückzukehren und dann durch Deutschland reisend uns zu besuchen; nur unser guter Georgier, der Fürst Aslan, den wir so lieb gewonnen hatten, wie er uns, nahm mit dem Gedanken, daß er uns nimmer wiedersehen würde, einen recht traurigen Abschied von uns. Die Thränen rollten ihm über den großen schwarzen Bart, als er uns alle nach einander umarmte, und als er sich an mein Lager setzte, rief er einmal über das andere aus: O mon dieu! o mon dieu! und setzte in seinem gebrochenen Französisch hinzu: „Wir sind so lange zusammengeritten, und haben so viele Lieder mit einander gesungen; jetzt muß ich allein ziehen und weiß noch nicht wohin. Ihr geht alle nach Haus, und ich darf nicht mehr in meine Heimath zurückkehren." Er hatte den Baron gebeten, seinen Bruder Standar mit nach Alexandrien zu nehmen, der dort einige Geldgeschäfte besorgen sollte, was dieser natürlich gerne gethan hatte. Doch war es uns unangenehm, daß Standar sein dienstfertiges Benehmen gegen uns noch immer beibehielt, und uns fortwährend die kleinen Gefälligkeiten erwies, die wir wohl von dem Kammerdiener, aber nicht von dem Bruder des Fürsten Aslan annehmen konnten. So schlief er auch bei den Bootsleuten, und da der Baron seinem Bruder versprochen hatte, sich nicht merken lassen zu wollen, daß er um die Sache wisse, so durften wir ihn nicht zu auffallend hervorziehen.

Gegen vier Uhr holte sich unser Reis oder Schiffshauptmann vom Baron die Erlaubniß zum Abfahren, und ließ, da wir einen schwachen, und auch nicht ungünstigen Wind hatten, das große Segel aufziehen, die Ruderer fingen an zu arbeiten und wir hatten bald Boulak im Rücken. Auf der ganzen Fahrt nach Abseh sah ich von der Gegend nicht viel; denn obgleich, wie Dr. Pruner mir vorhergesagt hatte, die frische Luft des Nils recht wohlthuend auf mich einwirkte, so wehte der Wind beständig so stark, daß mir unser Doktor B. verbot, mein Zimmer zu verlassen, und mich der Luft auszusetzen. Von den wirklich reizenden Ufern des Nil, von dem frischen grünen Klee und den unzähligen Palmbäumen, unter denen dem Strome entlang zahlreiche Dörfer liegen, von den blühenden Mimosen und den weißbedeckten Baumwollstauden sah ich nur hin und wieder eine Gruppe, die bei meinem kleinen Kajütenfensterchen dann und wann wie ein schöner Traum vorbeiflog.

Als das wirksamste Mittel zu meiner Wiederherstellung hatte mir Dr. Pruner das strengste Fasten anbefohlen, was mir in der schlimmsten Zeit der Krankheit auf meinem einsamen Zimmer in Kairo nicht schwer fiel; doch hier, wo mein Appetit wieder stärker wurde, reizte mich der Anblick des Kochfeuers, das Giovanni in einigen irdenen Töpfen vor der Thür der Kajüte angelegt hatte, und worin Kartoffeln gekocht und Hühner gebraten wurden, so mächtig, daß mir mein Brodwasser gar nicht mehr schmecken wollte; selbst die Bootsknechte beneidete ich um ihren Pillau mit Mischmilch, getrocknete und zusammengepreßte Aprikosen, Datteln und Mandeln.

Am dritten Tage unserer Fahrt, des Morgens, war das Wetter so warm und angenehm, daß ich meine Kajüte verlassen und mich auf das Deck derselben setzen konnte. Selten hat mich der Anblick einer schönen Gegend so erfreut, wie heute der des klaren Stroms mit seinen schönen Ufern. Vor uns auf der linken Seite lag Abseh mit seinen großen Schleusenwerken, welche die Fluth des Nils in den Mammuthkanal lassen, der das Trinkwasser nach Alexandrien führt, und mit einigen wohl aussehenden Häusern, um welche die kleinen sonderbar geformten Hütten des ägyptischen Landvolkes herum lagen. Letztere haben nirgends eine so seltsame Form wie hier. Sie sind zuckerhutförmig aus Nilschlamm und großen irdenen Krügen zusammengesetzt und besser zum Aufenthalt der unzähligen Tauben, die der Fellah zum Verkauf aufzieht, als zur Wohnung der Menschen selbst eingerichtet. In Abseh mußten wir unsere Pferde ausschiffen, um sie auf eine andere Barke im Kanal zu bringen, welch letzteres große Schwierigkeiten verursachte; denn die Thiere, besonders der Hengst, denen der Aufenthalt in den Kästen nicht mochte behagt haben, waren nur mit der größten Mühe wieder hineinzubringen. Das Uebersiedeln aus einem Boote in das andere hatte uns mehrere Stunden Zeit gekostet, und es war Mittags drei Uhr geworden, als wir unsere Fahrt auf dem Kanal fortsetzten. Obgleich die Bootsleute ein Segel aufzogen, war doch der Wind so schwach, daß sie fast jeden Augenblick an's Ufer springen mußten, um die Barke vorwärts zu ziehen.

Dieser Kanal, besonders für das Land hier, ist ein ungeheures Werk, was wir erst recht am andern Morgen erkannten, als wir zu beiden Seiten die großen Wasserflächen des Abukir- und Maeotissees sahen, welche der schmale Damm trennt, auf den der Kanal gegraben ist. Er ist breiter als unsere meisten Kanäle und wäre als das Werk des schaffenden Geistes Mehemed Ali's noch mehr zu bewundern, wenn einem nicht unwillkürlich dabei einfiele, daß von fünfundzwanzigtausend Arbeitern, die damit beschäftigt waren, vielleicht ein Fünftheil während der Arbeit umgekommen ist. Je näher wir Alexandrien kamen, je mehr zogen sich die kleinen Hütten der Fellahs zurück; an ihrer Stelle erfreuten schön angelegte Gärten mit weiß angestrichenen, auf europäische Art erbauten Häusern das Auge und erinnerten an die Heimath, der wir mit jedem Schritte näher kamen. Bald sahen wir die auf der flachen Gegend einsam und kolossal emporragende Pompejussäule, die uns jetzt bis Alexandrien beständig im Gesichte blieb. Da ich mich hier auch noch in Acht nehmen mußte, viele Wanderungen zu unternehmen, so habe ich sie später nicht besuchen können. Ihr riesenhafter Schaft besteht bei einem Durchmesser von acht Fuß und bei achtundsechzig Fuß Höhe aus einem einzigen Stück rothen ägyptischen Granits.

Um Mittag waren wir bei Alexandrien angelangt, die Pferde wurden ausgeschifft, der Baron bestieg den Hengst und ich als Kranker setzte mich auf die Stute. Die Andern blieben bei dem Gepäck und wir ritten voraus, um Quartier zu bestellen, das wir auch bald und auf's Beste eingerichtet im Gasthofe „Croce di Malta" fanden.

Alexandrien, die einst so prächtige und große Stadt, bietet jetzt, besonders von Außen, dem Auge nicht viel Angenehmes dar. Die Umgegend ist sehr flach und sandig und entbehrt fast gänzlich des Anblicks grüner Bäume und blühender Gartenanlagen, wie man um Kairo so viele sieht. Nur an dem Mammuthkanal sieht man, wie ich auch schon früher sagte, Anpflanzungen und Landhäuser, die das Auge, nachdem es sich an dem gelben Sand und den Wassermassen des Meeres, sowie der beiden Seen gesättigt hat, zu erfrischen im Stande sind. Die beiden Häfen, die Alexandrien schon in der ältesten Zeit hatte, werden noch jetzt gebraucht, und die Einfahrten derselben sind noch ebenso durch verborgene Klippen und Untiefen den größern Schiffen gefährlich, wie damals. Der westlich von der Stadt liegende sogenannte alte Hafen ist besser als der neue äußere Hafen; doch ist die Einfahrt in ersteren sehr gefährlich; denn obgleich er dem Auge in West ganz geöffnet erscheint, gehört doch ein sehr geschickter Pilot dazu, um schwere Schiffe hinein zu bringen. Dieser fährt in einer kleinen Barke voraus und zeigt den Fahrzeugen mit einer Fahne den Weg. Dies Manöver sieht aus, als fahre man zum Vergnügen in dem Hafen herum, denn die Untiefen verengen die Einfahrt nach so verschiedenen Richtungen, daß das Schiff sich in Schlangenwindungen auf dem Wasser fortbewegt.

Im Innern der Stadt ist das Türkenviertel, von winklichten, engen Straßen durchzogen, an denen sich die Bazars befinden, sowie die leicht gebauten mit Erkern versehenen Häuser der Orientalen, wie wir sie schon oft gesehen. Das Frankenviertel ist hier viel wohnlicher und reinlicher gebaut, als selbst in Smyrna, und stößt an einen Platz oder vielmehr an eine breite Straße, wo man sich plötzlich nach einer der prächtigsten Städte Europa's versetzt glaubt, denn hier ließ Ibrahim Pascha die schönsten, stattlichsten Paläste massiv aus Steinen aufführen, die er dann an die Generalconsuln oder an Privaten vermiethete. Hier lag auch unser Gasthof, der, was das Gebäude selbst, sowie die innere Einrichtung anbelangte, den in Kairo bei weitem übertraf, ja sich mit den ersten Gasthöfen am Rhein messen konnte.

Am Tage nach unserer Ankunft machten wir die Bekanntschaft der Herren Generalconsuln von Dumreicher und Anastasi, welche uns

Aufenthalt in Aegypten.

mit Freundschaft und Artigkeiten überhäuften. Da wir in Kairo nicht Gelegenheit gehabt hatten, den Vicekönig zu sehen, der sich jetzt gerade hier in Alexandrien befand, so war uns das Anerbieten des Herrn Anastasi, uns eine Audienz bei Mehemed Ali zu verschaffen, sowie uns selbst hin zu begleiten, sehr erwünscht. Da der Vicekönig es liebt, Fremde zu sehen, und obendrein der Baron einen Brief des Herzogs Paul von Württemberg an ihn abzugeben hatte, so machte es nicht viel Schwierigkeiten, die Erlaubniß zu erlangen, ihm vorgestellt zu werden.

Am folgenden Morgen holte uns Herr Anastasi in seinem Wagen ab, und es war für uns Alle ein eigenes Gefühl, nach langer Zeit wieder einmal in einer bequemen Wiener Kalesche zu sitzen. Wir fuhren nach dem Hafenpalaste, einem großen, weitläufigen Gebäude mit hohen Bogenfenstern, an das ein kleiner Garten stößt, in welchem sich der Harem des Pascha befindet. Wir stiegen zu einer breiten, gewölbten Treppe in den ersten Stock, wo die Gemächer Mehemed Ali's sind. Sie sind ebenso wie die seiner Residenz zu Kairo eingerichtet; nur befanden sich hier neben den andern Geräthschaften und Verzierungen nach europäischem Geschmack in einigen Zimmern große Mahagonitische, auf denen prächtige Uhren und Vasen standen. In einem Vorgemach, wo einige Diener am Boden saßen, mußten wir einen Augenblick warten, und wurden dann in ein anderes Zimmer geführt, zu welchem eine große Flügelthüre, die offen stand, in einen Saal führte, dessen Fenster auf den Hafen gingen, und der an allen Wänden Divans hatte.

So oft ich früher an Mehemed Ali gedacht und von den Werken gelesen, die sein großer Geist und seine kräftige Hand in's Leben gerufen, hatte ich mir mit denselben analog unter dem Vicekönig einen großen, starken Mann mit kräftiger Stimme und gebietendem Wesen vorgestellt, und da es meinen Gefährten auch so gehen mochte, so sahen wir uns anfänglich in dem Saale nach dem Vicekönig um, der dort sein sollte, wobei wir zwei kleine schmächtige Männer übersahen, die in unscheinbarer Kleidung in einer Ecke des Zimmers am Divan standen und angelegentlich zusammen sprachen. Der eine von diesen war der Vicekönig selbst und der andere sein vertrauter Geschäftsmann, Boghos-Jussuff, der schon seit langen Jahren alle Stürme des Lebens mit ihm ausgehalten. Der Minister entfernte sich bei unserem Eintritt, und der Vicekönig wandte sich rasch gegen uns, wobei er uns zur Begrüßung mit beiden Händen entgegen winkte. Er trug ein braunes Oberkleid mit weiten Aermeln und auf dem Kopfe das Feß. Sein Dolmetscher trat zu einer andern Thüre herein, und nachdem der Baron dem Pascha seinen Brief gegeben, wurden wir ihm Alle vorgestellt, wobei der alte Herr freundlich lachte. Dann sprang er mit einer Geschwindigkeit, die mich in Erstaunen setzte, auf den Divan, schlug die Beine übereinander, und lud uns mit einer Handbewegung ein, zur Rechten und zur Linken Platz zu nehmen. Der Baron und der Herr Anastasi saßen an seiner Seite und der Dolmetscher stand mit dem Briefe des Herzogs Paul vor dem Divan und übersetzte ihn dem Vicekönig, der zuweilen wohlgefällig seinen Kopf wiegte und uns der Reihe nach freundlich ansah. Dann sagte er einige Worte über den Herzog, den er liebgewonnen hätte, und erkundigte sich nach seinem Befinden und seinem Aufenthalt. Was die Natur der Figur dieses Mannes versagte, ein imponirendes Aeußere, das hat sie seinem Kopfe in desto größerem Maße gegeben. Ich habe nie ein Gesicht gesehen, das neben so gutmüthigen, Vertrauen erweckenden Zügen so viel Geist und so viel Klugheit, ich möchte sagen Schlauheit, ausdrückte. Es war nicht voll, ohne darum mager zu sein und hatte eine frische, gesunde Farbe, und seine Züge, obgleich sich schon das vorgerückte Alter darin aussprach, hatten doch einen frischen, kräftigen Ausdruck. Am lebhaftesten sprachen seine Augen, die er aber auch zu Beobachtungen zu gebrauchen wußte; denn außer daß er uns der Reihe nach scharf und durchdringend ansah, wenn uns der Dolmetscher seine Reden übersetzte, als wolle er auf unserem Gesicht den Eindruck lesen, den seine Worte auf uns gemacht, so fixirte er uns auch jedesmal, wenn wir leise zusammen einige Worte deutsch sprachen. So sagte ich dem Maler unter Anderem einige lächerliche Worte über die komischen Bewegungen, die der Dolmetscher mit seinen Händen machte, wenn er sprach, natürlich ohne dabei aber nur eine Miene zum Lachen zu verziehen, doch mochten meine Augen vorher mit etwas munterem Ausdruck auf dem Dolmetscher geruht haben, genug, der Pascha sah mir die Worte vom Munde ab und als hätte er sie verstanden, fing er an leise zu lachen und sah darauf den Dolmetscher wieder an. Er schien überhaupt den Morgen sehr gut gelaunt und lachte bei den Erzählungen, die ihm der Baron über den Wüstenzug machte, wobei er von dem guten Zustand der Soldaten sprach und auch einiger komischer Auftritte erwähnte, die vorgefallen, oftmals laut auf, wobei er sich seinen langen schneeweißen Bart strich. Das Gespräch drehte sich hauptsächlich um die letzten Kriegsereignisse und um den Rückzug seiner Armee, über welchen zu sprechen er gar keinen Anstand nahm. Doch schloß er hiebei zuweilen seine Augen und zuckte die Achseln.

Nachdem wir beinahe eine kleine Stunde bei ihm gewesen, Kaffee getrunken und eine Pfeife geraucht hatten, bei welchem letztern wir die prachtvollen Mundstücke bewunderten — sie bestanden aus ungeheuern Bernsteinstücken, die mit goldenen Ringen umgeben und mit Diamanten und Rubinen besetzt waren — erhob sich der Pascha etwas von seinem Divan, und wir standen auf, um uns zurückzuziehen. Dem Baron und dem Herrn Anastasi reichte er seine Hände hin und begrüßte uns zum Abschied durch Auflegen derselben an Brust und Stirn.

Wir zogen uns in's Vorzimmer zurück, wo sich Boghos-Jussuff noch befand, von dem wir uns ebenfalls verabschiedeten. Dieser merkwürdige Mann ist um Weniges größer, als der Vicekönig und hat, wie dieser, einen schneeweißen, langen Bart. Seine Kleidung bestand aus einem hellgelben Kaftan und auf dem Kopfe hatte er einen dicken weißen Turban. Diese beiden Männer haben lange Jahre mit einander gearbeitet und sich allmälig so verstanden, daß sie jetzt fast wie Freunde zusammen leben. In früheren Jahren, wo das Blut Beider noch jugendlicher strömte und leichter aufzureizen war, hat es oft arge Händel zwischen Herr und Diener gesetzt, und als ich bei unserem Eintritt in den Saal die Beiden so lebhaft zusammen sprechen sah, wobei der Pascha im Eifer des Gesprächs an dem Kleide des Ministers zupfte, fiel mir die Zeit ein, wo einstmals dieselbe Hand über dem Kopfe Jussuff's die verdächtige Bewegung des Enthauptens machte. Doch wurde damals der Vezier von seinen Freunden gerettet, indem man ihn verborgen hielt und die Mienen des Pascha beobachtete, als man ihm hinterbrachte, jener sei enthauptet worden. In derselben Stunde liefen andere üble Nachrichten ein von einem neuen Aufstand der Wechabiten, sowie von Unordnung der Mameluken in Kairo, so daß der Pascha ausrief: „O hätte ich meinen Jussuff noch!" den man jetzt natürlich hervorbrachte, worauf er wieder zu Gnaden angenommen wurde.

Seit jener Zeit fielen zwischen dem Herrn und dem treuen Diener keine Mißhelligkeiten mehr vor, Boghos-Jussuff stieg von Tag zu Tag in der Gunst des Vicekönigs, und sein guter Rath soll auch jetzt zur endlichen Entwickelung der türkischen Angelegenheit viel beigetragen haben.

Sechstes Kapitel.

Fahrt von Alexandrien nach Malta.

Das Dampfboot: Der Orientale. — Postverbindung zwischen Bombay und Liverpool. — Einrichtung des Orientalen. — Seekrankheit. — Malta. — Die Quarantäne. — Fort Immanuel. — Ein Geburtstag. — Emir Beschir. — Abreise von Malta.

Das englische Dampfboot, der Orientale, der die regelmäßige Post zwischen Liverpool und Alexandrien besorgt, war vorgestern angekommen. Dieselbe Gesellschaft, welche dieses Dampfschiff, sowie das andere mit dem Namen Liverpool, das denselben Dienst versieht, besitzt, besorgt die Postverbindung auf eine etwas theure, aber ungemein schnelle Art zwischen England und Bombay. Passagiere und Briefe werden gleich nach ihrer Ankunft in Alexandrien auf den Kanal gebracht und in Barken, die mit einer Menge von Pferden gezogen werden, in zwei und einem halben Tag nach Kairo gebracht, wo in dem Hôtel, das auch wir bewohnten, eine Karawane, bestehend aus Reitkameelen, Pferden und Maulthieren, die zum Gebrauch für die Damen bequem eingerichtete Sänften tragen, für sie bereit steht, die den Weg von Kairo nach Suez in sechsunddreißig Stunden zurücklegt, wobei die Passagiere obendrein noch einige Stunden der Nacht in einem Hause zubringen können, das die Gesellschaft mitten in der Wüste erbaute und mit den nöthigen Bequemlichkeiten versehen ließ. Bei Suez erwartet ein indisches Dampfboot die Reisenden und führt sie in fünf Tagen nach Bombay. Da das Schiff von Alexandrien nach Liverpool gegen vierzehn Tage gebraucht, so legt man also die ganze Tour von Bombay dorthin in dreiundzwanzig bis vierundzwanzig Tagen zurück, für diese Strecke eine ungeheuer schnelle Reise, die aber auch mit schwerem Gelde bezahlt werden muß.

Da der Orientale am folgenden Tage wieder zurück nach Liverpool fuhr, wobei er Malta berührte, so nahmen wir unsere Plätze bis dahin, wo wir unsere Quarantäne abhalten wollten.

Am folgenden Morgen wurden die Pferde in ihren Kästen eingeschifft, was trotz der Höhe des Schiffs bei den schönen und praktischen Einrichtungen der Engländer sehr leicht von Statten ging. Wir verließen unsern Gasthof Nachmittags mit dem angenehmen Gefühl, in jeder Hinsicht dort gut behandelt worden zu sein. Unserer Gesellschaft hatte sich ein Kaufmann aus der Schweiz angeschlossen, Herr Imhof, der uns in der Folge ein lieber Reisegefährte wurde. Wir verdankten seine Bekanntschaft, sowie vieles Andere, dem Herrn von Dumreicher, der uns, sowie der bekannte Reisende Baron von Katte, den wir auch in den letzten Tagen kennen zu lernen das Vergnügen hatten, an Bord des Orientalen begleitete. Wir mußten, da das Dampfboot draußen vor dem alten Hafen lag, denselben seiner ganzen Länge nach auf unserer Barke durchfahren, wodurch wir Gelegenheit hatten, die schönen Linienschiffe und Fregatten der ägyptischen Marine, wenn auch nur von außen, doch in der Nähe besehen zu können. Wenn man auch von diesen Schiffen sagt, daß sie, obgleich mit ungeheurem Gelde bezahlt, doch nicht viel werth seien, so fanden wir dagegen den äußeren Anblick derselben so schön und majestätisch, wie den der englischen Schiffe, die wir gesehen. Doch will dieses Lob, bei unserer Unkenntniß der Sache, nicht viel sagen.

Das Dampfboot, das wir nun bestiegen, war das größte, das ich je gesehen. Gegen dieses Gebäude mußten unsere Rhein- und Donaudampfschiffe, sowie der Seri Pervas und Crescent, auf denen wir gefahren, wie kleine Nachen aussehen. Wir blickten aus unserem Boote an den riesenhaften Wänden empor, wie an einem großen

Hause, und ebenso erschienen uns die zwei Reihen Fenster der beiden Decke, die über einander lagen; gegen die ungeheure Größe des Schiffs und der beiden Masten war der Schornstein sehr klein. Nachdem wir unsere Sachen untergebracht und die schönen Kajüten gesehen, in denen wir einige Tage wohnen sollten, betrat ich das obere Deck, und warf noch einen Blick zurück auf die Stadt und auf den Welttheil, welchen wir soeben verlassen, wahrscheinlich für immer.

Da lag die Stadt ausgebreitet vor unsern Blicken, und die breiten und schönen Gebäude, die man hie und da sah, schienen, der flachen Ufer halber, wie aus den Wellen emporzusteigen. An mehreren Punkten sieht man feste Schlösser, dort auf dem Hügel das Schloß Napoleons, und was das Auge von der Landseite so sehr vermißt, das Grün der Bäume, in einzelnen Palmengruppen, die hie und da in Gärten zu kleinen Wäldchen vereinigt stehen. Der Palast des Pascha mit seinen großen Fenstern ragt über dem Mastenwald des Hafens empor. Die kahlen Dünen, welche letzteren einfassen, verschwimmen allmälig in den grünen Wellen der gewaltigen See, auf welcher unser Schiff schaukelte und von dem wir die letzten Grüße nach jenen Ländern schickten, wo wir so viel Schönes und Großes gesehen.

Kurz nach unserer Ankunft auf dem Schiff wurde den Matrosen mit der Pfeife ein Signal gegeben, die darauf sogleich von den Masten und Raaen, an welchen sie beschäftigt waren, herabkamen und unter dem Deck verschwanden. Wie wir nachher hörten, wurde ihnen dadurch der Befehl ertheilt, sich vor der Abfahrt zu waschen und zu rasiren, und sie kamen auch bald hernach wieder auf's Deck mit wohl dressirten Backenbärten und wie es mir schien, viel sauberer als vorher. Das Schiff sollte erst mit dem Anbruch des nächsten Tages seinen Lauf beginnen, und wir verbrachten den Abend mit Besichtigung des Schiffs und mit Spaziergängen auf dem obern großen schönen Deck, wobei wir die außerordentliche Reinlichkeit und zweckmäßige Einrichtung dieses Kolosses in allen seinen Theilen bewundern mußten. Es war, wie schon gesagt, ein Zweidecker. Auf dem untern Deck befand sich am Hintertheil die achtzig Fuß lange Kajüte mit einer Einrichtung prächtiger, als ich sie je gesehen. Außer dem bequemsten Divan, Ruhebetten, war hier eine Bibliothek, von den besten englischen und französischen Reisewerken. Um diesen Saal lag ein Theil der Schlafkabinette für die Herren des ersten Platzes, jedes mit zwei Betten versehen, die über einander lagen, hatte einen Waschtisch, eine Kommode und einen bronzenen Hängleuchter, dessen Licht, da er wie der Kompaß in doppelten Kreisen hängt, auch bei der stärksten Bewegung des Schiffs stets oben bleibt. Thüren, Wände und Getäfel des Speisesaals sowie dieser Kabinette bestehen aus dem feinsten Holze, das vergoldet und eingelegt ist. Von diesem Deck führte rechts eine Treppe in den untern Stock, wo sich andere Schlafgemächer befanden, die eben so schön eingerichtet sind, wie die obern, und links eine zweite in die Kabinette der Damen, deren drei und drei jedesmal mit einem Vorzimmer versehen sind. Auch befindet sich hier an dieser Seite noch ein kleiner Saal, in welchem die Damen vor dem Schlafengehen den Thee nehmen können. Vom Speisesaal aus laufen um das ganze untere Deck herum kleine Zimmer für die Schiffsoffiziere und Steuerleute, sowie zur Aufbewahrung von Vorräthen aller Art. Zu beiden Seiten sind die Radkasten und an der Spitze des Schiffs auf demselben Deck befinden sich Ställe, wo neben einer Unmasse von Federvieh, ein paar Schweine und eine Milch gebende Kuh eingestellt ist. Dies untere Deck, wo in der Mitte sich die Treppen befinden, auf welchen man zum kellerartigen Gewölbe der Maschine hinabsteigt, dient bei Regenwetter den Passagieren zum Spazierengehen. Dicht neben dem Speisesaal ist eine andere Treppe, die auf das obere Deck führt, das nicht, wie bei den kleinen Schiffen, mit Kajütenhäuschen und Geschichten aller Art beengt ist, sondern eine große Fläche darbietet, auf welcher sich, außer dem Schornstein und den Masten zu beiden Seiten, nur ein kleiner Theil der bis hier hinaufreichenden Radkasten und am Hintertheil ein kleines Haus befindet, das in drei Zimmer eingetheilt ist. Das mittlere ist vornen offen und in demselben befindet sich das Rad des Steuerruders, hinter welchem der Steuermann auf einer kleinen Erhöhung steht, von wo er das ganze Schiff übersehen kann. Rechts neben demselben ist ein Rauchzimmer für die Herren, und links ein Kabinet für die Damen, wo sie bei Regenwetter frische Luft schöpfen können. Ebenso zweckmäßig wie das Schiff an sich eingerichtet ist, sind auch alle Anstalten zur Verköstigung der Passagiere, die in der ziemlich bedeutenden Summe, welche man für den Platz bezahlt, mit einbegriffen ist. Dafür kann man sich aber auch fast den ganzen Tag mit Essen und Trinken beschäftigen. Den Morgen zwischen Sieben und Acht wird Kaffee getrunken, um eilf Uhr gefrühstückt, um fünf Uhr das Diner servirt, Abends um Acht ist die Theestunde und gegen zehn Uhr wird noch einmal Wein, Butter, Brod und Käse für solche aufgesetzt, die für die Dauer der Nacht ihren Magen auf kräftige Art verschließen wollen.

Außer diesen zahlreichen Mahlzeiten steht es dem Passagiere zu jeder Stunde des Tages frei, sich von dem gewöhnlichen Tischwein, Porter, Butter und Brod mit Käse geben zu lassen, so viel er mag, ohne daß ihm dafür etwas angerechnet wird. Die gewöhnliche englische Küche an sich ist schon außerordentlich gut und war es außerdem noch mehr durch die Sachen, die das Schiff auf den verschiedenen Landungsplätzen mitnahm. So hatten wir z. B. außer allen möglichen Südfrüchten auch zwei große Schildkröten an Bord, wovon die eine schon auf der Reise bis Malta geschlachtet und Turtle soup daraus gekocht wurde.

Ich hatte nirgends so sehr Gelegenheit, die tragikomischen Wirkungen der Seekrankheit zu beobachten, wie auf dieser Fahrt. Bei unserem trefflichen Diner auf dem Dampfboote am Tage der

Einschiffung, als es noch ruhig im Hafen vor Anker lag, fehlten von den neunzig Passagieren des ersten Platzes, wovon ein Drittheil Damen waren, Niemand an der Tafel und Alles war lustig und guter Dinge. Ebenso waren Abends beim Thee fast alle Tische besetzt. Doch schon während der zweiten Hälfte der Nacht, als sich unser Schiff in Bewegung setzte, hörte ich zuweilen durch die dünnen Kajütenwände ein tiefes Seufzen von dem einen oder dem andern meiner Nachbarn, und als wir am andern Morgen das Verdeck betraten, kam freilich fast die ganze Gesellschaft noch herauf, doch war schon bei Manchem die gesunde Gesichtsfarbe verschwunden und eine verdächtige Blässe an ihre Stelle getreten. Auch ging Mancher, der gestern noch keck und munter auf dem Verdecke gewandelt war, jetzt schwankenden Schrittes längs den Gallerien und wagte es nicht mehr, das Geländer oder das Tau loszulassen, das er einmal ergriffen. Das Gefühl, nicht mehr allein gehen zu können, und die Angst, ohne Anhaltspunkt hinfallen zu müssen, verbunden mit einem gewissen unangenehmen Druck in der Magengegend sind die sichersten Vorboten der Seekrankheit, die auch heute auf unserem Schiffe bei der ziemlich hohen See während dem Frühstück mit gierigen Händen um sich griff. Nur wenige waren schon am Morgen so krank geworden, daß sie sich legen mußten und nicht um elf Uhr in der Kajüte erscheinen konnten. Die meisten hatten alle ihre Kraft zusammen genommen und sich mit an die Tafel gesetzt, wo dann das plötzliche Eintreten des Unwohlseins zu den komischsten Scenen Veranlassung gab. Hier suchte einer die unangenehmen Vorwürfe, die ihm sein Magen machte, durch eine Masse Speisen zu beschwichtigen, die er hastig verzehrte, aber trotzdem wurde er immer blässer und mußte sich, an den Wänden hintappend, bald entfernen. Zwei Andere unterhalten sich von der Seekrankheit, wobei Einer über das Aussehen des Andern lacht und Beide machen sich gegenseitig über die aufsteigende Röthe des Gesichts lustig. Doch wird unterdessen die

Unterhaltung immer schwerfälliger, das Lachen immer gezwungener und endlich steht einer hastig auf, drückt die Serviette vor den Mund und entfernt sich; der Andere scheint ihm einen Augenblick spottend nachzusehen, doch werden seine Blicke unsicherer, die Nase spitzer und er kann sich kaum vom Tische erheben, um, während ihm dicke Schweißtropfen auf die Stirne treten, seinen Nachbarn mit zitternder Stimme zu sagen, er wolle nur sehen, was sein kranker Freund droben mache.

Von Allen, die heute Morgen zum Frühstück erschienen, hielt höchstens noch ein Drittheil bis zu Ende aus, wozu auch unsere Gesellschaft gehörte. Ich muß gestehen, daß auch ich einige verdächtige Regungen in meinem Innern spürte, doch nahm ich mich zusammen und eilte nach Beendigung des Dejeuner oben auf's Deck an die frische Luft, wo mir gleich wieder ganz wohl wurde. Außer diesem kleinen Anfall der Seekrankheit hatte ich, wie auf den frühern Fahrten, auch auf dieser das Glück, beständig bei gutem Appetit zu bleiben, was mir besonders in Betracht der herrlichen Schildkrötensuppe, die es jetzt täglich gab, äußerst lieb war. Die Pferde standen auf dem unteren Deck in ihren Kästen, hatten da, fast im Mittelpunkt des Schiffes, wo die Schwankungen am wenigsten bemerkt werden, einen guten Platz und befanden sich recht wohl. Auch Friedrich, der edle Reitknecht, amüsirte sich an der englischen Küche ganz vortrefflich und war glücklich, das Bischen Englisch, was er in London gelernt, hier mit Anstand von sich geben zu können. Obendrein hatte er einen kleinen Markt etablirt und verkaufte seine aus Jerusalem mitgebrachten Rosenkränze und Kreuze mit bedeutendem Gewinn an die Matrosen.

Am folgenden Tage war unsere Mittagstafel bis auf wenige Personen reducirt; auch von unserer Gesellschaft hatten ein paar die frische Luft droben dem guten Diner unten vorgezogen, so daß an der langen Tafel nur ungefähr zehn Personen sich befanden, worunter noch der Kapitän mit den Offizieren und der Konducteur des Schiffes. Letzterer war ein merkwürdiges kleines Männchen. Er hatte schon denselben Posten, den er jetzt versah, auf dem Admiralsschiffe Nelson's in der Schlacht bei Abukir bekleidet, hatte vier Frauen gehabt und war, obgleich er sich fast immer auf der See befand, Vater von fünfundzwanzig lebendigen Kindern, von denen das erstgeborene vierzig Jahre älter war, als das jüngste. Von den wenigen Passagieren, die außer mir an der Seekrankheit gar nicht litten, unterhielt ich mich häufig mit einem alten Engländer, mit dem ich auf dem Verdeck an den Tauen und Segelstangen diverse gymnastische Uebungen ausführte. So steif und gebrechlich der Mann auch aussah, so übertraf er mich doch, was das Klettern anlangte, beständig, was ich mir erst erklären konnte, nachdem er mir gesagt, daß er früher Marineoffizier gewesen.

Obgleich zuweilen die See recht hoch ging, so daß beim Diner die Tafel mit hölzernen Rahmen von verschiedenen Größen versehen wurde, worein man während dem Essen Teller, Flaschen und Gläser stellte, so ging doch unsere Fahrt so rasch und glücklich von Statten, daß wir schon bei Anbruch des vierten Tages Malta vor uns liegen sahen. Da diese Insel keine bedeutende Berge hat, sondern nur kleine Erhöhungen, so gewährt sie dem Auge von Weitem keinen so imposanten Anblick, wie viele andere Inseln. Selbst die Festungswerke scheinen in der Ferne nicht so großartig, wie sie wirklich sind, und erst als wir bei dem großen Hafen dicht unter den Mauern der Stadt Valetta vorbeifuhren, erkannte man die ungeheuren Werke, die hier Menschenhände aufgeführt haben. Diese riesenhaft hervortretenden Bollwerke mit ihren dicken Mauern scheinen mit dem Fels, auf dem sie fußen, nicht aus zusammengefügten Steinen, sondern aus einem einzigen Gusse zu bestehen. Wir fuhren in den Quarantänehafen, den rechts das Fort Immanuel, links die Stadt Valetta mit dem Fort St. Elmo, an dessen Spitze der prachtvolle Leuchtthurm steht, begrenzen. Ersteres enthält die Quarantäneanstalt, in der wir nun ein paar Wochen verweilen

Fahrt von Alexandrien nach Malta.

mußten, und bildet mit seinen weit ausgedehnten Bastionen und Wällen, sowie mit den palastähnlichen Gebäuden eine kleine Stadt für sich. Valetta macht mit seinen stattlichen Häusern einen noch prachtvolleren Anblick. Da diese Stadt an den Felsen hinangebaut ist, so kann man von unten in seine geraden, steil hinangehenden Gassen schauen.

Bei unserer Ankunft in dem Hafen begrüßte uns ein Glöckchen von der Mauer der Stadt und warnte zugleich alle andern Schiffe, mit uns in Verbindung zu treten. Zugleich wurde auf unserem Schiffe die gelb und weiße Quarantäneflagge aufgezogen und unterhalb dem Fort Immanuel warfen wir Anker. Sobald das Schiff ruhig stand, waren alle Seekranken, wie immer, völlig genesen, und erschienen, wenn auch noch etwas bleichen Angesichts, bei dem letzten Frühstück, das wir auf dem Schiffe genossen.

Von dem Fort stieß eine Barke ab, in der sich einige Sanitätsbeamte befanden, die sich nach der Anzahl der Passagiere erkundigten, die hier in Malta zurückblieben, um die Anzahl der Zimmer darnach zu bestimmen.

Bei dem Ausschiffen der Pferde in ein großes plattes Fahrzeug hätte es um ein Haar Unglück gegeben. Die Stute wurde in Gurten gehängt und ohne Kasten auf das Boot hinabgelassen, wogegen der Hengst, dem nicht zu trauen war, in dem Kasten ausgeschifft wurde; doch mochte ihm das Schweben in der Luft nicht behagen und obgleich er an den Füßen gefesselt war, fing er an, sich mit dem Leib gegen die schwachen Wände des Kastens zu werfen und so toll zu schlagen und zu drücken, daß wir jeden Augenblick befürchteten, die Bretter würden auseinander gehen und das Thier in's Meer stürzen. Doch fiel er glücklicherweise bei den Anstrengungen, die er machte, in dem Kasten zusammen, ohne sich wieder aufrichten zu können. Die Quarantäne für die Thiere befindet sich unterhalb dem Fort am Ufer des Hafens, wohin wir den Friedrich und die beiden Pferde begleiteten und dann mit unsern Effekten eine andere Barke besteigen mußten, die von der, worin sich die Sanitätsbeamten befanden, in's Schlepptau genommen und bis vor die große steinerne Treppe des Forts Immanuel gebracht wurde. Dort warf man uns das Schlepptau zu, die vordere Barke mit den Beamten legte etwas weiter oberhalb an und überließ uns unserem Schicksale, d. h. einer der Aufseher mit großem Stock rief uns zu, wir sollten unsere Sachen auf den Rücken nehmen und ihm in die Gebäude folgen. Was war zu thun? Daß Jemand unsere Koffer angreifen und sich so dem aussetzen sollte, wie wir, dreiundzwanzig Tage Quarantäne zu halten, daran war nicht zu denken, doch waren die Leute so gefällig, uns eine Tragbare herabzubringen, vermittelst welcher wir unsere Effekten nach und nach die hohen Treppen hinauf in den Hof des Schlosses brachten.

Alles, was wir bisher über Quarantäne gelesen und was wir in Adrianopel selbst erfuhren, ließ uns mit einem gewissen Schrecken daran denken, noch einmal die Bekanntschaft einer solchen Anstalt machen zu müssen; doch wurde das unangenehme Gefühl, das uns beschlich, wenn wir an die Tage dachten, welche auch wir am Eingang zur Heimath wie eingesperrte wilde Thiere zubringen sollten, dadurch gemildert, daß man uns allgemein versicherte, die Quarantäne in Malta sei die beste von allen: und das muß wahr sein. Wenigstens zähle ich die Tage, die wir dort zubrachten, obgleich im Allgemeinen der Freiheit beraubt, nicht zu den unangenehmsten unserer Reise.

Der Hof des Forts Immanuel lag, wie die Gebäude selbst, an fünfzig Fuß über dem Meere und war mit stattlichen massiven Häusern umgeben. In der Mitte desselben stand die aus Erz gegossene Bildsäule des Großmeisters, der das Fort angelegt und nach seinem Namen benannt. Die Gebäude zu beiden Seiten waren etwas kleiner als das, welches neben der Kirche dem großen Thore gegenüber lag. Eine Tafel über dem Eingange sagte uns, es sei der palazzo di grand maestro, und in demselben wurde uns eine Wohnung angewiesen, und ich glaube wohl die beste, die im ganzen Fort war. Sie bestand aus einem Salon, an dem zur rechten Seite das Zimmer lag, in welchem der Baron und ich wohnten. Links war ein kleineres für den Maler F., und diese drei Piecen hatten nach vornen große Glasthüren, die auf einen breiten Bogengang führten, der gegen Hafen und Stadt geöffnet, uns eine prächtige Aussicht gewährte. Hinter unserem Salon waren noch zwei andere Zimmer, wo der Dr. B. und Herr Imhof wohnten. Giovanni bekam ein Kämmerchen im untern Stock. Wir mußten unsere Sachen auch hier wieder höchst eigenhändig die Treppen hinaufschleppen, und fanden die Zimmer ohne alle Einrichtung. Doch hatten wir kaum die kahlen Wände etwas überrascht betrachtet, als einer der Sanitätsbeamten eintrat, uns anzukündigen, daß er für die Dauer unserer Quarantäne bei uns bleiben würde, und uns als Wache bestimmt sei. Zugleich übergab er uns einige Papiere, in welchen Möbel und Geräthschaften aller Art verzeichnet waren und die Preise derselben für die Dauer der Quarantäne, sowie ein anderes vom Restaurateur der Anstalt, bei dem wir Frühstück, Mittag- und Abendessen zu verschiedenen Preisen und zu jeder beliebigen Stunde haben könnten. Wir suchten uns auf ersterem die nöthigen Sachen aus und bestimmten dem zweiten die Stunden, in welchen wir unsere Mahlzeiten halten wollten, und waren noch vor Abend mit Allem versehen, was zu einer bequemen Einrichtung gehört. Obgleich die Preise auf englische Art in Guineen und Schillingen angesetzt waren, fanden wir sie doch nicht übermäßig groß, besonders wenn man bedenkt, daß die armen Gefangenen in andern Quarantänen gern für dergleichen Sachen das Drei- und Vierfache bezahlen würden. Um frische Luft zu schöpfen und kleine Spaziergänge zu machen, war uns hinter dem Palaste eine Bastion angewiesen worden, von wo wir eine weite Aussicht auf das Meer und einen großen Theil der Insel hatten.

Sechstes Kapitel.

So lagen dreiundzwanzig Tage vor uns, eine ziemliche Zeit, die, wenn wir auch unter uns genug Unterhaltung hatten, doch zuweilen hätte langweilig werden können, wenn wir die Stunden des Tages nicht zwischen Arbeiten, Spazierengehen, Essen und Trinken eingetheilt hätten.

Am Morgen gegen acht Uhr wurde in dem Saal gemeinschaftlich gefrühstückt und dann zog sich jeder in sein Zimmer zurück, wo Tagebücher geordnet und Briefe geschrieben wurden. Unser Maler sammelte für seine Mappe und führte kleine Zeichnungen aus, die er an Ort und Stelle angefangen. Der Doktor B. stellte seine kleinen Sammlungen an Muscheln, Steinen, Alterthümern ꝛc., die er, soviel es die Schnelligkeit unserer Reise erlaubt, hie und da aufgesucht und mitgenommen hatte, zusammen und verpackte sie auf's Sorgfältigste für die Weiterreise. Im Laufe des Morgens trat auch gewöhnlich noch eine kleine Pause ein, wenn einer oder der andere, der gerade des Arbeitens müde war, in den Saal ging und durch das Anklopfen seiner Pfeife oder ein sonstiges Geräusch uns andere ebenfalls herbeilockte, wo alsdann gewöhnlich einige Flaschen Porter getrunken wurden, die wir Tags vorher durch Wetten gegenseitig verloren hatten, denn, mochte es der Aufenthalt auf dem englischen Schiffe sein, oder daß wir uns gerade auf einer englischen Besitzung befanden, genug, wir hatten die Leidenschaft des Wettens von den Söhnen Albions angenommen und wetteten über alles Mögliche, über das Wetter, über die Bewegung der Schiffe auf der See, hauptsächlich über die Zahl der Kugeln, die in verschiedenen Haufen auf unserer Bastion lagen, wobei einer die Uebrigen nicht selten scherzweise anführte. So hatte unser pfiffiger kleiner Doktor eines Morgens die Bastion nach allen Seiten gemessen und gewann den Nachmittag, in Bezug auf die Maße, natürlich alle Wetten. Um drei Uhr wurde zu Mittag gespeist und alsdann spazierten wir eine Stunde auf der Bastion herum, wobei uns das Wetter noch so ziemlich günstig

Fahrt von Alexandrien nach Malta.

war; denn obgleich es zuweilen stürmte, regnete es doch wenig, und wir hatten die letzte Zeit sehr gutes Wetter. Gegen sieben Uhr wurde Thee getrunken und dann war, wie auch meistens auf unserer Tour in Syrien, wie der Baron es nannte, große Oper, das heißt, jeder sang, was ihm gerade einfiel und was er konnte. Herr Imhof, welcher Bekannte in der Stadt Valetta hatte, ließ von dorther eine Guitarre kommen, wodurch diese Abendunterhaltungen ziemlich glänzend ausfielen.

So verging uns die Zeit ziemlich schnell und wir waren schon über die Hälfte unserer dreiundzwanzig Tage, als der Geburtstag unseres Barons kam, den wir mit allem möglichen Pomp feierten. Die ganze Länge des Bogengangs vor dem Palaste wurde mit kleinen Lichtchen illuminirt und in dem mittleren Bogen sogar ein Transparent aufgestellt, auf dem ein Johanniterkreuz prangte, da der Baron Ritter dieses Ordens ist. Unsere Festlichkeiten machten den Sanitätsbeamten in der Anstalt viel zu thun; denn alle unsere Mitgefangenen wollten die glänzende Illumination sehen und drängten sich auf dem Hofe zusammen, ja sogar auf dem Quai der Stadt, am andern Ende des Hafens, bewegten sich viele Menschen hin und her, denen so etwas in einer Quarantäne noch nicht mochte vorgekommen sein. An den beiden Enden des Bogenganges hatten wir Feuerkörbe aufgestellt und das Material zu den Bränden war äußerst originell. Wir hatten von Kairo große Stücke verschiedener Mumien mitgenommen, die in eine Kiste gepackt waren, welche unglücklicherweise beim Einschiffen in den Orientalen in's Wasser fiel, wodurch die Mumien, wie wir beim Auspacken in Malta sahen, in kleine Stücke zerfallen und gänzlich unbrauchbar geworden waren. Desto schöner aber brannte und roch das Erdpech und die Spezerei, als wir sie in die Feuerkörbe thaten.

Die Zeit unserer Quarantäne, die uns, wie schon gesagt, sehr schnell vorbei ging, schien nur in den letzten Tagen viel langsamer zu werden, was aber gewöhnlich der Fall ist. Jetzt spähten wir stündlich auf das Meer hinaus und dachten bei jedem Dampfschiff, das wir kommen sahen, ob es nicht das sei, was uns von hier weiter führen sollte, denn man wußte in Malta noch nicht, welches Schiff gerade in den Tagen, wo unsere Quarantäne beendigt sei, abgehen würde, ob ein französisches oder italienisches. Auch trübte die Erzählung von einem unangenehmen Vorfall in dem Quarantänehafen sehr die letzten Tage unseres Aufenthalts. Von einem türkischen Schiff nämlich, das hier Quarantäne hielt, waren, wie man sagte, fünf Matrosen entsprungen, die man freilich am andern Tag wieder einbrachte, doch hatte sich diese Nachricht sehr schnell verbreitet und man fürchtete nun, die italienischen Staaten möchten sich durch diesen Fall veranlaßt sehen, die von Malta kommenden Schiffe in ihren verschiedenen Häfen mit einer neuen Quarantäne zu belegen, was für uns äußerst unangenehm gewesen wäre.

Mehrere von den großen Schiffen der englischen Flotte, die wir in Marmarizza gesehen, fanden wir ebenfalls hier. Die meisten hatten schon ihre Quarantäne abgehalten und lagen im großen Hafen, von wo aus wir sie während unsers Aufenthaltes mehrere Male nach Sicilien segeln sahen, wo sie, bei dem Mangel an gutem Wasser auf Malta selbst, ihre Tonnen füllten. Gegen Mitte April kam auch das andere große Dampfboot, der Liverpool, auf seiner Tour nach Alexandrien hier an, und einige Stunden nach ihm ein kleines neues Dampfboot, der Lotus, das Mehemed Ali für die Fahrten auf dem Nil in England hatte bauen lassen. Dem kleinen Schiff war kurz vor Malta etwas an der Maschine gebrochen, weßhalb ihn der Liverpool von hier aus in's Schlepptau nahm, was äußerst komisch aussah; denn der Lotus erschien hinter dem Riesen so unbedeutend, wie bei unsern Rheindampfbooten der angehängte Nachen. Mein alter Engländer, mit dem ich auf dem Orientalen die Kletterübungen ausgeführt und der sich ebenfalls hier befand, sagte mir: man könne den

Lotus ganz bequem wie eine große Schaluppe auf das Deck des Liverpools stellen.

Endlich brach der Tag unserer Erlösung an. Die Tagebücher waren ziemlich geordnet und wir hatten schon den Abend vorher unsere Sachen gepackt, so daß wir beim ersten Zeichen zur Freiheit die Anstalt verlassen und nach Valetta überschiffen konnten. Doch dämpfte eben jener Engländer am letzten Morgen unsere Freude für einige Augenblicke wieder, denn es fiel ihm plötzlich ein, er sei unwohl geworden, was uns Allen, wenn es der Quarantänearzt erfahren hätte, wahrscheinlich eine Zulage von einigen Tagen zu Wege bringen mußte. Glücklicherweise gelang es jedoch unserem Zureden, ihm verständlich zu machen, daß er nicht krank sei, und ihn nur die Freude, sich jetzt bald nach Alt-England einschiffen zu können, so angegriffen habe. Auch malten wir ihm mit sehr schwarzen Farben unser Aller Zustand, wenn die Behörde von seinem Unwohlsein Kenntniß bekäme, weßhalb er denn allen diesen Gründen nachgab, sich von seinem Sopha erhob und seine Nachtmütze, die er tief über die Ohren gezogen hatte, wieder ablegte. Ich glaube, die zärtlichste Mutter kann auf die Gesundheit ihres Kindes nicht mit größerer Sorgfalt Achtung geben, als wir in der Quarantäne einer auf den andern. Doch sollte unsere Gefangenschaft geendigt sein. Der Quarantänearzt erschien, erkundigte sich nach unserem Befinden, wobei Herr Imhof scherzweise meinte, wir sollten den Herrn statt aller Antwort in die Küche schicken, dort würde man für unsere Gesundheit das glänzendste Zeugniß ablegen können; dann reichte der Arzt jedem von uns die Hand, und wir konnten in die Gesellschaft anderer ehrlicher Leute zurückkehren.

Es war gerade ein Sonntag, als wir unserm Fort Immanuel Lebewohl sagten und nach Valetta überschifften. Auf den Straßen dieser Stadt war ein regsames Leben, und daß Alle, die wir sahen, europäisch gekleidet waren, war unsern Augen ein neuer Anblick; besonders befremdete es uns Anfangs, die schönen Malteserinnen ohne Schleier auf den Straßen umherwandeln zu sehen, etwas, woran wir uns jedoch sehr bald wieder gewöhnten, doch haben die hiesigen Damen auch für ein Auge, das direkt aus Deutschland kommt, in ihrer Kleidung etwas Fremdartiges, denn keine Malteserin geht auf der Straße, ohne einen Rock von schwarzer Seide oder anderem Zeug und eine eben solche Mantille, die sie jedoch wie die Türkinnen über den Kopf werfen, so daß man von der ganzen Figur nichts sieht, als die schlanke Taille und ein frisches, lebhaftes Gesicht, das den hiesigen Damen eigen ist, und aus welchem die dunkeln Augen eine sehr lebhafte Sprache führen.

Zu unserer großen Freude kam heute ein italienisches Dampfschiff in den Hafen, das morgen wieder abfahren sollte. Es brachte die Nachricht mit, daß kein italienischer Hafen wegen des erwähnten Vorfalls auf dem türkischen Schiff gesperrt sei oder die ankommenden Fahrzeuge Quarantäne halten lasse. Wir besahen heute und den folgenden Tag von der Stadt und Umgegend so viel wie möglich; für letzteres nahmen wir eine der eigenthümlichen hier gebräuchlichen Carossen, einen großen viersitzigen Kasten, der auf zwei Rädern ruht und von einem Pferd gezogen wird. Wir fuhren nach Civita vecchia, der älteren und früher bedeutenderen Stadt der Insel. Obgleich es schon sehr warm war, blühte und grünte noch nicht viel auf den Feldern und da fast überall der nackte Fels hervorblickte, aus dem die Insel besteht, so kann ich gerade nicht sagen, daß der Anblick von der Höhe der alten Stadt dem Auge ein sehr freundlicher und angenehmer gewesen wäre.

Auf dem Heimwege lernten wir einen sehr interessanten merkwürdigen Mann kennen. Wir besuchten nämlich das von einem Engländer mit schönen Parkanlagen versehene Landhaus, wo sich Emir Beschir, der alte Fürst der Drusen, damals gerade befand. Es war unsere Absicht eigentlich nur gewesen, den schön angelegten Garten zu sehen, in welchem wir zufällig unsern Giovanni trafen, der von Valetta aus einen Spaziergang hieher gemacht hatte, um einen Bekannten aufzusuchen, der sich in Diensten des Emir befand. Giovanni, der eine Gelegenheit, sich als Dolmetscher zu zeigen, nicht gern vorbeigehen ließ, bat den Baron, er möge sich doch bei Emir Beschir melden lassen, was den alten Fürsten gewiß erfreuen würde. Da es uns Allen sehr lieb war, diesen merkwürdigen Mann kennen zu lernen, so ließ sich der Baron melden, und wir wurden gleich vorgelassen.

In einem großen Zimmer des ersten Stockwerks war eine Ecke mit Teppichen belegt und durch große Sophakissen abgetheilt, woran der alte Fürst auf dem Teppich sitzend lehnte und aus einem arabischen Nargileh rauchte. Giovanni kniete vor ihm nieder und nachdem er ihm den Saum des Kaftan geküßt, nannte er dem Emir unsere Namen, worauf dieser Stühle herbei bringen ließ und wir mußten uns im Kreis um ihn herum setzen.

Emir Beschir ist ein Mann von mittlerer Größe; seine Figur, die trotz seinem hohen Alter noch ziemlich kräftig erscheint, und besonders sein ausdrucksvolles Gesicht mit dem noch sehr lebhaften Auge, lassen den mächtigen Fürsten der Berge erkennen, der das wilde freie Volk des Libanons zu zügeln verstand. Er trug einen hellbraunen Kaftan, einen bauschigen Turban, und sein schneeweißer Bart hing ihm fast bis auf den Gürtel. Es machte einen unangenehmen Eindruck auf mich, den Mann hier zu sehen in seiner Umgebung, wo er sich nicht heimisch fühlen kann. Aus seinem schönen Schlosse, mitten im Libanon gelegen, hieher versetzt in ein europäisches Haus, dessen Einrichtung seiner ganzen früheren Lebensweise widerspricht, kam er mir vor, wie ein gefangener Löwe. Nach einem kurzen Gespräch, das wir durch Giovanni mit ihm hielten, verließen wir das Landhaus und kehrten nach der Stadt zurück.

Am folgenden Morgen besuchten wir unter Anderem die Kirche des heiligen Johannes, in der die Großmeister des Ordens und viele Ritter begraben liegen. Sie ist auf das Prächtigste ausgeschmückt und besonders schön und interessant ist der Boden des Schiffes, der aus den Leichensteinen der hier begrabenen Ritter besteht. Sie sind von weißem Marmor, und die Wappen und Namen derselben sehr schön mit bunten Steinen eingelegt. In den untern Gewölben sahen wir neben mehrern Andern das Grabmal des tapfern Großmeisters von Rhodus Villiers de l'Isle Adams, den Sultan Soliman durch Eroberung jener Insel vertrieb und der sich hieher zurückzog.

Gegen Mittag kehrten wir noch einmal nach unserer Quarantäne zurück und holten die Pferde ab, die bis jetzt da geblieben. Um den Quarantänehafen herum brachten wir sie nach dem großen Hafen auf das italienische Dampfboot Francesco I., stiegen dann wieder zur Stadt hinauf, um unsere Sachen zusammen zu packen und uns selbst einzuschiffen, da das Boot gegen Abend abfuhr. Unser theurer Giovanni, der Anfangs große Lust bezeugt hatte, mit nach Deutschland zu gehen, hatte sich hier in Malta eines Andern besonnen und bat den Baron, ihn von hier nach Beirut zurückkehren zu lassen. Man mußte unsere liebe Heimath sehr bei ihm verschwärzt haben; denn seinen geänderten Entschluß motivirte er durch die über Deutschland eingezogenen Erkundigungen, daß es ein unsicheres Land sei, wo sich die Leute auf der Straße todtschlügen und Alles Soldat werden müßte. Gegen so triftige Gründe war nun freilich nichts einzuwenden und der Baron entließ ihn in Gnaden mit einem reichlichen Geschenk für die Dienste, die er gethan und nicht gethan hatte. Als wir das Schiff betraten, und er auf der Barke, die uns hingebracht, wieder zurückkehren sollte, wankte sein Entschluß auf's Neue und er versicherte schluchzend, daß er einen so guten Herrn, wie den Baron, ungern verlasse, er würde einen solchen nicht wiederfinden, und Gott wisse, mit welchen Leuten er künftig durch das Land ziehen müsse. Noch in der Barke rief er uns mehrmals sein Addio! Addio! zu und setzte weinend hinzu: Il pauvre Giovanni! Il pauvre Giovanni!

Das Schiff war ziemlich besetzt und, obgleich die Stunde der Abfahrt schon da war, kamen noch immer Boote, die Passagiere und Wagen brachten. Neben diesen umschwärmte uns eine Menge Nachen, in denen Knaben saßen, die kleine Geldstücke vom Grund des Meeres heraufholten, die wir ihnen hinabwarfen. Jetzt wurden die Treppen des Schiffs auch hinaufgezogen, der Kapitän bestieg den Radkasten, der letzte Kanonenschuß zum Zeichen der Abfahrt donnerte gegen die Stadt und im gleichen Augenblick, wo die sicilianische Flagge an dem Mast hinaufflog, begannen die Räder ihre Bewegung, das Schiff schoß dahin und wir verließen Malta, wo wir eine so angenehme Gefangenschaft verlebt hatten.

Siebentes Kapitel.

Heimkehr.

Syracus. — Das Ohr des Dionys. — Messina. — Neapel. — Der Vesuv. — Genua. — Mailand. — Chiavenna. — Der Splügen. — Chur. — Tübingen. — Ankunft in Stuttgart.

Es war Nacht und hinter uns drückte sich mehr und mehr, einem untergehenden Sterne vergleichbar, das rothe Licht des Leuchtthurms von St. Elmo. Die See wogte unruhig und über mir stampften ungeduldig unsere Pferde das Verdeck. Rückblicke auf das Erlebte füllten meine Seele mit phantastischen Bildern, bis ich einschlief, um beim Erwachen einen der herrlichsten Morgen zu begrüßen. Das Meer war wie ein glatter Spiegel, und die Küste von

Sicilien breitete sich vor unseren Blicken aus. Aber als wir endlich in den entzückenden Hafen von Syrakus einfuhren, mußten wir zuvor einem Visitirboot Rede stehen, das uns vermittelst einer langen, heraufgereichten Stange unsere Quarantänescheine abnahm, worauf sie in der Barke mit eisernen Zangen auseinander geklaubt wurden. Erst nach dieser unserer Legitimation konnten wir uns der Landungsboote bedienen, die jetzt in Schaaren heranfuhren. Bei Betrachtung der Stadt kam uns die angenehme Gesellschaft eines Dänen, Namens Mattison, der früher schon in Syrakus gewesen war, sehr zu gute, und wir verlebten im Umgang mit ihm und seiner schönen Gattin heitere Stunden. Da unser Dampfboot den ganzen Tag im Hafen liegen blieb, so hatten wir Muße, die Stadt sammt ihrer nächsten Umgebung zu besichtigen; weil aber erstere nicht viel Interessantes bietet, so machten wir uns bald auf den Weg, um die berühmten Steinbrüche mit dem Ohr des Dionys zu besuchen.

Der Eingang zu diesen Brüchen besteht aus einer sehr steilen, über hundert Fuß hohen Felswand, deren Zerklüftungen mehrere weite Thore bilden. Durch letztere gelangt man in's Innere, das einen großen, oben offenen Felsenkessel darstellt. Die Wände sind auf die mannigfaltigste Art durchbrochen und bieten dem Blicke seltsame Höhlen und Figuren dar, während auf dem Boden herum mächtige Steinblöcke liegen, von denen einer in der Mitte etwas über die Schlucht hinausragt und auf seiner Höhe spärliche Ueberreste eines alten Mauerwerks unterscheiden läßt. Man hält diese für die Trümmer einer Burg des Tyrannen von Syrakus.

Ein paar hundert Schritte links vom Eingang laufen zwei über hundert Fuß hohe glatte Felswände unter einem rechten Winkel zusammen, und an der einen mündet sich eine Höhle, die fast wie ein kolossales gothisches Thor aussieht. Neben demselben, rechts und etwa sechzig Fuß über dem Boden, bemerkt man eine kleine Oeffnung, an deren Form die Meißelarbeit nicht zu verkennen ist.

Gewaltige Epheuzweige bekleiden die Wand mit dem saftigsten Grün. Die Höhle selbst ist gegen achtzig Schritte lang, schlangenförmig gewunden und führt zu einem kleinen, in Trichterform zusammenlaufenden Gemach, in welchem der Sage nach Dionys die Gefangenen vermittelst eiserner Ringe an die Wand fesseln ließ. Die Decke bildet mit den Seiten fast einen gothischen Bogen, und in die Spitze ist eine fußtiefe runde Rinne gehauen, die oben durch den Gang läuft, wenige Fuß vor dem Eingang die rechte Wand durchbricht und in das von außen sichtbare kleine Gemach führt. Letzteres ist das sogenannte Ohr des Dionys, in welchem der Tyrann auf die Reden der im Gemach am Ende der Höhle eingesperrten Gefangenen zu lauschen pflegte. Man gelangt nach diesem Raume vermittelst eines über eine Rolle geschlagenen Seils, an welchem ein Lehnsessel befestigt ist, und kann sich daselbst in Wirklichkeit überzeugen, wie die von unten kommenden Töne sehr verstärkt werden; es ist deßhalb wohl glaubwürdig, daß in einer Zeit, wo der Eingang, der später durch Erdbeben weiter gerissenen Höhle noch kleiner war, in dem Kämmerchen oben das geringste Geräusch deutlich vernommen wurde und der Tyrann diesen Vortheil benützte, um verdächtige Personen unten einzusperren und zu behorchen.

Die übrigen Höhlen sind minder merkwürdig. In den meisten trieben Seiler ihr Handwerk, deren mithelfende Kinder uns sehr eifrig anbettelten und zum Besten unseres naturforschenden Doktors ganze Säcke mit Petrefakten herbeischleppten.

Unser nächster Besuch galt den unfern gelegenen Ruinen der alten Neapolis, von welcher außer vielen Todtenkammern noch Ueberreste eines alten griechischen Theaters vorhanden sind. Es ist fast rings herum in den Fels gehauen, und die grauen Steinstufen sind mit freundlichem Grün durchwachsen. Man hat von hier aus eine herrliche Aussicht über Hafen und Meer, und in der Nähe bildet das Wasser eines alten Aquäducts, der noch heute die Stadt versorgt, einen romantischen Fall.

Siebentes Kapitel.

Das Kloster San Filippo ist interessant durch eine sehr tiefe Gruft, in welcher sich die Leichen unbalsamirt sehr gut erhalten, und von hier aus begaben wir uns, nachdem wir in einer erbärmlichen Lokanda Erfrischungen eingenommen hatten, nach dem Kloster der Kapuziner, das wegen seiner wild romantischen Lage in den großen Latomien berühmt ist. Von dem traulichen Klostergarten aus führt ein natürliches Felsenthor in die schauerlichen Steinbrüche, welche wahrscheinlich während des peloponnesischen Kriegs als Gefängnisse für die Athener dienten. In einer der Höhlen sieht man einen ähnlichen Gang, wie bei dem Ohr des Dionys; er ist jedoch, vielleicht wegen Untauglichkeit des Gesteins, nicht ausgeführt worden.

Mittlerweile war die Stunde unseres bestellten Diners herangekommen, und wir suchten die Aermlichkeit desselben durch den feurigen Syrakuser zu würzen. Der herrliche Abend verlockte uns noch zu einem Gang nach der Quelle der Arethusa, bei deren spärlichem, aber klarem Wasser ein ganzer Haufen Wäscherinnen ihr Geschäft trieb. Endlich mahnte uns ein Schuß von unserem Dampfboot zum Aufbruch. Ich habe das Meer selten so ruhig und klar gesehen, wie an diesem Abende, und der spät aufgehende Vollmond gestattete uns noch den Anblick des Aetna mit den Schneefeldern unter dem Krater, von denen Messina den Stoff zu seinem Gefrorenen nimmt. Unter derselben kommen öde Lavastriche, hin und wieder mit spärlichem Grün besät, das aber später reicher wird und mit den fruchtbaren paradiesischen Gegenden bei Catanea sowohl, als mit der ganzen Küste malerisch zusammenhängt. Am 22. April Morgens weckte mich das Stillestehen der Räder und das Klirren der Ankerkette aus meinem Schlummer. Ich eilte auf's Verdeck, und das schöne Messina lag in der Form einer Sichel vor unsern Blicken ausgebreitet. Trotz des frühen Morgen war doch der Kai bereits voll rührigen Lebens. Auf den Bergen und dem fernen Meere lag ein feiner Morgenduft, der, immer tiefer sinkend, die Schluchten ausfüllte und uns einen herrlichen Tag versprach. Wir fuhren an's Land und erhielten in einem Gasthofe ein paar hübsche Zimmer für die beiden Tage, welche unser Boot im Hafen liegen bleiben sollte.

Die Stadt ist nach dem letzten großen Ausbruch des Aetna (1696) in großartigem Styl wieder aufgebaut worden, namentlich die Hafenseite, welche eine Front der schönsten Regierungs- und Privatgebäude bietet. Die Straßen der untern Stadt sind breit, meist gerade, und schneiden sich rechtwinklig, aber nach der Festung und dem Gregoriuskloster hin werden sie enge und gebrochen. Wir durchschnitten den Dom, dessen schönes Gewölbe das erwähnte große Erdbeben umstürzte und das man jetzt theilweise aus Holz wieder aufgeführt hat. Im Schiff der Kirche sahen wir schöne Granitsäulen aus Aegypten, und auch das Portal haben die Werke des Heidenthums schmücken müssen, da man die Vorderseite eines prächtigen Neptuntempels bei Sylla- hieher versetzte. Im Kloster zeigte man uns als Merkwürdigkeiten verschiedene große Mosaikgebilde, in denen die Farben der Steine, besonders die hellblauen, wirklich prächtig zu nennen waren. Nachdem wir unser Mittagsmahl etwas früher, als es hier landesüblich ist, eingenommen hatten, traten wir den Weg nach dem Telegraphen, einem der schönsten Punkte auf der Nordküste der Insel, zu Esel an. Der Weg führte zwischen blühenden Mandel- und Orangenbäumen sanft aufwärts. Welch einen Gegensatz bot nicht hier die Landschaft gegen die Scenerie im Orient, wo die Scheitel der Berge gleich den Köpfen seiner Bewohner glatt und kahl rasirt sind! Nach einer halben Stunde hatten wir den höchsten Küstenpunkt, den Standort des Telegraphen, erreicht, und nun lag die calabrische Küste mit ihren seltsam geformten Felsen und Schluchten vor uns, bis sie sich am Horizont in blauen Nebel auflöste. Rechts hatten wir Messina unter uns; hinter ihm sahen wir die Spitzen des Aetna und weit hinaus in das jonische Meer; zu den Füßen des Berges, auf dem

wir saßen, brauste die Scylla und Charybdis, und die Wellen
schossen durch den engen Pfad hinaus in ein anderes Meer, das sich
zu unserer Linken endlos ausdehnte. Dort sahen wir, wenige See-
meilen von der Küste, kleine Inselchen, darunter befand sich eines
in der Gestalt eines abgekürzten Kegels, der Vulkan Stromboli,
welcher beständig Rauchwolken ausstieß.

Der andere Tag war einem Besuch der lieblichen Umgebung
von Scaletta geweiht, und am 24. April mußten wir uns in aller
Frühe wieder auf unserm Dampfboot einfinden, obschon sich dieses
erst gegen neun Uhr in Bewegung setzte. Die Meerenge ist hier so
schmal, wie die Donau vor dem Kaszan, Strömung und Brandung aber, besonders beim Südwind, sehr stark, obschon die
gefürchteten Ungeheuer, die Scylla und Charybdis, mit ihren Gefahren durch Wegräumung der hemmenden Klippen und Sandbänke
aus dem Reiche der Wirklichkeit verdrängt wurden. Das Meer
ging an diesem Tage sehr hoch, und es begannen sich bei vielen
Passagieren sehr belästigende, mitunter aber auch possierliche Sym-
ptome von Seekrankheit einzustellen. Der folgende Morgen brachte
uns den schönen Golf von Neapel mit dem Vesuv zu Gesicht.
Wir hielten den Rauch des Vulkans anfänglich für Morgenwolken,
erkannten aber beim Näherkommen den gelben Dampf, den der
Krater beständig ausstieß. Nach einigen Stunden erreichten wir die
Insel Capri, deren sonderbar geformte Felsen an der Südküste ein
kolossales Thor bilden, und langten um zehn Uhr im Golf von
Neapel an.

Welch prächtiger Anblick! Schon lange hatte ich mich darauf
gefreut, da diese Gegend von allen Reisenden als das Einzige ge-
schildert wird, was man dem Anblick von Konstantinopel an die
Seite setzen könnte. Indeß fand ich das Schauspiel hier großartiger, weil das Auge mit Wonne auch an den Einzelnzügen
haften muß, während bei Stambul die Schönheit des Ganzen mehr

auf einen Punkt zusammengedrängt ist, den man viel schneller erfaßt.

Aber ehe wir in dieses Paradies einziehen durften, hatten wir ein kleines Fegfeuer von Seiten der Paßbeamten zu bestehen, die uns, nachdem sie uns unverdächtig erfunden, einem zweiten Purgatorium, dem Mauthpersonale, überantworteten, und so stund es geraume Zeit an, bis wir in dem Hôtel de Russie, dem Vesuv gegenüber gelegen, anlangten. Hier sollte sich unsere Gesellschaft trennen, da der Baron, der Maler und der Doktor zehn Tage in Neapel bleiben wollten, ich aber mit den Pferden auf dem Dampfboot, das uns hergebracht hatte, die Tour über Genua und Mailand zu machen gedachte. Da übrigens dieses Fahrzeug zwei Tage im Hafen liegen blieb, so säumte ich nicht, meine Zeit zu Besichtigung der Stadt und Umgegend möglichst zu benützen. Es war Sonntag und ich ließ einen Wagen kommen, um zuvörderst die Alterthümer von Buzznoli zu besuchen. Nachdem wir schon vor dem Gasthofe ein paar Dutzend Cicerone, die uns überall hin begleiten wollten, bekämpft hatten, kamen wir glücklich über den Corso an den Eingang der Grotte Pausilippo, wo uns unser Führer vom Wagen aus die Stelle von Virgils Grab zeigte, ohne daß wir übrigens Zeit gewonnen hätten, dieses idyllische Plätzchen zu betreten. Der Weg durch den Pausilippo ist vom Anfang bis zum Ende in den Felsen gehauen, und in der Mitte der Grotte, von Neapel aus links, befindet sich im Gestein eine Kapelle der heiligen Jungfrau, die in dem dunkeln Gang durch ihre stets brennenden Lampen und durch die Blumensträuße vor dem Altar einen eigenthümlichen Eindruck übt.

In Buzznoli stiegen wir einen Augenblick ab und setzten sodann unsern Weg um den Meerbusen herum nach Baja fort, um die dortigen Bäder zu betrachten, worauf wir das sogenannte Grab Agrippinens und die Gefängnisse des Nero besuchten. Dann begaben wir uns nach dem Averner See, der zwar nicht größer ist, als ein gewöhnlicher Teich, aber ungemein schöne, romantische Ufer hat. Der Zugang zu der Grotte der Sibylle wird durch einen kleinen Einschnitt in den Berg gebildet, dessen Wände mit frischem Moos und duftigen Pflanzen bedeckt sind. Am andern Ufer des Sees, theilweise im Wasser liegend, sieht man die Trümmer des alten Apollotempels, so viel sie der neue Berg, der sich nicht weit davon erhob, verschonte. Wir fuhren nach Buzzuoli zurück, besahen noch das alte römische Amphitheater, das zu Thierkämpfen eingerichtet war, die sogenannten Fischteiche des berüchtigten Pollio und die Trümmer eines alten Gebäudes, angeblich der Schule Virgils, worauf wir endlich an den Meerbusen von Bajä zurückkehrten, bei diesem Anlaß uns eines Abends erfreuend, wie ihn nur Italien, nur Neapel gewähren kann. Das tiefblaue Meer war ruhig, und Capri und der Vesuv prangten in den schönsten Farben. Auf der ganzen Strecke fanden wir Menschen, die sich des Lebens freuten — spielend, Kinder und erwachsene Mädchen, die zu dem Klang einer Zither oder zu dem Klappen von Castagnetten tanzten. Auf dem Corso angelangt, entließen wir unsern Wagen, um uns noch eine Zeit lang in der glänzend beleuchteten Strada Toledo mit ihrem bunten Menschengewühle zu ergehen. Am andern Tage wollten wir den Vesuv besteigen und machten uns zu diesem Ende schon Morgens um vier Uhr auf den Weg, den wir bereits mit Leuten aller Art, namentlich mit nach der Stadt ziehenden Fischern und Gemüsehändlern bedeckt fanden. Das Wetter war sehr schön, und wir fuhren wohlgemuth in einem Betturino an dem schönen Golf hin, bis wir Portici erreichten, wo wir unsern Wagen einstellten und Pferde nebst einem Führer zu Besteigung des Berges nahmen. Wer erkennt nicht schon aus Beschreibungen den schönen Weg bis zum Eremiten, wo man nach jedem Schritt mit dem Rückblick eine neue prächtige Aussicht gewinnt? Bald hinter den Gärten fingen die schwarzen Lavafelder an. Wir ritten noch eine Strecke aufwärts über einen aus Lava gebildeten Felskamm und ließen daselbst unsere

Thiere, um unseren Füßen das mühsame Stück Arbeit zuzutrauen; denn von hier geht es über scharfe Lavablöcke, weichendes Gerölle und Asche den Kegel hinan. Wir brauchten eine volle Stunde bis wir oben waren, und fühlten uns nun in einem Grade erschöpft, daß uns der mitgebrachte Thränenwein sehr zu statten kam. Erst nach dieser Erfrischung war es uns möglich, uns des wunderbaren Panoramas recht zu erfreuen. Der Maler und ich versuchten, unter Begleitung unseres Führers, den Krater zu ersteigen, was uns mit vieler Mühe und Beschwerniß von Seiten der gelben qualmenden Dünste gelang, hielten es aber nicht lange aus, sondern traten bald den Rückweg wieder an, um uns mit unsern Freunden den reichlichen Vorrath von lacrymae Christi belieben zu lassen. Das Hinuntersteigen ging viel schneller, und schon nach fünf Minuten hatten der Baron und ich unsere Pferde wieder erreicht. In Portici stiegen wir abermals in unsern Wagen und fuhren nach Pompeji hinaus. Inzwischen war es sehr heiß geworden und wir freuten uns, nach einer Stunde von der staubigen Chaussee aus nach den Häusern abbiegen zu können, in denen die bei der Ausgrabung von Pompeji beschäftigten Arbeiter wohnten. Die wieder erstandene Stadt sieht man von außen nicht, da sie von einem gewaltigen Aschen- und Lavawalle umgeben ist. Wir traten durch ein kleines Thor ein und sahen die stillen, öden Straßen mit kleinen Häusern besetzt, die aber alle wie in einem bewohnten Orte zu Tag liegen. Sie sind nur ein Stockwerk hoch und die Decken eingestürzt; aber Verzierungen und Malereien haben sich aufs Beste erhalten. Sehr niedlich ist das nunmehr ganz aufgedeckte Forum, auf dem die besten Säulen so viel als thunlich wieder zusammengestellt und aufgerichtet werden. Wir sahen ferner das bekannte Mosaikgemälde, eine Schlacht vorstellend, das Haus des Diomedes mit seinen gewölbten Kettengängen und die Stelle, wo man das Gerippe der Frau des Diomed gefunden haben will. Seitwärts von der Stadt liegt das jetzt ganz zu Tag geförderte Amphitheater, das in Eiform und vollkommen nach den Regeln der Akustik gebaut ist.

Wir bestiegen unsere Wagen wieder und machten in Torre del Greco Mittag, uns der herrlichen Aussicht auf den Golf, wie auch auf die schönen Villen und Dörfer bis Castella Mare erfreuend. Am andern Morgen waren für mich die schönen Tage von Aranjuez vorüber, da das Schiff, in welchem ich mit den Pferden abzufahren gedachte, am Mittag die Anker lichten sollte. Da gab es denn genug zu packen, so daß ich keine Gelegenheit fand, mich weiter in der Stadt umzusehen, und als ich die Paßplackereien bereits bereinigt glaubte, stellte sich noch im letzten Augenblick heraus, daß ich den Bedienten Friedrich zurücklassen mußte, weil in Betreff der Paßvisirung ein Versehen statt gefunden hatte. Die Thiere blieben daher während der ganzen Fahrt ausschließlich meiner Obhut überlassen, was mir nicht wenig Sorge machte, weil ich namentlich das Fohlen nicht genug vor der liebkosenden Ueberfütterung oder vor den Neckereien der Passagiere zu schützen vermochte. Am andern Morgen machten wir ein Paar Stunden vor Civita Vecchia Halt, und Tags darauf langten wir zeitig zu Livorno an, wo das Schiff bis zum Abend liegen blieb — eine Fristung, die ich dazu benützte, mir die Stadt zu betrachten. Es dunkelte schon, als wir den Hafen verließen, und ich fühlte mich glücklich in dem Bewußtsein, daß dies die letzte Nacht wär, welche ich zur See zubringen sollte; gleichwohl aber hatte ich noch einen Schrecken zu bestehen, mit dem ich alle vergangenen hätte würzen können. Mein Fohlen nämlich wurde von einer heftigen Kolik befallen, warf sich auf den Boden seines Kastens nieder, schlug mit den Füßen um sich und traf zuweilen die Stute, die auch manchmal ungeduldig zu werden anfing. Kurz, ich war in den größten Nöthen und versuchte alle erdenklichen Abhilfsmittel erfolglos, bis mir endlich einer von den vielen theilnehmenden Passagieren — denn alle hatten das hübsche Thierchen liebgewonnen — ein Instrument anbot, das er zum Besten seiner Kinder an Bord führte, und mich dadurch in die Lage setzte, meinem kleinen Patienten eine wirksame Erleichterung zu verschaffen.

Als ich am andern Morgen auf das Verdeck trat, sah ich die

Heimkehr.

beiden Leuchtthürme von Genua vor mir, und einige Stunden später wurde in dem schönen Golf der majestätischen Stadt der Anker niedergelassen. Da hatte ich denn meine liebe Noth, bis ich mit Hülfe eines jungen Kurschmids aus der Stadt meine Pferdefamilie am Lande hatte, welche endlich am Thore, wo ihr Signalement aufgenommen werden sollte, von der ungewohnten Musik der Wachparade nicht länger Stand hielt, so daß das Geschäft der Signalisirung später im Stalle vollendet werden mußte. Während der Paar Tage, die ich mich in Genua aufhielt, ersah ich die Gelegenheit, diese Stadt der Paläste in allen ihren Theilen zu mustern; auch wollte es mein gutes Glück, daß ich dem Flottmachen einer neugebauten Fregatte anwohnen konnte — eine Festlichkeit, zu deren würdiger Begehung sich auch der König von Sardinien eingefunden hatte.

Nachdem sich meine Thiere von der Anstrengung der Seereise genugsam erholt hatten, trat ich mit dem Bedienten Friedrich, welcher mir von dem Baron gleich am andern Tag nachgesendet worden war, an einem schönen Abend den Landweg durch Italien an, da ich die Pferde der drückenden Hitze des Tages nicht aussetzen mochte. Der Weg nach Mailand wird mit Postwagen in 36 Stunden zurückgelegt; ich aber brauchte dazu acht Tage, weil ich wegen des Fohlens nur kleine Märsche machen konnte — trotz der schönen Natur eine sehr ermüdende Aufgabe, da mir Niemand zur Seite war, um seine Gefühle gegen die meinigen auszutauschen.

In Mailand hatte ich mir bald einige liebe Bekannte erworben, die ihr Möglichstes thaten, mir die schöne Stadt genußreich zu machen. Ich sah hier, was schon Tausende vor mir gesehen und beschrieben haben, und erinnere mich mit Freuden der vielen angenehmen Stunden, die ich hier verbrachte. Besonders hatte ich Muße, den ganzen Schmelz schöner italienischer Abende zu genießen, und mit Sehnsucht denke ich an einige Straßen und Plätze zurück, durch die ich öfters gewandelt bin. Wie schön war an einem solchen Abende der Platz vor dem Dom mit seinen besserleuchteten Kaffeehäusern und dem mächtigen Marmorgebäude im Hintergrunde, dessen hochragende weiße Spitzen sich an dem dunkeln Himmel scharf abzeichneten.

Am 6. Juni ritt ich Abends aus Mailand fort, die Brust mit all dem Angenehmen erfüllt, was ich in der schönen Stadt genossen, und lebhafter als je an die Heimath denkend, die ich nun bald wieder betreten sollte. Meine Karawane war wie früher organisirt: der Reitknecht führte die Stute, das Fohlen sprang nebenher, und ich ritt den Hengst, welcher mir die kurze Tour nach Monza recht sauer machte, denn er sah heut zum erstenmal in seinem Leben eine Lokomotive, die ihn zu den unangenehmsten Sprüngen veranlaßte; auch behielt er den Anblick nur zu gut im Gedächtniß, denn so oft er später irgendwo Rauch aufsteigen sah, wurde er unruhig und konnte nur mit Mühe von den gröbsten Unarten abgehalten werden. Am Abende des nächsten Tages erreichte ich Lecco am Comersee und traf daselbst einen scheerenkundigen Landsmann, den ich aus einer kleinen Verlegenheit gegen den Wirth erlöste — eine Gefälligkeit, die er mir durch eifrige Handreichung, welche er dem Reitknechte leistete, dankte. Er schloß sich meiner Karawane an, aber das Aussehen meiner beiden Begleiter war so abenteuerlich, daß mich in der Nähe von Chiavenna ein Mensch, der an der Straße Steine klopfte, mit der Frage anging, wann wir unsere Vorstellungen beginnen wollten; er sei nämlich einer der Tamboure des Orts, und wir möchten ihn die Ankündigungen austrommeln lassen, damit er etwas verdiene.

Bisher hatte ich stets günstiges, ja heißes Wetter gehabt; aber von Chiavenna aus, wo mein Schneiderslandsmann zurückblieb, änderte sich die Scene, und ich mußte, statt früher nur Morgens und Abends zu reisen, den umgekehrten Plan befolgen. Doch auch so wurde mir bei meiner leichten Bekleidung die Kälte sehr empfindlich, und namentlich litt das an rauhes Wetter nicht gewöhnte Fohlen, welches sich zuweilen gegen den Wind gar nicht emporarbeiten konnte. Auf dem Splügen wurde ich von einem lustigen Schneegestöber begrüßt, und in der Nähe des östreichischen Zollhauses waren die Bergwasser theilweise mit Eis bedeckt. Ich übernachtete in dem Dorfe Splügen und reiste am andern Morgen

Heimkehr.

gegen neun Uhr wieder weiter, die wegen ihrer schauerlichen Wildheit so berühmte, und berichtigte via mala begehend, obschon ich sie — vielleicht in Folge meiner Erfahrungen im Libanon — lange nicht so schlimm fand, als ich mir vorgestellt hatte. Allerdings jagte mir einmal mein Hengst einen ziemlichen Schrecken ein. Man führte ihn nämlich an dem sogenannten verlornen Loche, wo vorspringende Felsen es unmöglich machten, den Weg auf dem rechten Ufer der Schlucht fortzusetzen, vermittelst einer Brücke, die mit einem einzigen Bogen kühn zwischen den hohen Felsen hängt, auf die linke Seite. Bei dem Brausen der an den Wänden niederfallenden Wasserbäche kamen dem Thiere vielleicht die Leiden der Seefahrt, oder das Sausen des Dampfes in's Gedächtniß — kurz, es wollte nicht auf die Brücke und machte Miene, wieder umzudrehen. Natürlich brauchte ich endlich Gewalt, und Scham sprang nun mit einem mächtigen Satze auf die Brücke, wo er sich seiner Gewohnheit gemäß auf die Hinterbeine stellte und so eine Strecke vorwärts marschirte — ein fatales Courbettiren über einem 400 Fuß tiefen Abgrund. Mein nächstes Nachtlager war Thusis, wo mir im Stalle ein schwarzer Ziegenbock eine Partie schlechte Cigarren abnahm (zwar nicht um sie zu rauchen, sondern um sie zu fressen), und am andern Nachmittag mußte ich wegen Sturm und Regen für zwei Tage in Chur Herberge nehmen. Sodann führte mich mein Weg über die Haltorte Oberrieth und Sankt Gallen nach Rorschach, von wo aus ich mit dem Dampfboote nach Constanz fuhr. Hier mußte ich wegen des Fohlens einen halben Tag bleiben und zu größerer Schonung des Thierchens mich wieder auf dem Bodensee einschiffen, um den weiten Umweg um den See nach Ludwigshafen zu vermeiden. Noch am selben Abend ritt ich nach Stockach, wo ich übernachtete. Jetzt, so nahe dem Ende meiner Reise, zählte ich jede Minute und jeden Schritt; die Märsche erschienen mir nochmal so lang, namentlich zwischen Stockach und Tuttlingen, wo ich obendrein von einem furchtbaren Gewitter überfallen wurde. Dem Hengst kam das Donnern und Blitzen so schrecklich vor, daß er öfters über die Chausseegräben davon wollte.

Je näher ich übrigens dem Ziele meiner Reise kam, desto mehr quälte mich die Furcht, es könnte meinen Pferden auf dem kurzen noch übrigen Wege ein Unfall zustoßen und dadurch alle meine Mühe und Sorge zu nichte werden. Glücklicherweise jedoch betraf mich nichts Unangenehmes und ich brachte die ganze Familie gesund und wohlbehalten über Schömberg und Hechingen nach Tübingen. Hier begrüßte ich einige meiner frühern Bekannten und verlebte in ihrem Kreise wieder einmal einen lustigen deutschen Abend. Einige gaben mir am andern Tage das Geleite gegen Waldenbuch, wo ich noch einmal übernachten mußte.

Mit einem eigenen Gefühle trat ich den letzten Tag meiner Reise an, zwischen Furcht und Hoffnung schwebend, denn ehe ich meine Pferde abgeliefert hatte, war ich ja keinen Augenblick vor einem Unfall sicher. Ich hatte schon eine ziemliche Strecke des Wegs zurückgelegt, als wir plötzlich einen Menschen in der wohlbekannten Livree der königlichen Stallbedienten auf uns zukommen sahen. Er war mir auf einen Brief, den ich von Tübingen nach Stuttgart geschrieben, entgegen geschickt worden. Mein Friedrich hatte ihn schon gekannt, ehe er die große Tour unternommen, und obendrein machte es die Freude, wieder im lieben Schwaben zu sein, daß er ihn wahrhaft rührend begrüßte.

Bald darauf näherte sich uns ein Reiter, den ich schon von Weitem als den Königlichen Stallmeister Baron v. H. erkannte. Jetzt wurde ich mit der Gegend vertrauter, denn ich war früher in dieser Richtung nie über Degerloch hinausgekommen. Es freute mich innig, hier den ersten herzlichen Gruß auf heimathlichem Boden der liebenswürdigen Mutter unseres guten Barons v. T. darbringen zu können, welche von ihrem Landsitze aus mir freundlich entgegenkam.

Unten im Thale tauchten Thürme und Häuser auf, die mir wohl bekannt waren. Noch wenige Schritte zwischen den mit Reblaub bedeckten Bergen abwärts, und meine Pilgerschaft hatte ihr Ende erreicht. Ich war in Stuttgart.

www.ingramcontent.com/pod-product-compliance
Lightning Source LLC
Chambersburg PA
CBHW020312240426
43673CB00039B/783